KB236348

실패보다 더 치명적인

인기의 함정

실패보다 더 치명적인

인기의 함정

에리카 나폴레타노 지음 | 박여진 옮김

appletree tales

프롤로그

비즈니스를 시작하고, 운영하고, 키워가는 길에는 헛소리들이 가득하다. 따라서 그 길을 가는 당신은 숱한 불면의 밤을 기약해야만 한다. 나는 개인적으로건 직업적으로건 모든 사람을 대상으로 한 비즈니스는 하고 싶지 않다. 나는 인기 없는 사람이다. 그리고 바로 이 점에 착안해서 성공적인 비즈니스모델을 만들었기 때문에 특별히 강조하고 싶은 내용이기도 하다.

온라인에는 공짜 자료에서부터 '헉' 소리가 날만큼 비싼 자료에 이르기까지 당신에게 억지로 떠넘기려 하는 정보들이 넘쳐난다. 이 책을 집어든 당신의 책꽂이와 인터넷에서 다운받은 자료 중에도 그런 헛소리들이 있을 수 있다.

나는 인기 없는 생각을 하고 퉁명스러운 충고를 하는 사람이다. 하지만 이런 인기 없는 사고와 퉁명스러운 충고는 내가 비즈니스와 브랜드를 구축하게 된 방법이다. 그리고 이 책에서 할 이야기의 핵심이기도 하다.

진정 직접 비즈니스를 운영하고 이끌어가야 할 리더의 입장이라면 나의 말을 새겨듣기 바란다. 그 요지는 스스로를 돕고, 자신을 포용하고, 다음과 같은 일들에 투자해야 한다는 것이다.

:: 시간이 촉박해도 미소 짓게 만드는 일

:: 사업이 잘 될 때 미친 듯이 웃게 만드는 일

:: 당신을 현명하게 만들어서 어떤 상황에서도 필요한 방향으로 사업 방향을 변경할 수 있도록 만드는 일

비즈니스와 브랜드는 로고나 화려한 웹사이트를 의미하는 것이 아니다. 트위터 팔로워나 페이스북 방문자수가 많은 것이 경쟁자보다 당신이 성공했음을 알려주는 징표도 아니다.

비즈니스와 브랜드는 사람과 함께 시작한다. 어떤 이들은 안정적인 구조에서 임금을 받는 직장인으로, 더욱 협동적인 조직환경 속에서 팀의 일원으로 사는 편이 나을 수도 있다. 그러한 삶도 사실 아무 문제가 없다. 단지 기업인이 되고, 차근차근 브랜드를 만들어가는 삶, 혹은 현재의 사업을 분리해서 더 나은 방향으로 다시 구축하겠다고 선택한 삶과는 어마어마한 차이가 있다. 그럼에도 불구하고 직접 비즈니스를

꾸리거나 브랜드를 만들고, 대차대조표와 씨름하며 살아가는 삶이 뇌리에서 떠나지 않는 사람이라면 그 두둑한 배짱을 무기로 리더의 길에 들어서보자.

본격적인 이야기에 앞서 인기 있는 것은 이 책에서 논하지 않겠다는 말을 하고 싶다. 인기는 사실 당신의 공구함에 꼭 필요한 공구가 아니다. 아니, 공구라고조차 할 수 없다.

시장에서 인기가 있는 브랜드는 구체적인 통계자료로 보았을 때 '인기가 없는 것'들이 대부분이다. 내 말을 믿지 못하겠다면 여론조사를 해서 응답자들의 반응을 살펴보기 바란다. 사람들에게 코카콜라와 펩시에 대해 어떻게 생각하는지 물어보라. 애플과 마이크로소프트에 대해 어떻게 생각하는지, 뉴욕 양키스와 보스턴 레드 삭스에 대해 어떻게 생각하는지 물어보라. 모두가 비스니스와 연관된 일을 하는 사람들에게 대단히 큰 힘이 될 만한 답변들이었다. 하지만 그 전에 '인기 있다고 생각되는 것'과 '진정으로 인기가 없는 것'에는 큰 차이가 있다는 사실을 알 필요가 있다.

인기가 없다는 것은 끔찍한 일이 아니다. '인기가 없다'는 것은 다음과 같이 풀어서 정리할 수 있다.

:: 다른 사람들이 두려워하는 아이디어를 포용하고 위험요소를 분석한다.

:: 목표고객들을 존중하고 그들의 목소리를 듣는 방법을 배운다. 인

기 있는 사람들은 너무 바빠서 목표고객들의 소리에 귀 기울이고 대화에 도움이 될 만한 유용한 정보를 가진 사람에 대해 생각할 겨를이 없기 때문이다.

:: 당신의 브랜드를 누군가가 이해해준다는 사실 하나만으로도 그 지지자들에게 열정을 다할 수 있다.

일부러 인기 없는 비즈니스나 브랜드를 구상한다는 것이 두려울 수도 있다. 그럴 때마다 이 책은 다음과 같은 질문에 대답을 들려줄 수 있는 막강한 도구가 되어줄 것이다.

"나는 내 열정을 목표고객들이 좋아하는 것에 쏟아붓고 있는가? 매일매일 못 견딜 정도로 그들과 정보를 나누고 싶은가? 그리고 그 일로 돈을 벌고 있는가?"

각 장의 끝에는 기업의 사례연구라 할 수 있는 〈생생 포커스〉가 실려 있다. 그것들은 당신이 만들고 싶은 비즈니스일 수도 있고, 이미 만들어진 비즈니스와 유사한 것까지 매우 폭넓고 구체적이다. 아마 당신은 이 책을 통해 한 번도 들어본 적이 없는 브랜드도 접하게 될 것이다. 그 브랜드를 접하지 않은 이유는 단순하다. 접하지 않아도 괜찮았기 때문이다. 그 브랜드들을 운영하는 사람들은 자신만의 브랜드를 잘 구축해서 고유의 영역을 지배하고 있다. 어쩌면 그들 브랜드가 당신이 훌륭하다고 인정하는 브랜드가 아닐 수도 있다. 우리는 이 책에 등장하는 브랜드들보다 자포스^{Zappos}, 사우스웨스트 항공^{Southwest Airline}, 디즈니Disney 등과 같은 거대 브랜드들을 자주 접했다. 어쩌면 그 거대 브랜드들을 모방하는 것이 이 책에 나오는 브랜드들을 모방하는 것보다 쉬울 수 있다. 하지만 당신이 짧은 기간에 성공할 수 있으려면 거대 브랜드와 인기 없는 브랜드 모두를 접하는 게 좋다.

지금 바로 시작하자. 이미 언급했듯이 브랜드를 구축하는 일은, 그 중에서도 인기 없는 브랜드를 구축하는 일은 어마어마하게 힘든 일이다. 하지만 꿈을 향한 열정과 끈기가 있다면 당신 자신과 목표고객들이 진정으로 좋아해주고 충분한 잠재수익을 창출해내는 비즈니스와 브랜드를 만들 수 있다. 반대로 실패한다면 일부 비즈니스들이 그러하듯 실패한 목표는 빨리 잊어버리고 다음 단계로 넘어가야 할 것이다. 이전보다 훨씬 더 현명하고 성숙한 리더의 모습으로 말이다.

CONTENTS

3 개성 있는 브랜드를 만들어라

4 고객의 접근성을 높여라

5 고객이 또 다른 고객을 불러오는 마케팅

6 적재적소에 적임자를 배치하라

The Power of UnPopular

1장

인기를 좇지 마라

—

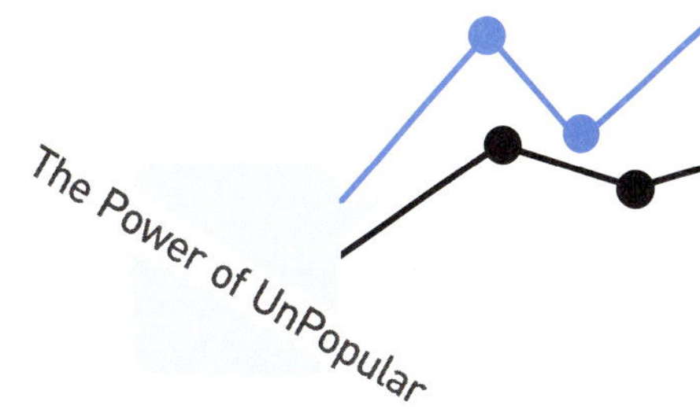

고등학교 시절을 돌이켜보면, 나와 내 친구들은 어떤 인기투표에서도 Top3에 뽑힌 적이 없다. 유일하게 인기가 치솟을 때는 시험기간뿐이었다. 반 아이들이 우리의 노트를 베껴 써서 공부해야 했기 때문이다. 내 친구들과 나는 치어리더였던 적도 없고, 인기 많은 운동선수였던 적도 없다. 대신에 우리는 운동부 친구들보다 학습 우수상을 더 많이 받았다. 우리는 댄스파티에도 우르르 몰려다니곤 했는데 남자들의 시선을 한 번도 끌어보지 못했다. 우리끼리는 나름대로 예쁘다고 칭찬했지만 우리 중 그 누구도 댄스파티에서 주인공이었던 적은 없었다.

그렇지만 지금 현재, 우리가 과거에 인기 없는 아이들이었다는 사실에 대해 신경 쓰는 사람은 아무도 없다.

당신은 학교에 다닐 때 발야구에서 누가 가장 먼저 선수로 뽑혔는지, 누가 가장 나중에 뽑혔는지를 기억하는가? 혹은 댄스파티에서 플라스틱 왕관을 썼던 사람이 누구였는지를 지금껏 신경 쓰고 있는가? 성인이 된 우리는 과거의 그런 나날들을 회상할 때 다소 경멸어린 시선으로 바라보곤 한다. 삶의 단순한 진리를 깨달을 수 있을 만큼 성숙했기 때문이다. 바로 '인기는 중요하지 않다'는 진리 말이다.

특정 목표고객에 집중하라

인기는 가장 나중에 추구하는 것이다. 우리도 경험했다시피 이 메시지는 학교 운동장이나 강당에서 통하기는 어렵다. 그러나 현명한 사업가들에게는 통한다. 크게 성공한 사람들은 인기를 가장 뒷전으로 본다. 그렇다고 살면서 주변 사람들에게 인기가 있는 게 잘못됐다는 말은 아니다. 다만 비즈니스를 할 때는 인기에 연연하면 안 된다는 말이다. 인기란 아무짝에도 쓸모없는 것이기 때문이다.

인기popular라는 단어의 사전적 정의를 보면 '어떤 대상에 쏠리는 대중의 높은 관심이나 좋아하는 기운'이라고 되어 있다.

대중이 좋아할 만한 사업이나 삶을 찾는 사람이라면 실망투성이의 삶을 살 각오를 해야 한다. 당신의 삶에서 가장 중요한 사람들을 생각해보라. 그 사람들의 버릇, 사소한 성격, 재능 등을 떠올려보라. 그들이 당신의 삶에서 의미가 있는 것은 장점이나 단점을 포함한 모든 것이 당신과 잘 맞고 당신에게 더 나은 가치를 선사하기 때문이다. 당신이 기억하는 것은 그들의 버릇이나 사소한 성격, 재능이지 일반인들의 모습을 평준화시킨 것 같은 평범한 대중의 이미지가 아니다.

성공한 사람들이나 기업들이 일반 대중을 별로 신경 쓰지 않는 이유는 그것이 쓸데없는 노력이라는 사실을 잘 알고 있기 때문이다. 성공한 기업은 일반 대중들이 아니라 특정 목표고객을 염두에 두고 그들에게 집중한다.

인기 없는 브랜드를 만드는 사람들은 새로운 접근경로를 모색한다. 최근의 기준을 채택하고, 그 기준들을 따로 분리해낸 후 그것들을 다시 재조합해서 남겨진 사람들 혹은 더 나은 것을 원하는 사람들에게 딱 맞는 브랜드를 만드는 것이다. 그리고 일반 대중들의 호감은 가장 나중에 추구한다. 인기 없는 브랜드를 만드는 사람들은 월마트조차 모든 사람들이 좋아하지는 않는다는 사실을 일찌감치 간파하고 있다. 인기가 없다는 것이 한편으로 두려운 일일 수 있다. 무언가를 싫어한다는 것이 어떤 변화를 가져오는지 알고 있기 때문이다. 또한, 사람들이 인기 없는 우리의 특별한 브랜드를 좋아할지 확신할 수도 없다. 어떤 이들은 싫어할 것이고 어떤 이들은 좋아할 것이 분명한데, 우리가 목표로 삼아야 할 고객은 물론 우리를 좋아해주는 사람들이다.

열정을 가지고 있는 일을 찾아라

인기 없는 학교생활 속에서 나는 썩 괜찮은 교훈 하나를 얻었다. 그 것은 어떤 일이 벌어지려고 할 때, 그 일을 실제로 만드는 주체는 전적 으로 나 자신이라는 사실이다. 가령, 최신 유행하는 청바지와 멋진 운 동화가 나를 취직시켜주지 않는다는 사실을 깨달았다. 그리고 이 세 상에서 가장 근사한 사람들은 계획을 현실로 만들어내는 사람들이라 는 것을 알게 되었다. 그들은 변화를 일으키고, 사람들의 생각을 바꾸 어 놓고, 광고 하나 하지 않고도 성공을 만들어내기도 했다.

역사를 통틀어 보더라도 이 사실은 증명된다.

토머스 에디슨^{Thomas Edison}은 정규 교육을 고작 몇 달밖에 받지 못했지 만 미국 역사상 가장 많은 발명품을 남긴 발명가가 되었다. 그의 이름 으로 낸 특허만 해도 1,093개다.

알베르트 아인슈타인^{Albert Einstein}은 1900년에 스위스 연방 공과대학을 졸업한 후 2년 동안 교사직을 구하려고 노력했지만 번번이 실패했다. 그러나 1921년에 노벨물리학상을 받았다.

그들이 '비범한' 업적을 남길 수 있었던 것은 돈이나 학문적 성취 혹 은 사회적 지위를 추구해서가 아니었다. 그들의 가슴 속에 내재된 그 무엇이 만든 결과였다. 17년 동안 나는 모든 사람이 살아가는 방식대 로 살려고 노력해왔고, '해야만 하는 것들' 중 하나를 성취하기 위해 애써왔다. 취직을 해야 하고, 승진을 해야 하고, 돈을 더 벌어야 하고,

근사한 차를 사야 하고, 은퇴 준비를 해야 했다. 그러나 그것들 모두가 내게 의미가 없다는 것을 깨달았다.

내가 진심으로 하고 싶었던 것은 다른 사람들에게 인기를 끌 만한 것이 아니었다. 나는 내가 진심으로 하고 싶었던 일을 하기 위해 기꺼이 위험을 무릅쓰고 싶었고, 문제를 해결할 수 있는 방안을 찾아내서 그것들을 글로 쓰고 싶었다.

결국 2007년 어느 날 나는 다른 사람들에게는 정말로 인기가 없을 결정 하나를 내렸다. 고액 연봉을 마다하고 네바다 라스베이거스에 있는 작은 광고 대행업체의 카피라이터 보조로 들어간 것이다. 그런데 아이러니하게도 내 인생에서 그때만큼 행복했던 순간은 없었다.

거의 같은 시기에 나는 블로그를 시작했고, 새 직장에서 맡은 업무의 일환으로 소셜 미디어의 세계로 빠져들었다. 그 속에서 나는 새로운 독자들을 발견했고, 그들과 새로운 대화를 나누기 시작했으며, 마케팅과 브랜드, 자신과 맞는 직장을 찾도록 도와주는 일에 이르기까지 다양한 일들을 하게 되었다.

소셜 미디어 활동을 계기로 나는 광고회사를 떠나 콜로라도 덴버로 가게 되었다. 내 고객이자 투자자인 부동산 관련 신생 업체에 취직을 하게 되었기 때문이다. 그리고 내가 그동안 해왔던 모든 프리랜서 업무는 외주로 주었다. 내가 꿈꾸던 삶을 살 수 있는 최초의 진짜 기회였기 때문이다. 글을 쓰고, 마케팅을 하고, 문제를 해결하는 등 모든 일을 도맡아 9개월 동안 하루도 쉬지 않고 일에 매달렸다. 그야말로 최선의 노력 그 이상을 했다.

그러던 어느 날, 두 달 넘게 월급을 받지 못했다는 사실을 깨달았다. 업체를 찾아가 밀린 임금을 요구했더니 회사 자금이 바닥났다는 대답이 돌아왔다.

그날은 목요일이었다. 그리고 다음 주 월요일, 아침에 눈을 떴을 때는 일하러 갈 곳이 없었다. 다른 곳을 알아봤지만 번번이 미끄러졌다. 다른 결정을 내려야 할 시점이 된 것이다. 나는 내가 가진 재산이 얼마나 되는지를 계산해 보았다.

돈? 피식 웃음이 나왔다. 이유야 뻔하지 않은가.

영업력과 마케팅 기술? 뭐, 나름 괜찮은 편이었다.

내 블로그와 소셜 미디어 활동에 동참하는 대중들? 이것도 괜찮은 편에 속했다.

말솜씨? 개중에서 가장 괜찮은 게 아닐까 싶었다.

나는 모든 사람들에게 적합한 인물은 아니었다. 그래서 두 개의 블로그와 소셜 미디어 등 온라인을 통해 만나는 사람들 중에 내게 적합한 사람들을 찾기로 결심했다. 나는 외주로 맡겼던 프리랜서 자리로 일단 후퇴했다. 인간관계를 쌓고, 하던 일을 계속했으며, 그 일을 하면서 매 단계에서 필요한 것들을 배워나갔다. 2009년 9월부터 2011년 초까지 나는 더 많은 고객들을 확보해나갔다. 그들은 나와 함께했고, 내가 정보를 나누어준 만큼 내게 정보를 공유해주었다. 내 브랜드는 비즈니스와 마케팅, 보편적인 삶에 대해 노골적인 시각을 지닌 믿을 만한 정보의 원천이 되었다. 이것이 가능했던 것은 세 가지 때문이었다. 고객, 내가 하고자 하는 일에 관해 정보와 의견을 기꺼이 나누려고 하는 고객들의 태도, 내 브랜드에 관해 샅샅이 알고자 했던 나의 노력, 이 삼박자가 잘 맞아 떨어졌다. 2011년 초에는 〈기업인Entrepreneur〉 잡지에 고정 칼럼을 의뢰받기에 이르렀다.

비즈니스가 실패한다면 어떻게 할 것인가?

"듣도 보도 못한 사람의 말을 우리가 왜 들어야 하지?"

좋은 질문이다. 심지어는 나조차도 내게 물어보았던 질문이다.

나 역시 당신들과 똑같다. 어쩌면 사람들은 자신과 다른 사람들에게 이런저런 충고를 듣는 데 염증을 느끼고 있는지도 모른다. 신문 헤드라인을 장식하고 싶은 열망이 있는 사람이건, 특정 분야에서 이름을 알리고 싶은 사람이건 간에 두 가지 목표가 있다. 그것은 비즈니스를 성공시키고, 우리가 살고 있는 공동체와 하나의 분야에서 필수불가결한 브랜드를 구축하는 것이다.

그러기 위해 나는 우리가 매일 보고 느끼는 인기 없는 브랜드의 저력을 당신에게도 알려주고자 한다. 또한, 사업을 할 때는 중도를 걷는 것이 최선이라고 믿는 사람들과 차별화할 수 있는 방법을 알려주고 싶다.

기분이 나쁠 수도 있는 질문 하나를 해보려 한다.

"지금 기획하고 있는 비즈니스나 프로젝트가 실패한다면 어떻게 할 것인가?"

찬물을 끼얹는 말일 걸 알면서 묻는 말이다. 사실 비즈니스를 하다 보면 실패할 가능성이 매우 크다. 미국에서만 해마다 70만여 개의 신생 업체들이 생겨난다. 미 중소기업청 통계에 의하면 이들 기업 중 2년 동안 살아남는 기업은 2/3이고, 4년 동안 살아남은 기업은 채 절반이 되지 않는다.

인생을 살다 보면 더러 실패할 일들도 하게 되는 것처럼, 비즈니스를 하다 보면 결국 실패할 비즈니스나 프로젝트를 시작하거나 실패할 아이디어를 실행하게 되는 경우가 있다.

비즈니스를 시작할 사람이라면 여유를 가질 필요가 있다. 실패는 통과의례이다. 되도록 빨리, 자주 실패를 배우고, 동시에 매번 다르게 배워야 한다. 그래야 아무 소득도 없는 진창에서 빨리 빠져나올 수 있고, 더 나은 비즈니스를 향해 나아갈 수 있다. 헤어짐이 영원한 이별이 아닌 것처럼 한 번의 실패가 하고자 했던 일을 영원히 못하게 된다는 의미는 아니다.

그렇다면 인기를 좇아서 만든 비즈니스와 인기 없는 브랜드의 저력을 알고 있는 사람에게 이러한 사실은 어떻게 적용될까?

인기를 좇는 비즈니스를 하는 사람은 꼭 실패하게 되어 있다. 그리고 그 실패는 매번 똑같이 반복될 것이다.

왜 그럴까? 그것은 매번 같은 길을 가기 때문이고, 누군가 이미 갔던 길을 그대로 답습하기 때문이다. 그 길에는 혁신이 없다. 왜 그 길을 가는지에 대해 그 누구도 설득하지 못한 채 그저 나도 따라가겠다는 생각만 있을 뿐이다.

또한, 당신이 적절한 고객들을 상대로 인기 없는 비즈니스를 구상한다 해도 실패할 가능성은 있다. 하지만 당신이 겪는 실패는 매번 다를 것이다.

왜 그럴까? 매번 생각하고, 만들어내고, 사전대책을 강구하고, 열정적으로 자신의 이상을 추구하기 때문이다.

자, 그렇다면 두 가지 모델 중에 하나는 실패할 수밖에 없고, 나머지 하나는 성공의 기회가 있다는 결론이 떨어진다. 당신은 이 중에서 어느 모델을 택하겠는가?

해리포터 열풍, 아무도 상상하지 못했다!

실패를 따뜻하게 안아주자. 매일 밤 침대 곁에 실패를 두고 부드럽게 어루만져주자. 그리고 되도록 실패와 친해지자. 그러면 실패가 두려워 오직 상상만 해오던 것들을 실행에 옮길 수 있게 된다.

인기 없는 브랜드가 미움을 받는 것이 아니라는 사실을 이해한다면 당신이 만들고자 하는 비즈니스에 가장 적합한 목표고객이 누군지도 파악할 수 있다. 다음과 같이 할 경우 어떤 일들이 일어날 수 있는지를 생각해보자.

::당신과 당신의 제품, 서비스를 절대 좋아하지 않을 사람들을 기쁘게 해주기 위해 쏟고 있던 노력을 멈춰라.

::이미 해당 분야의 일을 해오고 있던 사람들에게 더 많이 배워라.

::인기 있는 사업의 신화에 매달려 운을 시험하지 말고 목표고객들을 위한 비즈니스를 구축하는 데 100퍼센트의 노력을 쏟아라.

조앤 K. 롤링^{Joan K. Rowling}이 지금은 작가 지망생들과 마법을 좋아하는 사람들의 꿈일지 몰라도 그녀의 삶은 원래 꿈과는 거리가 멀었다.

롤링은 어머니를 잃고 실의에 빠졌다가 몇 년 후 결혼을 했으나 이혼하고 홀로 아이를 키우며 정부보조금을 받으며 근근히 살아가고 있었다. 해리포터 시리즈를 구체화시키는 데만도 수년이 걸렸고, 12군데의 출판사로부터 거절을 당했다. 그러다가 드디어 기회가 찾아왔다. 계약금이 달랑 1,500파운드였지만 1996년에 첫 원고 출판 제의를 받은 것이다.

그런데 지금은 어떤가? 해리포터 시리즈 중 최근에 나왔던 4권은 연달아 역사상 가장 빨리 팔린 책으로 기록을 세웠다.

우리가 하고 싶은 일이 인기가 없는 일일지도 모른다. 대부분의 경우에 별 볼 일 없는 일로 끝나는 게 사실이다. 솔직히 말하면 전 세계적인 열풍에도 불구하고 나는 2011년까지도 해리포터 시리즈를 한 권도 읽지 않았었다. 하지만 어떤 것에 대한 이야기를 끊임없이 듣게 될 때가 있다. 사람들이 그 이야기를 도통 멈추지 않기 때문이다. 2011년 어느 날 내가 끝내 해리포터의 첫 페이지를 열게 된 것도 바로 그런 이유에서였다.

이런 것이 바로 좋은 브랜드를 만들기 위해 노력해야 할 일이다. 우리 제품을 절대 좋아하지 않을 사람들이나 힘들게 설득해야 하는 사람들이 있더라도 우리 브랜드를 따르고 주변 사람들과 공유하는 사람들에게는 순전한 즐거움을 주어야 하는 것이다.

현재 비즈니스나 프로젝트의 규모가 어느 정도인지, 장차 어느 정도로 성장할지는 중요하지 않다. 브랜드 지지자는 말 그대로 브랜드를 지지해주는 사람들이다. 인기 없는 브랜드의 힘은 당신이 하는 일을 좋아해줄 사람들의 지지와 지지자들을 찾아내는 당신의 노력에 달려 있다. 해리포터가 세상에 나오자마자 폭발적인 인기를 누린 게 아닌 것처럼 훌륭한 브랜드로 성장하려면 꽤 긴 시간이 걸린다. 왜냐하면 목표고객을 찾고, 메시지를 다듬고, 다른 사람들은 외면해도 당신의 고객들은 늘 당신을 바라볼 수 있도록 만드는 데는 시간이 필요하기 때문이다.

물론 이런저런 이유로 혹은 나처럼 아무 이유 없이 해리포터를 싫어하는 사람들도 있다. 당신이 만들 브랜드에도 정당한 것이든 부당한 것이든 비판이 따를 것이다.

인기 없는 브랜드에 접근하는 법

인기가 없다는 말은 다른 사람들을 불쾌하게 하거나 헐뜯거나 고래고래 소리를 지르는 행동을 의미하는 것은 아니다. 다음은 인기 없는 브랜드를 만들기 위해 당신에게 필요한 원칙이다.

:: **겸손** _ 모든 일을 혼자 할 수는 없다. 하나에서 열까지, 모든 과정마다 혼자가 아닌 팀이 필요하다는 사실을 빨리 인정할수록 결과는 더욱 좋아질 것이다. 도움을 요청하라. 당신이 모르는 부분이 무엇인지를 파악하고, 고맙다는 말을 자주 하라. 그리고 당신이 틀렸을 때 그 사실을 인정하기를 두려워하지 마라.

:: **배제하면서 포함시켜라** _ 훌륭한 비즈니스와 훌륭한 브랜드를 만드는 일은 단지 독보적이라고 해서 되는 것이 아니다. 당신이 내리는 비즈니스의 결정에 영향을 받을 사람들을 포함시키려고 노력하면 할수록 그들에게 더 나은 서비스를 제공하는 방법을 명확히 깨닫게 된다. 기술 의존적이고, 사람들의 추천이 중요한 기업문화에서는 소비자들이 발언권이 있다고 생각되는 브랜드와, 자신들의 소리를 진정으로 '들어준다'고 생각되는 브랜드에 몰리게 되어 있다. 그리고 명심해야 할 사실 하나는 모든 브랜드가 본래 누군가는 배제하기 마련이라는 것이다. 그리고 그렇게 배제된 사

람들을 찾아내는 것이 우리가 해야 할 일이다.

:: 목표 _ 목표는 동기부여의 이유이자 길을 안내하는 나침반이다. 따라서 비즈니스의 결정을 내리도록 만드는 목표를 제대로 이해하는 일은 대단히 중요하다.

인기가 없는 사람은 무도회 날짜를 손꼽아 기다리거나 달력에 특별한 주인공이 될 날을 표시할 일이 없다. 그로 인해 경쟁자에게는 없는 힘을 가지고 보다 편안해질 수 있다. 이 세 가지 원칙들을 준수한다면 인기 없는 브랜드가 되기 위한 다음 방법들이 우리를 어떻게 더 발전시키는지, 또 그로 인해 어떻게 더 나은 비즈니스가 만들어지는지를 알 수 있다.

:: 인기 없는 사고를 하는 사람들은 순한 양을 싫어한다 _ 이 말은 근시안적인 사고방식을 가진 순한 양을 싫어한다는 말이다. 당신이 혁신적이고 창의적인 기준을 만들고 기존의 기준을 파괴하는 이유는 더 나은 해결책을 알고 있기 때문이며, 아직 발견하지 못했지만 당신이 알아봐주기를 바라는 목표고객들을 파악하고 있기 때문이다. 당신이 관습적인 문제에 얽매이지 않은 해결책을 찾는 이유는 늘 자신의 생각을 제안하지 못하도록 막는 인기 있는 사고방식의 달콤한 함정을 잘 알고 있기 때문이다.

:: **인기 없는 브랜드는 비판을 즐긴다** _ 건설적인 비판은 포용하라고 했던 말을 기억하는가? 인기가 없으면 쏟아지는 비판을 자신에게 좋은 방향으로 바꿀 수 있는 힘이 생긴다. 이 부분은 이야기가 한참 길어질 듯하다. 따라서 뒤에서 자세히 다루도록 하겠다.

:: **인기 없는 브랜드에는 예비계획이 없다** _ 도약을 두려워하면 그 두려움이 결정의 순간마다 발목을 잡는다. 우리가 실패에 관해 숨김없이 적나라하게 이야기를 했던 것도 이런 이유 때문이다. 헌신적인 노력은 거짓으로 흉내 낼 수 없다. 그리고 인기 없는 브랜드는 이런 노력이 아주 많이 필요하다. 인기 없는 사고를 하는 사람들은 틀에 얽매이지 않고 일을 하며 자신이 좋아하는 일에 모든 것을 아낌없이 투자한다.

인기 없는 전략은 오랜 세월 동안 만들어 온 인기 있는 엉터리 전략보다 훨씬 막강하다. 인기 없는 전략들은 더 나은 비즈니스 구축에 훨씬 더 많은 도움을 주며 열렬하고 충성스러운 고객을 만드는 방법에 관한 한 그 어떤 MBA과정보다 훨씬 더 많은 전략을 제공한다.

그렇다면 인기 없는 브랜드를 만들려면 어떻게 해야 할까?

성공하는 브랜드를 만드는 요소들

시장에서 오랫동안 성공 가도를 달리고 있는 브랜드들을 보면 모두 5가지 요소들을 숙지하고 매일 행한다. 덴버 주에서 내가 가장 좋아하는 음식점에서부터 대중문화의 선도에 서 있는 브랜드에 이르기까지 그 크기나 규모와 상관없이 모두 이 요소들을 충족시키고 있다. 브랜드들이 그것들을 숙지하고 있는지 아닌지는 중요하지 않다. 또한, 마지못해 그냥 따라하는 시늉을 하는 것인지 아닌지도 크게 중요하지 않다. 성공한 브랜드는 자체 브랜드 문화 속에 이 요소들을 촘촘히 짜 넣고 있다. 그 5가지 요소는 다음과 같다.

:: **브랜드의 특성** _ 브랜드는 사물이 아니라 인간이다. 비즈니스는 인간과 인간이 하는 것이다.

:: **접근성** _ 목표고객들이 당신의 브랜드에 대해 이야기를 할 정도로 인지도가 높지 않다면 당신이 만든 브랜드의 특성에 관해 다시 생각해보아야 한다.

:: **공유성** _ 브랜드의 성격은 사람들이 삶 속에서 그 브랜드를 어떻게, 왜, 얼마나 자주 공유하는지를 결정한다.

:: **확장성** _ 인기 없는 브랜드들은 인프라 구축에 신경 쓴다. 목표고객들이 공유하고 싶어할 만한 접근성 좋은 브랜드의 특성을 만들기 위해 노력한다면 반드시 성공할 것이며, 성공에 대처할 능력

또한 갖추게 될 것이다.

:: **수익성** _ 목표고객에 투자도 하고 있고 입소문도 퍼지고 기업도 성장했다. 그리고 성장세를 뒷받침해줄 인프라도 구축했다. 자, 이제 당신이 만든 브랜드가 지속적으로 수익을 창출할 수 있도록 이 상태를 확고히 유지할 수 있는 방법을 찾아야 한다. 그것은 감성적 수익과 실질적 수익과 밀접한 관련이 있다.

무엇을 성취하건 간에 성공을 결정짓는 요소는 당신 자신과 시장, 그리고 당신의 엄청난 인내심이다. 이 책은 브랜드가 확고한 위치에 이를 때까지 사용할 도구들을 제공하고, 다음과 같은 비즈니스를 구축하기 위해 차근차근 다져야 할 기초들을 알려줄 것이다.

:: 경제 변화에 유연하게 대처하는 비즈니스
:: 쓸데없는 헛소리들은 무시하고 목표고객들의 소리에만 집중하는 비즈니스
:: 목표고객들이 고마워하고, 공유하고, 지속적으로 애용할 브랜드로 출발하는 비즈니스
:: 자신이 사랑하는 일을 하기 때문에 웃지 않는 날보다 웃는 날이 더 많은 비즈니스. 규모가 얼마나 되는지, 직원 수는 몇 명인지 혹은 신문 헤드라인을 장식하는지 아닌지는 중요하지 않다.

지금까지 나는 돈을 버는 부분에 관해서는 언급하지 않았다. 그리고 이 책을 덮을 때까지도 돈에 관한 언급은 없을 것이다. 그러니 많은 돈을 벌어서 남는 돈을 은행 금고에 숨겨둘 수 있으리라고 기대하는 사람이 없기를 빈다. 수익성을 다루고 있는 부분에서조차 돈을 많이 버는 이야기보다는 어느 날 문득 일어나 자신이 무임금으로 일하고 있음을 깨닫는 불상사가 없도록 하기 위한 비즈니스를 만드는 이야기를 훨씬 더 많이 할 것이다. 사업을 하면서 버는 돈은 훌륭하게 비즈니스를 하고 생기는 부산물 같은 것이다. 그리고 모든 인기 없는 브랜드는 그러한 비즈니스를 구축하기 위한 것이다.

헨리 데이비드 소로Henry David Thoreau는 문학가이기도 하지만 '부'에 대한 새로운 시각을 들려주었다. 그는 이런 말을 남겼다.

"없어도 될 것이 많을수록 부유한 사람이다."

내가 비즈니스를 하는 것도 이 때문이다. 없어도 될 만한 수단들을 알기 위해서다. 내버려둘 수 있는 것은 무엇인지 혹은 책임을 져야 하는 것은 무엇인지를 결정하는 것 역시 인기 없는 비즈니스가 짚어야 할 내용이다. 그것이 결국은 우리 모두가 시간을 벌 수 있고 좋아하는 일을 하는 데 시간을 쓸 수 있는 방법이다. 시간을 버는 데 돈을 쓰지는 못하지만 시간과 돈을 벌어다 줄 비즈니스는 가능하다.

그 다음 단계는 인기 없는 비즈니스를 실제로 현실화시키는 일이다. 나는 당신이 노심초사하리라는 사실을 잘 알고 있다. 하지만 우선 오하이오Ohio 주에 있는 키드런Kidron 지역을 한번 살펴보자. J. E. 리먼 이야기를 들려주기 위해서다. 리먼의 부모님은 아마 그에게 살면서 하고 싶은 일이 무엇인지를 찾으라고 가르쳐주셨을 것이다. 그리고 그는 그 가르침을 실천에 옮겼다.

할리우드에서도 찾아오는
철물점

오하이오 주에 있는 키드런은 600여 명 남짓한 사람들이 살고 있는 작은 마을이다. 시민전쟁(1861년) 시대 이전에 세워진 건물들 사이로 3,900㎡ 크기로 거대하게 뻗어있는 철물점이 있는데, 이곳은 매년 50~75만 명의 사람들이 찾는 명소이다.

철물점에서는 전구보다는 기름램프 같은 것들을 판다. 이곳에는 17가지의 버터색 페인트보다 버터를 만들 때 사용하는 버터 교반기들이 훨씬 더 다양하게 구비되어 있다. 이곳에는 특정 시대의 아날로그적 감성이 묻어 있는 제품들이 많아서 할리우드 영화 소품으로도 납품하는 제품들을 팔고 있다.

이 모든 것은 리먼의 부모님이 그에게 어떤 일을 할 것인지를 물어본 데서 시작되었다.

철물점을 차리다

키드런은 1800년대 초반, 종교의 자유를 찾아 미국으로 건너온 스위스 메노파 교도들이 정착하면서 만들어졌다. 주변 마을들은 아미시 Amish(17세기 이후 종교탄압을 피해 유럽에서 온 스위스-독일계 이민교도들로, 자동차나 전기 등의 현대 문명을 거부하며 미국 펜실베이니아 주와 캐나다 온타리오 주에 거주한다 — 옮긴이)를 비롯한 비슷한 종교집단과 농사를 짓는 마을들로 둘러싸여 있다. 여느 작은 마을들이 그러하듯 키드런에도 작은 철물점이 하나 있었다. 이 철물점은 1915년에 문을 열었다. 철물점은 난방유부터 시작해서 닷지Dodge 트럭에 이르기까지 온갖 종류의 물건을 팔았다. 불과 몇백 명 남짓한 주민들이 자급자족의 신조를 지키며 살던 터라 종류별로 하나 이상의 상점은 필요로 하지 않던 시대였다.

이 철물점이 처음부터 리먼의 것은 아니었다. 1955년 리먼은 메노나이트 교의 선교활동으로 해외자원봉사를 마치고 키드런으로 돌아왔다. 얼마 지나지 않아서 그는 농사가 자신의 적성에 맞지 않는다는 사실을 깨달았다. 그의 부모는 농부가 되지 않는다면 무얼 해서 먹고 살 것인지를 물었다. 기나긴 고민 끝에 리먼은 마을 철물점을 인수하고 싶다는 결정을 내렸다. 아버지는 그의 결정을 지지했고 철물점을 매입할 돈도 빌려주었다. 이때부터 오하이오 주 키드런에 있는 그 철물점이 리먼의 소유가 되었다.

오하이오 주 계곡 인근 마을에 아미시 교도들이 늘어나면서 리먼은 늘 단순한 삶의 방식을 동경했다. 아미시 교도들은 견실한 농업문화에 깊은 가치를 두고 있었으며, 2차 세계대전 이후 빠르게 보급된 전기 등과 같은 현대 기술을 멀리했다. 리먼은 그의 세대에서 즐거이 누리던 문화들, 즉 아미시 공동체의 자급자족 문화를 후대가 누리지 못하게 된다면 매우 부끄러울 것이라고 생각했다. 그래서 그는 아미시 교도들을 철물점의 목표고객으로 포함시켰다. 그는 아미시 교도들에게 필요한 모든 물건을 갖춘 철물점을 만들기 위해 무엇이든 할 각오가 되어 있었다.

하지만 철물점에 대한 열정에도 불구하고 매출이 신통치 않았다. 매출이 지나치게 부진하다 보니 자신에게 상점을 인수할 돈을 빌려주었던 아버지를 고용하는 상황까지 몰렸다. 그는 아버지에게 상점을 맡기고 자신은 아버지에게 빌린 돈을 갚기 위해 학교 통학버스를 운전했다. 그리고 현대 문명의 이기(利器)를 피하려는 사람들에게 필요한 물건을 공급하는 일을 계속하기로 결정했다.

그가 선택한 길은 전문 직업상담사라면 절대 제안하지 않았을 길이다. 그리고 비스니스를 구축하기 위해 많은 사람이 선택하는 인기 있는 길도 분명 아니었다.

철물점은 꾸준하긴 하지만 매우 더디게 성장하는 사업이다. 1960년대 초 리먼은 선교단체로부터 2년 동안 아프리카에 머물며 여행사를 열라는 사명을 받고 아프리카로 떠났고, 그 기간 동안 철물점을 지킬 직원을 고용했다. 하지만 애초 계획했던 2년이 4년이 되고 6년이 되더니 마침내 10년이라는 세월이 훌쩍 흘러버렸다. 해외생활을 마치고 다시 고향으로 돌아왔지만 마을은 전혀 변함이 없었다. 사람들은 전기가 거의 없는 세상, 전력 공급원이 있다손 치더라도 의존할 만한 전력은 없는 그런 세계에 살고 있었다.

운과 시기가 맞아떨어지다

1970년대 초, 리먼은 선교활동을 마치고 다시 철물점으로 돌아왔다. 그는 "훌륭한 사업체가 되려면 두 가지가 뒤따라야 한다. 바로 운과 적절한 시기다"라고 말했다.

1973년 그의 철물점에 운과 적절한 시기가 동시에 찾아왔다.

리먼은 장작을 태워 음식을 조리하는 조리용 난로를 구입하기 위해 공급처를 수소문했다. 조리용 난로는 그가 자주 애용하는 도구였다. 하지만 그가 원하는 제품을 더 이상 판매하는 곳이 없었다. 리먼은 아미시 교도들이 사는 마을에서는 이 도구가 생활필수품이라는 사실을 잘 알고 있던 터라 이 제품을 지속적으로 확보할 수 있는 방법에 대해 수소문했다. 그러던 중 한 공급처에서 그가 3년 치 제품을 구매해야 한다는 조건을 제시했다.

정상적인 사고방식을 가진 사업가라면 이 제안이 불합리하다고 생각했을 법도 한데 리먼은 단 일 초도 망설이지 않고 그렇게 하겠노라고 대답했다. 그리고 살고 있던 집을 담보로 두 번째 대출을 받았다. 그리고는 3년 동안 팔 난로를 구매해 창고에 넣었다.

그런데 바로 이 시기에 석유수출기구OPEC에서 석유 수출 금지조치를 내렸다. 이로 인해 원유 가격이 배럴당 3달러에서 12달러까지 치솟았다. 게다가 휘발유와 난방용 기름값에도 할증이 붙었다.

리먼이 구비해둔 3년 치 분량의 난로들은 단 6개월 만에 모두 팔렸다. 운과 시기가 모두 맞아 떨어진 것이다. 하지만 소 뒷걸음질 치다 얻은 이런 횡재에 만족한다면 진정한 기업가라 할 수 없을 것이다. 리먼은 이미 다음 단계로 나아갈 준비를 하고 있었다. 그는 난로 판매로 생긴 수익을 고스란히 다음 비즈니스에 투자했다. 리먼의 철물점에는 이제 키드런과 인근 마을뿐 아니라 멀리 펜실베이니아 주에서까지 사람들이 찾아오고 있었다. 그들은 물론 모두 전기를 사용하지 않는 구식 제품을 찾는 사람들이었다.

인터넷 판매를 시작하다

1973년 석유파동 이후 리먼에게는 많은 일들이 일어났다. 석유파동이 일어나고 얼마 되지 않아 리먼은 제품 카탈로그를 구비했고 이를 기반으로 우편주문 체계를 구축할 수 있었다. 우편판매를 통해 전국 각지로 배달을 하면서 판매량은 폭발적으로 늘어났다.

리먼이 2차 세계대전 기간과 그 이후에 아프리카에서 선교활동을 했던 것을 기억하는가? 전기에 의존하지 않는 아프리카에서의 경험은 그의 사업에 큰 도움을 주었다. 리먼은 여전히 전기시설이 제대로 들어서지 않은 지역에서 선교를 하는 사람들과 유대관계를 유지하고 있었고, 그들은 그 지역에서 구할 수 없는 물건들을 리먼의 가게에서 구입했다.

1980년대 후반에서 1990년대로 넘어가면서 리먼의 아들 갈렌은 선교사들 간의 유대관계가 국제적으로 활용될 수 있다는 이야기를 듣게 되었다. 갈렌은 자연스럽게 아버지에게 인터넷 이야기를 꺼냈다. 갈렌 역시 아버지와 같은 기업가정신이 있었던 모양이다. 대부분의 사람들이 인터넷에 회의적이던 시기였으나 리먼은 인터넷을 통한 제품 판매를 시작했다. 그리고 오늘날까지도 리먼의 웹사이트는 국내 수요자들뿐 아니라 오하이오 주의 작은 철물점을 찾는 전 세계의 충직한 고객들을 위해 운영되고 있다.

진정성을 추구하다

1998년과 1999년은 Y2K(일명 밀레니엄 버그로 컴퓨터가 2000년 이후의 연도를 제대로 인식하지 못하는 결함으로 대혼란이 예상되었으나 큰 이변 없이 무사히 지나갔다 — 옮긴이)에 대한 공포심이 극에 달했던 시기다. 그것은 지극히 한정된 고객만을 목표로 삼고 있는 듯 보였던 리먼의 사업을 확대 성장시키는 또 하나의 거대한 도화선이 되었다. 2000년에 접어들어 컴퓨터가 마비되면 유용하게 사용될 제품들과 도구들이 리먼의 상점에 있다는 사실이 미국 내 다수의 사람들에게 알려진 것이다. Y2K가 닥치기 전 2년 동안 리먼의 철물점에는 수십 대의 전화기들이 쉴 새 없이 울려댔다. 각 제품들의 사용법을 묻는 고객들의 질문과 컴퓨터 시스템이 먹통이 될 경우 어떤 제품을 사용해야 하는지를 묻는 고객들의 질문에 답하느라 직원들은 눈코 뜰 새 없이 바빴다. 이 정신없는 시기를 겪고 새로운 손님들의 관심을 받다 보니 리먼과 그의 아들 갈렌과

딸 글렌다는 이런 생각을 하게 되었다.

'사람들에게 우리가 판매하는 모든 제품들의 사용법을 보여주면 어떨까?'

이로써 그들은 다시 한 번 도약의 발걸음을 내딛게 되었다. Y2K의 막연한 위협으로 필요한 것을 직접 만들어 쓰는 DIY 생활방식은 바야흐로 전성기를 맞게 되었고, 고객들은 리먼이 알려주는 각 제품들의 사용법에 열렬한 관심을 보였다. 리먼이 발견한 '오래된 물건들'을 사용하는 새로운 접근방식은 원래 목표고객으로 삼았던 사람들보다 현대적인 삶을 살아가는 일반인들에게 훨씬 더 효과적이었다.

Y2K는 무사히 지나갔다. 당시 상점 내 분위기를 글렌다는 이렇게 묘사했다.

"상점이 하도 한가하다 보니 이쪽 끝에서 저쪽 끝으로 야구공을 던져도 공에 맞는 손님이 없을 정도였어요."

이 상황에서 리먼은 어떤 선택을 했을까? 그는 다른 사람들이라면 절대 하지 않았을 방법을 선택했다. 사업 확장을 결정한 것이다. 그에 대해 글렌다는 이렇게 말했다.

"우리는 이 시장이 포화상태가 된 것인지 아닌지를 자문해봤어요. 우리 제품이 정말로 고객들에게 두루두루 영향을 미쳤는지를 말이죠. 우리 상점이 이렇게 조용하다면 Y2K 당시 사람들에게 우리 제품을 사용하는 법을 알려주는 것보다 더 나은 일을 해야 했던 것은 아닌지 등의 고민들이 끊이질 않았죠."

리먼은 목표를 계속 유지했다. 리먼의 상점 진열장에서 고객들과 방문객들은 실제 버터 교반기에서부터 손으로 두드려 만든 5,000달러짜리 구리 욕조, 초창기 형태의 8,000달러짜리 자전거에 이르기까지 갖가지 물건들을 볼 수 있다. 리먼의 상점은 그저 향수에 젖은 사람들만을 위한 공간이 아니다. 리먼이 애초에 비즈니스 목표로 정했던 역사의 산 증거가 숨쉬는 공간이다.

"선반에 있는 버터 교반기는 버터를 직접 만들 수 있는 제품입니다. 원한다면 이것을 꽃병으로 써도 손색이 없겠지만요. 우리가 파는 모든 제품들은 제 기능을 다하는 물건들입니다."

글렌다는 실제로 버터 교반기를 꽃병으로 사용하고 있다. 물론 가끔 버터를 직접 만들기도 한다. 유행어처럼 들릴지 모르겠지만 리먼은 '진정성'을 성취했다. 리먼의 제품들, 직업윤리, 고객의 소리를 포용하는 자세 등은 그의 진정성을 단적으로 보여준다. 리먼 일가는 굳이 옥상 꼭대기에 올라가 자신들이 누구인지, 어떤 신념으로 살아가는지 알아달라고 외칠 필요가 없었다.

인기 없는 것을 사랑해줄 대상을 찾아라

지금 우리는 인기에 대해 다시 생각해보아야 할 때다. 비즈니스 세계에서 가장 영리한 사람들은 인기 없는 것들의 시장을 개척한다. 또한, 보통 사람들이라면 절대로 이해하지 못할 것들을 간파한다. 기업을 설립하고 성장시키고 운영하는 것은 물건을 파는 것보다 목표고객들과의 유대관계를 맺는 일과 더 밀접한 관련이 있다.

리먼은 어떠한가? 그는 그런 일에 헌신적이었다. 그가 단 한 번이라도 9,300㎡에 달하는 물류창고를 소유하고 자신의 이름을 단 3,900㎡의 거대한 상점의 소유주가 될 것이라고 상상이나 했을까? 할리우드와 전 세계가 '찾다 찾다 더 이상 못 찾는 물건을 찾으러 가는 상점'의 운영자가 되리라고 생각을 했을까? 전혀 아니다. 그는 그저 '오래된 물건들'을 좋아하고 다음 세대들을 위해 정말 귀한 것들을 지키고 전해주는 역할을 하고 싶었을 뿐이다. 그는 고객의 소리에 귀 기울이고 오래된 물건들이 그들의 현대적인 삶을 만족시킬 수 있는 방법들을 찾아냈을 뿐이다.

적당한 고객들(당신이 제공하는 것을 원하지도, 필요로 하지도, 이해하지도 않는 사람들)에게 인기가 없는 것들이어야 마침내 당신의 브랜드를 좋아하고 당신의 상점 앞에 긴 줄을 서게 될 사람들이 생길 수 있는 기회를 제공한다. 리먼은 이따금 철물점 주차장에 늘어선 자동차들의 번호판들을 둘러 본다. 2010년 추수감사절 연휴 이후 첫 금요일, 1년 중 쇼핑몰들이 가장 붐비는 날 역시 주차장에 늘어선 차들의 번호판을 살펴보았다. 그날 그는 32개 주의 번호판들을 보았다.

자, 그러니 리먼처럼 지금은 인기 없는 것으로 비즈니스를 시작해보자. 그 첫 번째 단계는 이 인기 없는 것들을 사랑해줄 고객을 찾는 일이다(강조하건대 '절대로' 모든 사람을 그 대상으로 삼아서는 안 된다). 브로드웨이의 텅 빈 공연장에서 공연을 할 수는 없는 일이니까.

The Power of UnPopular

2장

목표고객을 파악하라

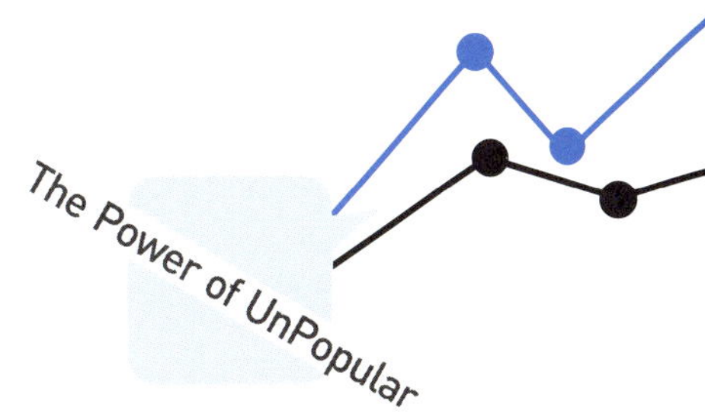

아직까지 랜디 포시Randy Pausch라는

이름을 들어보지 못했다면 당신은 정말로 중요한 기회를 놓치고 있
는 것이다. 당장 유튜브YouTube에 접속해서 검색창에 "랜디 포시의 마지
막 강의"를 검색해보라. 그 강의 동영상을 보는 76분 동안은 아무 일
도 하지 말기 바란다. 그리고 가능하다면 동영상을 본 후 60분 동안
은 아무 일정도 잡지 마라. 강의를 찾아볼 당신을 배려하는 차원에서
여기서는 강의내용은 건너뛰고 랜디 포시의 이야기만 하려 한다.

랜디는 컴퓨터공학 교수이자 가상현실 분야에서 선구자적인 인물
이다. 그는 2006년에 췌장암 진단을 받았다. 췌장암의 생존율이 희박
하다는 사실을 받아들인 그는 남은 시간 동안 무엇을 할 수 있을지를

찾는 여정에 들어갔다. 카네기 멜론 대학에서는 은퇴하는 교수들에게 마지막 학기에 강의할 기회를 주는 관례가 있는데 그에게도 '마지막 강의과정'을 제안해왔다. 과목의 주제는 '곧 죽게 된다는 것을 알게 된다면 당신은 학생들에게 어떤 이야기를 해줄 것인가?'였다. 랜디는 어떤 교수도 하지 못한 훌륭한 강의를 했는데, 강의 주제가 그의 현실 상황을 그대로 말해주고 있었기 때문일 것이다.

그는 무중력 상태에서 걷기부터 월트 디즈니의 기획자에 이르기까지 어린 시절의 꿈을 이루는 데 자신의 삶을 바쳐 왔다. 그리고 자신이 꿈꿔왔던 것들을 추구하는 과정에서 다른 사람들, 즉 학생들이 꿈을 이루어가는 환경을 만들어주는 것을 큰 즐거움으로 삼았다. 복수전공 프로그램, 학부간 교차 프로그램 등은 젊은이들이 미래를 대비하여 새롭게 성장할 수 있도록 그가 창시한 틈새교육 프로그램이다. 2008년 카네기 멜론 대학의 졸업식에서 그는 이렇게 말했다.

"청중의 규모는 중요하지 않습니다. 중요한 것은 청중들이 진정으로 여러분의 말에 귀 기울이고 있다는 사실입니다."

기업가들뿐 아니라 랜디 포시 같은 학계의 선두주자들도 '틈새시장'의 중요성을 잘 알고 있었다. 그들은 변화를 이루어내기 위해 우리가 해야 할 것들을 간파하고 있는 것이다.

:: 해결하고자 하는 문제를 규정하라.

:: 문제를 해결해야 할 필요가 있고, 당신이 내놓은 최후의 해결책

에 고마워할 대상이 있다는 사실을 인정하라.

:: 당신이 하는 일이 무엇인지, 왜 그 일로 그렇게 골머리를 썩고 있는지 이해하지 못하는 사람들이 적지 않음을 명심하라.

:: 당신이 내놓은 해결책에 고마워할 사람들에게 그들이 이해할 수 있는 방식으로 설명하라. 궁극적으로 당신이 내놓은 해결책은 그들이 채택하지 않으면 무용지물이기 때문이다.

목표고객을 최우선 순위에 두고 일에 착수하라. 랜디 포시도 말했듯 청중의 규모는 중요하지 않다. 중요한 것은 그들이 당신 말에 귀 기울이고 있다는 사실이다. 무엇보다 당신이 누구에게 이야기하고 있는지를 알지 못한다면 당신의 말을 들어줄 사람들을 확보할 수 없다.

목표고객을 확보하는 과정을 4단계로 세분화해서 살펴보도록 하겠다.

:: 기업의 존재이유를 명확히 하라.

:: 이 사업으로 누가 이익을 볼 것인지와 당신이 제공하는 것을 원하는 사람들이 누구인지를 파악하라.

:: 당신의 브랜드 구축에 도움을 줄 수 있는 사람들을 찾아라.

:: 브랜드와 관련된 스토리텔링의 중요성을 알아야 한다. 고객들이 듣고 싶어하는 스토리를 말하는 법을 배워서 어떻게 이용할지를 알아야 한다.

본격적인 이야기에 들어가기 전에 하나 짚고 넘어갈 것이 있다.

제품은 제품다워야 제품이다. 기계 등과 같은 '제품'으로 사업을 하는 사람들은 물질적이고 지적이며 실질적이어야 한다. 무엇보다도 제품의 견고성이 보장되어야 한다. 아무리 브랜드를 잘 만들고, 인기 있는 것으로 만든다 해도 그것이 형편없는 제품이라면 오랫동안 잘 팔수 있는 방법이 없다. 5년, 10년, 20년 동안 비즈니스를 유지하고 싶다면 제품이 그만한 가치가 있어야 한다는 말이다.

모든 것이 다 들어있는 상자를 가지고 시작하는 비즈니스는 없다

하나의 기업이나 비즈니스를 지속시키려면 그 존재이유를 명확히 해야 한다. 그러나 '임금을 제대로 받지 못해서' 혹은 '하루 9시간 꼬박 기계 부속품처럼 일하는 삶을 견디지 못해서' 따위의 이유보다 더 가치 있는 이유여야 한다. 좌절이 강렬한 동기부여가 되기도 하지만 비즈니스는 본질적으로 여러 가지 문제를 해결해 가면서 굴러간다.

당신이 비즈니스나 브랜드를 만드는 데 시간과 노력을 들이려고 한다면 어째서 다른 사람들이 이미 하고 있는 일에 시간을 낭비하려고 하는가.

인기 없는 브랜드는 안일하지 않다. 하나의 브랜드는 적합한 목표고객을 대상으로 그들이 원하는 브랜드로 만들기 위해 끊임없이 노력한다. 따라서 단순히 다른 사람이 소셜 미디어로 비즈니스 컨설팅업체를 하다가 망하는 것을 보고 나라면 잘할 수 있다는 얼토당토않은 자신감으로 비즈니스를 하려고 결심했다면, 혹은 인근에 커피전문점도 없고, 족히 3킬로미터 안에는 변변한 커피숍이 없다는 사실을 알고 있던 차에 마침 집 옆에 '임대'라고 쓰인 간판을 보고 커피전문점을 열기로 마음먹었다면 그런 터무니없는 엉터리 이유들은 당장 버려라.

'남을 따라하는' 사람들은 추종자는 될지언정 리더는 되지 못한다. 그런 사람들은 비즈니스 세계의 가짜 롤렉스시계 같은 존재다. 언뜻 보면 대단해 보이지만 이들의 비즈니스를 자세히 살펴보면 충격적일 정도로 그 수명이 짧다.

모래밭이 지나치게 붐비는가?

오랫동안 터줏대감 자리를 지키고 있는 비즈니스 분야에도 새로운 접근방식을 제안하는 신생 업체들 소식이 하루가 멀다 하고 들려온다. 사실 신생 기업들이 자리를 잡을 수 있는 텅 빈 모래밭은 거의 없다. 대부분의 모래밭은 이미 다른 사람들이 지은 성들로 가득 차 있고, 성까지는 아니더라도 아주 번듯한 방갈로들로 넘쳐난다.

그렇다면 이런 이유로 모래밭에 합류하는 것을 단념하고 땅을 새로

파야 하는 것일까? 일전에 나는 제이슨 멘델슨Jason Mendelson과 대화를 나눈 적이 있다. 그는 초기 기술과 관련된 기업들에 특화된 선두적인 벤처캐피탈업체인 파운더리 그룹Foundry Group의 공동 설립자이자《벤처 딜》의 공동 저자다. 그는 기업들이 규정한 문제들과 포화상태인 비즈니스 시장에 들어가려는 결정을 내리는 것에 대해 다음과 같이 말했다.

"두 번째, 세 번째 후발주자 기업들을 무시해서는 안 됩니다. 너무 늦게 뛰어들었다고 생각했던 기업들 중에도 실제로 실익을 다 챙기는 기업들이 많습니다. 페이스북Facebook은 마이스페이스Myspace 다음에 뛰어들었고, 구글Google은 AOL, 익사이트Excite, 야후Yahoo같은 업체들 뒤에 합류했습니다. 이베이eBay와 아마존Amazon도 꽤나 늦게 합류한 기업들입니다. 시장이 완전히 포화상태가 아니라면 두 번째, 세 번째 후발주자도 큰 이익을 챙길 수 있습니다. 하지만 선발주자든지 혹은 문제를 안고 있는 비즈니스든지 사실은 자신만의 '비법'을 가지고 있다는 것을 대개의 사람들은 알지 못하고 있습니다."

시장은 바로 그 '비법'에 의해 움직인다. 당신이 가지고 있는 비법은 무엇인가?

비밀 소스를 찾아라

디종Dijon 머스터드 소스 이야기를 해보자. 개인적으로 나는 디종 소스를 살짝 바른 샌드위치보다 맛있는 샌드위치는 세상에 없다고 생각하는 사람이다. 어쩌면 당신에게는 그 소스가 핫소스일 수도 있다. 물론 향신료가 가미된 샌드위치는 거들떠보지도 않는 사람들도 있을 것이다.

다시 말하면 브랜드의 비밀 소스라고 해서 모든 사람이 당신의 브랜드를 좋아하게 만드는 '마법'소스는 아니라는 말이다. 그저 한 집단을 매료시키고 다른 집단은 등을 돌리게 만드는 특별한 그 무엇이라고 할 수 있다. 그렇다면 당신을 돋보이게 만들고 당신이 제시하는 새로운 방식을 특정 사람들로 하여금 사랑하게 만들 비밀 소스는 무엇인가?

인간은 오래된 습관을 그대로 유지하고 싶어하는 습성이 있다. 집에서 자신이 직접 내린 커피가 아니면 절대 마시지 않는 사람들이 있는가 하면 어려운 라틴어 이름을 가진 여러 종류의 커피 맛을 제대로 구별도 하지 못하면서 비싼 비용을 지불해가며 마시는 사람들도 있다.

다른 업체의 것과 비교했을 때 당신이 내놓은 것은 어떤 점이 어떻게 차별화되었는가? 이 질문에 가치가 있는 답변을 하려면 당신이 만들고 있는 비법이 어떤 사람들을 위한 것인지, 누구를 배제한 것인지를 파악하는 것이 무엇보다 중요하다.

목표고객에게 필요한 것을 파악하라

인지도나 규모가 어마어마한 브랜드들을 꼼꼼히 들여다보고 연구해
보면 공통점을 발견할 수 있다. 바로 사람들이 쉴 새 없이 그 브랜드에
관해 이야기한다는 점이다. 그런데 사람들이 '실제로' 이야기하는 것은
그 브랜드의 비밀 소스다. 좋은 리뷰, 나쁜 리뷰 혹은 격찬이나 혹평 등
을 통해서 말이다. 다른 브랜드들도 다 가지고 있는 평범한 부분은 이
야깃거리가 되지 않는다.

오프라 윈프리가 모든 사람이 자신의 쇼를 시청하고, 쇼에 출연하는
초대손님을 좋아해주고, 자신의 충고를 따르고, 자신의 잡지를 구입하
기를 바라면서 거대한 미디어제국을 세웠다면 아마 처절하게 실패했
을 것이다. 모든 사람이 아닌 오프라 윈프리에 열광하고 지지하는 사
람들만이 그녀의 있는 그대로의 모습을 좋아했고, 그녀가 쏟아내는
거침없는 말들, 그녀가 전달하는 메시지에 공감한 것이다. 언젠가 그
녀는 초대손님에게 이런 말을 한 적이 있다.

"많은 사람이 당신과 함께 리무진을 타고 싶어하죠. 하지만 정작 당
신이 원하는 것은 리무진이 망가졌을 때 함께 버스를 타고 갈 사람 아
닌가요?"

이 한마디를 통해 그녀는 목표고객이 누구인가를 명확하게 규정하
고 있다.

오프라 윈프리는 모든 사람들이 자신의 브랜드를 좋아하기를 기대

하지 않았다. 유명한 신발 온라인 쇼핑몰인 자포스^{www.Zappos.com}는 세일만 찾아다니는 구매자들은 목표고객에서 배제했다. 사우스웨스트 항공^{Southwest Airlines}사는 지정석이나 일등석 같은 편의를 기대하는 고객들은 목표고객에 포함시키지 않는다. 우리 기업의 열렬한 팬이 되지 않을 사람들이 누구인지를 파악하고 나면 그 정보를 기반으로 우리 기업을 사랑해줄 사람들에게 훨씬 더 열정을 쏟아부을 수 있을 것이다.

당신의 브랜드를 사랑하지 않는 사람들이 보물이다

당신의 브랜드를 좋아해주지 않는 사람들은 기업가 입장에서 보면 가장 크고 귀한 선물이다. 당신의 브랜드가 가진 장점과 단점을 명확하게 제시할 수 있는 사람들이기 때문이다. 당신은 그들의 의견을 목표고객들을 명확하게 규정하기 위해 당장 이용할 수 있다.

그 사람들이 어떤 사람들일지 다음 표에 써넣어 보자.

우리를 좋아하지 않을 사람들	이유

좀 더 구체적으로 찾을 수 있도록 몇 가지 요소들을 제시해보면 다음과 같다.

:: 기준 소매가격(사치품 vs 저가품)

:: 지리적 위치(지역 소매상인 vs 온라인 소매상인)

:: 서비스의 질(최고의 서비스 vs diy 방식)

:: 플랫폼(애플 iOS vs 안드로이드)

만약 여기서 한 명의 목표고객이라도 얻을 수 있다면 얼마든지 더 많은 목표고객을 찾을 수 있다. 이 과정은 마치 진흙탕에서 벌어지는 씨름과 같다. 처음에는 모든 광경이 전혀 재미있어 보이지 않다가 일단 합류하고 나면 절대 멈출 수 없을 정도로 매료된다. 우리 팀이 브랜드 작업을 할 때면 사람들이 '부정적인' 목록에 더 많이 추가한다는 점은 재미있는 사실이다.

표를 채우면서 당신이 구축하고 있는 브랜드의 팬이 되지 않을 사람들을 가려내는 작업을 통해서 당신의 브랜드를 좋아하게 될 사람들에 대한 개념이 명확해지는 것은 아주 신나는 일이다.

" 수평선과 수직선으로 되어 있는 영어 알파벳 대문자 'T' 자와 같이 우리는 '우리'와 '그들'로 나누어 생각하기를 좋아한다. 대형 할인점들이 수평적이라면 우리는 수직적이다. 가령 월마트와 같

어려운 시간을 견디며 기업을 일군 사람들에게는 이러한 통찰력이 있다. 당신이 서비스를 제공하려고 하는 대상과 당신이 제공하는 서비스를 실제로 원하는 대상은 전혀 다를 수 있다는 사실을 간파하고 있는 것이다. 당신이 판매하는 제품을 사게 될 실제 고객들을 가려내면 당신의 제품을 원하지 않는 사람들 명단을 지운 후 남아있는 사람들에 대해 더 많이 연구하고 그들과 대화할 시간도 더 많이 확보하게 된다.

목표고객을 정리하라

군이 초가삼간을 태우지 않고도 벼룩을 잡을 수 있다. 다소 어려울 수도 있겠지만 어렵고 힘든 설득과정을 거쳤던 고객들이 결국은 팬이 된다. 물론 팬이 되지 않은 고객들은 혹독한 비평가가 될 것이다. 그리고 철저히 당신을 무시하는 사람들도 있을 것이다.

브랜드를 만들려는 사람들에게 가장 중요한 것은 힘든 설득작업이 아니다. 이 작업을 고수하고 유지하려면 적잖이 많은 에너지를 쏟아야 하는데, 차라리 그 에너지의 방향을 틀어서 당신의 브랜드를 사랑해줄 사람들에게 쏟아라. 그러다 보면 언젠가는 힘든 설득작업이 필요했던 고객들도 당신 브랜드에 자신들이 정말로 원하는 것이 있음을 깨닫게 될 수 있다.

당신의 브랜드를 필요로 하지 않는 사람들을 이해하고 나면 또 다른 가능성의 세계가 열린다. 또한, 당신이 만들고자 하는 것을 정말 좋아하고 사용할 사람들이 남아있다는 사실을 발견하는 것도 괜찮은 일이다. 이제 그 목록을 들고 좀 더 집약적으로 만들어야 할 때다. 그래야 당신이 원하는 목표고객을 위한 방법들을 논할 수 있다.

당신이 내놓고자 하는 제품이나 서비스가 시장에서는 철저히 외면당할 수도 있다. 혹은 목표고객들이 더 나은 서비스나 제품이 될 것이라고 인정하는 기대주가 될 수도 있다. 둘 중 어느 쪽이든 당신의 브랜드를 필요로 하는 고객들이 누구인지를 규정하고, 그들이 당신의 브랜드에 가치를 결정하고, 그들이 중요하게 생각하는 것에 깊이를 더할 수 있는 방법을 배우기 위한 확실한 전략들이 몇 가지 있다. 그것은 크게 경쟁력 분석, 시장 조사, 아바타 구축으로 나눌 수 있다.

경쟁력 분석

경쟁력 분석에서 가장 중요한 요소는 웹 서치, 경쟁사 제품과 서비스에 대한 각종 리뷰, 웹사이트, 동료들이 평가하는 웹사이트, 업계 분석가 등이다.

나는 이러한 요소들을 염탐이라고 부른다. 당신이 점령하고 싶어하는 시장에서 이미 활동하고 있는 업체들이 있다면 시장에는 그 기업들에 대한 이야기들이 떠돌아다닐 것이다. 당신이 해야 할 일은 사람들이 무슨 말을 하는지를 알아내는 것이다. 인터넷은 당신이 원하는 정보를 찾는 데 이용할 수 있는 최고의 도구다. 방법도 간단하다. 검색 엔진을 골라 당신이 알고자 하는 브랜드에 관해 알려줄 키워드를 입력만 하면 된다.

검색으로 얻는 극단적인 의견들은 궁극적으로 서비스를 제공하고자 하는 고객들을 결정하는 데 귀중한 자료가 된다. 특히 당신이 소매 영업을 하는 입장이라면 약간의 염탐하는 수고만으로 늘 개선해야 할 점으로 언급되는 것은 무엇인지, 그 시장에서 실제로 과잉공급되는 것은 무엇인지를 파악할 수 있다. 이러한 기술 덕분에 부문별 리뷰를 이용해 어떤 사람들이 어떤 제품을 찾는지를 알 수 있고, 개발비용을 들이기 전에 경쟁업체의 제품을 더욱 정확하게 분석할 수 있다. 구글의 안드로이드마켓이나 애플의 앱스토어 같은 곳에 있는 특정 애플리케이션들의 리뷰들은 다소 구식의 염탐 방식이긴 하지만 경쟁업체의 '소프트웨어 리뷰' 등을 꼼꼼하게 검토할 필요가 있다. 이러한 방식을 통해 새로운 업종을 접할 수도 있고, 당장 활용할 수 있는 고객들의 피드백 정보가 많은 훌륭한 리뷰 사이트를 발견할 수도 있다.

자료를 찾다 보면 경쟁업체를 다룬 보도자료나 제품 관련 리뷰들까지 찾아보게 된다. 경쟁업체의 웹사이트 게시판에 언론 보도자료가 있다면 웹사이트를 먼저 참고하라. 다만 이곳 자료들은 대부분 긍정적이므로 검색엔진에서 해당 업체의 객관적인 언론자료들을 찾아보면서 균형 잡힌 시각으로 볼 필요가 있다. 경쟁업체에 관한 보도자료가 전혀 없다고 해도 잠재적으로 그 업체를 다룰 매체나 당신이 언젠가 사용할 브랜드에 관한 뉴스들을 접할 수 있을 것이다.

당신의 기업과 유사한 기업에 관한 정보를 알려주고 그 정보를 가장 필요로 하는 사람들, 즉 정보를 얻고자 하는 더 큰 기업들이나 언론, 분야별로 특정한 정보를 찾는 다른 기업들에게 그 정보를 알려주는 일만 전문적으로 하는 사람들과 이야기를 나누는 것도 좋은 방법이다. 그 사람들이 바로 분석가다.

유기농 식재료부터 안드로이드앱, 미국의 수도배관 부대용품들에 이르기까지 모든 제품이나 서비스 분야마다 별도의 분석가들이 있다. 그들은 각자 전문적으로 맡고 있는 업계의 최신 소식을 파악하고 있다가 그 정보를 요긴하게 사용할 사람들에게 나눠주기도 하고 돈을 받고 팔기도 한다.

기업들은 주로 새로운 분야를 찾거나 역량이나 기술 등을 개발하거나 혁신이 필요할 때 분석가들을 찾는다. 기업들은 각 분야에서 권위 있는 분석가들을 통해 최신 정보와 반드시 꿰고 있어야 할 정보가 무엇인지를 파악한다. 신문사나 방송사 같은 언론 역시 업계의 특정 자료를 구할 때 분석가들을 찾는다.

그들은 새로운 비즈니스나 브랜드에 매우 유용한 존재다. 다음은 당신의 기업이 어떤 기업인지, 무슨 일을 어떻게 하는지 등에 관해 분석가들과 대화를 나누며 얻을 수 있는 귀중한 정보들이다.

:: 당신이 알지 못하는 유사 업체들에 대한 정보

:: 유사한 기술을 가진 시장에서 위협이 될 만한 경쟁 기업들

:: 기존에 존재하는 해결책들과 전문가들이 인정하는 해결책의 차이

:: 당신이 하고 있는 일이 분석가들의 지적인 호기심을 자극하는가, 그렇지 않은가의 파악(미래의 성과를 목표로 현재 어떤 일을 진행하고 있다면 이 부분을 생각하는 것도 큰 도움이 된다).

여러 분야에서 분석가들의 레이더망에 포착된다는 것은 대단히 긍정적인 일이다. 분석가들의 관심을 사면 그들이 당신의 신제품을 테스트해보는 기회를 가질 수도 있고, 타 회사의 제품 관련 최신 소식을 전해줄 수 있기 때문이다. 이처럼 당신이 하고 있는 일에 대해 업계 관계자들의 생각을 알게 되는 것은 전혀 해로운 일이 아니다. 오히려 그 반대다. 그들의 생각을 알면 어느 곳에 더 많은 노력을 집중해야 하는지 알 수 있기 때문이다.

그렇다면 전문 분석가와의 상담이 꼭 필요한 것일까? 그럴 수도 있고 그렇지 않을 수도 있다. 만약 당신이 세탁소나 특정 지역에 초점을 둔 혹은 종교에 초점을 둔 비즈니스를 시작하려 한다면 그럴 필요가 없다. 분석가를 가장 유용하게 활용할 수 있는 경우는 첨단기술 분야처럼 매우 혼잡한 모래판 같은 시장에 진입할 때다. 웹이나 모바일 기술 혹은 소프트웨어 기술을 개발하려면 비즈니스의 목표를 가시화하기 위해 반드시 분석가가 필요하다.

분석가가 필요하다면 어떻게 그들을 찾아야 할까? 분석가를 찾는 가장 단순한 방법은 포털 사이트 검색창에 분석가와 경쟁업체 중 가장 유력한 업체의 이름을 입력하는 것이다. 그 다음은 뉴스 섹션에서 뉴스를 검색해본다. 분석가들은 언론자료를 통해 일을 찾는다. 따라서 관련 업종의 보도자료를 찾아보고 분석가들이 언급하는 영향력 있는 인물들을 찾아보도록 하라.

지식이나 정보 없이 무턱대고 덤벼들어서는 막강한 브랜드를 만들 수 없다. 목표고객들이 거부할 수 없는 무언가를 세공함으로써 경쟁 우위를 확보해줄 수 있는 사람들이 팀을 이룰 때 막강한 브랜드를 만들 수 있다.

어떤 업종이든, 어떤 목표고객이든 신생 기업들은 홍보와 마케팅에 자원을 할당해야 한다. 만약 홍보와 마케팅에 들어가는 비용과 노력이 비싸다고 생각해 나중으로 미루려는 사람이 있다면 부디 다시 생각해보기 바란다.

재능이 넘치고 창의적인 사람들이 키운 대다수의 신생 브랜드들의 가장 큰 착각은 훌륭한 제품만 만들어내면 충분하다고 생각하는 것이다. 하지만 제아무리 훌륭한 제품이라도 그것을 사용하는 사람이 없으면 아무런 소용이 없다. 어떤 형태의 마케팅이건 그 목표는 하나다. 바로 사용자 확보다. 투자를 받고 싶거나 기업의 장점을 인정해줄 잠재적 투자자를 찾는 사람이라면 먼저 자신에게 딱 맞는 목표고객을 파악하고, 그들과 대화하는 법을 배우고, 자사 브랜드로 그들을 유혹할 수 있을 때 투자를 유치할 수 있다.

시장 조사

시장 조사는 대형 브랜드나 포커스그룹(시장 조사 등을 위해 각 계층에서 대표를 뽑아 소수의 인원으로 구성한 집단을 가리킨다 — 옮긴이)에서 사용하는 개념이다. 대부분의 신생 브랜드들은 포커스그룹에 지출되는 비용을 감당하지 못한다. 그렇다면 그것 말고는 당신의 브랜드에 적합한 사람들과 대화를 나누고, 목표 성취를 위해 도움을 받을 수 있는 방법이 없을까? 그 해결책은 당신이 만들고자 하는 브랜드에 대해 자신의 의견을 말해줄 사람들을 확보하는 것이다.

온라인 제품이라면 최소존속제품, 즉 MVP(minium viable products는 시장성을 테스트하기 위해 제품의 장식적인 부분이나 필요 없는 부분을 빼고 꼭 필요한 핵심 부분만을 가지고 개발한 것이다 — 옮긴이)를 확보해서 친구나 동료, 주변 사람들에게 실험해보라. MVP는 근사할 필요가 없다. 기능만 제대로 작동하면 된다. 휴대폰 애플리케이션을 만들고 싶은가? 소셜 미디어를 장악할 차세대 웹 애플리케이션을 개발하고 싶은가? 그렇다면 먼저 기존의 애플리케이션을 사용하고 있는 사람들을 만나라. 그리고 비밀리에 당신이 만든 제품을 사용해달라고 부탁하고 열린 마음으로 그들의 피드백에 귀를 기울여라. 기술 분야에서 새로운 브랜드를 만들 때는 이들 얼리어답터들이 가장 귀중한 자원이다. 당신의 역할은 그들이 유용하다고 생각하는 제품에 투자하고 그것을 만들어내는 것이다.

오프라인 비즈니스의 경우에는 친구들이나 동료들에게 시험 단계에 있는 웹사이트에 로그인해서 둘러보고 평가해달라고 부탁할 수가 없다. 하지만 이 경우에도 사람들이 좋아하고 싫어하는 것을 알아낼 방법이 있다. 이때는 당신을 아는 사람과 당신을 알지 못하는 사람 모두가 필요하다. 그러려면 친구와 동료들에게 당신의 제품에 관심이 있을 것 같은 사람을 소개해달라고 부탁하면 된다.

:: 관심을 끌고 싶은 유형의 사람들이 있는 지역에 가서 소규모 업체들을 찾아라. 약간의 시간을 투자해 업체들의 중간 지점을 정해 운영자들을 만나라. 만나서 각 지점의 장단점에 대해 허심탄회하게 이야기를 나누어보라.

:: 제품 테스트를 하라. 테스트를 하고 의견을 들려줄 사람들을 당신의 집으로 초대하라. 물론 이들이 신메뉴를 시식할 사람들인지

새로운 식기를 평가할 사람들인지 정해야 한다. 그들의 관점으로 제품에 접근하도록 내버려두고 그 반응을 살필 때 제품 테스트를 가장 성공적으로 할 수 있다. 이 방식을 통해 당신이 내놓을 제품이 지나치게 복잡한 것은 아닌지, 사람들이 이용하지 않을 제품은 아닌지를 빠른 시간 안에 파악할 수 있다.

이 두 가지 방안은 다양한 방식으로 응용될 수 있다. 중요한 점은 제품을 접할 사람들을 확보해서 장차 나아갈 방향과 모습을 정하는 데 도움을 받아야 한다는 것이다.

이 단계에서 당신이 모으게 될 정보는 브랜드의 발전과 제품 수명을 고민할 때마다 꺼내서 사용할 수 있는 마르지 않는 정보의 샘이 될 것이다. 또한, 당신이 브랜드를 변화시키고, 다듬고, 정제시키고, 창조하는 데도 도움을 줄 것이다. 당신의 브랜드를 좋아하지 않을 사람들이 누구이고, 좋아할 사람들은 누구인지에 대해 충분히 알게 되기 때문에 최종적으로 당신이 내놓을 제품이나 서비스의 가치도 알 수 있다.

아바타 구축

《커리어 레니게이드^{Career Renegade}》와 《불확실성^{Uncertainty}》의 저자인 조너선 필드^{Jonathan Fields}는 아바타를 만들어야 하는 이유에 대해 명확히 이야기하고 있다.

'[이상적인 고객을 상상하는] 가장 좋은 방법은 아바타를 만드는 것

이다. 즉 당신이 감당할 수 있는 만큼의 난제를 지닌 사람의 상세한 페르소나를 만드는 것이다.'

우리는 이상적인 목표고객이 어떤 사람들인지, 왜 그들이 우리의 제품이나 서비스를 중요하다고 여기는지도 알게 되었다. 그렇다면 이제 그들을 실생활로 끌어들여보자. 소매거래 비즈니스나 온라인 비즈니스 모두 과정은 동일하다. 그들이 이야기를 나누고 싶어하는 사람은 누구인가? 혹은 그들이 함께 저녁을 먹고 싶어하는 사람은 누구인가? 그들은 욕설이나 저속한 농담을 잘하는 사람들인가? 그들은 자녀들을 데리고 다니는 사람들인가, 맡기고 나오는 사람들인가? 그들이 겪고 있는 가장 큰 문제는 무엇이며, 가장 소중하게 여기는 것은 무엇인가?

어쩌면 당신은 다양한 아바타들을 이미 만들고 있는지도 모르겠다. 중요한 점은 아바타를 '인간적으로' 만들어야 한다는 것이다. 앞서 만들었던 당신의 브랜드를 좋아하지 않을 사람들의 목록처럼 아바타를 실제 사람처럼 생각하고 종이에 옮겨 적을 때 비로소 막강한 브랜드를 만들기 위한 첫 발을 뗄 수 있고, 서비스를 제공할 대상을 명확하게 파악할 수 있다.

예를 들어, 커피숍 문화에 대해 생각해보자. 당신이 어떤 도시에 살고 있든 세 명 정도에게 각각 동네 최고의 커피숍이 어디인지를 물어보라. 아마 당신은 세 개의 답변을 얻게 될 것이다. 어떤 이는 집에서 나와 혼자 커피도 마시고 일도 할 수 있는 곳을 원할 것이다. 이들 커피숍이 내놓는 차별화된 특별 소스는 편안한 의자와 간단한 식사 메뉴, 무료 와이파이 등이다. 이런 유형의 사람들이 몰리는 커피숍은 더 오래 머물수록 더 많이 소비하는 특징이 있다. 정반대의 커피숍도 있다. 하루 종일 커피숍에 앉아 있는 손님을 달가워하지 않는 곳 말이다. 이런 커피숍은 보통 비즈니스 건물들이 밀집한 곳에 위치해 있다. 이들 커피숍이 내놓는 특별 소스는 여러 종류의 신문과 초고속으로 만들어내는 여러 종류의 라테와 세련됐지만 불편한 의자들, 빛의 속도로 계산하는 직원들이다. 그것들은 고객들이 빨리 음료를 마시고 빨리 커피숍에서 나가도록 만드는 데 일조한다.

지금 이 장에서 목표고객을 파악하는 이야기만 하는 것도 바로 이런 이유 때문이다. 목표고객이야말로 당신이 가지고 있는 비밀 소스에 어떤 특별한 재료를 더 넣어야 그들을 지속적으로 붙잡아둘 수 있는지를 말해줄 사람이기 때문이다.

명확하게 하기—이해하기—찾아내기—구축하기. 이 4단계를 밟는 데 시간을 할애한다면 '모방' 콘셉트를 계획하고 있는 사람들이나 목표고객들이 원하고 있는 것을 정확히 알고 있다고 오해하고 있는 사람들보다 훨씬 더 앞서나갈 수 있다. 이 시점에서 상기해야 할 단어가 있다. 바로 겸손이다.

당신이 하고 있는 일이나 만들고 있는 제품에 대해 '정말 쓸데없는 제품이군'이라는 평을 듣는다면 물론 몹시 괴로울 것이다. 그렇다고 그들이 입 꼭 다물고 아무 말도 하지 않기를 바라는 것도 아니다. 심지어 당신이 뭔가를 시작하려는 시점이라면 더더욱 그들의 솔직한 평을

듣고 싶어지기 마련이다. 때로는 모멸감에 견디기 힘든 순간도 있겠
지만 이는 목표고객을 확보하고 지키는 데 반드시 필요한 과정이다.

산악자전거 기술을 가르치는

베터라이드 BetterRide

이 이야기는 한 산악자전거 장비업체의 이야기다.

미국 콜로라도Colorado는 도시 자체가 하나의 거대한 놀이터로, 스키나 스노우보드, 각종 자전거 경기에 천부적인 재능이 있는 사람들에게는 성지와도 같은 곳이다. 진 해밀턴Gene Hamilton은 스포츠에 천부적인 재능이 있는 그런 부류의 사람이었다.

해밀턴은 20대에 스노우보드를 접하게 되었고 대학을 다니는 내내 스노우보드 경기에 참가했다. 결국 그는 스노우보드 관련 일을 직업으로 삼기에 이르렀고, 메릴랜드Maryland에 있는 위스프 리조트Wisp Resort의 스노우보드 팀의 이사직을 맡게 되었다. 그리고 얼마 지나지 않아 산을 타고 내려오는 스노우보드 경기팀의 코치가 되었다. 마침내 그는 콜로라도에 배치되어 브레켄리지에서 브레켄리지Breckenridge팀을 훈련시키게 되었고, 이듬해에는 아스펜Aspen 지역의 타이핵Tiehack팀을 맡게 되었다. 그때까지 팀 코치 경력이 전혀 없던 그는 막연히 머릿속으로 그리던 훈련과 실제 훈련과는 엄청난 차이가 있다는 것을 깨닫고, 코치직에서 물러났다. 훈련은 단순히 기술만 가지고 되는 것이 아니었다. 팀원들에게 자신감을 북돋아주고 동기부여를 해주기 위해서는 정신적지지자가 되어주는 것이 매우 중요했다.

　1993년 어느 날, 해밀턴은 처음으로 산악자전거로 산을 내려오는 다운힐을 접하게 되었다. 산악자전거에 매료된 그는 이후 2년 동안 아마추어 선수로 활동을 하다가 1995년에 프로 선수로 전향하였다. 그리고 1996년 꿈에 그리던 스팀보트 스프링 스키 리조트^{Steamboat Springs Ski Resort}에서 스노우보드 수석 코치직을 맡게 되었다. 이후 3년 동안 여러 스포츠 분야에서 활동하며 꿈같은 나날을 보냈다. 하지만 지난 10년 동안 스키 리조트가 있는 지역에서 살아온 그는 변화가 필요했다. 그는 콜로라도 주에 있는 볼더로 거처를 옮겼고, 자신이 좋아하는 일과 재능 있는 일을 접목시켜보겠다고 맘먹었다. 그것으로 해밀턴은 산악자전거로 다운힐을 하는 것과 가르치는 일을 함께해보기로 마음먹었다. 그는 마침내 1999년에 베터라이드를 차렸다. 산악자전거 전문가들의 기술을 증진시키는 데 도움을 줄 것이라 생각하고 만든 회사였다.

목표고객을 잘못 파악하다

　마케팅 관련 학위가 있었던 해밀턴은 모든 일을 차곡차곡 진행해 나갔다. 산악자전거 경주 이벤트를 알리는 홍보용 팸플릿을 제작해 사람들에게 직접 나누어 주었고, 웹사이트도 만들었다. 이 모든 노력에도 불구하고 첫 해의 고객은 고작 두 명뿐이었다. 그는 뭔가 잘못되었다는 사실과 잘못된 부분을 찾아내야 한다는 사실을 깨달았다. 그러는 동안 이런저런 소개를 통해 몇몇 사람들이 그의 회사를 찾기 시작했다. 그는 홍보에 노력을 기울이는 한편, 산악자전거를 더 잘 타는 법을 배우고자 하는 사람들을 가르치기 시작했다. 그 과정에서 애초부터 목표고객을 잘못 정했는지도 모른다는 생각을 하게 되었다. 해밀턴의 말을 그대로 옮기면 다음과 같다.

"산악자전거 동호회 구성원들을 꼼꼼히 살펴보세요. 그러면 실제로 산악자전거를 완전하게 타는 사람들은 고작해야 2퍼센트에 불과하다는 사실을 알게 됩니다. 그중에서도 20퍼센트만이 산악자전거 다운힐 경기에 참가합니다. 그 숫자를 헤아려보니 제가 정한 목표고객이 산악자전거 동호회 회원 2퍼센트 중에서도 20퍼센트에 불과하다는 것을 알게 됐어요. 무엇보다도 다운힐 경주를 하는 레이서의 연령대는 보통 12~25세인데, 실제로 우리 회사를 찾는 사람들의 평균연령은 32세였습니다. 이 모든 사실을 고려해볼 때 제가 좋아하는 일로 사업을 하고 싶다면, 그리고 산악자전거를 더 잘 타고 싶어하는 사람들에게 가치 있는 것을 제공하려면 제 시야를 넓혀야 한다는 결론이 떨어졌지요."

새로운 목표고객을 찾다

이후에 해밀턴은 그동안 목표고객이라고 고려하지 않았던 사람들을 상대로 운동기술을 가르치기 시작했다. 하지만 그에게 기술을 배우기 위해 기다리는 고객은 단 한 명에 불과했다. 그는 이렇게 말했다.

"사람이 살면서 만나는 가장 큰 적은 자기 자신입니다. 일단 마음을 다스리고 나면 우리의 비즈니스를 원하는 사람들과 우리의 비즈니스를 원할 것이라고 추정한 사람들과는 큰 차이가 있음을 깨닫게 됩니다. 사업은 그들을 명확하게 구분하는 데서부터 시작해야 합니다."

베터라이드는 다양한 사람들에게 개인지도를 해주는 강좌부터 시작해 난이도가 있는 산악자전거 기술을 배우고 싶어하는 사람들을 위한 강좌에 이르기까지 비즈니스를 확장해 나갔다.

"우리는 3시간짜리 프로그램에서 너무 많은 정보를 그들 머릿속에 집어넣었죠. 그러다 보니 효과가 좋지 않았습니다. 그래서 강좌 시간을 3시간에서 3일로 늘렸어요. 보다 많은 것을 보다 천천히 자세하게 배울 수 있도록 말이죠."

이러한 방식을 통해 베터라이드는 새로 찾은 목표고객들에게 더 나은 서비스를 제공할 수 있었다.

해밀턴은 자신의 다년간의 운동코치 경험과 전문가 수준의 운동경력 덕분에 고객들에게 더 나은 서비스를 제공할 수 있다는 사실을 알고 있었다. 문제가 있다면 그 고객이 자아가 강하고 고집이 센 동호회 회원들이라는 점이었다.

"산악자전거 문화는 주로 자신이 직접 하는 분위기예요. 만약 내가 그 사람들을 더 발전하도록 도와줄 수 있다면서 고집을 부렸다면 여기까지 오지 못했을 겁니다."

이상적인 고객 찾기

모든 사람을 동일시하는 사고방식에서 벗어남으로써 해밀턴과 베터라이드는 평균연령 32세 이상인 사람들을 이상적인 목표고객으로 발견하게 되었다. 그 이유에 대해 그는 이렇게 말했다.

"그 연령대의 사람들이 다른 사람의 도움을 수용하는 나이이기 때문입니다. 이들은 5년, 10년 동안 산악자전거나 다른 운동을 해왔기 때문에 더 이상 발전이 없다는 사실을 깨달은 사람들입니다. 그들이야말로 우리 같은 회사를 원하고 있었던 사람들이죠."

가장 재미있는 일은 해밀턴이 현재는 더욱 전문적인 다운힐 레이서들을 코치하고 있다는 사실이다. 찾아온 경로는 다양했지만 그들이 원하는 것은 해밀턴이 줄 수 있는 서비스와 정확히 맞아 떨어졌다. 바로 자전거를 더 잘 타는 것이다.

어떤 운동이든지 어느 정도 수준에 오르고 나면 몸도 그 운동에 맞춰지게 된다. 이 말은 현재 상태에서 더 개선할 수 있는 부분은 기술뿐이라는 의미다. 목표고객을 바꾸고 각 수준별로 산악자전거를 타는 사람들에게 명성을 얻게 되자, 그가 원래 목표로 했던 사람들도 그를 찾아오기 시작했다. 결과적으로 자존심 강한 그들에게 시간을 들이지 않고도 고객으로 확보하게 된 것이다.

오늘날 베터라이드는 3명의 정규직 강사와 15명 이상의 계약직 강사들이 전국 각지에서 활동하고 있다. 해밀턴은 모든 비즈니스에서 다음과 같은 사실을 명심해야 한다고 말한다.

"처음에 꾸렸던 비즈니스모델을 끝까지 고집할 필요는 없습니다. 물론 딱 맞는 목표고객을 찾아야 하지만, 사업이 제대로 굴러가지 않을 때는 지나치게 그 고객에 맞춰서 일을 하고 있는 것은 아닌지를 생각할 필요가 있습니다. 처음 계획을 끝까지 고수하는 것이 능사는 아닙니다. 변화가 필요한 시기라면 자존심을 버리고 재빨리 행동해야 합니다. 사업을 가로막고 있는 사람은 바로 당신입니다. 제가 그랬던 것처럼 당신도 그 브랜드를 가장 원하는 사람들의 진입을 가로막고 있을지 모릅니다. 단, 사업의 확장범위와 당신이 뻗어나갈 수 있는 범위를 혼동해서는 안 됩니다. 때로는 잠시 손을 놓고 쉬는 것도 방법입니다. 그래야만 통제력을 잃지 않고 지속적으로 집중할 수 있습니다."

베터라이드 주식회사

콜로라도 주 모리슨

웹사이트 : www.betterride.net

페이스북 : www.facebook.com/BetterRide

트위터 : @BetterRide

The Power of UnPopular

3장

개성 있는 브랜드를 만들어라

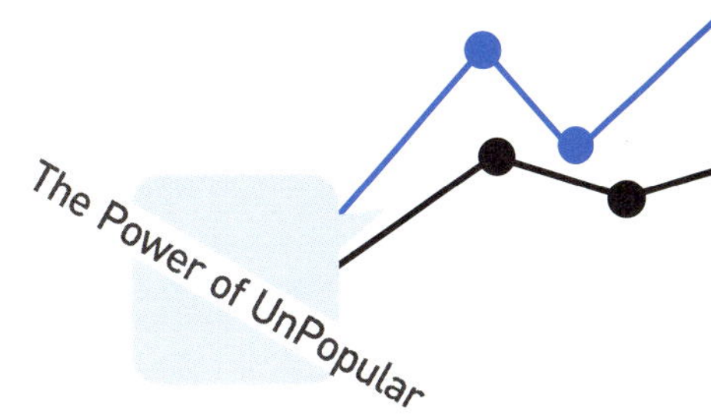

지금 당신이 파티장에 와 있다고
상상해보자. 사람들이 삼삼오오 모여 술잔을 들고 담소를 나누고 있
고, 웨이터들은 술잔 가득한 쟁반을 들고 다닌다. 당신이 포함된 그룹
은 비즈니스를 하며 겪었던 끔찍한 일들에 대해 이야기를 나누고 있
다. 당신도 개인적인 경험을 이야기한다. 간간히 웃음도 터뜨리며 사
람들과 유대감을 형성하고 있다. 그때 낯선 사람 하나가 다가와 미소
를 지으며 당신들 앞에 선다. 이야기를 나누던 사람들이 그에게 인사
를 건넨다.

“안녕하세요.”

“성함이 어떻게 되세요?”

그러자 그는 사람들 한 명 한 명에게 직업을 묻는다. 그리고는 화려한 언변을 늘어놓기 시작한다. 자신이 지금 하는 일은 무엇이고, 그 일이 이곳에 모인 사람들에게 어떤 도움을 줄 수 있는지 따위를 쉴 새 없이 떠들어댄다. 화기애애하게 대화를 나누던 당신과 일행들은 하나둘씩 궁색한 변명을 하며 자리를 빠져나간다.

이런 사람이 되지 마라. 비즈니스는 사람과 하는 것이다. 내 말이 믿기지 않는다면 최근 성사시켰던 비즈니스 거래건들을 떠올려보라. 그리고 관련 분야에서 만났던 핵심 인물들에게 어떤 느낌을 받았는지 생각해보라. 십중팔구는 비즈니스 거래업무와 관련되어 있던 그 사람들이 마음에 들었을 것이다. 우리는 관계를 기반으로 결정을 내리는 비즈니스 문화에 속해 있기 때문이다. 따라서 파티에서 보았던 그런 부류의 사람과 비즈니스 관계를 형성하기란 거의 불가능에 가깝다.

그런 부류의 사람이 관심 있어 하는 것은 오직 하나, 바로 자기 자신이다. 그런 사람은 타인에게 무엇이 중요한지, 고객이나 관련 업체 사람들에게 무엇이 중요한지에 대해 전혀 신경 쓰지 않는다. 그들은 관계 형성이 아니라 오직 영업에만 몰두한다. 그런 부류의 사람은 누구도 만들고 싶지 않은 브랜드와 비즈니스의 전형이라 할 수 있다.

브랜드의 특성을 만드는 요소들

당신의 가장 절친한 친구를 떠올려보라. 친구의 가치관과 분위기, 가장 잘하는 것이나 가장 못하는 것, 친구의 목소리와 억양, 친구를 화나게 하는 것과 그 화를 달래주는 것, 친구를 웃게 만드는 것과 친구가 당신을 웃게 만드는 순간들을 떠올려보라.

브랜드는 단순히 그래픽 도구로 만드는 일차원적인 로고가 아니다. 물론 제품도 아니다. 인기 없는 브랜드들은 매력적으로 보이고 싶고, 성공하고 싶고, 오랜 생명력을 갈망한다는 점에서 사람과 똑같다. 이러한 브랜드들은 4가지의 요소로 구성된 살아 숨 쉬는 존재다. 브랜드의 특성을 만드는 4가지 요소들은 다음과 같다.

:: **사람** _ 사람은 사람과 비즈니스를 한다. 그렇다면 브랜드를 어떻게 인간적으로 만들 수 있을까?

:: **용기** _ 브랜드도 사람과 마찬가지로 색깔이 있다. 이 색깔을 다른 사람들에게 알리는 것을 두려워해서는 안 된다.

:: **감성적 측면** _ 중요한 부분을 목표고객에게 어떻게 알릴 것이며, 그들이 좋아할 페르소나를 어떻게 만들 것인가?

:: **실질적 측면** _ 브랜드의 시각적인 부분에 관한 이야기다. 앞의 3단계를 밟기 전에 그래픽디자이너부터 고용하는 실수를 저지르지 않기 바란다.

브랜드는 곧 당신이다

온라인에서 내 존재감이 부각된 것은 2006년 무렵부터다. 처음에는 레드헤디드 푸리Redheaded Fury라는 사이트를 시작했는데 그곳에서 주로 30대의 불안감 같은 것을 표출했다. 본격적으로 비즈니스를 위해 블로그를 하게 된 것은 그리 오래 되지 않았는데 개인 사이트와 분리된 레드헤드 라이팅Redhead Writing 사이트를 운영 중이었다. 친구들은 분명 내 온라인 비즈니스 팁들에 별로 관심이 없을 것이고 비즈니스로 얽힌 사람들 역시 내 사적인 글들에 관심이 없을 것이라고 생각했다.

나는 국가와 종교를 분리하듯 사생활과 비즈니스를 분리해왔다. 그러던 어느 날 한 친구가 물었다. "왜 웹사이트에는 네 이름이 없어?" 나는 중요한 것은 '내가 하는 일'이지 내가 누구인지는 별로 중요하지 않다고 대답했다. 그러자 친구는 그건 멍청한 소리라고 말하며, 에리카가 내 브랜드이고 반드시 웹페이지 전면 중앙에 배치되어야 한다고 주장했다. 그래야 내 목표고객들이 자신들에게 연료를 공급해줄 누군가가 있다는 사실을 알게 된다는 논리였다.

나는 도약을 좋아하는 사람이다. 새로운 방식이 내 비즈니스에 가치가 있다면 주저없이 나는 그 방식을 선택한다. 2010년 초, 나는 새로운 디자인의 웹사이트, '에리카 나폴레타노가 레드헤드 라이팅이다Erika Napoletano is Redhead Writing'를 만들었다. 그리고 개인 사이트와 비즈니스 사이트를 하나로 합쳤다. 사람들은 새로운 사이트를 좋아했다. 이후 내 비즈니스 인맥들이 내 사적인 블로그에 댓들을 달고 사적인 인맥들은 비즈니스 블로그에 댓글을 다는 재미있는 광경을 보게 되었다.

사람들은 꾸준히 내 블로그를 찾아와 글을 읽고 의견을 나누는 이유를 말해주었다. 내가 빈 말을 하지 않고 나 자신을 웃음거리로 만드는 데 재주가 있어서라고 했다. 나는 그들이 내 이야기의 일부가 되도록 기꺼이 길을 내주었다. 내 약점 속에서 자신의 모습들을 발견하기도 하고, 때론 나와 의견이 달라도 두려워하지 않도록 말이다.

나는 인간이다. 나는 사람들과 우정을 다질 때 사용하는 방법과 똑같은 방법을 독자들에게도 적용하며 인간관계를 만들어왔다. 새로운 사람을 만날 때에는 일종의 학습곡선이 생기기 마련이다. 자신이 상대에게 얼마나 잘 어울리는지, 또 상대는 자신에게 얼마나 잘 어울리는지를 따져보아야 한다. 만약 독특한 생각과 퉁명스러운 조언을 좋아하지 않는 사람이라면 내 웹사이트에 그리 오래 머물지 않을 것이다. 내 목표고객들은 처음에는 웹사이트에 잠시 들렀다가 시간이 흐르면서 웹사이트에서 메시지를 전달하는 사람이 마음에 들어 꼬박꼬박 방문하다가 열혈 독자가 된 경우가 많다.

브랜드는 사람이다. 사물이 아니다. 당신이 컴퓨터 키보드로 온갖 말을 쏟아내는 블로거든 마이크로칩을 개발하는 기술자든 상관없다. 당신이 자신을 개인적인 인격체로 생각하든 기업 브랜드로 생각하든 그것도 상관없다. 사람은 사람과 비즈니스를 한다. 그리고 비즈니스는 목표고객에게 다른 누구보다도 내가 가장 잘할 수 있는 사람이라는 사실을 알릴 기회를 가져야 한다.

내가 하는 말이나 말투를 좋아하지 않으면 내 비즈니스 방식이나 소통 방식, 실제 물건을 사고파는 상점을 운영하는 방식도 좋아할 기회가 없을 것이다. 인터뷰에서 가장 자주 들었던 질문 하나가 있다. "당신의 솔직한 말투 때문에 손해 본 적이 있습니까?" 대답은 "그렇다"이다. 처음에는 '사람들은 왜 내 브랜드를 받아들이지 못할까?'라고 푸념도 많이 했다. 지금은 나의 브랜드를 높이 평가해주고, 내 브랜드에서 영감을 받고, 내가 함께 비즈니스를 하고 싶은 사람들과 일을 한다. 이 사실을 받아들이고 필요 없는 부분을 버리기를 두려워하지 않아야 한다.

모든 사람이 목표고객인 브랜드는 틀렸다

또 한번 강조하는데, 브랜드는 본질적으로 인간적이어야 한다. '당신과 친구가 많은 것들을 공유하고 있다고 해서 당신이 늘 친구에게 동의하는 것은 아니다.' 때로는 죽어라고 삐딱하게 굴 때도 있다. 대화나 이해를 통해 극복하기도 하고, 더러는 한두 잔의 술로 풀기도 한다. 브랜드도 마찬가지다. 브랜드 역시 모든 사람을 대상으로 하지 않는다. 인기 없는 브랜드는 어느 한 쪽을 선택하기를 두려워하지 않는다. 인기 없는 브랜드로 비즈니스를 하는 사람들은 정말 중요한 것이 무엇인지, 그것들이 무슨 의미인지, 목표를 성취하기 위해 무엇을 버려야 하는지를 명확하게 알고 있다.

누군가를 불쾌하게 할지도 모른다는 두려움은 떨쳐버려라. 그럴 의도가 전혀 없어도 그런 일은 벌어지기 마련이다. 훌륭한 브랜드가 있는 기업들은 이 사실을 잘 알고 있어서 그런 데 쓸 에너지를 고객들의 피드백을 분류하는 데 쏟는다.

다음은 브랜드의 특성이 어떤 역할을 해야 하는지에 대한 내용이다.

:: 자신이 누구인지, 왜 그 일을 하는지를 규정하라.

:: 모든 사람을 기쁘게 하기 위해 이 사업을 하는 것이 아님을 끊임없이 자신에게 주지시키고 비즈니스 목표들을 세우는 동안 언제나 목표고객을 존중하는 결정을 내리도록 하라.

:: 그렇게 내린 결정을 늘 지지하고 그 결정들로 인한 비난을 기꺼이 감수해야 한다는 사실을 명심하라.

:: 브랜드의 인간적인 면모를 잃지 마라. 때로는 내키지 않는 일을 마지못해 할 수도 있고 전략이 바뀔 수도 있다. 성공한 모든 브랜드는 인간적인 면모가 필수라는 사실을 인지하고 있다.

앞서 목표고객을 위한 아바타를 만들라고 했던 말을 기억하는가? 목표고객을 위한 아바타도 필요하지만 비즈니스를 위한 아바타도 만들어야 한다. 브랜드를 인간적으로 만드는 요소들을 열거해보면 생각하기가 한결 수월해진다. 브랜드의 성격은 성공에서부터 갈등에 이르기까지 모든 상황에 대처하는 방법을 통해 나타난다. 당신은 이런저런 일에 쉽게 동요하지 않는 자세로 모든 상황들에 대처해야 할 것이다.

브랜드의 특성은 용기가 만든다

인기 없는 브랜드가 되려면 무엇보다 용기를 길러야 한다. 그리고 자신들이 누구인지, 자신들이 믿는 것이 무엇인지를 변명하지 않고 떳떳하게 알려야 한다.

:: **고객들의 기대** _ 사람들은 브랜드에서 얻을 수 있는 것이 무엇인지를 알고 싶어한다. 용기가 있어야 한다는 말은 원칙을 고수하라는 의미다. 특히 목표고객에게 이익이 된다면 더더욱 그렇게 해야 한다.

:: **출중해야 한다** _ 어느 업계든지 멍청한 기업이 있기 마련이다. 그 속에서 용기를 내면 보다 우뚝 설 수 있다. 머저리처럼 되라는 말이 아니다. 곧고 좁은 길을 따르는 진취성을 가지고 목표고객이 당신의 쓰레기통에서 나온 것을 사용하는 일이 없도록 그들을 존중하라는 의미다. 용기가 생기면 비생산적인 대화는 피하게 되고,

고객이나 경쟁사와 언쟁을 벌이는 것을 가치 있는 전략이라고 착각하는 브랜드들보다 더 수준 높은 비즈니스를 하게 된다.

:: 진정성 _ 용기를 키우면 진정한 비즈니스를 하게 된다. 입장을 번복하거나 동요하지도 않게 된다. 목표고객들에게 당신이 하고자 하는 일을 사실대로 알려주고 그들의 기대에 어떻게 부응할지에 관해 주저하지 않는 것 역시 용기다.

사람들은 매일 여러 가지 사안들에 대해 반대 의사를 표시하며 산다. 브랜드 역시 마찬가지다. 당신이 한 사람 이상을 상대로 하는 비즈니스를 하려 한다면, 생각을 달리하는 사람을 만나게 될 것이다. 우리는 초등학생 시절에 모든 사람을 기쁘게 해야 한다고 배웠고, 교실에서 풍선껌을 씹고 싶다면 학급 친구들이 모두 함께 먹을 수 있을 만큼 가져와야 한다고 배웠고, 신기할 정도의 만장일치 의견도 있다고 배웠다. 그러나 비즈니스 세계에서는 통하지 않는 이야기다.

인기 없는 브랜드로 사업을 한다는 말은 모든 사람이 당신 친구가 아니며 앞으로 친구가 되지도 않을 것이라는 사실을 인정한다는 의미다. 하지만 당신 친구들과 같은 생각을 가진 사람들은 인기 없는 브랜드에 매우 중요한 자산이다. 브랜드의 특성은 접근성을 더욱 좋게 만드는 데 영향을 주기도 한다. 다가가기 좋은 사람에게 친구가 더 많은 것처럼 말이다. 친구가 필요한 브랜드 역시 목표고객에게 더욱 친근하게 굴 필요가 있다.

또한, 고객을 대하는 태도는 브랜드의 접근성을 결정하기도 한다. 메리디스 브랜스콤브에게 언론에 대비해 그녀가 고객 업체들에게 준비시키는 '말'이 따로 있는지를 묻자, 용기를 기르라는 조언을 하고 그것이 왜 도움이 되는지를 언급했다.

"우리는 모두 정치적이고 중립적인 태도를 가지라고 배워왔습니다. 그래서 우리는 상대의 의견에 동의하지 않는 글을 쓸 때도 상대를 불쾌하게 만들거나, 다투거나, 감정에 상처를 입히지 않는 법을 배웠습니다. 제 고객인 신생 업체들이 언젠가는 월스트리트 저널^{Wall Street Journal}이나 테크 크런치^{Tech Crunch} 같은 IT전문 웹사이트 1면을 장식하겠노라고 호언장담할 때면 그들이 잠재적으로 어떻게 책임질 것인지를 보기 위해 몇 가지 단순한 질문을 해봅니다. 그러면 그들은 그중에서 가장 신중한 답변을 고릅니다. 틀리고 싶지 않은 거죠. 그런데 그 대답이 최선의 답일까요? 그렇지 않습니다.

전문가로 인정받고 싶고, 목표고객에게 가치가 있는 사람으로 인정받고 싶다면 자신만의 의견이 있어야 합니다. 그렇다고 엄연한 사실들을 무시하라는 말이 아닙니다. 사실들을 숙고하고 분석해서 자신만의 의견으로 만들라는 거지요. 당신이 바로 업계에서 일어나고 있는 일들을 잘 알고 있고 그 흐름을 놓치지 않는 사람이니까요.

자기 의견이 있는 것은 잘못된 것이 아닙니다. 누구나 자기만의 의견이 있어야 합니다. 설령 사람들이 내 의견에 동의하지 않는다 해도 말이죠. 나와 의견이 다른 사람들의 의견 역시 당신의 의견을 명확하게 만드는 데 도움이 됩니다. 언론에서 당신을 언급할 때에는 이미 당신이 해당 업계나 분야에서 전문가라는 의미가 함축되어 있습니다. 업계 동료나 경쟁자들 역시 설령 당신과 의견이 다르다 해도 전문가인 당신의 위치를 존중할 겁니다.

여기에는 비밀이 살짝 숨어 있습니다. 언론에 전문가로 비치고 싶다면 알아두는 것이 좋습니다. 바로 신중한 발언이나 중립적인 대답을 원하는 언론사는 없다는 것입니다. 언론에 알려지고 싶다면 인기 없는 길을 선택해 그 길에 집중하다가 거기서 벗어나야 합니다.

로드킬을 당하는 지점은 길 한복판입니다. 로드킬을 당하고 싶다면 길 한복판으로 가셔도 상관없지만, 그렇지 않다면 당신의 의견을 표현하는 훌륭한 방법을 찾고 다시 되돌아올 수도 있음을 분명히 해두어야 합니다."

그렇다면 자신의 의견을 내세우지 않아야 하는 상황도 있을까? 물론이다. 메리디스는 그러한 상황 역시 의견을 내세우는 상황만큼 중요하다고 말한다.

다음은 개인적인 의견을 피력하지 않아야 하는 상황들이다.

:: **당신이 주식회사의 임원인 경우** _ "이번 분기에는 어떨 것 같아?" 누군가 이렇게 물을 때 어떻게 답해야 할까? 여기서 개인의 의견을 표현했다가 감옥에 간 사람들이 수두룩하다. 이때는 이렇게

대답하는 것이 정답이다. "글쎄, 분기별 수익에 촉각을 곤두세우고 관심을 가지는 것 말고 방법이 있겠어?" 그리고 얼른 화제를 바꿔야 한다.

:: **회사가 위기 상황인 경우** _ 이때는 당신의 개인적인 의견을 순화시켜야 한다. 그리고 이런 경우에는 보통 어떤 말을 할지, 어떻게 말할지, 언제 말할지 등을 믿을 만한 변호사나 홍보전문가와 함께 결정하는 경우가 많다.

:: **공청회 자리에 있거나 고정된 매체에서 특정 인물을 비난할 때** _ 개인적인 의견이 있더라도 이런 경우에는 유보하는 편이 낫다. 그렇지 않으면 명예훼손으로 고소나 고발을 당할 수도 있고, 그런 일이 벌어지면 아주 비싼 대가를 치르게 될 것이다.

지금까지 나는 브랜드는 인간적이어야 하고, 인간처럼 자신만의 의견이 있어야 한다고 말했다. 모든 사람이 당신의 브랜드를 좋아하지는 않을 것이다. 적절한 고객들만이 당신이 내놓은 브랜드를 선택할 것이다. 그렇다면 이상적인 목표고객에 대해 당신이 모은 정보를 어떻게 이용해야 할까? 그리고 그 정보를 어떻게 적재적소에 활용하고, 목표고객들이 좋아할 브랜드의 성격을 구축하는 데 어떻게 적용해야 할까?

목표고객에게 안도감을 선물하라

앞서의 훼방꾼이 끼어들기 전까지만 해도 파티장에서 화기애애한 분위기로 대화를 나누던 사람들을 기억하는가? 그들은 비즈니스와 삶, 삶을 가치 있게 만드는 것들에 대해 이야기하고 있었다. 인간관계는 바로 이렇게 만들어진다. 공통의 화제를 찾는 것이다. 우리는 그러한 경험을 통해 웃고, 동정하고, 울고, 토론을 벌인다.

한 사람이 자신의 방식만 옳고 궁극적인 것이라고 강요할 수 없듯이 기업 역시 그 기업만의 방식을 목표고객들에게 억지로 밀어넣을 수 없다. 이것이 기업 고유의 인간적인 면을 자연스레 부각시킴으로써 목표고객과 관계를 쌓아야 하는 이유다. 그리고 그들의 기대를 실망시키는 것이 무엇인지에 대해 충분히 관심을 기울이면서 관계를 구축해야 한다. 그 다음 단계는 목표고객을 실망시키는 부분을 없애는 것이다.

목표고객의 기분이 나빠지기를 바라는 브랜드는 없다. 또한, 누군가의 기분을 '좋게' 해주는 것이 적성에 맞지 않는다고 해서 목표고객의 기분이 좋아지지 않기를 바라는 사람도 없다. 브랜드가 인간적인 면모를 갖추고 의견을 갖게 될 때까지는 브랜드의 성격에 보다 깊숙이 파고들어야 한다. 그래야 브랜드 아바타를 개발할 수 있다.

친구들을 사귀다 보면 아주 다양한 인물들을 만나게 된다. 재치가 넘치고 늘 재미있는 이야기를 들려줄 준비가 되어 있는 친구도 있고, 매사에 무미건조하고 시무룩한 표정으로 일관하는 친구도 있다. 속사포처럼 욕설을 내뱉는 친구도 있고, 조곤조곤한 말투로 예리한 지적을 하는 친구도 있다. 이들이 모두 친구라면 공통점이 하나 있어야 한다. 그들 곁에 있을 때 기분이 나빠지지 않는다는 것이다. 그렇다면 당신의 기분을 나빠지지 않게 하려면 어떤 요소가 필요할까?

:: 말을 들어주는 친구 _ 내 말을 잘 들어주는 친구들이 있다. 성공적인 브랜드 역시 남의 말을 잘 들을 줄 안다. 남의 말을 잘 들어주는 재능이 있는 친구들을 떠올려보라. 그 친구는 당신과 공감한다는 사실을 어떤 방식으로 알려주는가? 일이 잘 풀리지 않아 답답할 때 전화를 하게 되는 대상은 아마 그 친구일 것이다. 이런 친구는 늘 당신 말을 들을 준비를 하고 있다. 누군가 자신의 말을 들어주면 성가시고 괴로웠던 마음의 짐이 한결 가벼워지는 느낌을 받게 된다. 또한, 누군가 관심을 기울여주면 내가 가치 있는 사람이고, 내 생각과 아이디어가 괜찮다고 느끼게 된다.

:: 선뜻 도와주는 친구 _ 여러 가지 일들을 선뜻 도와주는 친구들이 있다. 심지어는 내가 뭔가 필요하다고 생각도 채 하기 전에 알아서 도와주는 친구도 있다. 전문적인 실력이 있는 누군가가 내가 어떤 일을 할 수 있도록 도와준다는 것은 크나큰 위안이다. 믿을 만한 도움을 줄 누군가와 친구가 될 수 있다면 아주 든든하고 안

전한 기분이 든다.

:: **나를 웃게 하는 친구** _ 나를 웃게 해주는 친구는 말로 표현할 수 없이 값진 존재다. 그들은 누군가에게 말하고 싶지만 하지 못하는 이야기를 시원하게 말해주고 지루한 일상에서 숨통이 트이게 도와준다. 이런 친구들은 재미있는 농담과 우스운 그림, 재미있는 동영상 등을 늘 준비하고 있으며, 매사에 지나치게 심각할 필요가 없다는 사실을 깨닫게 해준다.

:: **나를 품어주는 친구** _ 우리를 보살펴주고, 계획을 짜주고, 열렬하게 지지해주는 친구들도 빼놓을 수 없다. 이런 친구들은 A지점에서 B지점까지 가는 길에 있는 것들을 아주 상세하게 알려준다. 이들은 친숙한 피난처를 제공해주고 필요할 때면 안아주기도 한다. 그들은 일요일이면 냉장고에 맥주를 잔뜩 채워놓고 축구 경기를 보자며 친구들은 초대하기도 하고 당신이 뭔가 잘 해내고 있을 때도 금세 눈치채고 알아봐준다. 기업들은 바로 이런 친구 같은 존재가 되어야 한다. 늘 우리 곁에서 즐거움을 주는 그런 존재 말이다.

저마다 특징이 다르지만 이러한 특징들이 유발하는 공통 정서가 있다. 바로 '안도감'이다. 어떤 성격의 브랜드를 만들지를 정할 때도 목표고객에게 어떻게 아늑한 피난처를 제공할 것인지, 즉 어떻게 그들에게 안도감을 선사할지를 생각해야 한다.

브랜드에 인간적인 에너지를 공급하고, 목표고객을 다정하게 맞아주며(접근성), 목표고객이 다른 사람들에게도 소개시켜주고 싶도록 만들고(공유성), 새로운 사람들을 데리고 와 당신의 브랜드가 더 크게 성장하는 원동력을 확보하게 해주고(확장성), 공짜로 혹은 너무 저렴한 비용으로 일한다는 생각이 들지 않을 정도로 수익을 창출해 주는 것(수익성), 이것이 바로 브랜드가 갖춰야 할 특성이다. 브랜드의 특성을 최우선으로 고려해야 하는 이유는 사람들이 당신의 기업 제품에서 그것을 가장 먼저 접하기 때문이기도 하지만 마케팅을 통해 당신의 브랜드를 접할 때 안도감을 느끼기 때문이기도 하다.

브랜드의 외형을 만들기 전에 고려할 사항

브랜드에서 로고나 웹사이트보다 더 중요한 것이 있다. 비즈니스를 하는 사람들은 물리적인 목표와 브랜드의 상징에 지나치게 열광하는 경향이 있어 방아쇠를 너무 빨리 당기는 경우가 허다하다. 부디 다음에 언급된 내용들을 고려하지 않고 그래픽디자이너부터 고용하는 일이 없기를 바란다.

:: 돈 낭비 _ 브랜드 콘셉트를 제안하고, 로고를 디자인하고, 상표를 만들고, 웹사이트를 구축하는 과정에는 꽤 많은 비용이 든다. 나는 목표고객을 전혀 고려하지 않고 브랜드의 시각적 요소들부터 미리 만드는 신생 기업들과 초기 단계의 기업들을 무수히 많이 보아왔다. 그들이 그렇게 하는 이유는 아직 숙제를 마치지 않아서다. 돈을 아꼈다가 한 번에 '제대로' 사용해야 한다. 미리 만들었다고 해서 브랜드가 발전할 수 없다는 말이 아니다. 제대로 된 시각적 요소들을 만들 수 있는 더 나은 기회가 있다는 의미다.

:: 목표고객을 혼란스럽게 하는 것 _ 당신이 알고, 신뢰하며, 갑자기 모든 것들을 달라 보이게 할 만한 브랜드를 보여주는 웹사이트를 선보인 적이 있는가? 시간이 흐르면 많은 기업들이 브랜드를 다시 만드는 절차를 밟는다. 하지만 짧은 기간 안에 지나치게 많은 것들을 보여줘서 결국 목표고객에게 혼란만 안겨주는 경우도 많다. 사람들 무리에 불쑥 끼어들어 모두에게 당신이 누구인지를 설명하기 전에 당신 자신을 먼저 파악할 필요가 있다.

:: 어긋난 초점 _ 새로운 비즈니스 콘셉트나 제품을 테스트할 때에는 그것에 시간을 더 투자해야 한다. 그렇지 않으면 화려한 로고도 무용지물이 될 수 있다. 일단 당신이 목표고객들에게 제공해야 하는 것이 무엇인지, 그들에게 어떻게 적용할지를 이해하고 나면

다양한 종류의 로고들과 웹사이트 디자인에 피드백을 줄 수 있다. 만약 당신이 그들 삶에 제공해야 하는 서비스나 제품이 그들의 삶에 얼마나 잘 맞는지 등을 잘 알지 못한다면 웹사이트 콘셉트나 로고가 당신 회사에 잘 맞는지 아닌지를 어떻게 알 수 있겠는가?

브랜드의 가치, 윤리, 사명 등의 지적인 관점과 목표고객이 브랜드를 어떻게 생각할지에 관한 감정적인 관점을 이해하는 과정을 거치게 되면 브랜드의 외형적 모습을 만드는 데 더욱 훌륭한 정보를 얻게 된다. 또한, 번거롭게 같은 일을 또 해서 시간과 돈을 낭비하는 일도 없다. 브랜드의 외형적 특징을 구축할 때에는 그 분야의 전문가를 찾는 것이 급선무다.

:: **조사** _ 해당 시장에서 그래픽 디자이너를 고용하는 비용이 얼마나 되는가? 프리랜서와 에이전시 간에 차이점은 무엇인가? 비슷한 과정을 거친 지인이 있다면 비용이 얼마나 들었는지를 물어보고 현실적인 예산을 수립하는 데 참조하도록 하라.

:: **예산** _ 브랜드의 시각적 이미지를 만드는 작업에 얼마나 많은 비용을 할당할지를 먼저 정하고, 그 내용을 그래픽디자이너 후보들에게 알려라. 그 비용에 작업할 수 없다고 하면 다음 후보자를 찾으면 된다.

:: **전문가 찾기** _ 당신이 만들고자 하는 분위기와 비슷한 분위기의 브랜드를 찾아 그 작업을 누가 했는지를 물어보라. 대부분의 그래픽 디자이너들은 고유의 스타일이 있다. 물어보는 건 전혀 잘못된 일이 아니다.

:: **지금 당장 모든 것이 다 필요한 것은 아니다** _ 명함? 필요할 수도 있다. 편지지 윗부분에 넣을 회사로고와 주소, 고급스러운 봉투, 기타 회사 로고가 들어간 온갖 서류며 자료들이 지금 당장 필요한가? 디자이너가 회사 로고와 주소를 디지털 이미지로 만들어주면 원하는 종이를 골라 인쇄할 수 있으므로 로고가 들어간 편지지며 서류용지를 인쇄하는 데 비용을 들이지 않아도 된다. 서류 봉투 역시 필요 없을 수도 있다. 요즘은 이메일이며 스마트폰 등의 기기를 많이 활용하고, 아주 필요한 경우가 아니면 인쇄비용을 절감하는 추세다.

브랜드의 시각적 요소를 담당할 적당한 디자이너나 에이전시를 골랐다면 당신이 어떤 것을 좋아하고 왜 좋아하는지를 구체적인 예를 들어 설명하라. 그래야만 브랜드를 원하는 분위기와 형태로 만들 수 있다.

웹사이트 디자이너 역시 마찬가지다. 먼저 원하는 웹디자인을 찾아보고 예산을 세워라. 요즘 웹사이트 구축에 가장 인기 있는 플랫폼은

워드프레스WordPress다. 웹사이트를 만드는 전문가들은 넘쳐난다. 취향에 맞는 웹사이트를 찾았다면 홈페이지 하단에 나와 있는 디자인 업체와 정보를 찾아보도록 하라. 최신 흐름에 맞는 디자이너를 찾기가 훨씬 수월해질 것이다.

그리고 브랜드의 시각적 특징을 만들어낼 사람과 충분히 회의해서 어떤 기업인지, 어떤 시각적 상징들이 표현되어야 하는지를 전달해야 한다. 이 시점에서는 이메일은 잊어라. 직접 만나 회의를 하거나 스카이프Skype를 통해 비디오 회의를 하는 게 맞다.

이게 전부일까? 천만의 말씀이다. 당신은 브랜드의 특성과 관련된 일은 아직 아무것도 하지 않았다. 14살 때 당신과 지금의 당신이 다르듯 브랜드 역시 끊임없이 진화해야 한다. 브랜드는 살아있기 때문에 실수를 할 수도 있다는 사실은 아직 다루지 않았다. 우리는 브랜드에서 실수를 하면서 인간적인 면을 발견하게 되고, 그런 과정을 통해 목표고객에게 중요한 것이 무엇인지를 더 많이 배우고, 브랜드를 시각적으로 표현하는 방법에 대해 더욱 정교하고 세련된 안목을 갖추게 된다.

접시에 사랑을 담아 접대하는

마리네이션 MARINATION

* 마리네이션은 멕시코 음식인 타코와 퀘사디아에 한국식 김치,
갈비, 김치볶음밥을 넣어 팔아 유명해진 길거리 트럭 음식점이다 ― 옮긴이

'일 년 365일 중 구름 낀 흐린 날이 220일 이상이고 평균적으로 햇살 좋은 날이 고작 56일뿐인 도시에서 활력을 찾는 방법은 무엇일까?'

이것은 2009년, 마리네이션 모바일Marination Mobile의 창업자들이 하와이 퓨전요리를 파는 푸드 트럭 비즈니스를 시작하기 전에 던졌던 질문이다. 이들이 사업 시작단계에서부터 분명히 알고 있던 사실이 하나 있다. 길거리에서 고객을 직접 대하는 음식 사업에서 브랜드의 특성은 비즈니스의 핵심 요소가 되기 때문에 기억하기 좋은 브랜드의 특성을 만들어야 한다는 점이었다. 그곳의 직장인들은 점심시간에 사무실 밖으로 점심을 먹으러 나오면 비에 흠뻑 젖기 십상이었다. 이렇게 비를 맞아가면서까지 찾는 음식점이라면 평범한 타코(밀가루 반죽을 얇게 구워 고기나 야채 등을 넣고 싸서 먹는 멕시코 음식 ― 옮긴이)보다는 더 맛있는 타코가 있어야 할 것이다.

몇 년 지나지 않아 마리네이션 모바일은 웹사이트에서 언론자료를 다 소개할 수 없을 정도로 많은 지역의 잡지와 전국 잡지에 소개되었고, 2010년과 2011년에는 '푸드 네트워크의 맛있는 푸드 트럭 선발대회'에 초대되기도 했다. 지역을 초월해 옮겨 다니는 이 업체가 어떻게 햇살 좋은 지역을 찾고, 더욱 많은 고객이 다시 찾게 만들었으며, 주차 브레이크를 채우고 음식을 파는 트럭을 시작한 지 불과 12개월 만에 고정 상점과 비슷한 수요를 창출해낼 수 있었을까? 이 업체의 공동 설립자인 카말라 색스턴Kamala Saxton의 말이다.

"동업자인 로즈나 나는 요식업을 해본 적이 없었어요. 그래서 푸드 트럭 비즈니스를 하기에 앞서 수지타산이 맞는지부터 따져보아야 했죠. 계산해보니 이익이 날 수도 있겠다 싶더라고요. '다른 많은 음식 트럭들 중에 우리 트럭만 찾게 만들 요인은 무엇일까?'를 생각했죠. 답은 간단했어요. 우리만의 특성, 우리만의 개성이 있어야 한다는 것이었죠. 우리는 처음부터 우리만의 특성이 있어야 한다는 사실을 인지하고 사업을 구축해나갔고 브랜드를 만드는 데 실질적인 가치가 있는 아이템들로 마케팅 전략을 짰어요."

마케팅 예산을 인색하게 책정하는 신생 기업이나 일반 기업들을 주변에서 쉽게 볼 수 있다. 그러나 입소문만으로 마케팅을 할 수 있다는 생각도, 마케팅 비용이 불필요하다는 생각도 모두 틀렸다. 마케팅 비용은 인색하게 굴 수 없는 중요한 요소다. 마리네이션은 음식에 재료를 아끼지 않는다. 마찬가지로 마케팅에도 인색하게 굴지 않는다.

직원은 브랜드의 메시지를 전달한다

마리네이션의 창업자들은 브랜드의 특성을 가장 잘 전달할 수 있는 방법들을 논의하다가 가장 중요한 것은 브랜드의 특성을 가장 잘 표현해줄 직원을 찾는 일이라는 것을 깨달았다. 고객을 직접 응대하는 직원들은 불가피하게 브랜드의 특성을 대변하게 된다. 얼마나 재미있는 사람인지, 얼마나 매력적인 사람인지는 별로 중요하지 않다. 고객들이 돈을 쓰기 위해 실제로 나타났을 때 꿔다 놓은 보릿자루처럼 무뚝뚝하게 군다면 그들이 단골이 될 가능성은 희박해진다. 고객들은 어리석지 않다. 마리네이션이 하와이 요리와 한국 요리를 결합한 맛있는 요리뿐 아니라 고객들을 접대하며 메시지를 전달할 수 있는 직원들을 고용하게 된 것도 이런 이유 때문이다.

본격적으로 사업에 착수하기 전에 카말라와 로즈는 운 좋게도 소셜 마케팅 담당자인 에밀리 레슬링Emily Resling을 만났다. 에밀리는 처음부터 브랜드를 만드는 데 도움을 준 인물로 현재는 마리네이션의 온라인 브랜드의 대변인 역할을 담당한다.

직원이 브랜드의 대변인 역할을 맡아 너무 많은 지배권을 갖는 것을 꺼리는 기업들도 있다. 그 직원이 그만두게 되면 브랜드의 특성을 유지하기가 어려운 탓이다. 하지만 쉬운 방법이 있다. 마리네이션의 경우에는 에밀리가 온라인상에서 브랜드를 구현하는 방법에 대해 스타일을 만들어냈다. 어떤 소리건, 어떤 모습이건 그들에게 중요한 모든 것들이 다 담겨 있도록 말이다. 그래서 에밀리가 그만두더라도 그 일을 다음 사람에게 그대로 인수인계할 수 있는 체제가 잡혀 있다. 카말라는 이것의 장점에 대해 "이런 방식의 진짜 장점이 뭔지 아세요? 혹시 운이 좋으면 후임자가 기존의 틀에 더 근사한 아이디어를 추가해 발전시킬 수 있다는 점이죠"라고 말했다.

고객의 소리에 집중하다

브랜드의 특성은 반드시 뚜렷해야 하며, 고객이 당신의 브랜드를 접하고 좋아하기 전에 직원들이 먼저 그 특성을 정확히 파악하고 있어야 한다. 카말라가 말하는 그들의 방법에 대해 들어보자.

"우리는 기업의 모든 직원들이 우리가 공을 들이는 마케팅으로 어떤 일을 할 것인지를 분명히 알 수 있도록 합니다. 바로 이것이 매일매일 접시에 사랑을 담아 접대하는 방식이지요. 이 시장에는 우중충한 날씨라고 하는 공통점이 있어요. 그래서 고객들의 하루에 햇살처럼 밝은 기운을 선사하는 그런 브랜드의 특성을 개발했죠."

마리네이션의 고객들은 매일매일 주문자의 이름과 주문내용을 기억하는 놀라운 능력의 주문접수 직원에 대해 입이 닳도록 이야기한다. 어느 고객은 U2콘서트에서 카말라를 보았다든지, 동네에서 주문접수 직원을 보았다든지 하는 이야기들을 페이스북이며 트위터에 올리기도 한다. 주문접수 직원 중 한 명이 지역 신문에 소개되었고 마리네이션의 고객들은 신문기사를 오려와 마리네이션의 가게며 트럭을 방문해

축하해주었다. 이런 일은 엉터리 브랜드에서는 절대 일어나지 않을 것이다.

　마리네이션은 온라인과 오프라인에서 모두 활기 있는 브랜드의 특성을 구축하고 있다. 다음은 사업 초창기부터 그들이 사용해온 소통방식이다.

:: **발사 준비** _ 카말라는 이렇게 회상한다. "처음 식당차 문을 연 지 두 달쯤 됐을 때 고객과 함께 나눌 새로운 소식이 없다는 생각을 했어요. 그래서 고객들이 찾아왔을 때 듣게 될 음악들을 선곡했죠. 그리고는 @curb_cuisine라는 트위터 아이디로 개업 전날 에밀리가 식당차 사진을 근사하게 찍어 특별한 글과 함께 팔로워 한 명 한 명에게 보냈죠. '듣도 보도 못한 사람들'이 식당차를 열 것이라고 보낸 재미있고 독특하며 개성 넘치는 글은 크게 히트를 쳤어요. 첫 요리를 팔기도 전에 우리 브랜드의 뚜렷한 특성을 확보하게 된 거죠."

:: **선택과 집중** _ 마리네이션에 트럭이 단 한 대뿐인 데는 이유가 있다. 이 트럭은 브랜드를 만드는 데 중요한 역할을 한다. 고객들에게 최고의 서비스를 제공할 수 있는 공간이 되도록 하는 것이다. 브랜드 특성에서 '일관성' 역시 큰 부분을 차지한다. 카말라는 트럭이 한 대가 아니라 여러 대 있었다면, 새로운 상점을 다른 지역에 열었다면 브랜드 이미지와 브랜드의 일관성을 유지하기가 더

어려웠을 것이라고 말한다.

:: **소통** _ 마리네이션 고객들은 4곳, 즉 페이스북, 트위터, 가게, 트럭에서 마리네이션을 만날 수 있다. 문제나 불만이 있거나 칭찬해주고 싶은 말이 있으면 이곳에서 하면 되고, 마리네이션 측에서는 바로 사과하거나 감사의 마음으로 응대를 한다.

:: **불만에 대한 대응** _ 최근 한 고객이 어느 날 먹은 토르티야(밀가루나 옥수수가루로 얇게 구워 만든 멕시코 음식 — 옮긴이)가 약간 탔었다는 글을 트위터에 올렸다. 마리네이션은 바로 샅샅이 조사에 들어갔고 그 고객에게 무료 식사권을 선물했다. 카말라는 그 일에 대해 "그녀의 말은 사실이었어요. 그날 토르티아가 약간 탔었지요. 우리는 그 사실을 인정했습니다"라고 말했다.

:: **피드백** _ 마리네이션이 상점을 열었을 때 몇몇 고객들이 상점을 찾기 힘들다는 글을 트위터와 페이스북에 올렸다. 카말라는 손수 밖으로 나와 길 모퉁이에서 손을 흔들었고 고객들은 마리네이션을 찾을 수 있었다.
"우리를 찾아오려 하는데 어디 있는지 잘 모르는 고객들이 있다면 언제든 도와드릴 겁니다. 고객들이 무슨 말을 하려 하는지는 중요하지 않습니다. 우리는 어떤 얘기든 들을 준비가 되어 있으니까요. 현재 우리 고객들은 우리에게 좋은 제안을 해주기도 합니다. 정말 좋은 일이죠! 우리 브랜드의 특성은 친근함입니다. 자신들의 아이디어나 피드백은 언제든 우리에게 환영받는다는 사실을 고객들도 알고 있죠."

:: 신용 _ 카말라는 브랜드의 특성을 제대로 보여준 예를 하나 들려줬다. "갑자기 신용카드 기계가 작동하지 않는 날도 있습니다. 우리는 카드를 받을 수 없는 상황이고 고객은 현금을 가지고 있지 않다면 차용증서를 만들어줍니다. 그러면 다음 번 우리가 그곳을 찾았을 때 고객은 차용증서를 보여주며 그때의 음식값까지 지불합니다. 참으로 고마운 일이죠."

:: 브랜드의 성장 _ 마리네이션이 트럭이나 가게를 직접 이용할 수 없는 행사음식, 결혼식 음식, 기타 이벤트 음식 등의 분야로 사업을 확대함에 따라 새로운 비즈니스 환경에서도 빛날 수 있는 그들만의 브랜드 특성도 찾아야 했다. 이 경우에는 직원들이 브랜드의 특성이 될 수 있다. 따라서 브랜드를 나타내는 가장 큰 부분들이 없는 상황에서는 친절하고, 브랜드의 정서에 어울리는 사람을 고용하는 것이 중요하다.

:: 사회적 기여 _ 마리네이션 설립자들은 브랜드를 만들었고, 이 브랜드를 이용하는 고객들과 동호회는 자신들이 모두 브랜드를 만드는 주체임을 알고 있다. 마리네이션의 수입 중 일부는 수잔 G. 코

먼 재단Susan G. Komen Foundation에 후원금으로 사용하며 이 재단에서 많은 활동도 하고 있다.

사람과 마찬가지로 브랜드의 특성 역시 수많은 층들이 겹겹이 쌓여 있다. 마리네이션의 활기차고, 명랑하며, 친근한 온라인상의 모습이나 주문을 받는 직원들의 모습, 동호회 활동에 이르기까지 이들이 보여주는 많은 모습들은 한 가지 메시지로 압축된다. 마리네이션은 적절한 사람들을 고용해서 고객들을 접대하고, 사람들이 달려가고 싶어하는 식당차가 되기 위해 할 수 있는 모든 것을 다하고 있다는 것이다. 그들에게 이러한 일은 너무 쉬운 일이다. 그것이 마리네이션의 모습 자체이며 직원들의 모습 그 자체이기 때문이다.

"우리는 2.25달러짜리 타코를 팝니다. 그런데 단골을 만들고 싶다면 2.25달러짜리 타코 그 이상을 제공해야죠. 그 목표를 위해 우리는 온라인에서건 오프라인에서건 늘 고객의 소리에 귀 기울이는 겁니다."

마리네이션

워싱턴 주 시애틀

웹사이트 : www.marinationmobile.com

페이스북 : www.facebook.com/marinationmobile

트위터 : @curb_cuisine

The Power of UnPopular

4장

고객의 접근성을 높여라

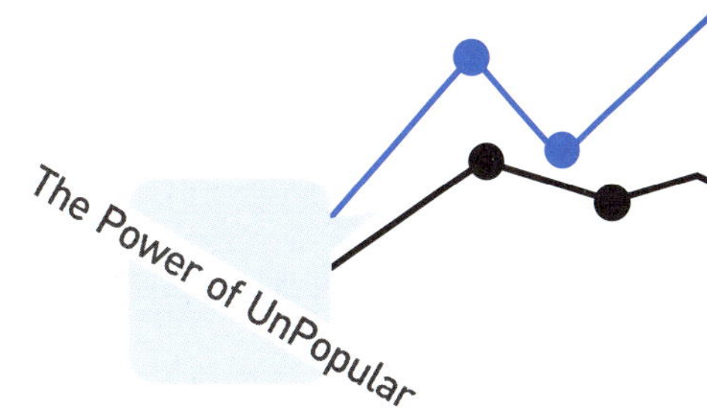

무엇을 제공하고

누구를 목표고객으로 만든 브랜드건 간에 현대의 비즈니스 환경은 전례 없이 고객들이 막강한 힘을 쥐고 있다. 최근의 마케팅 방법과 브랜드 문화에서 일어나고 있는 변화에 대해 살펴보고, 이러한 변화가 목표고객과 지속적으로 대화를 나눌 수 있게 만드는 브랜드의 능력에는 어떤 영향을 미치는지 알아보자.

1950년대부터 1990년대까지 대세였던 잡지나 방송을 통한 광고는 브랜드가 고객에게 일방적으로 전달하는 대화 형식이었다. 대중들이 신상품과 새로운 서비스를 접할 수 있는 수단은 인쇄매체, TV, 라디오가 전부였다. 고객의 문의전화에 대해 기업이 비용을 부담하는 전화

서비스도 없었다. 계약서 양식을 갖춘 웹사이트나 이메일 주소 같은 것도 아예 존재하지 않았다. 말하자면 브랜드는 말을 쏟아냈고 고객들은 잠자코 들어야 했다. 그것은 의사소통이 아닌 일방통행의 화법이었다. 또한, 고객은 보고 싶은 프로그램이 있으면 원하든 원하지 않든 간에 광고방송을 보아야 했다.

1999년으로 가보자. 이때부터 TV 방송을 녹화하고 리플레이 기능이 있는 디지털 영상저장장치DVR가 나오기 시작했다. 이로써 TV 광고의 종말시대가 열리게 되었다.

고객이 먼저 다가오도록 유도하라

브랜드는 더 이상 자동차나 거실 안으로 몰래 살금살금 들어올 수 없게 되었다. 반드시 허락을 받아야 했다. 허락은 오직 마케팅 메시지를 듣고 싶어하는 고객들만 할 수 있었다. 허락을 받은 마케팅 메시지는 이메일 받은 편지함이나 라디오, TV에 들어올 수 있었다. 잡지조차도 디지털화되면서 온라인으로 기사를 읽고 광고는 건너뛰기를 할 수 있게 되었다. 오늘날의 문화는 마치 "보고 싶지 않은 것들은 절대 내 앞에 얼씬도 하지 마!"라고 말하는 것만 같다.

이제 고객들은 자신이 원할 때 브랜드에게 이렇게 말한다.

"이봐, 좀 더 듣고 싶은데. 내 영역으로 좀 더 들어와 봐."

그렇다면 어떻게 하면 고객들의 영역 안으로 초대받을 수 있을까? 바로 이 시점에서 브랜드의 특성이 활약하기 시작한다.

고객은 쉴 새 없이 이야기를 한다. 멈출 기미가 없다. 그들은 원하는 것이 무엇인지, 얼마를 지불할 것인지, 어떤 색상을 원하는지를 이야기한다. 당신은 목표고객이 실제로 이야기를 건네고 싶은 브랜드로 만들기 위해 지금까지 브랜드의 특성을 만들어왔다. 그럼에도 고객들은 이야기를 멈추지 않는다. 그들의 이야기는 브랜드의 접근성을 높여 더욱 편안한 대화가 오가도록 만들고, 그들만의 영역으로 브랜드를 초대해 생각과 정서를 공유하게 해준다.

당신이 만들고 있는 인기 없는 브랜드가 고객의 초대를 유도할 수 있는 4가지 원칙을 모두 지켰는지 알아보자.

:: **환영 매트** _ 당신이 고객을 이해하고 있고, 기꺼이 이야기를 나눌 준비가 되어 있으며, 피드백을 고맙게 여기고 받아들이고 있다는 사실을 고객에게 알리는 것을 말한다.

:: **브랜드 스토리** _ 브랜드의 특성과 제품 그리고 목표고객과 교류하는 방식의 복합체다. 브랜드 스토리는 당신이 목표고객과 함께하려는 이유를 알려주고 그들에게 브랜드의 일부라는 느낌을 주어야 한다.

:: **목표고객을 존중하라** _ 브랜드를 만들고, 연관 제품을 만들고, 서비스를 제공하는 데 있어서 '목표고객에게 제공하기 위해서'라는 명분보다 더 좋은 명분은 없다. 인기 없는 브랜드가 지나치다 싶을 정도로 목표고객을 존중하고, 자기과실을 인정하는 것을 두려워하지 않는 것도 모두 그런 이유 때문이다.

:: **고객 응대를 위한 규정** _ 목표고객이 이야기를 하고 있다면 그들의 피드백을 인정하고 그에 맞게 대응하기 위한 기본적인 원칙들이 있어야 한다.

그렇다면 당신의 제품 외에 비즈니스에서 가장 중요한 재산이라 할 수 있는 고객을 따뜻하게 응대하기 위해 브랜드의 특성을 활용할 수 있는 방법에 대해 알아보자.

목표고객을 향해 '환영 매트'를 깔아라

집집마다 현관문 앞에는 매트(한옥에서 섬돌같은 역할을 한다 — 옮긴이)가 깔려있다. 신발을 벗고 집 안으로 들어서는 공간에 놓여 있어 '어서 오세요'라고 인사를 하는 것 같은 존재다. 브랜드의 특성을 만든다는 말은 목표고객과 이야기를 나누기 위해 준비하고 기다리는 과정으로 불안해하는 고객들에게 안도감을 주고 그들이 원하고 필요로 하는 친구가 되어준다는 의미다. 그러니 문 앞에서 목표고객을 맞이하고 그들에게 집 안으로 들어와도 좋다는 인사를 건넬 필요가 있다. 따라서 환영 매트를 깔고 우리가 짓는 이 작고 색다른 집을 진짜 집으로 만들어야 한다.

브랜드의 환영 매트는 이런 메시지를 담고 있어야 한다.

"이봐! 우리는 너를 이해해. 우리가 여기 있어. 여기서 네 말을 듣고 있다고! 안으로 들어와. 너를 보호해 줄게."

환영 매트의 모습은 소셜 미디어나 가게 안의 어떤 표시, 직원들의 태도 혹은 이 모든 것들의 복합체로 보여줄 수 있다. 이 메시지를 전하기로 결정했다면 현재의 목표고객과 잠재고객 모두가 당신을 찾을 수 있는 장소에 있어야 하고, 당신은 그들의 이야기를 듣겠다는 태도를 취하고 그 메시지를 보여주어야 한다.

일단 목표고객이 잠시라도 발을 들여놓는다면 당신은 그들을 매료시키고 그들이 필요로 하는 것에 대해 이야기를 나눌 준비가 되어 있어야 한다. 그들은 당신의 이야기를 들어주겠다고 허락했기 때문이다.

당신이 그들에게 들려주려는 이야기에는 다음과 같은 내용이 들어 있어야 한다.

:: 무엇을 하는 회사인지
:: 다른 업체들과 어떤 점이 다른지

:: 왜 관심을 가져야 하는지

이와 같은 기본적인 사항들을 지켜 브랜드의 이야기를 만들고 나면 당신의 이야기가 동종 업계 다른 브랜드들과 비슷한지 아닌지를 알 수 있다. 이 세 가지 질문에 대답할 수 있는 2~3명과 함께 있다면 더욱 흥미로울 것이다. 한번 해보면 몇 가지 주제가 수면 위로 떠오를 것이다.

사람들을 모이게 만드는 모닥불 콘셉트

인기 없는 브랜드는 적절한 고객을 브랜드로 더욱 가까이 끌어당길 만한 이야기를 가지고 있다. 이 이야기의 문장들은 마침표로 끝나지 않는다. 이야기에 푹 빠진 사람들을 유혹하는 매력적인 생략부호로 문장을 맺는다. 이야기를 들은 사람들은 이렇게 말할 것이다.

"맞아, 내 얘기야!"

"재미있는데, 완전 공감해!"

"맞아 맞아. 나도 그거 싫어!"

훌륭한 브랜드 스토리에는 당신이 만들고 가치를 부여한 제품이나 서비스를 고객이 그들의 삶으로 가져가게 만들 수 있는 힘이 있다. 고객을 관심의 중심으로 모이게 만드는 훌륭한 브랜드 스토리, 나는 그것을 '모닥불 콘셉트'라고 부른다.

모든 브랜드는 사람들의 관심을 끌고 싶어한다. 그런데 대다수의 브랜드가 확성기를 잡고 고객들에게 고래고래 소리를 지르는 방법만이 최고라고 생각한다. 그러나 당신이 원하는 지점에 고객이 머물게 만들 수 있는 더 좋은 방법이 있다.

사람들이 모닥불 주변에 모이는 까닭은 모닥불의 따스함과 매력 때문이다. 당신이 이야기를 시작하면 브랜드는 모닥불이 되고, 모닥불을 통해 따뜻함을 느끼고 활력을 얻고자 하는 사람들이 주변에 모일 것이다. 참으로 따뜻하고 매력적인 광경 아닌가?

모닥불 앞에 모인 사람들이 브랜드 이야기를 이해하고, 브랜드를 자신들의 삶 속에 적용하고, 그 안에서 자신들의 역할을 정하기 시작하면 순식간에 '목표고객'이 '모닥불'이 된다. 그때부터는 그들이 이야기를 이어간다. 브랜드 경험을 공유하고, 브랜드가 그들의 삶을 어떻게 더 좋게 만들었는지를 이야기하는 것이다. 그들은 소속감을 느끼고 무언가의 일부가 되고 당신의 메시지에 열광한다. 외부의 압력에 강요된 것이 아니라 브랜드가 그들의 일부이기 때문이다.

목표고객이 모닥불이 될 때 바로 장외 홈런을 치게 된다. 그 모닥불은 당신의 브랜드가 힘겹고 어려운 시기를 겪는 것처럼 보이는 순간에도 꺼지지 않는다.

바로 이런 이유로 브랜드 스토리가 필요한 것이다. 지금 투자자나 언론에 홍보할 방법을 찾는 신생 기업이라면 이 과정에서 브랜드 이야기는 매우 중요한 도구가 된다. 언론 스스로 모닥불이 되어 브랜드 이야기를 하고 싶은 경지에까지 이른다면 당신의 브랜드 이야기를 공유하지 않고는 못 배길 것이다.

매일매일 새로운 비즈니스를 만들기 위해 열심히 일하다 보면 목표 고객을 잃기도 한다. 어느 순간이 되면 최종 목표를 추구하느라 고객에게 신경을 쓰지 못하고, 결과적으로 피할 수 있었던 잘못도 저지르면서 그간 쌓아온 노력에 균열이 생기기 시작한다. 때로는 우리가 전달해야 할 메시지가 다음과 같은 내용이어야 한다는 사실까지 망각하기도 한다.

:: 당신은 나의 고객입니다.

:: 당신이 귀중한 시간을 내주어서 얼마나 고마운지 모릅니다.

:: 나는 언제든지 당신의 말을 들을 준비가 되어 있으며, 항상 이 자리에서 기다리고 있습니다. 그러니 뭔가 할 말이 있다면 망설이지 말고 해주시기 바랍니다.

:: 당신이 공유하는 것들에 우리 브랜드를 넣어주어서 너무 감사합니다. 당신은 내가 더 나은 브랜드를 만들려고 하는 유일한 이유입니다.

메시지는 이렇듯 매우 단순하다.

브랜드의 특성은 사람들을 문 앞으로 모이게 만들고, 환영 매트를 통해 집 안으로 들어오게끔 권하는 것이다. 그렇다면 스스로 브랜드의 일부라고 여기는 고객들이 편안함을 느끼고 잠시 앉아 머물게하려면 무엇을 어떻게 해야 할까?

고객들이 편한 방식으로 마음껏 소통하게 하라

혹시 어느 웹사이트를 방문했는데 연락처나 전화번호, 이메일, 주소 등을 찾지 못해 헤맨 적이 있는가? 만약 고객들이 원하는 것을 찾느라 귀중한 시간을 낭비해야 한다면 안으로 들어오고 싶어하는 이들을 가로막고 있는 것이다. 접근성이 좋은 브랜드들은 목표고객을 대단히 존중하며 절대 그들의 시간을 낭비하는 일이 없다. 고객이 시간을 낭비하게 하는 것보다 더 무례한 일은 없다.

브랜드의 웹사이트는 목표고객이 말을 걸기 쉽게 만들어야 한다.

이미 웹사이트가 있다면 방문자가 클릭해서 열게 되는 모든 페이지마다 업체와 접촉할 수 있는 수단이 아주 명료하게 드러나야 한다. 오프라인에서 직접 제품이나 서비스를 거래하고 있다면 사람들이 당신의 브랜드를 접하고 대화를 시작할 수 있는 여러 가지 방법들이 눈에 잘 띄는 곳에 있어야 한다.

요즘은 온라인 공간이 너무 많다 보니 사람들의 선호도를 파악하기가 쉽지 않다. 만약 당신이 이메일 주소만 제공했는데 급하게 당신과 연락을 해야 하는 사람이 나타난다면(그 사람은 언론사나 투자자일 수도 있다) 당신은 소중한 기회를 놓치게 된다. 이것이 연락수단을 여러 가지로 제공해야 하는 이유다. 고객들이 '자신에게 맞는 편한' 방식으로 당신과 소통할 수 있도록 해야 한다. 어떤 사람들은 페이스북Facebook이 편하고, 어떤 사람들은 트위터twitter가 편하고, 블로그 댓글을 선호하는 사람도 있고, 전화로 직접 연락하고 싶어하는 사람도 있을 것이다. 중요한 점은 여러 곳에 환영 매트를 깔아놓고 대화를 시작하는 방식에 대한 결정권을 고객에게 주는 것이다.

접근성이 좋은 브랜드의 핵심은 목표고객과 얼마나 많은 대화를 하느냐에 달려있다. 웹사이트에 모든 연락처를 제공해두고 숙련된 피드백 수단들을 가지고 있어도 고객의 목소리에 즉각 응답하지 않는다거나 충분히 존중하지 않는다면 아무짝에도 쓸모가 없다.

당신이 만든 브랜드가 다정하고, 개방적이며, 사람들에게 안으로 들어와서 대화를 시작하자고 말을 거는 브랜드라면 고객들을 존중해야 한다. 그리고 그 태도를 충분히 보여주지 않는다면 당신이 했던 말은 거짓말이 되고 만다. 그러니 다음 사항들을 명심하도록 하자.

:: **만들었으면 유지하라** _ 다수의 기업들이 소셜 미디어 프로필을 만들기 위해 어마어마한 노력을 기울이고도 시장에 내놓은 뒤에는 관심을 두지 않는 경우가 많다. 뭔가를 만들었다면 적절한 보살핌과 양육이 필요하다. 바꿔 말하면 당신이 만든 것과 '당신' 사이

에 상호작용이 필요하다는 의미다. 만약 페이스북을 사용하는 고객이 당신 웹사이트에 글을 남겼는데 3주 동안이나 답변도 없이 방치되었다면 당신의 브랜드는 접근성이 없는 것이다. 이는 웹사이트뿐 아니라 전화(자동응답기가 아닌 사람이 직접 응대하는 전화가 필요하다)에서부터 각종 소셜 미디어에 이르기까지 당신과 연락할 수 있는 모든 수단에 해당되는 말이다.

:: **합리적인 응대시간을 갖도록 하라 _** 정말 접근성이 좋은 브랜드라면 합리적인 시간을 할애해 목표고객의 요구나 질문, 댓글, 소셜 미디어 피드백 등에 제대로 대응해서 고객에게 '우리는 당신의 의견을 존중한다'는 표현을 해야 한다. 그래야만 고객이 어떤 연락을 해오든지 간에 신뢰를 얻을 수 있고, 그들에게 당신의 브랜드가 얼마나 가까이 있는지를 보여줄 수 있다. 고객들은 질문에 답변을 해주고, 감사를 표현하고, 지적한 문제를 해결해주는 브랜드를 그렇지 못한 브랜드에 비해 훨씬 신뢰하게 되어 있다.

:: **자신의 탓으로 돌려라. 그만한 가치가 있다 _** 거듭 강조하지만 브랜드는 우리 인간과 같아서 인격이 있다. 따라서 브랜드도 가끔 실수를 한다. 접근성이 좋은 브랜드라는 말은 어떤 내용이든 고객들의 말을 기꺼이 들을 준비가 되어 있다는 의미다. 만약 아주 제대로 일을 망쳤다면 기꺼이 고객에게 응대를 하고 상황을 해결해

야 한다. 고객의 시간을 헛되이 만들었다면 그것 역시 책임져야
한다.

:: 요구하라 _ 목표고객에게 게시한 모든 연락처를 통해 앞문으로
들어오라고 명확하게 요구해야 한다. 웹사이트를 뒤적이고 검색
어를 동원해서 '뒷문' 근처를 어슬렁거리는 일은 꽤나 성가신 일
이다. 개중에는 당신과 접촉하기를 꺼리고 필요한 사항 외에는
더 많은 것들을 보려 하지 않는 사람들도 있다. 접근성이 좋은 브
랜드라면 당신이 목표고객에게 접근할 수 있는 다른 방식도 고
민해야 한다. 페이스북을 통한 질문이나 여론조사 등을 생각해볼
수 있다. 고객들을 위한 게시판과 자주 묻는 질문[FAQ]은 공유하고
있는 소셜 네트워크와 홈페이지에 링크를 걸어두어라. 누군가 앞
문으로 들어왔다면 그 사람은 참여할 의사가 있음을 표현하고 있
는 것이다. 그들이 단순 고객에서 영향력을 미치는 고객으로 도
약할 수 있게 환경을 조성해두어야 한다.

:: 책임 할당 _ 고객의 피드백과 소셜 미디어에 최고책임을 지는 사
람이 누구인지를 명확히 해야 한다. 당연한 말처럼 들릴 수 있지
만 사실 누구나 한번쯤은 "누군가 한 줄 알았지……"라는 말을 해
본 적이 있을 것이다. 이미 엉망이 되어버린 일처리를 하면서 말
이다.

목표고객을 브랜드에 깊숙이 끌어들이기 위해서는 제품, 목표고객, 고객이 좋아할 브랜드의 특성 모두를 이용해야 한다. 반드시 가까이 두고 숙지해야 할 사항이다.

목표고객이 브랜드에 쉽게 접근할 수 있게 되면 일일이 시장조사를 하거나 피드백을 들여다볼 필요가 없어진다. 그들은 더 좋은 브랜드가 될 수 있도록 아이디어를 제공해주고 자신들이 좋아하는 것이 무엇인지를 이야기해줄 것이다.

이제 적절한 장소에 환영 매트를 깔고, 함께할 고객들도 도착했다면 당신이 얻게 될 정보를 이해하기 위해 약간의 도움이 필요하다.

지금까지 우리는 브랜드가 성장하고 번창하는 데 고객들의 목소리가 가장 중요하다는 것을 알게 되었다. 한편, 고객과의 의사소통에 완전 몰입한 브랜드가 있어서 소개하고자 한다.

겟세티스팩션Get Satisfaction과 유저보이스UserVoice는 모두 캘리포니아 샌프란시스코 외곽에 있는 기술 관련 신생 업체들로 더 나은 브랜드를 만드는 과정 중에 있다. 이들 기업은 다양한 문제들에 대해 피드백을 주고 받는 것을 업체와 고객 사이를 이어주는 다리로 사용한다. 겟세티스팩션의 최고경영자CEO인 웬디 리아Wendy Lea와 업무최고책임자COO이자 유저보이스의 공동 설립자인 스캇 루더포드는 기업의 초창기부터 함께했고, 제품의 발전을 위한 그들만의 플랫폼도 함께 사용해왔다.

늘 깨어 있어라 – 겟세티스팩션

레인 베커^{Lane Becker}와 토르^{Thor}, 에이미 뮐러^{Amy Muller}는 샌프란시스코에 루비 레드 랩^{Ruby Red Labs}이라는 소규모 회사를 차렸는데, 웹 애플리케이션과 신생 기업 홈페이지를 구축해주는 일을 하는 곳이었다. 또한, 이들은 벨리슈왁^{Valleyschwag}이라는 기업의 공동 설립자이기도 하다. 벨리슈왁은 무역박람회와 홍보 이벤트를 위한 다양한 제품들, 즉 티셔츠나 모자, 가방 등과 같은 홍보용품들을 유통시키는 기업이다.

한 번은 벨리슈왁의 유럽 고객 한 명이 회사 블로그 게시판에 질문을 올렸다. 미국에 있던 벨리슈왁 직원들은 모두 잠든 시간이었다. 다음날 그들은 밤에도 꽤 많은 사람들이 회사 블로그에 접속한다는 사실을 알게 되었다.

그때 그들은 필요할 때만 협동을 하는 것이 아니라 늘 협동할 수 있는 체제에 대해 생각하게 되었다. 마침내 2007년, 그들은 겟세티스팩션^{www.getsatisfaction.com}을 설립하게 되었다.

2011년 말, 겟세티스팩션에는 다양한 기업들이 가지고 있는 네트워크를 기반으로 한 목표고객들의 피드백을 찾는 커뮤니티들이 6만 2,000개에 달하고 있다. 6만 명이 넘는 회원 중에는 플랫폼을 구축하는 데 더욱 탄탄한 기능을 만들기 위해 비용을 지불하는 이들도 2,500명이나 있다. 그리고 매달 250~300명이 유료서비스를 이용하는 신규 고객으로 가입하고 있으며 무료 서비스를 이용하는 가입고객은 대략

2,000명이다.

고객의 피드백은 매우 중요한 비즈니스다. 직원 수가 40명인 겟세티스팩션의 수익은 매년 100퍼센트씩 증가하고 있으며 최근에는 연수익 800만 달러를 기록하기도 했다. 2012년에는 목표수익을 좀 더 적극적으로 올려 2,000만~2,500만 달러로 책정했다.

이 모든 일은 8명의 사람들과 자본금 50만 달러에서 시작되었다.

겟세티스팩션 웹사이트에 들어가면 이곳저곳에서 자곤JarGon이라는 작은 로봇을 만나게 된다. 웬디 리아는 자곤이 기업의 메시지를 전달한다고 말한다.

"자곤은 우리 마스코트예요. 우리는 자곤과 서사적 경쟁을 하고 있어요. 우리는 고객인 기업들에게 정직하고 열린 마음으로 진정성 있는 소통을 해야 한다고 늘 말합니다. 근거 없는 소문이나 어려운 전문용어는 신뢰와 협력에 아무런 도움이 되지 않습니다."

겟세티스팩션은 재미있는 방식으로 기업의 메시지를 전달한다. 로봇은 사람처럼 말하지 않는다. 하지만 자곤의 우스꽝스럽게 협동적이고 신뢰할 수 없는 모습은 오히려 겟세티스팩션 고객에게 다가가는 모습을 대비시켜 더욱 빛나게 한다. 목표고객에게 접근하기 좋은 방식과 이해하기 쉬운 언어로 말하는 법을 배울 수 있는 브랜드들은 어느새 다른 기업들보다 성큼성큼 앞서가게 되어 있다.

고객의 피드백은 우리의 모닝콜이다

2007년에 설립한 이 회사가 어떻게 5년이라는 짧은 기간 동안 2,500만 달러를 목표수익으로 삼게 되었을까? 웬디는 이렇게 설명한다.

"우리는 커뮤니티의 열린 네트워크를 통해 기업들과 고객들이 질문을 하고, 문제를 해결하고, 아이디어를 공유하고, 칭찬을 해주는 솔직하고 접근성 좋은 공간을 만들었습니다. 고급호텔 로비와 비슷하다고 보시면 됩니다. 네트워크가 열려있기 때문에 이 공간에서 주고받는 이야기들은 구글Google로 검색이 가능합니다. 이곳에서 나눈 대화는 다른 비슷한 질문을 하고 싶은 고객들이 쉽게 검색할 수 있는 장점이 있습니다. 네트워크를 통해 우리는 고객에게 검색엔진최적화SEO의 이점을 제공할 수 있습니다. 대부분 고객들이 질문을 하고 문제를 해결하기 위한 시작페이지로 구글을 이용하기 때문에 이러한 검색엔진최적화의 결과로 고객들이 겟세티스팩션 커뮤니티로 유입되는 경우가 많습니다."

검색엔진최적화는 웹 개발자들이 검색엔진을 통해 당신의 웹사이트가 제대로 검색될 수 있도록 해주고 사람들이 인터넷을 통해 당신의 기업이 제공할 수 있는 것들을 검색할 때 연관검색 결과 또한 제공해준다. 예를 들어, 당신 기업이 일리노이 주에 있는 피오리아 지역에서 분쇄커피를 판매하고 있다고 해보자. 누군가 피오리아 혹은 일리노이 주에서 분쇄커피 업체를 검색하면 검색엔진최적화가 검색결과에서 당신의 기업을 보여준다.

　결과적으로 기업은 기존의 마케팅을 전혀 하지 않아도 된다. SEO와 입소문만으로도 마케팅 효과를 볼 수 있기 때문이다. 하지만 그렇다고 해서 아무런 타협도 없이 현재의 위치에 이르게 된 것은 아니다. 웬디는 '늘 깨어 있는 기업철학'에 대해 다음과 같이 이야기한다.

　"소셜 웹은 우리 기업이나 고객들 모두가 실시간으로 피드백을 주고받는 세상에 있다는 사실을 몸소 느끼게 해줍니다. 인터넷 연결만 된다면 당신도 발언권이 있습니다. 우리가 늘 접속해 있는 것은 고객에 대한 당연한 의무입니다. 솔직히 매일 아침 받은 편지함에서 피드백 알림을 볼 때마다 기겁을 하곤 했습니다. 늘 꾸지람을 듣고 평가받는 기분이었죠. 하지만 한 걸음 물러서서 보면 전혀 다른 생각을 하게 됩니다. 공격당한다는 기분이 들다가도 고객들에게서 가장 가치 있는 정보들을 얻어 다시 무장해가고 있다는 생각으로 바뀌는 것이죠. 열린 마음으로 솔직한 피드백을 주는 고객들보다 더 중요한 존재는 없습니다. 우리는 브랜드에 대한 만족도와 충성심을 높이기 위해 최대한 고객의 말과 결정을 즉시 받아들이고 있습니다. 우리가 이렇게 성장할 수 있었던 것은 고객의 소리에 늘 귀를 열어두었기 때문입니다. 아침에 받은 편지함을 열었을 때 우리의 대답을 기다리는 피드백이 없기를 바란 적은 한 번도 없습니다. 고객들의 피드백이야말로 우리를 깨우는 최고의 모닝콜입니다!"

　고객들이 직접 피드백을 줄 수 있는 커뮤니티를 원한다는 것을 알게 된 것도 받은 편지함을 통해서였다. 웬디는 온갖 기능들에 대한 어마어마한 요구들에 우선순위를 매겨야겠다고 생각했다. 하지만 문제가 한 가지 있었다.

"당시에 개발자가 5명이었는데 회사 일에 온종일 매달려야 했어요. 직원을 더 고용할 여력은 없었죠. 무엇보다 우리는 페이스북을 제대로 다루지 못하는 기업이었어요. 애초에 이렇게 일을 진행할 거였으면 문제 해결에 도움이 될 파트너를 찾았을 거예요."

한정된 자원에도 불구하고 그들은 꾸준히 성장할 수 있었다. 인볼버Involver / www.involver.com라는 기업을 찾아낸 것이다. 인볼버는 페이스북 팬 페이지의 사용자를 강화하는 앱을 개발하는 전문업체였다. 두 기업은 그야말로 찰떡궁합이 되었다. 2010년에는 겟세티스팩션이 완전한 페이스북 통합을 선언했다. 현재는 고객 팬 페이지에서 커뮤니티를 만들어 더 많은 고객을 확보할 수 있는 이 기능을 이용하는 고객수가 1,000명이 넘는다.

겟세티스팩션은 단순히 더 나은 제품을 만들기 위해 자체적으로 플랫폼을 이용하는 회사에 머물지 않았다. 그들에게는 뿌린 대로 거두리라는 믿음이 있었다.

"고객들은 친절하게도 우리와 생각을 공유해줍니다. 그래서 우리도 정기적으로 고객들에게 정보를 나누어줍니다."

겟세티스팩션은 매주 인터넷방송인 웹 케스트와 뉴스레터를 통해 제품의 품질 향상에 도움을 주는 고객들에게 또 다른 기회를 주고 있다. 또한, 고객의 성공담 등을 온라인 사이트에서 특집기사로 다룬다.

겟세티스팩션의 웹 케스트와 뉴스레터는 판매용이 아닐 뿐더러 그들이 단순히 제품만 판매하는 기업이 아니라 고객의 소리에 귀 기울이고 자신들의 제품을 사용함으로써 고객들이 성공에 투자하고 있다는 사실을 다시 고객들에게 알리는 귀중한 역할을 하고 있다.

기업에 늘 깨어있는 방법을 알려준다

겟세티스팩션은 고객관계관리^{CRM} 업계에서 신출내기에 속하지만 웬디 리아는 그렇지 않다. 그녀는 2009년에 겟세티스팩션에 합류했는데 이미 이전부터 고객관계관리에 관련한 정보와 지식을 갖추고 있었다. 아직 온라인 비즈니스와 소셜 피드백 세계에서는 신참이지만 사람, 절차, 기술 등을 다루는 고객관계관리에 있어서 전문가인 웬디는 많건 적건 고객들에게 도움을 줄 수 있는 의사결정을 내리고자 하는 기업들에게 유용한 팁을 제공해준다.

:: 성급한 결론 _ 고객의 피드백은 매우 강한 효과가 있지만 신중하지 않으면 성급한 결론을 만들어낼 수 있다. 따라서 충분히 시간을 들여 정확하고 세심하게 검토해야 한다. 준비가 되지 않은 상태에서 일을 처리하고 있다는 생각이 들 때도 있을 것이다. 그런 생각이 드는 이유는 예비단계를 거치지 않았거나 정보 뒤에 있는 상황을 충분히 이해하지 못했기 때문이다. 따라서 행동을 취하기 전에 먼저 귀 기울여 듣고 이해해야 한다.

:: **느림의 가치** _ 당신이 어떤 설명도 없이 유럽으로 장기 휴가를 떠나겠다고 말한다면 옹호해줄 사람이 없을 것이다. 하지만 잠시 시간을 들여 그들에게 전후 사정과 맥락을 설명해준다면 어떨까? 이제 막 도약을 준비하는 기업이라면 한가하게 느릿느릿 비즈니스 결정을 내리지 않을 테지만, 당신에게는 침착하게 문제와 문제해결책들을 진단할 시간이 있다. 시간을 들이면 전혀 새로운 시각으로 사안을 볼 수 있게 된다.

:: **목표를 분명하게 파악하라** _ 오름세에 있는 브랜드들이 그러하듯 겟세티스팩션 역시 목표고객의 피드백을 얻을 수 있는 개방적이고 솔직한 플랫폼을 찾는 고객들을 위해 제품을 만들었다. 이처럼 가끔 뭔가 다른 제품을 원하는 고객들이 있다. 바로 그런 점들을 읽어낼 때 목표를 세울 수 있는 틈새를 발견하게 된다.

겟세티스팩션이 고객들의 제안을 모두 실천하고 따랐던 것은 아니다. 마찬가지로 기업들이 모든 고객들을 달래주기 위해 머리를 숙일 필요는 없다. 목표고객과 브랜드에 중요한 것은 책임감과 진정성이다. 당신의 의무는 목표고객의 아이디어가 당신의 브랜드가 지향하는 지점과 얼마나 잘 맞아 떨어지는지를 파악하는 것뿐만 아니라 회사가 나아가야 할 방향과 문화를 고객과 공유하는 것이다.

규모나 업종에 상관없이 거의 대부분의 기업들이 겟세티스팩션을 이용한다. 프록터앤 갬블Proctor & Gamble이나 월마트Walmart 같은 대기업에서부터 플립보드Flipboard나 스텀블어펀StumbleUpon 같은 실리콘밸리의 신생업체들에 이르기까지 모두 겟세티스팩션의 솔루션을 이용한다. 당신의 브랜드를 위해 현재 진행 중인 솔루션에 당신의 목표고객을 포함시키고 싶다면 겟세티스팩션을 찾길 바란다. 그들은 목표고객을 위해 '늘 깨어 있는' 방법을 알려줄 것이다.

사용자의 피드백 정보를 공유한다 – 유저보이스

캘리포니아 산타크루즈 지역에 있는 유저보이스 3번째 설립자인 마르커스Marcus 소유의 주택에 가면 방 한 칸짜리 별채에서 리처드 화이트Richard White와 스콧 루더포드Scott Rutherford를 볼 수 있다. 이들은 유저보이스www.uservoice.com의 공동 설립자다. 그들은 하루 종일 코딩작업(자료 처리를 자동화하기 위해 일정한 규칙에 따라 문자를 부여해 기계가 인식할 수 있도록 기호화하는 것 — 옮긴이)에 매달리다가 컴퓨터 앞에서 잠이 들곤 했다. 그들의 2008년 모습은 그랬다.

두 사람 모두 온라인으로 제품을 선보였다가 받은 편지함이 터질 정도로 제품 기능에 대한 항의와 오류신고를 받았던 쓰라린 경험이 있었다. 데이터 작업은 지루하기 짝이 없고 비효율적인 일이었다. 두 사람은 밀려드는 데이터를 정리하고 중요한 순서대로 정렬해서 가장 중요한 것을 최상단에 배치할 수 있는 더 좋은 방법을 알고 있었다. 그 과정을 쉬운 말로 풀어서 표현하면 다음과 같다.

:: 어떤 형태의 요구인가? (기능, 오류신고, 기타)

:: 누가 그것을 원하는가?

:: 제품에 이것이 얼마나 중요한가?

:: 사업을 통해 이것을 실행해야 하는 시점은 언제인가?

그리고 다른 신생 기업들과 마찬가지로 그들도 최소존속제품으로 사업을 시작했고 2009년에 1차로 투자를 받았다. 당시 그들의 수익은 매월 몇백 달러 수준이었고, 이들의 플랫폼을 이용하는 기업은 약 5,000여 곳이었다.

오늘날에는 2,300만 명이 넘는 사람들이 유저보이스 시스템을 이용하고 있으며 7만 3,000개 이상의 기업들이 그들의 플랫폼을 이용해 사용자의 피드백 정보를 공유하고 있다. 연간 수익은 수백만 달러에 이른다. 그들은 유저보이스를 이용해 유저보이스라는 회사를 만들었다. 스콧 루더포드는 유저보이스를 이렇게 표현했다.

"자사 제품을 만들어 자사에서 이용하는 셈이다."

그리고 지금까지도 그들은 이 일을 하고 있다. 그는 자신의 회사에 대해 이렇게 말했다.

"우리는 아주 현실적인 기업입니다. 우리에게 가장 중요한 원칙은 정직과 투명성입니다. 우리는 제품에 생명력을 불어넣을 뿐 아니라 더 좋은 방법을 찾을 수 있다는 신념을 가진 팀을 만들었습니다."

그렇다면 유저보이스는 어떻게 자사 제품을 이용하고 배울 수 있었을까?

유저보이스는 기본 서비스는 무료로 제공하고 추가 고급 기능에 대해서는 요금을 받는 이른바 프리미엄premium 방식으로 운영된다. 이들은 수익모델을 개발하면서 사용자들에게 X를 사용하는 데 비용을 낼 것인지, 만약 그 비용을 낸다면 얼마를 지불할 용의가 있는지를 적극적으로 물었다. 그 결과가 제품의 가격구조를 결정했다.

"X라는 서비스에 X만큼의 비용을 내겠다고 대답한 사람들이 400명이 있다면 그 가격으로 결정이 됩니다. 고객의 피드백을 수용하고 실행하는 것이죠."

루더퍼드는 말한다. 그들은 가격을 결정할 때 나누었던 대화들을 정리한 링크를 게시했고 그 가격을 제시했던 사람들은 게시판에 와서 그것을 보고 유료로 구매했다.

의견을 거절할 때는 이유를 설명한다

유저보이스는 투표 시스템으로 운영된다. 즉 제품의 특정 기능에 관심이 있는 사용자들이 그 기능에 1점부터 3점까지 점수를 준다. 각 사용자들에게는 사용할 수 있는 점수가 10점씩 할당되기 때문에 시스템을 많이 사용하는 사용자가 있다고 해도 결과에 압도적인 영향을 미치지는 못한다. 그렇지만 싫어하는 것에 싫다는 의사를 반영하는 반대투표를 할 수는 없다. 스콧은 그 이유를 다음과 같이 설명한다.

"모든 사람들이 '네. 정말 좋은 생각입니다'라고 말하기를 좋아합니다. 하지만 좋지 않다는 말을 듣는다면 누군들 마음이 편하겠습니까? 더구나 제품에 관한 이야기라면 더욱 마음이 불편하지요. 우리는 투표에서 제품에 대한 반대 의견은 아예 선택사항에 넣지 않기로 결정했습니다. 자칫 사용자들이 쓸데없는 분쟁을 벌이는 소지가 될 수 있으니까요. 무슨 일이든 적극적으로 실행하려고 하는 편이 훨씬 낫지 않을까요? 찬성표들은 건설적인 성향도 크고 위험한 결정에서도 멀어지게 해줍니다. 좋지 않은 아이디어라면 투표를 하는 것보다 그냥 묻어버리는 편이 더 쉽지 않을까요?"

언젠가 특정 제품 개발에 유저보이스 사용자들이 대대적으로 투표를 진행한 적이 있다. 그런데 최종적으로 유저보이스는 그 제품 개발이 적절하지 않다는 결론을 내렸다. 사용자들이 요구했던 기능을 추가하면 그들에게는 훨씬 더 잘 보일 수 있었지만 기업이 추구하는 방향과는 맞지 않다는 판단에서 내린 결론이었다.

그렇다면 유저보이스는 고객들에게 어떤 방식으로 이 결론을 설명했을까? 유저보이스는 고객들의 요구를 거절할 때마다 그 이유에 대해 충분히 설명했다. 그 기능이 왜 추가되어서는 안 되는지, 유저보이스 제품이 가야 할 길이 어떤 방향인지를 설명해주었던 것이다. 고객에 대한 접근성을 확보하고, 문제해결에 도움을 준 그들에게 감사하고, 유저보이스의 목표를 명확히 하는 데 도움이 되었다는 사실을 인정한 것 등은 복합적으로 주효하게 작용하였다.

고객의 의견이 우선순위를 결정한다

브랜드를 만드는 기업인으로서 우리에게 당면한 가장 큰 문제 중 하나는 바로 우선순위를 정하는 것이다. 업무를 위해 사용할 수 있는 자원은 한정되어 있다. 그렇다면 그 자원을 어떻게 배분해야 할까? 유저보이스는 해야 할 일과 지금 당장 해야 할 일들을 구분하는 데 있어 목표고객을 이용하는 것이 최고의 방법이라는 사실을 깨달았다.

투표 시스템을 통해 기업은 특정 기능과 기능의 개선사항에 관심을 둘 수 있을 뿐 아니라 높은 찬성표를 얻은 기능에 대해 더욱 업무속도를 높였다. 또한, 우선순위를 매기는 과정을 통해 고객들 대부분이 대단히 큰 변화를 요구하는 것이 아님을 알게 되었다. 대부분 사소하고 작은 변화들이었다.

"고객들이 제안해준 의견들은 대부분 고객들에게 더 풍부한 경험을 제공해주는 것들이었습니다. 말하자면 매일 사용하지 않기 때문에 미처 생각하지 못하는 것들이나 너무 자주 사용하다 보니 놓치는 것들 말이죠. 제품이 필요한 곳에 있도록 하기 위해 기업이 할 수 있는 역량은 80~85퍼센트 정도입니다. 그리고 나머지 15~20퍼센트가 고객들이 채워줘야 할 몫이죠."

스콧은 "아무것도 하지 않아서 성공하지 못하는 것은 최악의 실패입니다"라고 말한다. 브랜드의 효과를 가장 약화시키는 방법은 아무 것도 하지 않는 것이다. 친절하게도 스콧은 고객에게 그들의 생각이 귀중한 가치가 있다는 사실을 알게 해주는 가장 좋은 방법을 공유해주었다. 그 방법 덕분에 유저보이스도 모든 브랜드와 제품의 개발과 정에 필요한 고객의 접근성을 최대치로 끌어올릴 수 있었다.

:: **비즈니스의 개발 주기를 이해하라** _ 기술관련 기업에서는 알파alpha와 베타Beta라는 표현이 익숙하게 사용된다. 알파라는 말은 보통 최소존속제품 혹은 당신이 만들고자 하는 제품에서 단순히 기능적인 부분만을 구현해 사람들이 사용해보고 피드백을 줄 수 있는 것을 가리킨다. 베타Beta는 보다 개발된 제품의 형태지만 완전히 마무리되지는 않은 상태를 말한다. 베타제품은 보통 알파제품 사용고객보다 더 넓은 대상을 상대로 제공된다.

제품개발 초창기에는 제품을 시험해보고, 개선해야 할 점들을 제안해주고 싶어하는 얼리어답터들과 가까워지는 것이 좋다. 얼리어답터들은 제품 발전에 도움을 주고 싶어하는 경우가 많으며 제품 오류나 초기 단계에서 생기는 미숙한 점들에 대해 대단히 너그러운 편이다.

사업을 시작한 사람이라면 처음 6개월 동안 제품에 딱 맞는 시장을 찾아내기 위해 노력할 것이다. 즉 어떻게 하면 제품이 목표고객의 요구에 완전히 부응할 수 있을지, 앞으로 나아가기 위해 만

반의 태세를 갖추려면 어떻게 해야 하는지 등을 파악하기 위해 노력할 것이다. 이렇듯 적극적이었던 초심을 잃지 말아야 한다. 초심을 잃지 않는다면 목표고객들이 자발적으로 어떤 방식이 효과가 있고 어떤 방식이 효과가 없는지, 그리고 당신 제품과 브랜드가 어떤 결실을 맺기를 바라는지를 알려줄 것이다.

:: 외부와 단절된 채 브랜드를 만들지 마라 _ 외부와 단절된 채 제품을 만드는 것은 아무것도 하지 않는 것과 똑같다. 브랜드와 실제 사용할 수 있는 제품들을 고객이 직접 경험해보게 해야 한다. 스콧은 이 과정을 '사람들에게 반복 적용하기'라고 부른다. 사업 초기부터 고객을 받아들이면 콘셉트 별로 사람들이 모이게 되고 그들의 제안을 실천하는 방법에 관해서도 함께 논의할 수 있을 뿐 아니라 무엇을 우선순위로 둘 것인지도 결정할 수 있다. 제품을 세상에 내놓는 것을 지나치게 두려워하면 고객들로부터 필요한 피드백을 절대 얻을 수 없다.

브랜드를 만들다 보면 목표고객을 존중하고 환영 매트를 깔았다는 사실을 고객들에게 확실히 알리는 일을 끊임없이 해야 한다는 사실을 깨닫게 된다. 인기가 없다는 것은 사람들로부터 고립된다는 말이 아니다. 당신의 영역 안으로 들어올 적절한 고객들을 고무시킬 방법을 쉼 없이 찾아야 한다는 의미다. 접근성이 좋은 브랜드는 목표고객 위에 군림하지 않으며, 그들과 동등한 위치에 서 있다. 목표고객이 설득당해서 당신의 영역 안으로 들어오려 하고 있고 협력관계의 동반자가 되려 한다면 당신의 브랜드에는 고유의 성격과 고객에게 안도감을 줄 수 있는 구체적인 노력이 필요하다.

뉴저지 주의 로렌스빌로 잠시 눈을 돌려보자. 그리고 1935년에 설립된 수도설비를 공급하는 업체가 목표고객과의 관계를 원만하게 구축했던 방법과 그것을 동종업계의 거대 업체들과의 경쟁에서 어떻게 이용했는가 하는 이야기에 귀를 기울여보자.

고객과의 지속적인 대화로 대형 매장을 이기는

미세스G Mrs. G's TV & Appliances

1,800m²가 넘는 '미세스G' 상점을 둘러보다 보면 이곳이 작은 수도설비시설 공급업체에서 시작했다는 사실을 추측하기가 어렵다. 1935년 에이브 그린버그Abe Greenberg와 베아트리스 그린버그는Beatrice Greenberg는 트렌턴 지역에 뉴저지 수도설비 가게를 열었다. 2차 세계대전 말, 비즈니스 커뮤니티는 엄청난 변화를 겪게 되었다. 전쟁 때문에 사방에 흩어졌던 가족들이 모이기 시작하면서 집을 새로 단장하고 최신 가전제품을 들이는 집들이 늘어났기 때문이다. 그린버그 가족들이 냉장고며 요리용 레인지 등과 같은 가전제품을 팔기 시작한 것도 바로 이 무렵이었다. 그린버그 가족이 단순히 제품을 파는 차원을 넘어 더 큰 성공의 기회를 생각하게 된 것도 이 시기였다.

회사의 모양을 갖춰 가던 시기에 가게를 찾는 고객들은 매일 베아트리스를 만날 수 있었다. 베아트리스는 상점의 얼굴이었다. 그녀는 고객들에게 인사를 건네고, 자녀들의 안부를 묻고, 가게 문을 열고 들어오는 사람들과 친분을 쌓았다. 조리용 난로나 냉장고가 필요한데 한꺼번에 비용을 지불할 형편이 되지 않는 사람은 베아트리스, 즉 미세스G를 찾아갔다. 그들은 그녀와 마주앉아서 가족사며 직장, 필요한 것 등 모든 것을 털어놓고 이야기를 나누었다. 미세스G가 이야기를 듣고 신뢰가 생기면 매주 5달러씩 갚는 조건으로 물건을 구매할 수 있게 해주었다. 아주 단순한 전략이었다. 고객들을 파악하고 그들과 타협점을 찾은 것이다.

뉴저지 수도설비 상점은 유잉 지역으로 이사를 갔다가 로렌스빌에 자리를 잡게 되었다. 이때 상호도 '뉴저지 수도설비'에서 '미세스G'로 바꾸었다.

대형 매장과의 경쟁에서 살아남다

미세스G의 시작이 다소 하찮게 보일 수도 있다. 하지만 미세스G라는 소규모 지역 브랜드가 어떻게 대형 매장들과 경쟁할 수 있었는지는 누구나 궁금할 것이다. 그것을 나는 베아트리스의 손녀이자 현재 '미세스G'의 CEO인 데비 쉐이퍼Debbie Schaeffer에게 물었다.

"우리 할머니는 경제대공황을 겪었던 분이셔서 늘 '가격할인' 정책을 염두에 두고 계셨어요. 하지만 홈디폿Home Depot(1978년에 설립되어 미국 50여 개 주에 약 2,248개의 점포를 거느린 대형 주택설비 및 용품 업체 — 옮긴이)과 로우즈Lowe's(1946년에 설립되어 미국에 1,710여 개의 매장을, 캐나다에 20여 개의 매장을 가진 주택용품 및 설비 업체 — 옮긴이)가 들어오자 할머니의 신조도 바뀌었죠. 대형 매장들은 우리와 가격경쟁을 시작했어요. 그들은 이

업계를 상품화했지요. 우리는 둘 중에 하나를 선택해야 했어요. 가격전쟁에 뛰어드느냐, 경쟁에서 벗어나 다른 무언가를 제공하느냐 양자택일을 해야 했죠. 우린 후자를 선택했고, 서브제로$^{Sub-Zero}$, 울프^{Wolf}, 바이킹^{Viking}, 써마도^{Thermador}, 밀레^{Miele} 등과 같은 최고급 가전제품을 들여놓았어요. 경쟁사들이 감히 목표로 삼지 못할 고가 제품들로 승부수를 띄운 거죠. 그렇다고 가격경쟁을 완전히 포기한 것은 아니었어요. 일종의 술책이었죠. 우리는 여전히 가격에서 경쟁력이 있었어요. 우리의 사업 방식과 물건을 매입해오는 구조 때문에 가능한 일이었죠. 우리는 미국에서 가장 큰 구매 및 마케팅 단체인 네이션와이드 마케팅 그룹$^{Nationwide Marketing Group}$에 가입되어 있었어요. 이곳은 약 3,000명이 넘는 소매상인들과 미세스G 같은 독립업체 8,000여 개가 모여 약 120억 달러의 구매력을 창출할 수 있었던 단체였죠. 소규모 기업들은 가격경쟁에서 버틸 수 없다고 생각하기 쉬워요. 그런 부분도 분명 있지만 업종에 맞게 특화된 비즈니스모델들이 결합한다면 거인들이 뛰어노는 운동장에서 동등하게 경기를 펼칠 수도 있어요. 결과적으로 우리 미세스G는 경쟁업체들이 따라할 수 없는 비즈니스모델을 구축했어요. 저렴하게 물건을 구매해올 수 있어서 할인가격으로 제품을 계속 공급할 수 있었지요. 물론 대다수는 굳이 할인이 필요 없는 제품이었어요. 우리 제품의 정가가 이미 대형 매장의 할인가격보다 저렴한 경우가 많았으니까요. 대형 매장들이 우리를 따라잡으려면 판을 더 크게 벌려야 했죠. 하지만 그 큰 판에서는 이미 우리 비즈니스모델이 더욱 가치가 있다는 게 입증되었어요. 할머니 때부터 저희는 한 번도 사무실을 가져본 적이 없어요. 저희 사무실은 가게 입구에 위치한 계산대예요. 할머니 역시 늘 그곳에서 손님들과 이야기를 나누셨죠. 저는 늘 직접 전화를 받고, 고객들과 이야기를 나누고, 주문을 받고 있어요. 이것이 저희가 고객들과 관계를 쌓는 방식이죠.”

성공비결은 ‘입소문’

미세스G는 여전히 지역신문이나 라디오, 잡지 등과 같은 구식 방법으로 브랜드를 알리고 있다. 여기에는 의미 있는 지역공동체 활동도 한몫한다.

:: 지역 스포츠팀 후원 _ 미세스G는 뉴욕 양키스^{New York Yankees}가 보유하고 있는 마이너리그AA 팀이자 트렌튼 지역을 연고지로 하고 있는 트렌튼 선더^{Trenton Thunder} 야구팀을 후원하고 있다. 이들은 야구 시즌 기간 동안 6개의 제품을 기부히고 추첨을 통해 제품을 주는 방식으로 팀을 후원한다. 게임이 열릴 때마다 기부물품을 진열한 테이블을 설치하고 입장권을 구매한 5,000명의 사람들이 미세스G의 테이블에 와서 당첨 기회를 얻기 위해 사인을 한다. 마을 사람들은 매번 게임에서 미세스G의 제품을 만나고, 그들은 기꺼이 고객들이 기대하는 즐거움의 일부가 된다.

:: **적극적 기부** _ 미세스G는 매년 예산이 허락하는 한 많은 학교와 자선단체들을 돕고 있다. 그들이 현재의 고객들이고 그들의 부모 역시 고객이었다고 생각하기 때문이다. 그렇다고 그들의 자녀세대 역시 고객으로 삼겠다는 의도를 품고 있는 것은 아니다. 자신들의 기부로 학교에 좋은 책들이 더 많이 구비되고, 지역사회의 아이들에게 더 좋은 교육환경을 만들어주는 것으로 만족한다. 지역 사람들 역시 자신들이 언제든 미세스G에게 이런 기부를 요청할 수 있고, 그들이 요구에 흔쾌히 응할 것임을 잘 알고 있다.

최근에 텐트 세일을 했을 때 마을 사람들이 어마어마하게 모였다. 미세스G는 타사 제품의 가격을 조사하러 다니는 방식에서 벗어나 자신만의 비즈니스를 만들었다. 텐트 세일기간에 팔린 물건의 절반은 텐트가 아닌 일반제품들이었다. 사람들은 미세스G가 지역사회를 후원하고 있다는 사실을 잘 알고 있기 때문에 가게에 들어올 때에는 일종의 유대감 같은 것을 경험한다. 그들은 전국에서 가장 큰 규모로 서브제로$^{Sub-Zero}$며 울프^{Wolf}주방용품을 구비하고 있고, 8개의 진열공간을 통해 식사준비에서부터 세탁에 이르기까지 무엇이든 해볼 수 있다. 고객들에게 미세스G 가게를 어떻게 알게 되었느냐고 물으면 대부분 그들의 부모님, 친구, 이웃, 지인, 디자이너, 건축가, 계약자 등에게서 듣고 왔다는 대답이 쏟아진다. 모두들 알고 있다시피, 손님들의 입소문이야말로 최고의 효자 마케팅이다. 그것은 미세스G의 성공비결이기도 하다. 지역공동체가 어떻게 살고 있는지를 알고 있는 것은 매일매일 어떤 마케팅을 해야 할지를 결정할 수 있는 요인이 된다.

미세스G가 훌륭한 비즈니스모델을 구축하게 된 이유에 대한 데비의 통찰력은 여러 가지 면에서 대단한 가치가 있다. 데비는 목표고객에게 최고의 서비스를 제공하기 위해 반드시 거대 기업이 될 필요는 없다는 사실뿐 아니라 가격경쟁이 어째서 쓰레기 같은 전략인지를 보여준다.

그렇다면 미세스G에서 모방할 수 있는 또 다른 전략들은 어떤 것들이 있을까?

고객의 삶 속으로 들어가다

미세스G는 초창기부터 소셜 미디어 전략을 제대로 이해하고 있었고, 결과적으로 온라인을 통해 지역 수요를 상당 부분 끌어들였다. 그들이 먼저 시작한 것은 트위터였다. 트위터는 사업이나 세일에 대한 정보뿐만 아니라 지역의 행사를 알리는 데도 이용했다. 그 다음으로 선택한 것은 페이스북과 링크드인이었다. 이 두 매체에 모두 등록되어 있었던 덕분에 검색엔진에서 검색결과가 많이 나왔는데 그 효과를 톡톡히 본 것이다.

데비가 트위터에서 만난 사람들의 오프라인 모임인 트윗업^{Tweetup}을 통해 출판사를 운영하고 있던 힐러리를 만났을 때, 그들은 서로를 만나게 해준 지역사회에 보답하는 방법에 대해 이야기를 나누었다. 그들이 사는 지역은 블로거며 각종 소셜 미디어 모임에서 활발하게 활동하는 사람들이 많았다. 그들은 '미세스G의 아중블(아주 중요한 블로거들)' 모임을 만들었고 그들을 초대해 점심을 함께하며 정보를 나누었다. 아중블은 그들에게 대단히 집약적인 목표고객인 셈이었다. 대화 주제는 새로 나온 3D TV에서부터 가족을 위한 건강식을 만드는 법에 이르기까지 광범위하였다. 이러한 모임을 통해 미세스G에 새로운 사람들을 끌어들일 수 있을 뿐 아니라, 미세스G에 대한 경험담을 글로 쓰기를 좋아하는 고객층과 온라인상의 팔로워 등 마니아 고객층을 확보할 수 있었다. 또한, 앞으로 개최할 행사와 소셜 미디어를 기반으로 하는 제휴관계도 알렸다.

접근성이 좋은 브랜드를 만들려면 고객들의 삶 속에 함께 있어야 한다. 그들에게 중요한 것이 무엇인지, 지역사회에 중요한 것이 무엇인지를 찾아서 그것들을 비즈니스에서 우선순위로 두어야 한다.

:: 늘 자리를 지켜라 _ 진열대를 갖추고 장사를 하건 재택근무를 하건 간에 늘 일하는 그곳에 있어야 한다. 당신이 고객들과 상호작용을 하는 곳에 없다면 누가 당신과 회사를 대신해서 말해줄 것인가? 사업을 한다는 말은 근무시간을 충실히 지켜야 한다는 말이다. 특히 흔들리지 않는 건실함을 갖추고 이제 막 성장하는 도약과정에 있다면 더더욱 자리를 지켜야 한다. 자기 사업을 한다고 해서 내내 휴가처럼 보내다가 잠깐씩 일을 해서는 안 된다.

:: **당신이 고객들에게 지대한 관심을 쏟고 있다는 사실을 알려라** _ 그것을 사람들에게 알릴 수 있는 방법은 무수히 많다. 늘 자리를 지키는 것에서부터 사람들에게 피드백을 요구하고 그에 응대하는 것에 이르기까지 모든 것이 방법이다. 설령 부탁하지 않은 피드백을 얻을 때에도 마찬가지다. 시간을 들여 고객들의 삶과 어우러져 그들과 함께하고, 그들에게 중요한 것이 무엇인지를 파악하고, 당신이 살고 있는 지역공동체에 수익의 일부를 환원할 때 당신의 비즈니스는 공동체를 섬기는 기업이 된다.

:: **페이스북을 하고 있는가?** _ 만약 직접 물건을 파는 소매업을 하고 있다면 반드시 페이스북을 하길 권한다. 미세스G는 초창기부터 페이스북과 같은 소셜 미디어 플랫폼을 적용했다. 만약 그들이 이러 플랫폼을 적용하지 않았다면 고객들을 끌어들이기가 훨씬 더 어려웠을 것이다. 세대를 뛰어넘어 오랫동안 꾸준히 성장하는 비즈니스를 하고 싶다면 전 세대 사람들이 무엇을 했는지, 현대의 사람들은 무엇을 하고 있는지를 파악해야 한디. 이 시대 사람들은 모두 페이스북을 하고 있다. 미세스G는 매일매일 이러한 플랫폼 익히는 일을 게을리하지 않고 있다.

:: **경쟁업체를 비방하지 말라** _ 경쟁업체를 비방하는 것은 가장 한심한 전략이다. 기업이 성장하고 성공할 수 있는 이유는 경쟁사들이 있기 때문이다. 그러니 경쟁업체를 포용하고 그들보다 분발하기

위해 노력해야 한다. 또한, 고객들과 지역사회를 과소평가하는 것도 금물이다. 경쟁업체를 험담하는 것은 단순히 당신 기업을 포장하는 데는 도움이 될지 모르지만 당신이 충분한 지식을 갖추고 있고, 고객이 필요로 하는 것에 관심이 있으며, 지역사회에서 없어서는 안 될 중요한 존재가 되고자 한다는 사실을 알리는 데는 아무 도움이 되지 않는다. 만약 지역사회에 접근하는 것에 아직도 회의적이라면 다음과 같은 데비의 말이 그 고민을 매듭짓는 데 도움을 줄 것이다.

"할머니 장례식을 치른 다음날이었어요. 저는 페닝턴에 있는 딸아이의 학교 부근에 있는 피자가게에 앉아 있었어요. 그런데 일면식도 없던 주인이 내게 와서 할머니 소식을 들었다며 애도한다고 말하는 거예요. 이탈리아에서 막 이민을 왔을 때 할머니가 자신을 믿고 제품을 할부로 구입할 수 있게 도와줬다더군요. 덕분에 피자가게도 열 수 있었다고 하셨죠."

미세스G TV & 가전

뉴저지 주 로렌스빌

웹사이트 : www.mrsgs.com

페이스북 : www.facebook.com/MrsGsNJ

트위터 : @Mrs_Gs

The Power of UnPopular

5장

고객이 또 다른 고객을 불러오는 마케팅

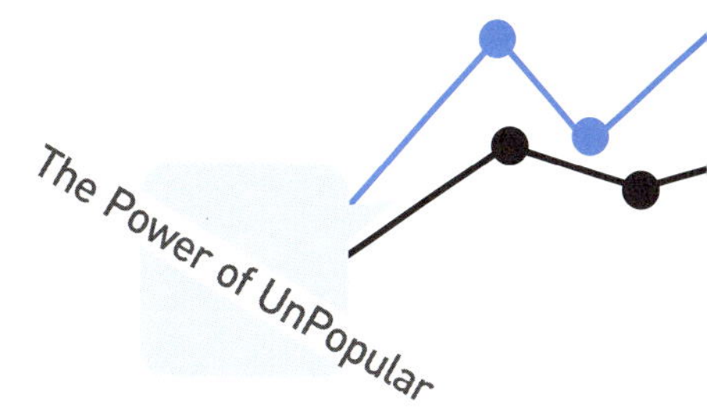

인간의 삶에서 반드시 필요한

어떤 것을 발견했다면 당신은 가장 먼저 무엇을 하겠는가? 아마도 큰 소리로 외치며 사람들에게 그 기쁨을 알릴 것이다. 그것을 발견했다는 사실을 다른 사람과 나누지 않고는 못 배길 정도로 가슴 속에서 뜨거운 흥분이 끓어오를 것이다. 마찬가지로 당신이 인기 없는 브랜드를 만들었다면 일단은 브랜드를 만든 이유와 의미를 목표고객에게 알려야 한다. 목표고객이 그것을 다른 사람들과 함께 나누게 하기 위해서다.

좋은 것을 혼자만 누릴 수도 있는데 왜 우리는 그것을 공유하려는 것일까? 바로 파트너를 얻고 세력을 얻을 수 있기 때문이다. 사람들이 뭔가를 공유하려는 데는 세 가지 이유가 있다.

:: 이타심 _ 흔히 사람들은 어떤 일에 영향을 미칠 수 있거나 관심 있는 사람들에게 도움을 줄 수 있는 일을 하고 싶어한다. 브랜드가 추구하는 메시지를 이타심이 있는 사람들이 가지고 있다면, 그들은 그 메시지를 공유하고 다른 사람들이 목표를 성취하는 데 도움을 주고 싶어한다.

:: 정통성 _ 사람은 누구나 위로부터 이러쿵저러쿵 지시를 받는 위치에서 벗어나고 싶어한다. 특정한 일을 할 때면 찾게 되는 친구들에 대해 생각해보라. 우리는 그 친구들을 신뢰하고 그들 역시 우리를 신뢰하기를 바란다. 우리가 신뢰하는 사람들과 신뢰하는 것들을 공유할 때 우리 역시 누군가에게 꼭 필요한 사람이 될 수 있다.

:: 공동체 _ 공유를 하면 보다 큰 집단에 대한 소속감을 느끼게 된다. 우리는 그 이야기에 속하고 싶어하고, 이야기의 일부가 되고 싶어한다. 사람들과 메시지를 공유하면 공동체에의 소속감이 생기고, 이 소속감은 관계를 형성하는 데 도움을 준다.

지금까지 인기 없는 것에 대해 알아보면서 목표고객을 파악하고 우리 브랜드를 필요로 하는 사람이 누구인지를 알아내기 위한 몇 가지 구체적인 방법들을 찾아냈다. 모닥불 콘셉트로 잘 만들어진 브랜드 스토리는 사람들에게 소속감을 선물하며, 목표고객이 기꺼이 현관 문 안으로 한 걸음 더 들어오고 싶게 만든다. 그들을 집 안으로 초대해 환영받고 있다는 생각을 갖게 하고, 우리에게 없어서는 안 될 중요한 사람이라고 느끼게 하는 것은 전적으로 기업의 몫이다.

브랜드 지원부대의 놀라운 힘

2차 세계대전 기간에 공장에서는 노동자 부족사태가 벌어졌다. 공장의 노동자를 군인으로 모집한 탓이다. 이 상황을 극복하기 위해 하나의 해결책이 나왔다. 바로 이전까지는 사용하지 않았던 여성 인력의 투입이었다. 2차 세계대전이 일어나기 전 여성은 미국 노동력 시장에서 그 영향력이 극히 미미했다. 하지만 1940~1944년 사이, 여성 노동인구는 57퍼센트까지 상승해 약 2,000만 명에 이르게 되었다. 그것이 가능했던 이유는 산업사회가 여성들에게 세 가지 메시지를 전달했기 때문이다.

:: 우리는 당신을 원한다.

:: 우리는 당신이 필요하다.

∷ 노동시장에 합류해서 당신의 열의를 보여 달라. 당신은 우리에게 없어서는 안 되는 꼭 필요한 존재다.

이때의 상징적 의미인 '리벳공 로지'Rosie the Riveter(2차 세계대전 당시 방위산업체에 종사한 블루칼라 여성을 상징한다. 제럴드 도일이라는 여성이 파란색 상의를 입고 우람한 팔뚝을 드러내며 "우리는 할 수 있다we can do it"라고 외치는 유명한 포스터의 상징으로도 사용된다 — 옮긴이)'를 21세기의 모든 인기 없는 브랜드에 적용할 수 있다. 말하자면 브랜드 지원부대를 모집하는 것이다.

앞서 나는 목표고객에게 강제로 제품이나 서비스를 홍보하는 아웃바운드 마케팅에서 소비자가 제품이나 서비스를 찾아오도록 만드는 인바운드 마케팅으로 전환해야 한다고 말했다. 현대 비즈니스에서 인바운드 마케팅을 할 수 있는 기회를 얻으려면 소개와 추천이 매우 중요하다. 브랜드의 특성과 접근성은 목표고객이 당신의 제품을 좋아하도록 만들어줄 뿐 아니라 그 브랜드를 주변 사람들과 공유하고 싶게 만든다.

브랜드의 목표고객은 그 자체로도 가장 강력한 마케팅 도구다. 따라서 목표고객과 장기적인 관계를 쌓아나가는 데 시간과 마케팅 비용을 들이는 것이 무엇보다 중요하다. 오랜 시간을 들여 목표고객을 만들어나가고, 그들이 옥상 꼭대기로 올라가 브랜드의 메시지를 사람들에게 큰소리로 외치고 싶을 정도로 관심을 갖게 할 수 있다면 브랜드 지원부대를 만들 수 있다. 브랜드 지원부대가 중요한 이유는 다음과 같다.

:: **신뢰** _ 사람은 아는 사람들의 추천을 믿는 속성이 있다.

:: **낮은 진입장벽** _ 신뢰하는 사람들의 추천은 새로운 브랜드가 신뢰를 쌓는 데 걸리는 시간을 단축시킨다.

:: **표적 마케팅** _ 고객을 확보하고 확보한 고객을 유지하기 위해 노력할 때 브랜드 지원부대는 최고의 표적 마케팅 자원이 될 수 있다. 그들은 당신의 브랜드를 사랑하고, 자신들의 목표고객이 누구인지를 잘 알고 있으며, 그 고객이 당신의 브랜드를 좋아할 것이라는 사실을 알고 그들과 정보를 공유한다.

사람들이 당신의 브랜드를 공유하고 싶도록 만드는 4가지 요소들을 되짚어보자.

:: **이타심** _ 인간은 다른 사람을 돕고자 하는 본능이 있다. 이것은 인기 없는 브랜드에서 가장 중요한 것이다.

:: **신뢰** _ 신뢰는 진정성을 보여줄 때 쌓인다. 그것은 목표고객에게 다른 사람들을 끌어들일 수 있는 명분을 주고, 그들이 멀어질 수 있는 명분을 없애준다.

:: **주제를 벗어난 대화의 미학** _ 커뮤니티에서 사적인 대화는 끈끈한 유대감과 결속력을 낳는다.

:: 도구 _ 목표고객이 브랜드를 공유하기 위해 사용할 수 있는 도구들은 매우 다양하다. 따라서 지금 공유하고 있는 내용이 어떤 영향을 미칠지를 좀 더 정확하게 알 수 있는 측정기준을 만들 필요가 있다. 그때 중요한 것은 무조건 공유하기 쉽게 만드는 것이다. 또한, 어디에서 어떻게 공유할 것인지도 알기 쉬워야 한다.

자신의 브랜드만 얘기하는 떠벌이가 되지 마라

파티장에서 하고 싶은 얘기를 혼자서 떠들어대던 그 떠벌이를 기억할 것이다. 당신이 그런 유형의 사람이라면 목표고객과 공유할 수 있는 브랜드를 만드는 것은 불가능하다. 그런 유형은 자기 자신을 제외한 누구에게도, 아무것에도 관심이 없기 때문이다.

떠벌이 유형의 브랜드들은 자기 자신에 관한 이야기를 하는 것만이 마케팅이라고 생각하는 경향이 있다. 그런데 인기 없는 브랜드들은 자기중심적 사고와는 정반대의 사고를 한다. 따라서 본질적으로 이타적인 사고방식을 가지고 있다. 공유성이 좋은 브랜드가 되기 위해 가장 먼저 할 일은 자기중심적 사고를 극복하고 당신이 전달하는 메시지의 80퍼센트는 당신의 브랜드에 대한 이야기가 아닌 다른 이야기여야 한다.

그렇다. 대화의 딱 20퍼센트만 당신의 기업, 제품, 하고 싶은 말, 브랜드 담장 안에서 벌어지는 기타 일들에 대해 언급해야 한다. 파티장에서 혼자 떠들던 그 사람의 이야기를 오랫동안 앉아서 듣고 싶어하는 사람은 아무도 없다. 목표고객에 대해 파악하고, 그들이 어디에서 시간을 보내는지를 알아내고, 그들이 중요하게 여기는 것이 무엇인지를 간파하고, 당신이 내놓은 해법이 어떤 가치를 부여할지를 제대로 판단한 후에 앞서 제시했던 목록에 그 해법을 적용한다면 그 효과는 최대치가 될 것이다. 당신은 목표고객에게 무엇이 중요한지를 말해줘야 한다. 그리고 대부분의 시간에 당신의 브랜드나 서비스, 제품에 대해서는 입도 뻥긋하지 말아야 한다.

관계는 당신에게 관심을 가져달라고 부탁해서 생기는 것이 아니다. "당신을 위해 내가 무엇을 해드릴까요?"라고 물어볼 때 생기는 것이 관계다. 마찬가지로 목표고객에게 그들을 신뢰하는 사람들에게 당신의 브랜드에 대한 정보를 공유해달라고 부탁한다고 해서 관계가 만들어지는 것이 아니다. 당신이 목표고객들이 중요하게 생각하는 것을 이야기하는 데 80퍼센트의 시간을 할애할 때 그들은 당신의 브랜드 이야기에 관심을 가지기 시작한다. 그러다 보면 환상적인 일이 벌어진다. 그들이 당신의 목표고객들과 관계를 만들기 시작하고, 당신이 알지 못하는 사이에 커뮤니티를 만들게 되는 것이다. 그 커뮤니티가 바로 브랜드 지원부대(브랜드 지원부대를 만드는 데 관심이 있는 사람은 크리스 브로겐Chris Brogen과 줄리엔 스미스Julien Smith가 쓴 《Trust Agent》를 찾아보기 바란다)다. 지금껏 당신의 브랜드에 관심을 가지는 사람들을 모은 이유는 당신도 그들 중 하나이고, 그들에게 중요한 것에 당신도 관심이 있다는 사실을 보여주기 위해서다.

매력적인 브랜드를 만들겠다는 목표를 가진 기업이라면 해당 분야에서 전적으로 신뢰를 받는 기업이 되어야 한다. 당신이 동네에서 세탁소를 하건 IT기업 컨설팅 회사를 운영하건 그것은 마찬가지다.

사회봉사활동처럼 기업의 제품이나 서비스와는 직접적인 관련이 없는 활동을 통해 이타적인 기업이라는 신뢰를 쌓는 방법도 있지만 근본적인 신뢰를 주는 기업도 많다. 이러한 노력들이 매출이나 수익에 즉각적인 영향을 미치지는 않지만 목표고객들이 그들이 정한 또 다른 목표고객들과 당신의 메시지를 공유하도록 하는 데 이용할 수는 있다.

각종 이벤트, 블로그, 뉴스 기사를 통한 마케팅, 언론 노출 등과 같은 것들은 모두 목표고객이 당신의 메시지를 공유하도록 도와주는 막강한 수단들이다. 지역 농산물을 파는 상점이 좋은 본보기다. 물건을 파는 사람이 무를 파느냐 양파를 파느냐는 중요하지 않다. 판매자는 고객에게 이야기를 건네고, 필요한 것이 무엇인지를 파악하고, 고객을 설득할 준비가 되어 있으며 고객을 기다리고 있다. 판매자들은 단순히 제품에 호기심을 보이는 사람과 구매자를 똑같이 대한다. 단순히 호기심만 보이는 사람이라도 판매자가 자신을 신뢰한다고 느끼면 제품을 살 가능성이 높아진다는 사실을 잘 알기 때문이다. 결과적으로 제품을 팔지 못할 수도 있지만 그 사람이 주변 사람들에게 그 상점에 대해 알게 된 사실을 퍼뜨릴 수는 있다. 직접 수익을 내지 못하더라도 고객과 고객이 아닌 사람들 모두와 정보를 공유할 수 있는 최고의 가능성을 얻게 되는 것이다. 실제로 당신의 제품을 한 번도 사용해보지 않은 사람들이 지원부대가 될 수 있다는 말이다. 이것은 당신이 사람들의 신뢰를 얻는 데 시간을 할애한 덕분이다.

주제를 벗어난 대화가 '관계'를 만든다

목표고객이 중요시하는 것이 무엇인지, 어떻게 그들에게 도움을 줄 수 있는지를 파악하다 보면 전혀 의도하지 않은 대화를 나누게 될 때가 있다. 회의건 이사회건 당신이 가장 최근에 참여했던 모임을 떠올려보라. 그 회의를 하는 내내 오로지 해당 주제에 관해서만 이야기하지는 않았을 것이다. 며칠 전 자녀가 아파 응급실에 갔던 이야기를 할 수도 있고, 누군가 보내준 재미있는 동영상에 대해 이야기할 수도 있으며, 최근의 가장 핫한 정치뉴스에 대해 이야기를 할 수도 있다.

이렇게 주제와 관련이 없는 이야기를 하는 것은 우리가 감정을 가진 인간이기 때문이다. 그리고 그 화제에 흥미를 느끼기 때문이다. 회의 안건이 아닌 이 같은 일상적인 대화는 직장 동료관계를 넘어 타인과 관계를 쌓는 방법이자 '이 사람이야말로 내가 함께 일할 수 있는 사람이군'이라는 판단을 내려서 같은 영역 안으로 들어가게 하는 수단이 된다. 그러한 대화는 타인을 그냥 아는 사람에서 친구로, 친구에서 연인으로 발전하게 만든다.

만날 때마다 자기 비즈니스 이야기만 하는 사람과 관계를 맺고 싶어 할 사람은 없다. 함께 앉아 칵테일이라도 마시고픈 사람에게 돈을 쓰고 싶은 게 인지상정이다. 칵테일을 마실 때는 긴장을 늦추게 된다. 진정한 대화는 그렇게 시작되는 법이다. 전략적으로 주제를 벗어난 대화를 하면서 달리 얻기 어려운 브랜드 고유의 특성을 만들 수도 있다.

가령, 소프트웨어 기업의 CEO가 공개석상에서 자신이 이혼한 내막을 시시콜콜 떠들어댄다면 브랜드 가치를 만들 수 없다. 소아과 병원 페이스북 홈페이지에 음란 동영상을 올린다면 역시 브랜드 가치를 만들어낼 수 없다. 이것은 전략적 대화라고 할 수 없다. 전략적 대화란 주제에서 벗어나더라도 적절한 화제를 선택하는 것을 말한다.

앞서 우리가 브랜드의 특성에 대해 이야기하면서 논의했던 내용을 생각해보자. 그렇다. 바로 위안이다. 목표고객들의 일상에서 단조로움을 없애줄 만한 무언가를 제공하라. 소아과에서 음란물을 공유하는 것은 그나마 있던 신뢰조차 깎아내리는 부적절한 행위지만 소프트웨어 기업의 CEO가 트위터 상의 팔로워들과 이혼의 아픔을 이야기하는 것은 경우에 따라 적절할 수도 있다. 그런 이야기를 듣고서 '인생의 험난한 소용돌이 속에서 나만 허우적거리는 것이 아니구나!'라고 위안을 느끼는 사람도 있을 것이기 때문이다.

이제 목표고객을 떠올려보고, 당신의 브랜드를 고객이나 고객이 아닌 사람들에게 모두 신뢰할 만한 것으로 만들 수 있는 방법들을 생각해보자. 당신이 목표고객을 충분히 파악해서 브랜드와는 무관하지만 삶에 관련된 다른 화제에 대해 이야기할 수 있다고 해보자. 그러면 어떻게 하면 그들이 옥상으로 올라가 우리가 원하는 메시지를 만천하에 소리치게 만들 수 있을까? 이때 우리의 역할은 사다리를 만들어주는 것이다. 사다리는 당신의 브랜드를 향한 그들의 애정을 다른 사람들과 쉽게 공유하도록 만들어주는 도구라고 생각하면 된다. 그 사다리는 디지털 영역과 물리적인 영역, 인간적인 영역 모두에 다 연결되어야 한다.

:: **온라인 공유** _ 자사의 웹사이트와 블로그에 공유하고자 하는 의견이 반드시 있어야 한다. 또한, 목표고객이 그들의 의견을 공유할 수 있어야 한다. 공유 방식은 PC 바탕화면, 블로그, 카페 등에서 웹브라우저를 통하지 않고 필요한 정보를 이용할 수 있는 미니 응용프로그램인 위젯에서부터 웹사이트를 통한 방법에 이르기까지 어떤 형태든 상관없다. 만약 당신이 링크드인이나 트위터, 페이스북, 오픈테이블OpenTable, 옐프Yelp 등 기타 무수히 많은 소셜 사이트를 이용하고 있다면 공유에 관한 정보를 썩혀 두지 말고 웹페이지 등에 반드시 게시하도록 하라. 그 정보는 눈에 잘 띄는 위치에 배치하고 목표고객과 기업이 서로 원활하게 소통할 수 있도록 단순하게 만들어라. 그리고 당신과 당신의 브랜드에 대해 공유해야 할 정보는 클릭 한 번만 하면 만날 수 있도록 간편해야 한다.

:: 사람들과의 공유 _ 어떤 종류의 비즈니스건 상관없다. 목표고객과 직접 함께할 수 있는 기회가 있다는 것은 대단한 가치 있는 일이다. 목표고객과 공감대를 형성할 수 있는 이벤트를 개최해보자. 상점에서 물건을 파는 경우에는 쇼핑 이벤트 초청장 같은 방식을 이용할 수 있다. 식당이라면 단골을 위한 프로그램이나 위치를 알려주는 포스퀘어Foursquare, 생활정보 검색 사이트를 통해 오는 고객들에게 무료 음료를 주는 서비스 등을 제공해서 목표고객들이 친구들에게 식당을 소개할 수 있는 명분을 만들어주는 것도 한 방법이다. 고객들이 다른 사람에게 브랜드를 소개해주면 당신이 고마워하고 있고, 그에 대한 보상을 한다는 사실을 알려주어야 한다.

:: 직원도 목표고객에 속한다 _ 당신과 함께 비즈니스의 목표를 향해 노력하고 있는 직원들을 브랜드의 대변자로 인식하지 못하는 경우가 종종 있다. 모든 직원에게도 각자의 목표고객이 있다. 직원들이 지인들에게 자사 브랜드를 알리는 데 들이는 시간을 보상해주고, 지인들과 공유할 수 있는 권리를 주는 게 마땅하다.

목표고객이 스스로 옥상 위로 올라가 당신의 메시지를 외치게 하기 위해 어떤 수단이 가장 효과적인지를 찾다 보면 다른 사람들이 당신의 브랜드를 어떻게 생각하는지를 알고 싶어진다. 그래야 앞으로 해야 할 일들을 정리하고 목표고객을 올바른 방향으로 이끌 수 있기 때문이다. 다음은 그 몇 가지 방법들이다.

페이스북

페이스북의 기업 페이지에는 인사이트[Insight]라는 공식 통계분석 도구가 있다. 인사이트는 페이스북 팬 페이지에서 사람들이 당신의 브랜드에 대해 무슨 이야기를 하는지, 어떻게 생각하는지를 파악할 수 있는 몇몇 장치들을 제공한다.

:: 인사이트와 기본적인 FAQs 사용법 배우기 _ "페이스북 인사이트 사용법"이라고 검색해보라. 기업 페이지나 팬 페이지 자료를 이용하고 해석하는 데 필요한 최신 정보들이 검색될 것이다.

:: 공유 _ 이 기능으로 당신이 올리는 모든 글을 다른 사람들이 얼마나 많이 공유하는지를 알 수 있다. 페이스북의 다른 기능들도 마찬가지지만 이러한 기능은 페이스북의 미래를 바꾸어놓을 수도

있다. 가장 많이 공유된 글을 통해 목표고객이 가치를 두고 있는 것을 더 잘 파악할 수 있고, 앞으로 어떤 콘텐츠를 개발할지를 결정하는 데 들어가는 수고도 줄일 수 있다.

:: **전파성** _ 페이스북 측의 설명에 따르면 이 기능은 당신 페이지에 글을 쓴 사람들의 글을 본 사람들의 숫자를 퍼센트로 나타내준다. 퍼센트가 높을수록 해당 콘텐츠가 인기 있다는 의미다. 또한, 목표고객이 공유하고 싶어하는 콘텐츠를 유형별로 파악하는 데도 유용하다. 뿐만 아니라 공유된 링크에 따라 사진이나 글을 분류할 수 있으며 페이스북 페이지에서 특정 콘텐츠를 얼마나 많은 사람들이 공유하는지도 알 수 있다. 게다가 당신의 웹사이트와 다른 사이트 중 어떤 곳에서 사람들이 콘텐츠를 공유하는지도 파악할 수 있다.

웹사이트와 블로그

구글 애널리틱스Google Analytics는 누가 당신의 웹사이트를 방문했는지, 들어와서는 어떤 게시판을 보는지, 얼마나 오래 머무는지를 알려주는 훌륭한 분석도구다. 구글 애널리틱스에서 제공하는 보고서를 통해 당신의 웹사이트나 블로그에서 사람들이 가장 관심을 갖는 페이지가 어떤 페이지인지를 알 수 있다. 또한, 트래픽 소스Traffic Source라는 분석보고서를 활용하는 것도 좋은 방법이다. 트래픽 소스를 통해 당신의 웹사이트나 블로그로 가장 많이 유입되는 경로를 조회하는 것부터 시작해 당신이 사용하고 있는 소셜 미디어를 이용해 웹사이트로 유입되는 사람들의 수가 얼마나 되는지 등에 이르기까지 유용한 정보를 알 수 있다. 가장 인기 있는 콘텐츠 자료와 트래픽 소스 자료를 조사하면 사람들이 살고 있는 곳과 좋아하는 것을 기반으로 해서 더 나은 서비스를 제공할 수 있는 적극적인 정보를 얻어낼 수 있다. 결국 이러한 도구들이 사람들이 올라가 소리를 지르는 옥상인 셈이다.

소매거래인 경우의 측정기준

유동인구가 많은 곳에서 사업을 하고 있다면 사람들이 어떻게 당신의 메시지를 듣는지, 어떻게 상점(혹은 기업)으로 찾아오는지를 알려줄 또 다른 측정기준이 필요하다.

:: **직원 훈련** _ 고객들에게 우리 브랜드를 어떻게 알게 되었는지를 물어보도록 훈련시키고 충성 고객을 확보하기 위한 프로그램이나 고객이 지인들에게 브랜드를 소개시켜줄 수 있도록 하는 프로그램을 직원들에게 교육시켜야 한다. 또한, 기업이 운영하는 온라인 사이트를 고객들이 찾을 수 있는 방법과 각종 소식지를 받을 수 있는 주소를 확보하는 방법도 교육시켜야 한다. 직원들은 브랜드 메시지를 공유하는 것뿐만 아니라 상점을 찾는 고객들의 정서에 직접적으로 영향을 미치는 강력한 자원이다.

:: **마케팅 효과 측정기구 마련** _ 마케팅에 들인 비용이나 노력을 측정할 수 없는 마케팅 방식을 선택해서는 안 된다. 마케팅 비용과 노력이 어디에 집중되고 있는지, 그 노력들이 어떤 가치로 환산되어 돌아올지에 대한 책임은 전적으로 당신에게 달려있다. 쿠폰을 배부하는 프로그램은 비용을 측정할 수 있지만 신문광고 등의 마케팅은 그 효과를 측정할 수 있는 기준을 마련해 놓지 않으면 측정이 어렵다.

다음 단계는 브랜드 지원부대가 문 앞으로 데려다준 새로운 팬들(사용자와 고객들)을 어떻게 운용할 것인지를 결정하는 단계다.

자, 이번에는 뉴잉글랜드로 가보자. 그곳에서 투자자들과 다시 활기를 되찾은 브랜드 지원부대와 함께하고 있는 한 기업인을 만나게 될 것이다. 그는 거의 맨손으로 양조장을 시작해 불과 몇 년 만에 어마어마한 성공을 이뤄낸 인물이다. 사회적 기여가 큰 기업이 됨과 동시에 기업의 핵심가치를 벗어난 이야기 속에서 당신의 브랜드를 사랑해줄 사람들과 가까워질 수 있는 방법을 배우게 것이다.

고객과의 즐거운 교감으로 승부하는
내러갠섯 맥주 NARRAGANSETT BEER

1919년부터 1967년까지 내러갠섯 맥주는 뉴잉글랜드의 맥주시장을 65퍼센트나 점유한 양조업계의 거상이었다. 하지만 1965년, 폴스타프 양조Falstaff Brewing사에 인수되면서 지분만 소유한 기업이 되었고, 브랜드는 잊혀졌다. 그러다가 2005년, 마크 헬렌드렁Mark Hellendrung으로 대표가 바뀌고 소유주들이 바뀌면서 과거 연간 6,000상자의 매출을 올리던 기업의 영광에 다시 눈을 돌리게 되었다.

오늘날 내러갠섯은 연간 60만 상자의 매출을 올리고 있고, 지금도 계속 성장하고 있는 기업이다. CEO인 마크는 내러갠섯이 브랜드를 쇄신해서 고객들에게 친숙한 브랜드를 만들었던 방법에 대해 알려줄 것이다.

누가 내러갠섯의 주인인가?

"내러갠섯은 고객들의 신뢰를 바탕으로 한 브랜드입니다. 고객들은 우리에게 원하는 것을 이야기하고, 우리는 매일 고객의 이야기에 귀 기울입니다. 처음 브랜드를 인수했을 당시의 이미지에서 앞으로 우리가 원하는 이미지로 변화시키기 위해서는 폴스타프 양조사에 인수되기 전까지 우리 브랜드를 좋아했던 사람들에게 브랜드를 되돌려주어야 한다는 사실을 깨달았습니다. 내러갠섯은 그 브랜드를 가장 사랑하던 사람들의 품에서 떨어져 나간 상태였으니까요. 당시 내러갠섯은 지역사회에서 빠져나간 상태였습니다. 그러니 이제 다시 지역사회로 되돌아와 고객들에게 내러갠섯의 최우선순위는 바로 그들임을 알려야 했지요. 지금 우리가 하고 있는 일도 바로 그 일입니다.

잊혀진 브랜드의 영광을 다시 얻을 수 있는 '한 방'이 있을 것이라는 망상에 빠져 부활을 꿈꾸는 브랜드가 무수히 많습니다. 우리의 한 방이 뭐냐는 질문을 받을 때마다 참으로 난처합니다. 굳이 답을 드리자면 다시 초심으로 돌아가라는 말밖에 할 말이 없습니다. 당신이 과거에 얼마나 대단했든지 간에 명성이 한 풀 꺾이고 나면 그것을 따랐던 사람들은 결국 뿔뿔이 흩어지고 맙니다. 그때 유일하게 남는 것은 브랜드에 대해 매일 이야기를 나누었던 커뮤니티들입니다.

사람들과 공유할 수 있는 브랜드가 되고 싶은 기업이라면 커뮤니티에 열정을 쏟아야 합니다. 나는 이것을 헌신이라고 부릅니다. 단순히 문을 열어두는 것만으로는 부족합니다. 사람들이 사는 곳에 함께 살아야 하고 그들에게 중요한 것이 무엇인지를 이해해야 합니다. 맥주의 기본 정서는 본질적으로 '공유'입니다. 사람들은 무슨 일이 생기면 친구들과 함께 맥주를 마십니다. 브랜드로서의 우리는 이 브랜드가 우리에게 어떤 의미인지부터 파악해야 했습니다.

우리는 궁극적으로 우리 브랜드를 공유하고 있는 커뮤니티와 관련된 일에 몰두했습니다. 주류점 홍보행사 따위의 이야기를 하는 것이 아닙니다. 고객들의 문화를 뒷받침해주는 진정한 커뮤니티를 이야기하는 겁니다. 로드아일랜드^{Rhode Island}를 지역 기반으로 하고 있는 뉴포트^{Newport}는 치명적인 매력이 있는 여름 휴가지입니다. 대기업 브랜드들은 여름휴가 기간인 딱 두 달만 온갖 홍보행사를 벌이고, 로고가 들어있는 병따개를 뿌려대다가 재빠르게 철수합니다.

우리가 그들과 다른 점은 무엇일까요? 그들 곁에서 매일 함께한다는 것입니다. 일 년 365일, 우리는 단순히 맥주를 팔기 위해서가 아니라 고객들을 위해 함께합니다. 전국 각지에서 이곳을 찾아오는 사람들은 지역사회에 실질적 수익을 안겨줍니다. 가령 오하이오 주에서 온 한 청년은 휴가를 마치고 돌아가서 자신의 페이스북에 우리 맥주를 들고 이곳을 배경으로 찍은 사진을 올립니다. 대기업 브랜드에는 사람들이 그렇게 반응해주지 않습니다. 또한, 그들은 우리가 대기업의 구태의연한 마케팅을 벌이지 않는다는 사실에 매력을 느낍니다.

지역사회의 문화를 공유하다

오하이오 주에서 온 그 청년은 우리 브랜드의 무엇이 그토록 좋았을까요? 핵심만 말하자면 바로 '문화'일 것입니다. 회사가 자리잡고 있는 마을이나 도시마다 각각의 고유 문화가 있기 마련입니다. 우리는 모두 그 지역문화에 흠뻑 빠져들기 위해 의식적으로 노력합니다. 여기에서 직원들이 아주 중요한 역할을 합니다. 직원 중에 매트 매데이로스^Mat Medeiros와 자크 안트차크^Zac Antczak는 지역음악에 적극적으로 열정을 다하는 친구들로 내러갠섯 브랜드를 지역음악 문화의 일부로 만들어주고 있는 일등공신들입니다. 만약 음악을 즐길 수 있는 가장 인기 있는 장소나 놓치지 말아야 할 뮤지컬 정보 등을 알고 싶다면 우리 내러갠섯 맥주를 찾으면 됩니다. 우리에게는 관련 정보가 넘칠 만큼 풍부하고 가능한 모든 곳에서 정보를 공유하고 있으니까요.

우리에게 마케팅이란 베풂입니다. 만약 우리가 어느 음악가의 CD 발매 기념파티에 맥주를 제공하거나, 큰 행사에서 그 음악가의 음악을 사용하는 방식으로 한 명의 음악가에게 도움을 줄 수 있다면 지역사회는 그 사실에 고마워합니다. 우리가 그들과 문화를 공유하고 있다는 사실을 알고 꼭 다시 되갚아줍니다. 기업 SNS에 접속해보면 우리가 후원했던 행사의 사진과 우리 맥주를 사랑하는 사람들의 사진들이 매일 업데이트되고 있습니다.

우리가 사람들과 문화를 공유할 수 있는 브랜드가 될 수 있었던 이유는 즐거움을 함께 나누었기 때문입니다. 우리가 함께하는 지역사회의 커뮤니티에서 사람들이 좋아하는 것을 찾은 덕도 큽니다. 로드아일랜드에는 우리 맥주를 걸고 경기를 벌이는 발야구팀과 사이클로크로스 경주팀(험한 지형을 자전거를 타고 달리다가 자전거를 탈 수 없는 험한 지형에서는 자전거를 들고 달리며 경주를 펼치는 경기 — 옮긴이)이 있습니다. 그 밖에도 낚시대회와 미술관 개관식처럼 다양한 행사들이 많이 열립니다. 우리는 이러한 행사를 좋아하는 사람들과 우리의 자원을 함께 나누고 즐깁니다. 그러다 보면 행사에 참석한 사람들이 우리 내려갠섯 맥주를 마시는 모습을 보게 되고, 우승상품으로 우리 맥주를 받고 찍은 기념사진들에서 우리 제품을 발견하게 됩니다. 사람들의 사진 속에서 우리 내려갠섯 맥주를 보는 기쁨은 말로 다 표현할 수가 없습니다. 하지만 우리의 진짜 수익은 내려갠섯 맥주가 사람들의 즐거운 삶의 일부가 되어가는 모습을 발견하는 것입니다. 우리는 후원이나 기부, 각종 행사에 필요한 도움을 거부한 적이 한 번도 없습니다. 그것은 고객들이 우리와 행사를 함께 나누고 싶다고 직접 말을 건네는 것이니까요.

가격경쟁에서 벗어나다

우리의 목표고객은 다양한 맥주를 맛보기를 좋아하고 좋은 제품을 찾는 데 가치를 두는 사람들입니다. 가격만으로 구매를 결정하는 고객들은 우리의 목표고객이 아니며, 그들에게 마케팅을 따로 해서 접근할 생각도 없습니다. 다양한 맥주들 중에서 새로운 맥주를 마셔보고 싶어하는 사람들이 있는데 왜 굳이 가격경쟁을 벌이겠습니까? 지금의 고객들이야말로 우리가 원하는 목표고객입니다. 그들은 자신들이 발견한 것을 철저하게 공유합니다. 바로 이런 방식으로 새로운 고객들은 우리 브랜드를 알아가고 신뢰하게 됩니다. 당신이라면 어떤 물건을 처음 살 때 광고에서 보았던 제품을 사겠습니까, 믿을 만한 누군가가 "이 제품

정말 괜찮더군. 꼭 써봐"라고 추천하는 제품을 사겠습니까? 바로 이런 이유 때문에 사람들과 브랜드를 공유하는 것입니다.

사실, 브랜드의 캐릭터가 진부하다고 생각하는 분들도 있을 겁니다. 하지만 공유에 관한 문제에서는 캐릭터가 아주 큰 부분을 차지합니다. 우리에게는 두 개의 캐릭터가 있습니다. 바로 길쭉이와 조개군입니다. 우리는 캐릭터 분장을 한 길쭉이와 조개군을 다양한 행사에 파견합니다. 시음용 맥주도 없이 그 캐릭터들만 보냅니다. 야구경기가 열릴 때마다 길쭉이에게 달려와 사진을 찍으려고 길게 줄을 선 모습을 보면 사람들이 이 캐릭터를 얼마나 좋아하는지를 알 수 있습니다. 사람들은 길쭉이와 하이파이브를 하며 찍은 사진을 각자 페이스북이며 트위터에 올립니다. 그들의 이런 사랑은 돈으로도 살 수 없습니다. 오직 만들어 나가야 하는 것이죠."

사업 파트너를 매료시키다

2011년, 내러갠섯은 뉴욕, 펜실베이니아, 노스캐롤라이나까지 사업을 확장했다. 내러갠섯의 CEO 마크는 그들 브랜드 역량의 상당 부분을 자신들의 브랜드가 아닌 것까지 포용하는 데 쓰고 사람들의 목소리에 귀 기울이며 브랜드를 공유한다. 그들이 노스캐롤라이나에 있는 어느 술집 지배인을 만난 것이 그런 예이다. 노스캐롤라이나는 자신들의 제품을 광고했던 곳도 아니고 연구인력을 보내 수질시험을 했던 곳도 아니었다. 그 지배인이 먼저 내러갠섯을 찾았다. 그는 내러갠섯에 대한 소문을 듣고 각종 SNS활동이나, 언론보도, 맥주동호회의 블로거 등 온라인을 통해 기업의 모습을 지켜보았다고 했다. 그래서 자신이 운영하는 술집에도 롤리 더럼^{Raleigh-Durham} 시장처럼 내러갠섯을 들여놓고 싶다고 제안했다. 그들은 내러갠섯 맥주에 대해 이야기를 나누었고, 두 업체가 관계를 맺음으로써 새로운 사람들을 만나게 되었으며 세 손가락 안에 드는 꽤 중요한 동반자가 되었다.

문화를 파악하라는 이야기로 되돌아가보자. 브랜드를 확장할 때 문화에 대한 이해는 핵심 요소다. 새로운 시장에서 성공을 거두려면 유통업자를 확보해야 한다. 그저 단순한 유통업자가 아니라 기업의 호감도를 높이기 위해 시간과 노력을 아끼지 않을 그런 유통업체여야 한다. 접근성과 공유성이 좋은 브랜드를 만들기 위해 노력하다 보면 중요한 인맥들을 만나게 된다. 이러한 유통업체는 잠재고객들에게 내러갠섯이 고객을 위해 얼마나 많은 투자를 하고 있으며, 고객들에게 얼마나 큰 애정이 있는지를 보여줄 수 있다. 전반적으로 기업별 맥주 판매량이 비슷비슷한 지역에서 좋은 유통업체를 만나면 그 지역 시장에 진입하기가 매우 쉽다. 유통업체는 유통업체대로 내러갠섯과 내러갠섯 브랜드에서 나오는 모든 제품을 취급하고 있으며 자신들이 내러갠섯을 취급하는 유일한 업체라고 홍보할 것이다. 그 효과는 상상 이상으로 막강하다. 공유성이 좋으면 단순히 당신의 기업만 이득을 보는 선에서 끝나지 않는다. 당신의 기업과 연관된 모든 기업들에게 두루두루 이익이 돌아가게 되는 것이다.

내러갠섯 맥주

로드 아일랜드 주의 프로비던스

웹사이트 : www.gansett.com

페이스북 : www.facebook.com/narragansettbeer

트위터 : @Gansettbeer

The Power of UnPopular

6장

적재적소에
적임자를 배치하라

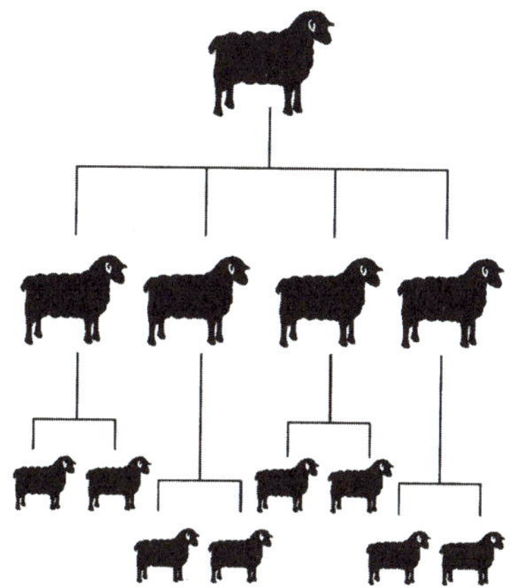

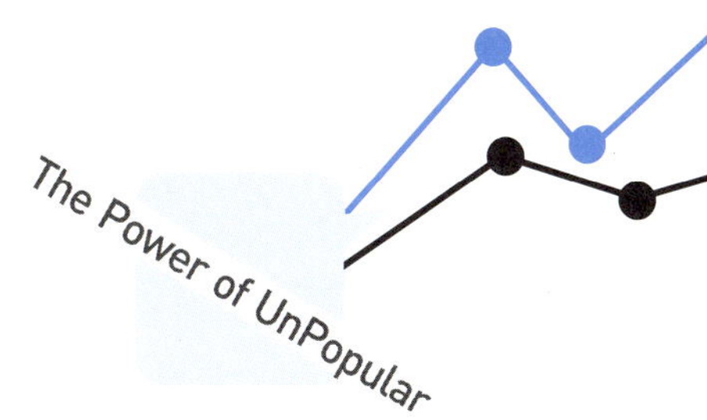

인기 없는 브랜드를 만들어

가다 보면 당신의 비밀전략에 저항하지 못하는 사람들을 찾아내며 탄탄한 비즈니스를 구축하게 된다. 그런데 그 길에서 누구나 난관에 부딪히는데 바로 성장을 관리하는 일이다. 기업인들은 본능적으로 의욕이 넘치는 기질이 있어서 보통 사람들보다 더 많은 책임을 떠맡는 것을 당연하게 여긴다. 그러나 그들도 언젠가는 모든 일을 혼자서는 할 수 없다는 사실을 깨닫게 된다. 특히 혼자 힘으로 더는 사업을 꾸릴 수 없는 상황이 될 때 그 생각은 더욱 절실해진다.

어느 날 아침에 일어나 자신의 브랜드가 더 이상 손을 댈 수 없는 머리 아홉 달린 히드라가 되어 더 이상 통제할 수 없는 상황과 맞닥뜨리고 싶은 사람은 없을 것이다. 그중에서 가장 치명적인 것은 자신이 한꺼번에 그렇게 많은 일을 하지 않았다면 그 사태를 막을 수 있었다는 사실을 직면할 때다. 따라서 앞으로 기업의 성장과정에서 발생할 모든 일들을 통제할 수 있도록 제대로 된 인프라를 갖출 필요가 있다. 그렇지 않으면 목표고객에게 책임을 다할 수가 없다. 이미 우리 손을 벗어나 일이 제멋대로 흘러가고 있기 때문이다. 그러면 결국 우리가 해왔던 그 많은 일들이 물거품이 되고 만다.

인프라는 성장을 가속화시키는 수단이다

집에는 프레임(틀)이 있다. 자동차도 마찬가지다. 자전거는 100퍼센트 프레임으로 구성되어 있다. 기본 틀 없이 지탱할 수 있는 구조물은 하나도 없다. 기업도 같다.

어째서 아메바 콘셉트Amoeba Concept나 해파리 모델Jellyfish Model 등을 다룬 경영서는 출간되지 않는지 궁금한 적이 있는가? 자포스, 타깃Targets, 엘렌Ellens, 뉴욕 양키스 등 이 세상의 모든 인기 없는 브랜드들은 잘 규정된 인프라 시스템을 갖추고 있다. 그들이 이렇게 인프라를 잘 갖추고 있는 이유는 장기적으로 비즈니스를 하기 위해서다. 고객들이 기대하는 제품과 서비스를 제공할 때에만 지속적인 비즈니스가 가능하다는 것을 잘 알고 있는 것이다. 그런 제품과 서비스를 제공하지 못한다면 지금껏 만들어온 옥상을 올라가는 사다리들은 쓸모없는 쓰레기가 되고 만다.

인프라는 분명 성장을 가속화시키는 수단이다. 하지만 비즈니스에서 자신의 역할을 제대로 이해하지 못한다면 어떤 단계에서도 성장의 속도를 낼 수 없다. 지금은 당신이 하고 싶은 역할과 비즈니스에 맞춰 해야 할 역할이 무엇인지를 파악해야 할 때다.

모두가 투수인 야구팀은 게임에서 이길 수 없다

당신이 막중한 책임을 떠안고 있는 사람이라면 많은 결정권을 가지고 있을 것이다. 그러나 자신이 진정으로 열정을 쏟고 싶은 분야를 정하기 전까지는 기업 인프라에서 당신의 소속을 명확하게 규정할 수 없다. 비즈니스를 하다 보면 불가피하게 특정 책임이나 역할에 마음이 쏠리기 마련이다. 어떤 분야의 일은 그 일을 처리할 자원이 없다는 이유만으로 신경을 쓰지 않는 경우도 생긴다. 하지만 탄력 있는 인프라를 구축하기 위해서는 기업의 이상을 펼쳐가는 과정에서 반드시 하고 싶은 역할이 있어야 한다. 또한, 원하지 않는 역할이나 자질이 부족한 역할을 대신해줄 수 있는 사람을 찾아야 한다.

남성 헤어클럽 회장인 사이 스펄링Sy Sperling이 이런 말을 했다.

"나는 헤어클럽의 회장이자 헤어클럽 고객입니다."

그의 머리가 빠지기 시작한 것은 20대 무렵 이혼을 하면서부터였다. 그리고 1976년, '남성을 위한 헤어클럽'을 시작했다. 24년 후 그는 개인 투자자에게 헤어클럽을 4,200만 달러에 매각했다. 그 후 헤어클럽 브랜드는 불과 5년 만에 미용업계의 대기업 리지스Regis에 2억 1,000만 달러에 매각되었다. 그가 평생을 바쳐온 브랜드는 이제 매년 5만 명이 넘는 사람들에게 서비스를 제공하고 있다. 그것도 가장 기본적인 광고 수단만 이용해서 말이다. 그에게 헤어클럽을 성장시키면서 저지른 가장 큰 실수가 무엇이냐고 묻자, 역할 구분과 사업규모의 조정, 그에 따른 몇 가지 결정들이라고 대답했다.

"처음 뉴욕에서 사업을 시작할 때만 해도 아주 작은 가게에서 시작했습니다. 그러다 규모가 조금씩 커지면서 더 큰 가게로 옮겼죠. 그러면서 다른 지역에도 가게를 열게 되었어요. 그리고 뉴욕이 아닌 다른 도시에까지 가게를 열게 되었죠. 그때만 해도 저는 이런 규모의 비즈니스 운영에 적합한 사람이 아니었습니다. 제가 원하는 사업 방향조차 몰랐으니까요."

당시 자신이 영업과 마케팅에도 재능이 있다고 판단한 스펄링은 그 역할을 하기로 결정했다. 바로 그 시점부터 문제가 움트기 시작했다.

"저는 당장 하버드 대학 MBA 출신의 직원을 고용했습니다. 보다 정확히 말하자면 난생 처음으로 MBA 출신의 직원을 고용한 거죠. 서류상으로 보았을 때 그는 모든 면에서 뛰어나 보였습니다. 저는 그 사람의 능력이 필요하다는 판단을 했고, 그래서 함께하기로 했지요. 그런데 시간이 흐르면서 제가 기대했던 대로 일이 진행되지 않았습니다. 그 사람은 저와 제 기업에 맞지 않았어요. 좀 더 신중하게 사람을 뽑았어야 했는데 제가 경솔했던 거죠."

성장 중인 브랜드에서 자신의 역할을 정하면 나머지 역할을 맡을 팀을 구성해야 한다. 이는 선택의 여지가 없다. 스펄링은 이 부분에 대해 "비즈니스는 야구와 참 많이 닮았습니다. 이기려면 모든 포지션마다 적임자가 있어야 하죠. 모두가 투수인 팀은 절대 게임에서 이길 수 없습니다"라고 말했다.

스펄링은 직원 고용에서 했던 실수를 현명하게 극복해냈고 여전히 완벽하게 인기 없는 브랜드로 성공하고 있다. 머리가 빠져 자존감이 위축되는 문제를 이해하지 못하는 사람이라면 그의 헤어클럽 역시 이해하지 못할 것이다. 스펄링의 헤어클럽이 걸어온 발자취를 보면 자원 부족이나 잘못된 자원 투입이 얼마나 일을 더디게 만드는지를 알 수 있다. 자, 그렇다면 그의 선례를 통해 기업의 목표를 지지하고 탄력적인 팀을 구축하는 방법을 배워보자.

:: 그저 직업이 필요한 사람을 직원으로 고용해서는 안 된다. 당신이 고용하는 모든 사람은 반드시 기업을 대변할 수 있고, 믿고 맡길 수 있어야 한다. 또한, 겉보기에 좋은 사람이 아니라 즐겁게 함께 일할 수 있는 사람이어야 한다.

:: 구성원들의 공동 작업과제는 서로를 격려하고, 목표고객을 고무시킬 수 있는 인기 없는 브랜드를 함께 만드는 것이다. 따라서 목표고객을 위한 환영 매트뿐만 아니라 당신의 팀원들을 위한 환영 매트도 깔아두어야 한다. 독재적인 기업문화를 가진 기업에 대해 이야기하고 싶어하는 고객이 없듯이 독재적인 근무환경에서 일하고 싶어하는 직원도 없다는 것을 기억하라.

:: 간혹 일자리를 주었으니 오히려 직원들이 자신한테 고마워해야 한다고 말하는 기업인도 있다. 그것은 잘못된 생각이다. 팀의 일원으로서, 기업체를 끌어가는 리더로서 감사하다고 말해야 할 사람은 기업인 자신이다. 고맙다는 말은 포괄적인 뜻을 가지고 있다. 따라서 고맙다는 말 한마디는 팀의 친밀도를 높이고 서로를 존중하는 분위기를 만들어낸다. 고맙다고 말하면 나약함을 드러내는 것이라고 오해하는 사람이 있는데, 절대 그렇지 않다. 오히

려 상대에게는 자신을 존중하는 행위로 비친다.

브랜드의 비상은 인프라 위에서 가능하다

간접비용에 관한 이야기를 해보자. 사무실, 직원, 각종 장비 중에서 사업을 발전시키기 위해 정말로 비용을 지출해야 하는 품목은 무엇이라고 생각하는가? 특정 업무에 직원을 고용할지 계약직을 고용할지는 전적으로 대표에게 달렸다. 여기서 어떤 업무를 아웃소싱해야 하는지를 제대로 알고 있다면 간접비를 낮출 수 있다. 간접비가 낮아지면 기업이 성장하거나 비용을 지출할 때마다 들어가는 필요한 자원을 보다 확실하게 확보해 둘 수 있다. 또한, 아웃소싱은 정규직으로 고용하지 않으면서 기업 운영에 반드시 필요한 업무를 맡기기에도 용이하다.

기업인은 부모가 자식을 키우듯 사업을 키운다. 부모는 자녀에게 인프라를 제공한다. 자녀가 성장했을 때 최고의 가능성을 열어두고 결정할 수 있도록 만들기 위해서다. 자녀는 미운 세 살 시기와 질풍노도의 십대를 거쳐 성장한다. 그러나 사업은 초창기부터 사업의 규모를 조정해 나가면 이런 과정을 모두 극복할 수 있다.

브랜드와 목표고객은 실질적인 관심과 양육을 필요로 한다. 또한, 체계를 잘 잡아야만 더 큰 목표고객이 나타났을 때나 자원을 확장해야 할 정도로 수요가 늘어날 때에도 브랜드를 유지할 수 있다. 자신이

만든 것이 비상하는 모습을 지켜본다는 것은 꽤나 감격스러운 일이
다. 인프라를 적절하게 구축해놓으면 당신의 브랜드가 더 높이, 더 오
래, 더 효과적으로 날 수 있게 된다.

아웃소싱으로 성공을 이뤄낸
셀레브리덕스 CELEBRIDUCKS

1986년 어느 날, 크레이그 울프는 어느 상점 벽에 걸려있던 손으로 직접 그린 미키마우스 그림 액자에 마음을 빼앗겼다. 그때부터 이런 종류의 작품을 어디에 가면 찾을 수 있는지, 어떻게 하면 상품으로 팔 수 있는지에 대해 고심하기 시작했다. 그 그림은 아메리카나Americana에서 나온 작품이었다. 아메리카나는 디즈니의 유명한 예술가들이 만든 곳이었다. 크레이그는 단순히 흥미에 그치지 않고 그것을 사업으로 확장시켰다.

그가 만든 브랜드인 네임 댓 툰Name That Toon은 미국 TV광고에 애니메이션 광고를 공급하는 세계 최대의 업체가 되었다. 코카콜라Coca-Cola, 버드와이저Budweiser, 앰앤앰M&M, 켈로그Kellogg's, 나비스코Nabisco, 캘리포니아 라이신 등에도 작품을 제공하고 있다. 네임 댓 툰을 14년간 운영한 크레이그는 연간수익을 25만~100만 달러까지 급상승시켰다. 모든 일이 순조롭게 풀리지는 않았지만, 그는 사업 초창기부터 비즈니스의 규모를 조율하는 방법에 대해 몇 가지 사실을 터득하고 있었다. 그것은 오로지 혼자서 TV광고를 통해 애니메이션 작품을 파는 비즈니스를 구상한 덕분이었다.

애니메이션을 예술작품으로 만들다

그보다 앞서 애니메이션 시장에 진출한 기업들로부터 새로운 애니메이션 시장을 만들고 싶은 자신의 열정을 이미 인정받았지만 한 가지 문제를 발견했다.

"일단 우리가 기업에 어떻게 도움을 줄 수 있는지를 설명하면 그들은 아주 호의적이었어요. 그런데 그들은 애니메이션 원본이 누구에게 있는지조차 모르고 있었어요. 심지어 자신들이 만들어놓은 것인지조차 모르고 있는 경우도 있었어요. 기업 측에 '여기 좀 보세요. 당신이 만든 이 멋진 작품들을 팔 수 있는 시장을 제가 찾았다고요!'라고 외치기 전까지는 아무도 저를 찾지 않았고, 그때까지만 해도 그들에게 작품을 요구했던 사람도 없었죠. 기업들에게 할 수 있노라고 호언장담했던 일을 하려면 애니메이션 작품이 필요했어요. 작품만 필요한 것이 아니라 컴퓨터로 만든 영상들을 필름으로 옮길 수 있는 기술을 가진 사람이 필요했지요."

그는 비즈니스의 핵심은 자신이 알지 못하는 것이 무엇인지를 파악하고, 비전에 활력을 불어넣어 줄 인재와 자원을 찾는 것임을 깨닫는 데 있다고 강조한다.

"저는 상업미술을 고객들에게 제공하는 비즈니스 시장을 만들었습니다. 그 작품들은 대부분 컴퓨터에 파일로 저장되어 있었는데 이 작품들을 필름에 옮겨 판매할 수 있는 상태로 만드는 법은 몰랐죠. 사람들에게 물어볼 때마다 깨달은 건 한시라도 빨리 전문가를 찾는 것 외에는 다른 방법이 없다는 것이었죠.”

　그는 규모가 큰 기업들의 경우에는 유명한 작품을 만들기 위해 엔터테인먼트 업계의 수많은 스튜디오에 외주를 준다는 사실을 알게 되었다. 그때부터 스튜디오를 돌며 아직 세상의 주목을 받지 못한 참신한 인재를 찾아다녔다. 당시만 해도 그들이 만든 애니메이션 작품에 관심을 보인 사람도 없었고, 그들의 이름을 작품 앞에 넣어준 사람도 없었다. 그 일을 크레이그가 최초로 한 것이다.

　“나는 그들의 머리가 필요했습니다. 그들의 애니메이션 작품을 내가 사용할 수 있는 형태로 바꿀 수 있는 노하우와 기술이 필요했지요. 그러다 보니 그들에게 꽤 큰 요구를 해야 했어요. 애니메이션과 컴퓨터 그래픽 스튜디오가 어떻게 돌아가는지를 알아야 했으니까요. 제 계획은 각각의 작품들마다 우리가 만든 증명서를 붙이는 것이었어요. 각 작품마다 고유번호와 그 작품을 만든 스튜디오의 이름을 작품 전면에 붙이는 것이었죠. 두 회사의 상표를 병용한 셈인데, 이전에는 한 번도 들어본 적이 없는 새로운 형태였죠. 이 방식 덕택에 저는 기업을 만들고 성장시키는 데 도움을 줄 새로운 인맥들을 만들 수 있었죠.”

　크레이그의 방식은 매우 효과적이었다. 그는 엔터테인먼트 기술과 예술계에서 아무도 몰라주던 위대한 사람들과 함께 일을 했다. ‘코카콜라 북극곰’에 생명을 불어넣어준 이들, 검비Gumby의 프렌차이즈 사업의 주도자들, 아카데미시상식 시각효과상을 수상한 스탠 윈스턴Stan Winston, 영화 터미네이터에 등장하는 인물들과 쥐라기공원의 공룡들에게 생명을 불어넣어 준 최고의 모델 제작자들이 그와 함께했던 사람들이다.

아웃소싱으로 승부를 걸다

크레이그는 네임 댓 툰을 저작권이 있는 애니메이션 작품왕국으로 만들었다. 그렇게 몇 년 동안 다른 사람의 창작물에 마케팅 공을 들이다가 자신만의 것을 만들고 싶어졌다. 1998년, 마침내 그가 구상하던 아이디어가 무르익었다. 그의 아이디어는 유명 인사들을 본뜬 오리 모습의 고무인형을 만드는 것이었다. 크레이그는 당시 예술학교를 졸업했던 자신의 딸 레베카와 함께 베티붑^{Betty Boop}(세계 최초의 애니메이션 캐릭터 '검은 고양이 펠릭스' 이후에 등장한 캐릭터로 플라이셔 스튜디오에서 만들었다 — 옮긴이)과 비슷한 형태의 캐릭터를 디자인하고 만들었다. 제조업체들과 계약을 조율하면서 그는 150개가 넘는 시사만화, 풍자만화의 저작권과 전 세계 5,000개 이상의 신문사를 고객으로 둔 기업인 킹 피처 신디케이트^{King Feature Syndicate} 사무실에 작은 베티를 내려놓았다. 얼마 지나지 않아 크레이그가 만든 '귀여운 베티'에 대해 이야기를 나누고 싶다는 연락이 왔다. 셀레브리덕스는 그렇게 탄생했다.

2001년 말까지 셀레브리덕스의 연간수익은 약 50만 달러였으나 2007년 말에 수백만 달러로 급상승했다. 현재 셀레브리덕스는 세계에서 가장 인기 있는 스포츠 선수들의 얼굴 모양을 본뜬 오리 인형들을 만들고 있으며, 포춘지 선정 500대 기업에도 수십 차례 선정되었고, 자포스, 기코만 간장^{Kikkoman Soy Sauce}, 고튼 해산물^{Gorton's Seafood} 등과 같은 브랜드들의 오리 인형도 만들고 있다.

가장 놀라운 사실은 이 모든 일을 단 한 명의 직원도 고용하지 않고 크레이그 혼자 다 해냈다는 점이다.

"번거롭지 않게 비즈니스의 규모를 확장할 수 있는 가장 빠른 방법은 아웃소싱을 이용하는 것입니다."

크레이그의 이 말은 제조업 관련 기업들에게 해줄 수 있는 최고의 조언이 아닐까 싶다. 그는 자신이 모르는 것이 무엇인지를 파악하고 그 부분을 메워줄 수 있는 인재를 찾는 것이 최우선이라고 말한다. 회계를 담당할 사람이든, 컴퓨터 영상합성기술^{CGI}을 이용해 컴퓨터 애니메이션을 아세테이트 필름에 옮기는 사람이든 해당 업계에 가면 얼마든지 만날 수 있다. 기업인은 오직 그 사람들이 어떤 일을 할 수 있으며, 어떻게 하는지만 알면 된다. 그래야 적정가격에 그들의 재능을 이용할지 말지를 결정할 수 있고, 제품과 서비스의 가격을 정할 수 있기 때문이다. 단, 아웃소싱을 하려면 어느 정도 통제권을 포기해야 하기 때문에 돈독한 신뢰를 쌓는 것이 매우 중요하다.

아울러 크레이그는 필요한 인재를 찾으려면 전 세계에서 찾아야 한다고 조언한다.

"그 분야의 최고의 인재를 반드시 당신이 사는 지역에 둘 필요는 없습니다. 그들을 비행기로 모셔와서 한 건물 안에 모아두려고 하면 간접비가 엄청날 것입니다. 그 비용을 반드시 써야 할까요? 저는 개인적으로 네트워크를 통한 업무를 선호하는 편입니다. 우리 회사에서 일했던 사람들이나 현재 일하고 있는 사람들 중 90퍼센트는 길거리에서 저와 마주쳐도 서로 모르고 지나칠 겁니다. 하지만 일단 대화를 해보면 그들의 목소리에서 울리는 심장박동 소리까지 알아차릴 수 있지요."

모든 일을 외주로 처리하고 있는 크레이그는 늘 어떤 일을 외주로 주어야 할지를 명확하게 알고 있다. 훌륭한 비즈니스를 하고 싶었던 크레이그는 인적 자원의 관점에서 사업을 하다 보니 사람들을 유독 많이 챙기게 된다는 부작용 아닌 부작용도 생겼다고 말한다.

"나는 사람 문제로 속을 썩어본 적이 없습니다. 현재 성장하고 있는 기업이라면 더 많은 인적 자원이 필요해질 것입니다. 그리고 그 사람들과 잘해 나가다 보면 그들이 주변 사람들에게 또 이야기를 하게 되어 있습니다. 도움을 받을 수 있는 인맥들은 이렇게 만들어집니다."

최고의 제품은 최신 노트북이 만드는 게 아니다

크레이그는 회사가 비용을 지출하는 곳을 면밀하게 관찰해보라고 충고한다. 최신 기술이 비즈니스를 효과적으로 운영하기 위해 꼭 필요한 것은 아니다. 최고의 제품을 만드는 과정을 최소 비용으로 유지할 수 있어야 역동적인 급성장기에 브랜드를 통제할 수 있다. 크레이그는 "당신의 사업을 다음 단계로 전진시키는 데 힘써야 합니다. 최신형의 값비싼 노트북이 사업 초창기에 그 가격만 한 가치를 충분히 할까요? 저는 아니라고 봅니다"라고 말한다.

셀레브리덕스의 웹사이트는 복잡하지 않다. 크레이그는 웹사이트의 업그레이드가 결국 다 비용이라는 사실을 잘 알고 있다.

"우리에게 지금 새 웹사이트가 필요할까요? 아닙니다. 웹사이트는 사람들에게 업체에 대한 정보를 주는 공간입니다. 우리가 누구인지, 어떤 일을 하는지 말이죠. 물론 오리 인형을 사는 사람들도 있겠지요. 그러나 중요한 비즈니스는 다 전화로 합니다. 따라서 웹사이트에 올려야 할 중요한 정보는 제품들을 제외하고는 바로 전화번호죠."

또한, 크레이그는 사무실이 비즈니스를 위해 최우선적으로 필요한 것이라고 생각하지 않는다.

"사람이건 사무실이건 아웃소싱을 활용하면 훨씬 더 앞서 나갈 수 있습니다."

일을 하다 보면 계약직보다는 정직원이, 집보다는 사무실에서 일하는 것이 더 낫다고 생각할 수 있다. 그러나 그에 앞서 당신이 하고 있는 사업의 비즈니스모델을 전체적으로 이해하고 있을 필요가 있다. 그러면 비용과 절차를 줄이는 것을 우선순위로 두게 될 것이다.

셀레브리덕스

캘리포니아 주 산 라파엘

웹사이트 : www.CelebriDucks.com

The Power of UnPopular

7장

수익을 어떻게 창출할 것인가?

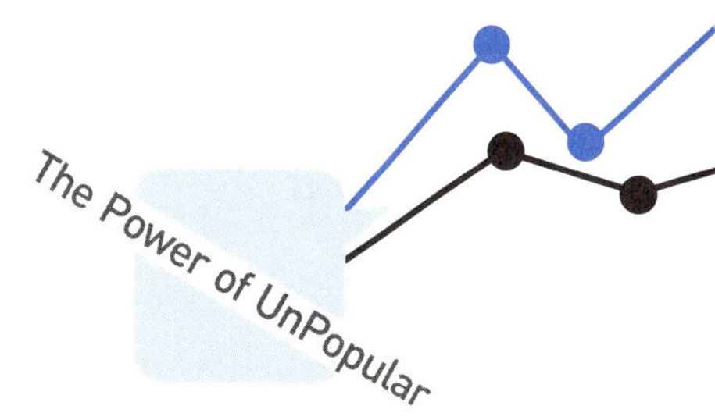

비즈니스에서 모든 문제는 결국 돈으로 귀결된다. 그렇지 않은가? 지금껏 우리가 브랜드의 특성과 접근성, 공유성, 확장성 등의 전략에 투자를 한 이유는 결국 수익을 창출하는 비즈니스를 만들기 위해서가 아닌가.

제품이나 서비스를 제공하는 당신은 그 가치를 돈으로 환산할 방법을 찾아내야 한다. 또한, 당신이 지금 하고 있는 비즈니스가 확실히 돈을 벌 수 있도록 기반을 확실하게 다져두어야 한다.

당신의 시간이 곧 돈이다

나는 지금부터 당신이 꼭 시간을 들일 가치가 있는 일에 시간을 사용할 수 있도록 몇 가지 지침을 알려주고자 한다. 기업의 수익창출 목표와 직접적인 관련이 있고 비즈니스의 특성과 접근성, 공유성, 확장성 등 모든 것을 충족시킬 수 있는 지침은 다음과 같다.

:: 어떤 업종의 비즈니스든지 공짜로 기꺼이 제공할 수 있는 것은 어떤 것이 있는지를 명확히 규정해야 한다. 가격에 좌지우지될 고객들을 찾기 위해 30페이지짜리 제안서를 만들고 싶은 사람은 없을 것이다. 따지고 보면 모든 비즈니스가 서비스업이기는 하지만, 그렇다고 해서 다른 브랜드를 이용할 사람들을 위해 굳이 내 시간과 자원을 할애할 필요는 없다. 비즈니스를 하면서 나는 내가 제공한 제품이나 서비스에 부과한 가격이 사실은 그동안 이 비즈니스에 투자했던 시간을 보상해주지 못할 때가 많다는 것을 깨달았다. 그러면 결국 공짜로 일을 해주는 셈이 된다.

:: 나는 일하는 시간을 위해 커피나 술, 기타 취미활동을 생략하는 경우가 많고, 가치가 없다고 생각되는 것들에는 시간을 쓰지 않는 편이다. 물론 내 기준이 모두에게 들어맞지는 않을 것이다. 따라서 누구나 자신에게 맞는 원칙들을 세울 필요가 있다. 다짜고

짜 식당에 들어가서 지금 저녁메뉴를 정할까 하는데 무료로 시식을 해보고 싶다고 말할 사람은 없을 것이다. 어떤 비즈니스를 하든지 자신에게 딱 맞는 원칙을 만들 수 있다. 고객이나 잠재고객의 필요에도 부응하고 당신의 시간도 아낄 수 있는 그런 지침들 말이다. 그러면 당신은 시간을 낭비하지 않으면서 일을 하고 여가생활을 할 수 있을 것이다.

:: 당신의 시간은 귀중하다. 당신은 그 시간을 비즈니스 외의 것들, 즉 친구나 가족, 동호회, 자기 자신 등을 위해서도 사용해야 한다. 따라서 누군가 당신의 시간을 존중해주지 않는다면 그 사람에게 다소 껄끄러운 이야기도 할 수 있어야 한다. 그렇지 않으면 그 사람 혹은 그 고객은 계속해서 당신의 시간을 낭비하려 들 것이다. 또, 하나 명심할 것은 당신의 비즈니스이므로 원칙은 당신이 직접 정할 수 있다는 것이다.

가격할인은 덫이다

당신이 제품이나 서비스에 부과한 가격에는 제품의 원가비용과 실제로 완제품을 만들기 위해 들어간 시간 외의 요소, 바로 간접비용도 포함시켜야 한다. 이것은 아주 기본적인 경제 개념에 대한 이야기다. 사업을 하면서 발생하는 각종 세금과 자격취득에서부터 비즈니스와 관련이 있는 모든 일에 들어간 시간까지 모두 간접비용에 해당한다. 따라서 외부 하청업자에게 들어간 비용이나 직원들 임금 등을 모두 가격결정 요소에 포함시켜야 하며, 그 일에 전념했던 당신의 노고에도 보상이 될 수 있도록 당신 몫도 확실히 남겨야 한다.

가격에 대한 내 생각은 다음과 같다.

:: 모든 사람이 그 제품을 살 여유가 있는 것은 아니다.
:: 모든 요구가 당신의 비즈니스에 맞을 수는 없다.
:: 고객은 당신의 전문성과 시간, 제품, 에너지 등 브랜드를 만드는 데 들어간 모든 것에 비용을 지불해야 한다.
:: 당신의 지식과 경험을 공짜로 주는 것은 당신 자신과 브랜드의 가치를 깎아내리는 것이다.

업계의 동향을 파악하고 가격정책을 세워 시장시세와 전문기술 사이에서 적정 가격을 정하는 것은 당신의 몫이다.

이제 할인에 대해 논의해보자. 누구나 가격에 상관없이 찾는 단골상점이 있을 것이다. 그곳을 찾는 이유는 그 상점의 브랜드를 좋아하기 때문이다. 구매하고 싶었던 브랜드의 제품을 손에 넣을 때 우리는 가격은 별개의 문제로 생각한다. 만약 물건을 사러 갔는데 세일까지 하고 있다면 그것은 덤으로 받아들인다. 가격이 단골고객의 구매에 결정적인 동기부여를 하는 게 아니라는 말이다.

반대로 고객이 절대 제값을 주고는 사지 않게 되는 브랜드도 있다. 할인쿠폰을 상시로 발급하는 브랜드의 경우에 그렇다. 고객은 이 브랜드의 물건을 구입하려 할 때 20퍼센트 할인을 받을 수 있는 방법을 찾고, 할인쿠폰 없이는 상품을 사려 들지 않는다.

끊임없이 할인쿠폰을 남발하며 수익을 창출하는 대형 마트처럼 비즈니스를 하고 싶은가? 그러려면 수백 군데의 지역에 지점을 두고 양으로 승부를 거는 방식으로 운영할 수밖에 없다. 아니면 그루폰Groupon과 같은 소셜커머스를 이용해 주기적으로 할인정책을 펴는 방법도 있다.

소셜커머스는 폭넓은 목표고객을 접할 수 있는 훌륭한 방법이며, 브랜드에 새로운 고객을 끌어들일 수 있는 아주 효과적인 방법이 될 수 있다. 그런데 소셜커머스를 이용해서 실제로 만족스러운 거래가 이루어졌는지를 살펴볼 필요가 있다. 사회과학연구네트워크Social Science Research Network에서 2011년 6월, 23개의 시장에서 소셜커머스의 거래를 이용한 324개의 업종을 조사대상으로 삼아 통계자료를 발표했다.

:: 55퍼센트의 기업들이 돈을 벌었고, 26.6퍼센트는 손해를 봤으며, 17.9퍼센트는 본전이었다.

:: 소셜커머스를 이용한 업체들 중 80퍼센트가 새로운 고객이었는데, 20퍼센트는 실제 거래가치보다 더 많은 비용을 지불했다.

:: 48.1퍼센트의 기업들이 또 다른 소셜커머스를 통해 홍보할 것이

라고 했고, 19.8퍼센트는 하지 않을 것이라고 했으며, 32.1퍼센트
는 불확실하다고 답변했다.

소셜커머스는 평균적으로 50퍼센트 정도의 기업이 가치를 인정받았
고, 일반적으로 50퍼센트 정도까지 가격할인을 해주었으며, 자신의 제
품이나 서비스가 공정하게 거래되고 있다고 생각하는 기업은 25퍼센
트에 불과했다. 만약 당신이 소셜커머스를 이용한 상품홍보를 계획하
고 있다면 할인에도 타격을 받지 않는 가격구조를 만들어야 할 뿐 아
니라 재구매 고객이 생길 확률이 1/5이라는 사실도 알고 있어야 한다.

또한, 가격을 낮추고 가격경쟁을 하려고 할 때 당신 자신과 브랜드
를 모두 상품화해버릴 위험이 있다. 진즉부터 가격경쟁을 염두에 둔
비즈니스모델을 구상하고 있었다면 상관없다. 그것 역시 브랜드 목표
의 일부니까. 그런데 할인쿠폰 프로그램은 그렇다 치더라도, 더 저렴
한 가격으로 똑같은 제품 혹은 똑같은 서비스를 달라는 고객의 요구
를 받는다면 어떻게 하겠는가? 결정은 전적으로 리더의 몫이지만 처
음부터 가격을 할인해주는 것은 좋은 방법이 아니라고 생각한다.

경기가 엉망이라고 해서 정상 가격보다 낮은 가격을 받아들여야 할
필요는 없다. 이렇게 한번 생각해보자. 고객이 가격을 흥정하고 싶어
할 경우 다음 두 개의 선택사항이 있다.

:: 당신이 진정 그 프로젝트를 진행하고 싶다면 프로젝트 할인을 제

시할 수 있다. 정상 가격보다 10퍼센트의 할인가격을 제시하는 것은 썩 괜찮은 방법이다.

:: 현재의 가격이 타당함을 설명하라. "저는 당신이 만날 수 있는 가장 저렴한 전문가는 아닙니다. 하지만 당신은 훨씬 더 비싼 비용을 지불하고도 훨씬 더 형편없는 사람과 일을 하게 될 수도 있습니다." 최근에 새로 맞은 고객과 기존 고객들에게 제품이나 서비스에 대한 평가, 의견, 지지 등을 확보하라. 그리고 고객들이 당신에게 그만한 돈을 지불할 가치가 있노라고 말하도록 만들어라.

'자신의 경제상태'는 제품이나 서비스의 할인을 위한 구실이 될 수 없다. 개인적으로 경제상태가 좋지 않다는 이유로 가스회사와 가격을 두고 옥신각신 흥정을 할 수도 없고, 대형 마트에서 과자를 사면서 더 싸게 구매하고 싶다고 말할 수 없다는 말이다.

가격정책을 정하고 당신의 가치를 결정할 때에는 한 걸음 뒤로 물러서서 그 제품이나 서비스에 들인 모든 노력을 꼼꼼하게 살펴 그 가격이 정당하다는 판단이 들어야 한다. 브랜드를 만드는 일은 목표고객과 시장에 당신이 내놓은 제품의 가치를 제대로 보여주는 것이다.

우리가 내놓은 제품이나 서비스가 고객에게 어떤 가치를 제공하는지를 명확하게 파악할 수 없다면 수익성 좋은 사업을 하기는 어렵다. 성공적이면서도 인기 없는 브랜드를 만들기 위한 5가지 요소 중 수익성에 관한 부분을 5번째로 배치한 이유도 바로 이 때문이다.

인기 없는 브랜드를 만드는 일에 투자한다는 것은 그 브랜드의 가치에 투자한다는 의미다. 당신은 시장에 내놓은 제품이나 서비스의 가치를 알고 있다. 또한, 당신과 목표고객이 모두 좋아할 수 있도록 가격을 결정하는 것도 당신의 몫이다. 가치는 이윤을 결정한다. 그리고 이윤은 비즈니스를 유지하는 힘이다. 이윤이 있어야 필요한 직원을 고용해서 특정 제품을 제공할 수 있고, 결과적으로 그 브랜드 덕분에 돈도 벌 수 있는 것이다.

신생 업체들을 위한 몇 가지 조언

기업들마다 수익성에 접근하는 저마다의 방법을 가지고 있다. 신생 기업은 신생 기업에 맞는 방식이 있다. 모든 기업이 다른 기업들로부터 자신의 브랜드에 도움이 될 만한 아이디어 등을 벤치마킹할 수 있지만 일반적인 신생 기업들이나 기술관련 신생 기업들은 당장 수익을 창출하는 것보다 미래에 수입의 원천이 될 수 있는 비즈니스모델을 구축하는 데 더 관심을 두기 마련이다.

해마다 나는 고객을 통해서건 참석했던 콘퍼런스를 통해서건 신생 업체에 대한 사업설명을 수도 없이 많이 접한다. 이 설명회를 진행하는 사람은 인기 없는 브랜드의 힘을 가진 기업들과 설립자들을 찾아내는 요령이 있다. 앞서 다룬 내용들과 인기 없는 브랜드에 관한 전반적인 원칙들은 모든 신생 업체에게 매우 필요한 방법들이며, 이런저런 무의미한 정보에서 벗어나 기업이 좋은 자리를 찾는 데 도움을 줄 것이다. 그러나 수익성은 잠시 미뤄둔 목표였다.

개인 투자자들과 벤처캐피탈 회사들은 저마다 투자 관점이 제각각 다르다. 하지만 모든 투자자나 투자기업이 공통적으로 기대하는 요소가 하나 있다. 바로 수익을 낼 수 있는 잠재력이다. 당신이 운영하는 기업이 안전하지 못한 위험한 투자처라면 투자자들은 투자한 금액보다 더 많은 금액을 회수하기 어려울 것이다. 이는 간단한 계산문제다.

투자를 유치하려면 비즈니스모델과 목표고객에 변화를 주어야 하는 경우도 생긴다. 이 장의 〈생생 포커스〉를 통해 조쉬가 상세한 조언을 들려주겠지만 여기서는 잠재수익에 한계가 있는 신생 업체들을 위한 조언을 하려 한다. 신생 업체의 문제는 주로 목표고객의 규모 때문에 생긴다.

"목표고객을 최소로 잡았는데 그마저도 효과가 없는 경우, 당신이 저지를 수 있는 최악의 실수는 그 적은 규모의 목표고객에 매번 똑같이 접근하는 겁니다. 효과가 전혀 없는 아이디어는 과감히 버려야 합니다. 다시 시작할 자금 여력이 있는 한 다시 시작하는 것이 맞습니다."

대단한 아이디어를 다시 처음부터 떠올리라는 의미가 아니다. 단지 당신의 제품과 서비스에 적합한 목표고객층이 충분하지 않고, 투자자나 잠재 투자자들에게 매력적으로 보이지 못한다는 의미다. 당신이 어떤 사업을 하든지 목표고객은 늘 총수익과 궁극적인 순수익을 잠재

적으로 나타내주어야 한다. 새로운 비즈니스를 시작하는 사람이라면
수익성 문제를 고민할 때 다른 사람들에게 당신의 비전에 돈을 쓰겠
냐고 물어보는 과정도 필요하다.

신생 업체의 잠재수익을 함께 만들어가는

프리스타일 캐피탈 Freestyle Capital

조쉬 펠서Josh Felser와 데이브 사무엘Dave Samuel은 잇따라 성공을 이룬 기업인이다. 1997년, 이들은 스피너Spinner라는 기업을 설립했는데, 최초로 다중채널 인터넷 음악 서비스를 제공하는 업체였다. 그리고 2004년에는 인터넷 영상 네트워크를 제공하는 그루퍼Grouper를 설립했다.

두 사람의 노력은 채 3년도 되지 않아 각각 3억 2,000만 달러와 6,500만 달러라는 어마어마한 성과로 돌아왔다. 그들은 새로운 업체를 설립하기 위해 온 신경을 집중해야 하는 기업인의 현실과 삶을 즐길 여유가 필요하다는 현실 사이에서 이상적인 균형을 찾느라 어려움을 겪었다. 그리고 마침내 이상적인 삶을 찾아냈다.

그들은 차선책을 선택했다. 자신들이 지원해줄 수 있는 사업을 개척하는 기업인들에게 투자를 결정한 것이다. 그리고 2009년에 프리스타일 캐피탈은 투자를 시작했다. 지속적으로 열정을 가지고 일을 할 수 있는 기업인지, 잘할 수 있는 분야의 일을 하고 있는 기업인지를 확실히 파악하고, 개인적으로 투자를 한 지 2년이 지난 후 그들은 기금을 조성하기로 결정했다. 2011년 5월, 조쉬와 데이브의 첫 투자기금이 만들어졌다. 현재 프리스타일은 28개의 기업에 투자를 하고 있으며, 그

중 6개는 인수되었다. 이 두 사람은 성공하는 기업인의 자질을 알아볼 수 있을 뿐 아니라 다른 기업인들에게 실제 수익을 창출할 수 있는 방향을 안내하기도 한다.

"기업인이라면 불가피하게 경험에 미루어 상황을 예측해야 할 때가 있습니다. 우리가 하는 일은 다른 다수의 벤처캐피탈과 조금 다릅니다. 우리는 투자한 기업들에 일종의 인생 코치 같은 역할을 합니다. 우리는 업체 설립자들이 겸손함을 잃지 않고 기업을 성장시키고 자신감을 회복할 수 있도록 도와주는 일을 하고 있습니다."

목표고객을 끊임없이 재검토하라

프리스타일은 네트워크 관련 업체들에만 투자하고 있다. 따라서 보다 심도 있게 업체 내부의 관점에서 조언을 해줄 수 있다.

"특정 지역과 마을, 도시 등을 기반으로 하는 비즈니스 운영자들의 수익성에 대한 관점은 일반 신생 업체들과 다른 경우가 많습니다. 당신이 어느 지역에서 소매업을 하고 있다면 기본적으로 기업 운영에 기여할 목표고객이 어느 정도 정해져 있을 것입니다. 하지만 네트워크 관련 사업을 하는 신생 업체들은 유사 제품과 서비스를 제공하는 경쟁업체가 너무 많기 때문에 목표고객의 범위를 더 넓게 잡으려고 하는 경향이 있습니다. 하지만 소매업을 하든, 네트워크상에서 비즈니스를 하든 잠재수익은 크고 시장성이 있는 목표고객을 상대로 한 비즈니스모델에 집중할 때 수익이 발생합니다. 목표고객의 규모가 크다고 해서 무조건 좋은 투자대상이 아니라는 말입니다."

사업을 시작하마자마 돈을 벌 수 있을까? 그러기는 쉽지 않다. 그래서인지 대부분의 신생 업체들의 첫 목표가 사업을 시작하자마자 돈을 버는 것은 아니다. 신생 업체들은 여전히 제품과 서비스를 개발하는 단계에 있는 경우가 많기 때문이다. 하지만 개발단계에 있다고 해서 기업의 성장에 필요한 목표고객을 광범위하게 확보해야 하는지에 대한 대답까지 못할 이유는 없다. 모든 일은 목표고객에서 비롯된다. 조쉬는 목표고객에 관해 이렇게 말한다.

"만약 목표고객이 앞으로의 수익창출에 방해가 되는 상황이라면, 가령 처음에 생각했던 만큼 규모는 큰데 앞으로 뚜렷한 수익을 창출할 것 같지 않다면 자신감을 가지고 한 발짝 뒤로 물러서서 점검해볼 필요가 있습니다. 계획했던 것들을 성공시키기 위한 기회를 얻으려면 다시 한 번 계획을 점검하고 목표고객을 다시 정해야 합니다."

인기 없는 브랜드를 개발하는 과정에서도 이러한 일은 주기적으로 찾아오기 때문에 조쉬의 말을 새겨둘 필요가 있다. 인기 없는 브랜드에서는 목표고객이 사업의 열쇠다. 따라서 목표고객을 끊임없이 재검토해야 한다.

잠재수익을 고민할 때 주의할 점

그렇다면 각 기업들의 잠재수익을 고민할 때 주의할 점은 무엇일까? 이 부분은 감정적인 분야와 실질적인 분야로 나누어 생각해봐야 한다.

감정적인 분야

:: 넘치는 열정 _ 어떤 종류의 비즈니스든 열정은 기업인들의 필수 덕목이다. 일에 열정적이지 않다면 의욕도 생기지 않는다. 기업 설립자로서 당신이 해야 할 일 중 하나는 매일매일 고객들을 고무시키는 것이다. 그리고 목표고객에는 직원들과 투자자, 당신이 애초에 고객으로 생각했던 사람들까지 모두 포함된다는 사실을 명심해야 한다. 열정은 거짓으로 흉내 낼 수 없다. 어떤 일이 당신을 짜릿하게 만드는지, 또 어떤 일이 당신을 초초하게 만드는지를 정확하게 파악해야 한다. 열정을 잃으면 누군가와 함께 뭔가를 나누고 싶은 욕망도 사라지게 된다. 그렇게 되면 제품이 죽고 기업이 죽는다.

:: 겸손 _ 때때로 기업인들은 전혀 예상하지 못했던 어려운 현실과 맞닥뜨리기도 한다. 따라서 기업이 나아가야 하는 방향에 대해 열정을 느끼지 못하는 두 번째 순간이 오면 당신을 대신할 사람부터 찾아야 한다. 우선 의사결정 업무부터 누구에게 맡길지를 결정하라. 의사결정 분야에서 기업인들은 늘 선동자가 되고 싶어하기 때

문이다. 기업은 수익을 창출할 기회를 만들기 위해 성장해야 한다. 그리고 성장으로 가는 길이 늘 당신에게 개인적으로 가장 좋은 길일 필요는 없다. 성장은 힘든 과정이고 막상 맞닥뜨리기 전까지는 어떤 기분일지 전혀 알 수가 없다. 하지만 당신이 정한 목표고객과 팀에 대해 생각해보라. 그리고 열정의 불꽃을 꺼트려야 하는지 아닌지, 당신이 기업을 제대로 된 길로 이끄는 적절한 존재인지 아닌지에 대해 생각해보라.

:: **촉매제 만들기** _ 투자자의 관점에서 생각하라. 일정 지역을 기반으로 한 업체들의 경우는 단골이 투자자일 수 있다. 신생 기업들은 대부분 다음 단계의 업무에 필요한 투자자를 찾는 경우가 많다. 모든 투자자에게는 투자의 명분이 필요하다. 기업인으로서 당신의 책임은 투자자가 당신의 비즈니스에 관심을 집중할 수 있도록 촉매제를 만드는 것인데, 그것도 지금 당장 만들어야 한다. 왜 지금 당장일까? 그저 그런 기업은 위험하기 때문이다. 투자자들의 관심을 받고 싶어하는 기업인들은 차고 넘친다. 때문에 간단명료하고 절박하게 왜 우리 기업에 투자해야 하는지를 분명히 전달할 수 있어야 한다. 고만고만한 기업들 사이에서 단연 돋보여야 한다는 뜻이다. 이러한 촉매제를 만들어낼 수 있는 기업인이 더 많은 고객과 단골을 만나게 된다는 것은 말할 필요도 없다. 또한, 그것은 더 많은 투자자를 찾으러 가는 길이기도 하다.

실질적인 분야

:: **현금의 흐름 관리** _ 재정난이 닥치면 운영능력이 더욱 절실해진다. 심도 있는 생각을 필요로 하지 않는 문제 앞에서도 많은 기업이 현금 흐름 때문에 당황하는 것을 보면 놀라울 정도다. 기업의 경비지출 속도를 파악하고, 어디에 얼마큼의 비용이 소요되고 있는지, 더 많은 돈을 필요로 하게 되는 시점까지 얼마의 기간이 남았는지를 파악하라. 아무도 당신을 대신해 이 일을 해줄 수 없다.

:: **자금 조달** _ 투자가 필요한 기업이라면 계획을 먼저 세워라. 현금이 언제 바닥날지를 파악하고 회사가 위험에 빠질 시점보다 6개월 이전에 자금조달 계획을 세워놓아야 한다. 신생 기업의 경우에는 제품이 개발되어야 가치를 창출할 수 있기 때문에 제품개발을 하는 도중에 돈이 바닥나는 상황에 직면하기 쉽다. 신생 기업들이 다음 단계에 필요한 자금을 조달하기 가장 좋은 시점은 돈이 떨어질 것이라고 예측한 날짜로부터 6개월 이전이다. 이렇게 자금계획에서 시간계획까지 세워두면 잠재 투자자들에게는 최고의 가치를, 기업에게는 최소의 리스크를 안겨준다. 또한, 제품의 일정과 투자 일정이 반드시 동시에 이루어져야 함을 명심하라. 시작부터 6개월이 흐른 시점에서 투자자를 찾는다면 반드시 최신 제품을 보유하고 있거나 제품개발 일정이 그 시점에서 성과를 낼 수 있도록 맞춰야 한다. 발전하는 모습을 보여줘라. 투자자들은 신제품 출

시, 언론보도, 제휴 발표 등을 통해 잠재적으로 발전할 수 있는 기업을 찾는다.

투자가 필요한 곳에는 적극 투자하라

조쉬는 수익성과 관련해 시장을 볼 때 저지르기 쉬운 한 가지 실수를 언급했다.

"회사를 차리는 데 많은 비용이 들어가다 보니 현금을 제때 충분히 사용하지 않는 실수를 저지르는 기업들이 간혹 있습니다. 지나치게 아끼느라 충분히 돈을 쓰지 않고 기업을 발전시키는 데 꼭 필요한 인재들을 고용하지 않는다면 수익이 생기기 어렵습니다. 그러면 결국 당신의 목표고객이 사랑하고, 공유하고, 구매할 무언가를 만들 기회를 얻기도 전에 돈을 다 써버리게 될 것입니다."

이것은 기업인들이 돈을 마구 써버려서 현금이 고갈되거나 불필요하게 간접비용을 증가시키는 것을 옹호하는 말이 아니다. 조쉬의 말은 확장성의 문제에 보다 가깝다. 기업인에게는 하나에서 열까지 모든 일을 하기 위해 팀원들이 있어야 한다. 현금 여력이 있다면 기업을 발전시키는 데 가장 발전 가능성이 있는 자원에 투자해야 한다는 의미다. 수익창출이라는 목표로 나아가는 길에 이보다 더 빨리 목적지까지 데려다줄 수 있는 수단은 없다.

프리스타일 캐피탈

캘리포니아 주 밀 밸리와 샌프란시스코

웹사이트 : www.freestyle.vc

트위터 : @joshmedia, @dsamuel

The Power of UnPopular

8장

고객의 피드백은 버릴 게 없다

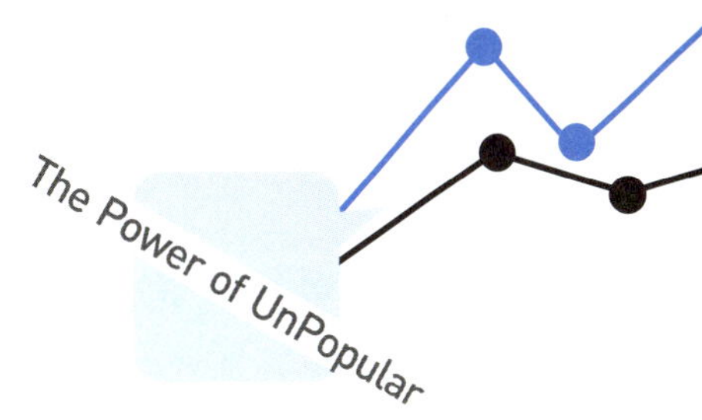

기업인이 숙명적으로 맞닥뜨릴 수밖에 없는 부정적인 피드백에는 세 가지 유형이 있다. 다행히 그중 하나는 기업을 살리는 피드백이다.

:: "우리는 당신을 사랑합니다. 그러니 지금 하고 있는 일을 계속하세요!"

언제 들어도 기분 좋은 말임이 분명하지만 기업의 성장에 도움이 되는 피드백은 아니다. 그저 당신이 제대로 하고 있다는 사실을 알려줄 뿐이다.

::“나는 당신이 싫어요. 다시는 말하고 싶지 않아요. 귀찮게 답하지 마세요.”

당신이 정말로 일을 망쳤을 수도 있다. 하지만 문제의 원인을 말해주지 않으니 문제를 고칠 수는 없다. 무슨 문제인지 설명해주지 않는 고객의 피드백의 한계다.

::“당신이 망쳤어. 내가 그 이유를 다 말해주지!”

브랜드를 살리는 고객의 가장 바람직한 반응이다. 고객은 지금 불쾌하다면서 기꺼이 당신에게 그 이유를 말하려 하고 있다. 그들의 말을 듣고 문제를 분석하라. 배송이 늦었다든지, 고객의 요구를 잘못 이해해서 일을 망쳤다면 문제점을 파악하고 잘못된 부분을 고치면 된다.

그러나 다른 경우도 있다. 브랜드에 적합하지 않은 고객이나 프로젝트를 채택한 경우처럼 말이다. 그러면 일을 제대로 할 수가 없다. 이런 일이 너무 잦아지면 비즈니스를 계속하지 못할 수도 있으므로 당신이 제공하는 서비스와 업계 동향에 대해 정확히 알아야 한다. 당신에게 맞는 프로젝트와 고객들의 피드백만 인정하라. 중도를 걸으면 최고가 될 수 없다.

부정적인 피드백이 가진 놀라운 힘

부정적인 피드백을 주제로 HARO^{Help a Reporter Out™ / www.helpareporter.com} ('기자 찾기'란 뜻을 가진 이 웹사이트는 저널리스트 등과 같은 전문가를 찾는 사람들과 이에 맞는 전문지식을 제공할 수 있는 사람들이 모인 곳이다. 특정 분야에서 전문성을 공유할 수 있는 방법을 찾고 있거나 당신의 브랜드를 노출시킬 언론을 찾고 있다면, 당신이 제공한 정보를 찾는 사람이 있으면 하루 세 번 이메일을 보내주는 이 사이트에 가입하는 것도 좋은 방법이다 — 옮긴이)에 질문을 보낸 적이 있는데, 부정적인 피드백이 가진 힘에 관해 완벽하게 정리된 답변이 도착했다.

사람들은 자신의 브랜드에 대한 부정적인 피드백을 들어도 견딜 수 있다고 생각하지만 막상 그런 말을 들으면 충격이 엄청나다. 리처드 헤이만^{Richard Hayman}은 헤이만 시스템^{Hayman Systems}의 CEO다. 헤이만 시스템은 가족 기업으로 시작해서 금전등록기 분야에서 막강한 힘을 지닌 기업으로 성장했다. 헤이만은 이렇게 크나큰 발전이 가능했던 것은 잔인할 정도로 솔직한 고객 덕분이라고 밝혔다.

"우리 아버지는 1938년에 금전등록기 사업을 시작했습니다. 제가 아버지 회사로 들어간 건 1970년이었죠. 아버지의 아들이었던 저의 고객은 아버지 고객의 아들들이었습니다. 한 고객의 할아버지가 우리 할아버지의 고객인 경우도 있었지요. 1980년대 중반, 저는 가장 오랜 관계를 유지하고 있는 고객인 남성복 가게 사장님과 이야기를 나누게 되었습니다. 그는 조만간 다른 제품을 사용할 예정이라고 말했습니다. 그 이유를 물었더니 대답은 간단했습니다. '우리는 금전등록기 회사가 아니라 컴퓨터 회사가 필요합니다.' 모두 알고 있는 것처럼 금전등록기는 최초의 기계식 장비였습니다. 그 다음엔 전자식으로 바뀌었고 마지막엔 컴퓨터 하드웨어와 소프트웨어 형태로 발전했지요. 그런데 우리는 여전히 기계식 단계에 머물러 있었습니다. 고객들은 더 이상 구식 장비를 필요로 하지 않는데 저희가 그 변화를 알아차리지 못했던 거죠. 고객의 그 한마디를 계기로 우리는 구닥다리 금전등록기 회사를 최신식 컴퓨터 회사로 변화시키기 위한 기나긴 여정에 들어갔습니다. 그 과정에서 몇 가지 문제점이 튀어나왔습니다.

1. 지금 우리 회사에서는 직원들에게 새로운 기술을 훈련시킬 수가 없다. 게다가 서비스를 제공해야 하는 구식 기계들이 수천 대가 남아 있다.

2. 우리는 컴퓨터 회사와 비슷하지도 않고 그런 회사의 사고방식과도 다르다.

3. 회사가 시골 마을에 있다 보니 참신한 인재들을 고용할 수 없다. 고객들조차 장비 사용법을 배우기 위해 사무실로 찾아오는 것을 두려워한다. 기업들이 모여 있는 곳으로 이사할 필요가 있다.

4. 회사 이름을 바꾸어야 한다(당시 우리 회사 이름은 '헤이만 금전등록기'였다).

5. 더 이상 회사에서 제일 똑똑한 사람은 경영자인 내가 아니다. 나보다 더 유능한 인재들을 고용해야 한다.

6. 기존의 고객들을 유지하려면 경영책임자인 나부터 다시 시작해야 한다.

꽤나 긴 목록처럼 보이지만 우리는 이것들을 모두 해결했습니다. 그리고 1990년대 중반 '메릴랜드에서 가장 빠르게 성장한 50대 첨단기술 기업'으로 선정되어 상까지 받았습니다. 빠른 성장에는 큰 의미를 두지 않지만, 무엇보다 첨단기술 기업으로 인정받은 점은 우리가 목표로 삼고 달려온 일들을 성취해냈음을 보여주는 진정한 징표였지요. 우리의 주요 경쟁업체였던 NCR도 마침내 우리의 공급업체가 되었습니다. 우리는 지점도 상당히 늘렸고, 국내에서 가장 큰 판매유통시스템POS 업체로 성장하게 되었습니다. 1999년에는 공급업체인 MICROS 시스템MCRS을 인수하기에 이르렀지요. 이처럼 고객의 쓴 소리에 귀를 기울이면 모든 것이 달라질 수 있습니다."

이따금 우리는 좋은 아이디어를 생각해내고도 스스로 그 아이디어에 발목이 잡혀 희생양이 되기도 한다. 자신의 아이디어는 흠잡을 데가 없다고 생각해 '이제 이 아이디어는 아무도 손 못 대. 누가 감히 내 아이디어가 잘못됐다고 말할 수 있어!'라는 자세로는 성공할 수 없다. 고객이 솔직한 피드백을 주지 않았다면 헤이만 금전등록기가 어떻게 되었을지 생각해보라. 내러갠섯 맥주회사의 CEO인 마크 헬렌드렁 역시 이 부분을 정확하게 인식하고 있다.

"우리는 모든 일에 전문가인 척할 필요가 없습니다. 우리 브랜드를 비평하는 사람들과 좋아하는 사람들 모두가 우리가 여기까지 오는 데 필요한 아이디어를 제공해주었습니다. 고객의 소리에 귀 기울이고, 당신이 귀 기울이고 있다는 사실을 그들에게 알리면 정말로 놀라운 일이 벌어지게 됩니다."

토드 버나드Todd Bernard는 노타이No Tie LLC의 대표이다. 그는 다양한 베스트셀러 스마트폰 애플리케이션을 개발한 개발자로 고객의 소리를 듣는 단계에서 한 발 더 나아갔다. 그는 고객의 부정적인 피드백에 대답을 해주기 위해 그런 피드백을 주는 고객들을 찾아다녔다. 스마트폰과 모바일 애플리케이션 시장은 고객의 피드백과 평가에 의해 좌우된다고 해도 과언이 아니다. 다운로드를 많이 받고, 긍정적인 리뷰가 많을수록 애플리케이션 순위는 더욱 높아지고, 순위가 높아지면 새로운 고객의 눈에 더 잘 띄는 곳에 노출된다. 그렇다면 버나드는 그의 비즈니스에 직격탄을 날릴 수 있는 고객의 부정적인 피드백에 어떤 방식으로 대처했을까?

"애플리케이션 개발자가 당면하는 문제 중 하나는 누가 내 애플리케이션을 사용하는지도 모르고, 수백만 명이나 되는 사용자들에게 피드백을 직접 얻지 못한다는 겁니다. 사람들은 애플, 구글, 마이크로소프트 등과 같이 개발자들과 직접 소통이 거의 불가능한 곳에서 애플리케이션을 구매합니다. 그들은 99달러짜리 소프트웨어 프로그램보다 0.99달러짜리 애플리케이션에서 더 훌륭한 지원을 받을 수 있다는 사실을 모릅니다. 저는 사용자들에게 제 휴대폰 번호를 공개했습니다. 그리고 그들에게 내 애플리케이션들을 보여주었습니다. 어느 날 아이튠즈 앱스토어에서 부정적인 리뷰를 하나 보았습니다. 그 사람은 알래스카에 사는 사람이었습니다. 저는 그 사람을 찾아 스카이프Skype로 연락을 해서 무엇이 문제인지를 파악해냈습니다. 그 후에 그 사람이 리뷰를 수정해서 다시 올렸는데 별 5개를 주었더군요. 부정적인 피드백은 문제가 생겨 쩔쩔매는 사용자들에게 직접 도움을 줄 뿐만 아니라 업데이트 버전을 내놓을 때 어떤 점을 개선해야 할지를 가르쳐줍니다."

성공적인 비즈니스를 위해서는 토드의 판단이 옳았다. 그는 제품에 접근성을 높였고, 처음에는 부정적인 피드백을 남긴 사람이 누구인지 몰랐지만 능력이 닿는 한 최선을 다해 서비스를 제공함으로써 수익까지 창출해냈다.

실수도 기회로 만드는 마케팅을 하라

사업을 하다 보면 일이 잘 풀리지 않고 꼬일 때가 있다. 그것은 자연의 법칙이다. 인간은 실수하기 마련이다. 그러나 그 실수들에 어떻게 대처할지에 대한 선택은 전적으로 우리의 몫이다. 앞에서 고객의 기대에 미치지 못했거나 처참하게 실패했을 때에도 그들에게 안도감을 줄 수 있는 브랜드를 만들어야 한다고 말했다. 그런데 이런 상황에서 고객과의 대화가 없으면 일을 바로잡을 수 없다.

소플렛Shoplet/ www.shoplet.com은 소매점이 한 군데도 없는 순전한 온라인 사무용품 판매업체다. 구글에서 이 업체를 검색해보면 평점은 별 5개 만점 중 평균 4.5점이며, 3,400명이 넘는 고객들이 리뷰를 작성했다. 온라인 기업에서 물건을 팔고 배송을 하다 보면 불가피하게 배송 실수가 생기기 마련이다. 이런 문제상황에 대처하는 방법으로 그들이 택한 것은 '미소 잃지 않기'였다. 그에 관한 소플렛의 마케팅 및 개발 팀장인 제프리 루스티그Jeffrey Lustig의 조언은 다음과 같다.

"우리 회사는 실수를 고객에게 갈채를 받을 수 있는 기회라고 생각합니다. 우리는 불편을 겪은 고객에게 애초에 고객이 원했던 것보다 더 많은 것을 줍니다. 가령, 주문한 물건이 아닌 물건을 배송받은 고객에게 단순히 잘못을 바로잡는 것 이상을 해줍니다. 주문한 물건을 다시 보내주지만 이전에 잘못 배송된 물건을 반송해달라는 요구를 하지 않는 것이죠. 대시 잘못 배송된 물건을 지역사회 등에 기부해달라고 말합니다. 물론 그 선택은 전적으로 고객의 몫이지요. 이 정책은 고객들에게 어마어마한 호응을 불러일으켰습니다."

이처럼 실수를 더 좋은 기회로 만들 수도 있다. 그것은 일을 바로잡기 위해 당신이 얼마만큼 노력할 준비가 되어 있느냐에 달려있다.

반대로 남의 말에 귀 기울였다가 오히려 망치는 경우도 있다. 그

것은 유저보이스의 공동 설립자인 스콧 루더포드와 겟세티스팩션의
CEO 웬디 리아와 피드백을 평가하는 것의 중요성과 피드백을 들었을
때 취할 수 있는 최선의 조치들에 관한 인터뷰를 진행하면서 깨닫게
되었다.

　마크 프리버트^{Mark Frevert}는 그랜드 서클 여행사^{Grand Circle Travel/ www.gct.com}
의 부사장이다. 그랜드 서클 여행사는 보스턴에 있는 개인 기업으로
전 세계 여행지에 대해 예약 업무를 대행해주는 업체다. 그랜드 서클
은 부정적인 피드백의 결과로 마치 러시안 룰렛게임(회전식 탄창에 한
방의 총알만 넣고 여러 사람이 돌아가면서 머리에 방아쇠를 당기는 방식의 목숨
을 건 게임 ― 옮긴이) 같은 상황에 빠지게 되었는데, 그 결정으로 인해
큰 손해를 보았다.

　그랜드 서클은 자체 기준에 미치지 못하는 여행상품은 없애야 한다
는 신념을 가진 회사였다. 몇 해 전에 러시아여행이 기준점수에 미치
지 못했는데, 음식이 가장 큰 문제였다. 여행객들은 음식이 끔찍하게
맛이 없고, 종류도 다양하지 않으며, 온통 감자로 만든 음식뿐이었다
고 불평했다. 또 다른 문제는 두 명의 직원이 여행상품을 신뢰하지 못
한다는 점이었다. 두 사람은 배의 안전성 문제를 걱정했다. 모스크바
에 있는 현지인들과 상트페테르부르크 사람들이 기술이 많이 발전했
다고 설명해도 요지부동이었다. 결국 그랜드 서클은 해당 여행상품을
없애는 결정을 내렸는데, 후에 그것은 판단착오로 판명되었다. 마지막
여행에 대한 평가가 애초 목표로 잡았던 평가점수보다 높게 나왔던

것이다. 그러나 결정을 번복하기에는 이미 늦은 시점이었다. 여행상품을 없애기로 한 결정은 지나치게 성급한 조치였으며, 러시아 현지 사람들의 의견을 제대로 듣지 않은 것도 잘못이었다. 이들이 다시 러시아 여행상품을 내놓은 것은 5년이 지나서였다.

브랜드에 대한 부정적인 피드백이 중요한 것은 더 나은 비즈니스로 발전시키는 기회가 될 수 있기 때문이다. 목표고객과 브랜드의 특성, 접근성, 공유성, 규모나 범위에 상관없이 큰 가치를 부여하는 능력 등을 갖춘다는 것은 고객들의 피드백에 문을 활짝 열어두는 것이다.

불평고객을 단골고객으로 만드는

굿벨리 GoodBelly

굿벨리의 배후에서 기업을 이끌어가는 이는 스티브 데모스[Steve Demos]다. 그는 유기농 먹거리 운동의 중심인물이자 실크 두유[Silk Soymilk]를 각종 마트의 주력상품으로 만든 장본인이다. 2002년 그가 두유회사 화이트 웨이브[White Wave, Inc.,]를 딘 푸드[Dean Food]에 매각했을 때 화이트 웨이브의 평가금액은 2억 9,600만 달러였다. 2005년 데모스는 다음 사업을 위해 스웨덴으로 떠났다. 굿벨리의 현 CEO인 알란 머레이[Alan Murray]는 데모스에게 스웨덴 가정 전통식으로 매우 효과가 뛰어난 생균제가 든 음료를 소개시켜 주었다. 이 귀한 음료를 바다 건너로 가지고 가서 굿벨리라는 이름을 붙이는 것은 시간문제일 뿐이었다.

굿벨리는 미국 내 유일한 생균함유 음료회사다. 음식에 대한 각종 알레르기와 가공식품으로 약해진 장에 굿벨리는 정말로 좋은 제품을 제공한다. 그러나 그저 좋은 제품이라고만 하면 사람들은 믿지 못한다. 그렇다면 굿벨리는 제품을 신뢰하지 않는 사람들에게 어떻게 다가갔을까? 굿벨리 제품의 마케팅 담당자인 아리엘 스콧[Ariel Scott]이 고객들의 불신을 어떻게 극복했는지를 들려주었다.

무료체험 기회에 시비 거는 사람은 없다

"우리는 제품에 회의적인 사람들을 자주 만나게 되는 편인데, 주로 장에 문제가 있는 사람들입니다. 시중에 나온 장건강 제품은 모두 먹어본 사람들이라 할 수 있는데, 효과를 크게 못 본 탓에 우리 제품에 대해서도 대부분 신뢰하지 못했죠. 그래서 '12일 동안 체험해보고 효과가 없으면 무료'라는 콘셉트를 내놓게 되었죠."

신생 업체인 굿벨리는 자신들의 메시지를 전달하는 데 전통적인 마케팅 방식에 목을 매지 않았다. 굿벨리는 트위터와 페이스북도 이용했는데, 때때로 그들의 제품을 신뢰하지 못하는 사람들도 만났다. 굿벨리가 일반 기업과 다른 점은 이런 유형의 고객을 만났을 때 선택한 대처 방식이다.

"기존의 다른 제품과 다르다는 사실을 구구절절 설명하기보다는 '12일 동안 체험해보고 효과가 없으면 공짜'라는 콘셉트를 내놓고 사람들이 직접 체험할 수 있는 기회를 주는 편이 훨씬 효과적이었습니다. 아무리 회의적인 사람들이라도 효과가 있었죠. 12일 안에 효과가 없으면 공짜라는데 누가 시비를 걸겠어요? 이 프로그램에는 쿠폰과 생균에 대한 정보, 지불 수단 등에 대한 정보를 담은 이메일이 포함되어 있습니다. 이메일을 받은 사람들의 반응은 정말 놀라웠습니다. 이메일을 받은 사람 20명 중 1명꼴로 우리 제품의 체험 기회를 원했으니까요. 그리고 그들로부터 사용후기와 질문들이 봇물처럼 밀려 들어왔습니다. 중요한 것은 이들 대다수가 처음에는 우리 제품을 의심했던 사람들이라는 사실입니다. 우리가 할 일은 그저 '우리는 당신 말을 경청하고 있습니다'라는 자세로 문을 활짝 열어두는 것뿐이었습니다. 고객들의 말을 통해 우리는 어마어마하게 많은 사실들을 배웠습니다. 그들의 말을 귀담아듣는 자세는 우리 브랜드의 근간을 이루는 중요한 부분이라고 할 수 있습니다."

체험기간 이후 제품을 마음에 들어하지 않는 사람들을 위한 전액 환불제도도 보장되어 있다. 매달 이 프로그램에 참여하는 수천 명의 사람들 중에 환불을 받는 사람은 극히 소수다.

"12일 동안 제품을 사용한 후에 구매했지만 우리 제품이 마음에 들지 않는 사람도 있을 수 있습니다. 여러 가지 이유로 우리 제품을 좋아하지 않을 수 있죠. 우리의 목표는 한 번도 우리 제품을 사용해보지 않고 싫어하기보다는 단 한 번이라도 사용해보고 그런 평가를 내리도록 하는 겁니다."

신제품의 아이디어는 고객의 불평에서 나온다

노골적으로 불평불만을 말하는 고객들이 있다. 그렇다면 당신의 목표고객 가운데 절대 고객이 되지 않을 사람들을 어떻게 걸러내야 할까? 굿벨리는 건강식품에 불만이 많은 사람들을 찾아 그들과 소통하기 위해 소셜 웹 등을 모니터링하고 있다. 또한, 이메일에 대한 고객들의 응답률이 매우 높은 편이다.

"우리 제품에 관한 피드백에 시간을 들이는 사람들은 대부분 유기농 먹거리 운동에 참여하고 있는 경우가 많습니다. 이들은 음식의 영양에 관심이 많고, 음식에 알레르기가 있는 경우가 많죠. 그 말은 대다수가 우리 제품과 유사한 제품들을 이미 먹어본 사람들이라는 것입니다. 우리가 그 사람들을 배제시킨다면 대단히 큰 실수를 하는 것이죠. 그들의 부정적인 의견은 우리 브랜드에서 긍정적인 결과를 찾을 수 있는 기회가 되기 때문이죠."

예를 들어 굿벨리는 유기농 제품으로 만들고, 순식물성 성분이며, 콩 성분도 전혀 들어있지 않다. 하지만 아직까지는 글루텐이 전혀 없는 제품을 생산하지 않고 있다. 글루텐이 없는 제품을 선호하는 사람들이 많아지자, 글루텐이 함유된 제품을 여전히 내놓고 있는 굿벨리를 비난하는 사람들에게서 자주 이메일을 받는다. 아리엘과 동료들은 이런 의견을 보내는 사람들 한 명 한 명에게 보리누룩과 귀리가루가 들어가는 이유를 설명해준다. 이것만이 아니다.

글루텐이 함유되지 않은 제품^{GF}, 무설탕 제품 등에 대한 제안이 들어올 때마다 이러한 제인을 한 사람들을 따로 분류해둔다. 그들이 요구하는 제품이 만들어졌을 때 GF제품을 만들었다는 연락을 해주기 위해서다. 2010년 굿벨리는 무설탕 제품 스트레이트샷^{StraightShot}을 출시했다. 아리엘은 '무설탕' 제품을 요구했었던 사람들에게 이 소식을 전했다. 그것은 자신들이 고객의 소리를 귀 담아 듣고 있다는 사실을 알린 것이기도 했다.

"듣기만 하고 아무런 조치도 취하지 않을 거라면 고객의 소리를 들을 이유가 없습니다. 자신들의 기준에 흡족하지 않아 우리 제품을 달가워하지 않는 사람들의 소리라 해도 마찬가집니다. 가장 중요한 사실은 제품을 개선해서 출시하는 신제품 아이디어의 대부분은 고객들의 의견에서 나온다는 것입니다.”

스트레이트샷은 지금까지의 이메일 응답률 중 가장 뜨거운 반응을 보였고, 고객들의 반응은 상당히 긍정적이었다.

자신의 브랜드에 부정적인 반응을 보이는 사람들을 대하는 방법에 관해 아리엘이 알려준 두 가지 팁이 있다.

:: 누가 고래고래 호통만 치는지, 누가 요구를 하는지를 파악하라.
:: 고객들의 세계로 뛰어들어라.

“원래 과일 주스를 싫어하는 사람도 있습니다. 그런 사람들은 대부분 우리 제품을 싫어하죠. 우리 제품에 그려진 웃는 얼굴 이미지를 싫어하는 사람도 있습니다. 사람들이 부정적인 피드백을 줄 때, 당신은 두 가지 선택을 할 수 있습니다. 그들을 하나로 동등하게 취급하는 방법과 분류하는 방법이지요. 피드백 유형에 따라 분류하면 그 정보를 이용할 수 있습니다. 그래서 우리는 우리 제품에 대한 비판의 소리에 투자하고 문제해결 방법을 찾습니다. 공개적으로 제품이 싫다는 사람들과 소통할 때에는 고도로 숙련된 방식으로 처신해야 합니다. 사람들은 기업이 어떻게 처신하는지를 유심히 지켜봅니다. 기업 입장에서 가장 효과적인 방법은 최대한 열린 자세로 솔직해지는 겁니다.”

많은 기업이 사용하는 이메일 마케팅에 굿벨리의 사례를 적용해보자. 거의 모든 브랜드가 고객에게 이메일 광고를 하기 때문에 그들은 하루에도 수십 차례씩 '삭제delete' 버튼을 누르기 바쁘다. 그럼에도 불구하고 이메일 마케팅은 브랜드를 만드는 데 가장 성공적인 방법이자 오늘날 굿벨리를 만든 중요한 마케팅 방법이다. 아리엘의 말이다.

"우리가 여론조사 업체인 서베이기즈모SurveyGizmo와 처음 일을 시작했을 때, 전화나 이메일로 늘 같은 질문을 받았습니다. '응답률 수치가 잘못된 거 아닌가요?' 저는 웃으며 왜 그렇게 생각하느냐고 물었습니다. 우리 회사의 응답률이 전례가 없을 정도로 높다는 것이 그 이유더군요. 굿벨리 커뮤니티에서 여론조사를 하면 언제나 응답률이 높은데, 그것을 통해 우리는 많은 것을 배우고 있습니다. 고객들이 우리 이야기를 듣고 싶어한다는 사실이 얼마나 기쁜지 모릅니다. 고객들의 높은 응답률은 우리가 브랜드의 명성을 어떻게 만들어왔는지를 보여주는 가장 큰 증거일 것입니다."

굿벨리 생균 음료

콜로라도 주 볼더

웹사이트 : www.goodbelly.com

페이스북 : www.facebook.com/Goodbelly

트위터 : @GoodbellyDrink

The Power of UnPopular

9장

뒷마당 경제는 브랜드의 터전이다

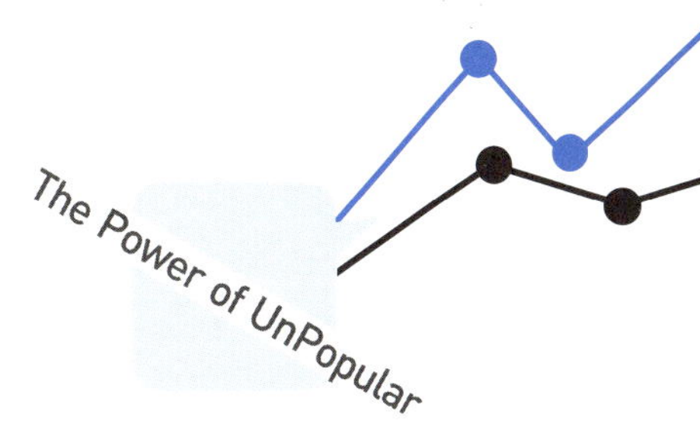

돌이켜보니 지금까지

나는 브랜드 그 이상을 구축해왔다. 바로 커뮤니티를 만든 것이다. 커뮤니티를 통해 나는 내가 브랜드를 좋아하는 사람들에게 의견을 나눌 공간을 제공해주었고, 다른 사람들과 이야기를 나눌 수 있는 기회를 만들어주었다. 내 브랜드를 생각할 때마다 나는 커뮤니티를 들여다본다. 그곳은 대화와 웃음이 가득하고, 관심사를 공유하고, 유익한 토론을 하는 공간으로 자리를 잡았다. 한쪽 구석에서는 술에 취해서 언성을 높이는 녀석도 있고, 강아지를 뒤쫓아 다니며 마당을 뛰어다니는 앳된 아이들도 있지만 지금 무슨 일이 벌어지고 있든지 간에 가장 중요한 것은 내가 그들에게 얼마나 많은 가치를 두고 있고, 지속적으로 투자하고 있는지를 그들이 알고 있다는 사실이다.

나는 내 식대로 그렇게 뒷마당 경제에 투자해오고 있다. 당신의 뒷마당은 어떠한가?

뒷마당 경제를 왜 고민해야 할까?

지금까지 나는 특정 목표고객을 위해 특정 브랜드를 만들고, 당신의 브랜드를 그들이 선택해야 하는 이유를 알려야 한다는 이야기들을 해왔다. 여기에 한 가지 더 덧붙이자면 커뮤니티를 빠뜨릴 수 없다.

우리는 많은 커뮤니티와 혁신적인 아이디어들이 넘치는 곳에 살고 있다. 뒷마당 경제에 집중할 필요성을 알고 있다면 우선 몸담고 있는 지역사회에 우리 기업이 어떤 도움을 줄 수 있는지를 고민해야 한다. 이곳 콜로라도 주 프런트 레인지Front Range of Colorado의 지역사회는 내게 더 나은 기업인이 되는 방법뿐 아니라 뒷마당 경제 마인드를 강화시키는 방법을 알려준다. 당신의 지역사회도 크게 다르지 않을 것이다.

우리와 같은 가치를 가진 비즈니스는 지역경제에서 중요한 부분을 차지한다. 일단 인기 없는 길을 가기로 결정했다면 브랜드를 특정 지역과 특정 기반을 두고 있는 지역, 특정 도시를 기반으로 한 비즈니스 생태계로 집중시켜야 한다.

뉴스를 볼 때마다 우리는 국가경제가 위기네 마네 하는 소식을 듣는다. 경제 위기는 세계에서 유일하게 한 나라만 겪는 것이 아니다. 전 세계적인 위기라는 말이다.

그렇다면 기업인으로서, 지역사회의 구성원으로서 목표고객들이 거 닐고 싶고 거닐 수 있는 뒷마당 경제를 조성하려면 어떻게 해야 할까? 그 구성원으로서 우리 자신과 목표고객이 수행해야 할 의무가 몇 가 지 있다. 먼저 '뒷마당 경제에 대한 통제권을 어떻게 다시 얻을 것인 가'라는 문제와 '어떻게 하면 뒷마당 경제론에 입각해서 브랜드를 지 속적으로 성장시킬 것인가'라는 문제에 대해 이야기해보자.

모든 경제활동이 한 지역 안에서 이루어지던 때가 있었다. 사람들은 걸어서 정육점에 가서 고기를 구입했고, 옷은 그 지역에 사는 재단사가 만들어주었다. 모두들 이웃을 알고 지냈고, 서로의 사정에 대해 모르는 것이 없었다. 이웃을 떠나게 된다면 이사를 가거나 여행을 할 때였다.

바야흐로 시간과 기술은 세계를 송두리째 바꾸어 놓았다. 우리가 필 요로 하는 물건이 설령 과거와 같더라도 그 물건을 구매하는 장소나 방법은 엄청나게 달라졌다. 지역 상인들은 한곳에서 모든 것을 구매 할 수 있는 대형 마트가 출현하면서 점점 더 설 자리가 없어지고 있다. 따라서 우리는 국가경제의 위기 타령 대신에 우리 자신의 뒷마당을 위해 할 수 있는 일이 무엇인지를 생각해야 한다. 우리의 비즈니스와 브랜드, 목표고객, 지역사회에 가장 크게 도움을 줄 수 있는 사람은 바 로 우리 자신이기 때문이다. 그런 의미에서 뒷마당 경제는 우리가 필 요로 하는 변화를 위한 가장 강력한 힘이라 할 수 있다.

경기침체가 이어지고 큰 타격을 입은 곳곳에서 아우성이 빗발치고 있다. 이러한 아우성은 변화의 필요성에 관한 대화를 시작하는 데 꼭 필요한 요소다. 솔직히 말하자면 좌절했다고 외치고 표현하기는 쉽다. 정작 어려운 일은 문제해결책을 찾아나서고 그에 필요한 환경을 조성하는 방법을 찾아내는 것이다. 그러므로 타고난 문제해결사라고 할 수 있는 기업인들은 사명감을 가지고 패배론적 사고를 변화시킬 의무가 있다. 먼저 현재 자신의 비즈니스 방식을 다시 생각해보아야 한다. 정치적 신념이나 비즈니스 형태를 떠나 우리는 모두 하나의 지역을 기반으로 해서 사업을 하고 있다. 당신이 그렇다고 인정하건 아니건 상관없이 말이다. 가령, 당신의 비즈니스가 주로 온라인을 이용한 것이라도 당신의 뒷마당을 점검해야 한다는 말이다.

우리는 모두 특정 지역, 특정 도시에 살고 있다. 현재 살고 있는 지역 기반을 벗어난 광범위한 목표고객을 대상으로 하고 있더라도 비즈니스 자체는 지역에 기반을 둔다. 한 지역에 기반을 둔 기업들은 더 훌륭한 선택을 해서 뒷마당으로 그 힘을 가져올 책임이 있다.

:: 지역 비즈니스를 후원하라 _ 특히 신생 기업들이 배울 만한 가치가 있는 교훈이다. 콜로라도 주의 보울더나 캘리포니아 주의 실리콘밸리 같은 지역은 미국의 다른 지역보다 더 많은 신생 기업들을 배출하고, 신생 기업을 만드는 데 필요한 모든 것을 지원해주기로 유명하다. 모든 사람이 한정된 자원과 투자자의 자금을 두고

경쟁을 벌이지만 이곳의 기업들은 서로를 지지하고 후원한다. 왜 그럴까? 서로 상부상조하지 않으면 그 지역사회가 사라지게 될 것을 잘 알고 있기 때문이다.

세계경제 역시 마찬가지다. 기업들이 더 싸고 더 편리한 해결책들을 내놓으면 우리는 그 기업들이 주는 동아줄을 덥석 붙잡을 것이다. 그러면 무슨 일이 일어날까? 결과적으로 우리가 살고 있는 지역사회가 서서히 사라지고 말 것이다. 목표고객이 당신 기업과 같은 지역사회의 기업을 후원하기를 바란다면 당신 역시 당신이 살고 있는 지역의 다른 기업에 지갑을 열어야 한다. 즉 지역 상인의 상점을 이용하고 가능한 대기업이 운영하는 대형 소매점들은 이용하지 말아야 한다. 당신과 같이 인기 없는 길을 가고 있는 다른 기업들을 열심히 찾아다니라는 말이다.

:: 지역사회를 후원하라 _ 이 책의 〈생생 포커스〉에 소개한 다양한 기업들의 공통점은 지역사회에 헌신하는 데 큰 가치를 두고 있다는 것이다. 도움이 필요한 곳에 경제적 지원을 해주고 사회적 책임을 다하는 것은 기업에 있어서 중대 결정 중 하나다. 이러한 온정을 필요로 하는 개인이나 단체는 무수히 많기 때문이다. 온정의 손길을 필요로 하는 곳은 항상 있으며 기업인들이 관심을 가지고 후원해준다면 기뻐할 작은 단체들도 수두룩하다. 그와 같은 후원활동을 통해 기업인들은 지역사회에 큰 힘이 될 수 있다.

:: 사회적 기여에 힘써라 _ 그렇다고 해서 뒷마당에 있다는 이유만으로 맹목적으로 퍼붓는 후원을 하지는 마라. 우리의 목표고객들이 우리에게 그렇게 하듯, 우리의 행동과 경험을 통해 후원할 수 있는 대상을 찾고 그 대상에 대한 정보를 옥상에서 널리 알리며 공유하는 방법을 찾는 게 현명하다.

뒷마당 경제를 브랜드에 적용하라

따지고 보면 뒷마당 경제 역시 목표고객의 관리에 관한 이야기다. 그 요지는 우리가 생각하는 것보다 더 많은 사람이 뒷마당에 있고, 비슷한 처지의 다른 기업들을 돕는 것만이 우리의 지역사회 경제에 대한 통제권을 되찾는 길임을 알아야 한다는 것이다.

브랜드의 목표고객은 뒷마당을 존재하게 하는 이유다. 목표고객이 없다면 당신이 키울 수 있는 것은 뱃살뿐이며, 당신이 할 수 있는 말은 혼잣말이 전부일 것이다. 목표고객을 인정하게 되면 우리는 겸손한 자세를 취하게 되고, 그들을 늘 먼저 고려하게 되며, 결과적으로 다른 브랜드나 기업인들은 하지 못하는 몇 가지 일을 할 수 있게 된다.

:: 현실 속에 살게 된다 _ 목표고객에게 쏟아야 할 관심을 서서히 뒷전으로 미루고 그들이 기업의 존재이유임을 망각하게 되면 우리

는 환상 속의 브랜드 세계에 살게 된다. 당신이 생존을 위해 브랜드를 만들 수 있는 공간은 현실세계다. 왜냐하면 목표고객이 현실세계에 살고 있기 때문이다.

:: **더 풍부하고, 더 건강한 목표고객을 만들게 된다** _ 트위터 팔로워, 팬, 소셜 네트워크의 영향력을 평가할 수 있는 클라우트Klout 점수, 피어인덱스Peer Index 평가, 옐프 별점 등 우리는 모두 소셜등급 시스템이 지배하는 환경에서 비즈니스를 하고 있다. 브랜드를 만드는 과정에서 목표고객을 최우선순위에 둘 때 우리는 더욱 의미 있는 목표고객을 만들 수 있고, 무작정 사람들을 모으고 숫자를 늘리는 것만이 최고라고 생각하는 타 브랜드들보다 더 경쟁력 있는 브랜드를 만들 수 있다.

:: **뒷마당을 관리하게 된다** _ 우리는 더 돈이 많고 더 충성스러운 고객을 뒷마당에 들이고 싶어한다. 그들이 바로 당신이 당면한 뒷마당 경제이며 우리를 먹여 살리는 사람들이다. 우리는 다른 사람들을 포함시키거나 배제함으로써, 우리만의 의견을 가짐으로써, 사람들의 삶의 일부가 됨으로써 인기 없는 브랜드로 가는 길을 걸어가야 한다. 그 과정에서 목표고객이 우리 앞에 모습을 드러내고 느긋하게 휴식을 취하기도 할 것이다. 우리가 할 수 있는 일은 그들을 보살피고 인기 없는 브랜드를 만드는 모든 과정에서

우리가 하고 있는 일들을 재평가하는 것이다.

인기 없는 길로 여정을 시작한 우리는 비즈니스 고유의 리듬을 찾아야 한다. 우리가 접근성에 집중할 때 다른 기업들은 사업의 규모에 집중할 수 있다. 하나의 주기를 이루는 브랜드 개발과정을 이해하면 브랜드의 발전 가능성과 기업인으로서 우리 자신의 발전 가능성에 놀라게 될 것이다.

우리는 차세대 혹은 국가적으로 중요한 브랜드가 될 사업을 만들 수 있다. 심지어 국제적으로 중요한 브랜드로 만들 수 있는 영감을 떠올릴 수도 있다. 그와 같은 열정이 있다면 관심과 애정을 가지고 보살펴야 할 뒷마당 경제가 있다는 것까지 알고 있어야 한다. 우리를 대신해 그 일을 할 수 있는 사람은 아무도 없기 때문이다.

변화와 발전을 이루어낸 우리가 뒷마당을 더 잘 관리하고 보살피지 않는다면 브랜드에 대한 열정이 있다고 말할 수 없다.

인기 없는 브랜드를 만드는 과정에는 목표고객에게 내 브랜드를 소개할 방법을 파악하는 것도 포함되어 있다. 그래야 목표고객들이 우리 브랜드를 택할지, 택하지 않을지를 결정할 수 있다. 프리스타일 캐피탈의 조쉬는 브랜드의 한계를 규정하는 것이 성공에 필요한 목표고객을 찾는 일을 더욱 어렵게 할 수도 있다고 말했다. 비즈니스와 인생은 참 많이 닮았다. 좋은 아이디어가 있다고 해서 모두 성공하는 것은 아니다. 매일매일 우리가 할 수 있는 최선은 다음과 같은 일이다:

:: 겸손을 위한 시간을 잠시 갖자. 만약 내일 아침 일어났을 때 모든 것이 사라지게 된다면 무엇이 남겠는가? 내게 잠들어 있던 잠재력을 깨워준 사람들과 그들과의 관계가 아니겠는가.

:: 고마운 사람에게 고맙다고 말하라. 그것도 자주, 진심으로.

:: 다른 사람에게 도움을 청하는 것보다 더 많은 도움을 베풀어라.

:: 정말로 만족하는지, 그저 현실에 안주하는 것인지 자신의 현실을 직시하라.

인기 없는 브랜드가 된다는 것은 삶의 모든 측면에서 어마어마한 위치를 차지하게 된다는 말이다. 인기 없는 브랜드는 목표고객에게 정성을 다하고, 그들을 사랑하기 위해 최선을 다해 노력한다. 또한, 내 브랜드를 고객들이 삶의 일부로 받아들인 것처럼 나 역시 그들을 내 브랜드의 일부로 만들기 위해 끊임없이 노력한다. 인기 없는 브랜드들은 늘 겸손하다. 다른 브랜드가 언제든 등장할 수 있다는 사실을 알고 있으며, 미숙한 계획이라고 판단되면 언제든 뒤집고 새로 시작한다. 목표고객들에게 정성을 다하는 것도 이런 이유 때문이다. 그들은 고객들에게 껄끄러운 질문도 서슴없이 하고, 답변을 요구받을 때는 피하는 법이 없다. 설령 그 결과가 상상하는 대로 나오지 않더라도 브랜드에 필요한 것임을 알기 때문이다.

인기 없는 브랜드는 고객들로부터 사랑을 받고, 존경을 받는다. 물론 모든 고객이 다 사랑해주고 존경하는 것은 아니다. 특정 부류의 사람들과 내 브랜드를 좋아하는 고객들에 한해서만 그렇다.

그렇다면 내 브랜드를 사랑해주지 않는 사람들은 어떻게 해야 할까? 인기 없는 브랜드는 그 사람들 역시 사랑해야 한다. 그들은 내 브랜드가 지속적인 사랑을 받을 수 있는 명분을 만들어주기 때문이다.

마지막으로 내 바람은 당신이 이 책을 덮은 후에 아주 특별한 일을 하고 싶은 의욕이 샘솟았으면 하는 것이다. 인기 없는 브랜드를 만든다는 의미는 더 용감하게, 훨씬 더 열정이 있는 곳으로 간다는 것이다. 또한, 매일 아침 일어나 자신이 좋아하는 일을 하면서 열정적으로 살게 된다는 것이다. 그것이야말로 신나는 삶을 살 수 있는 비결이 아닐까.

이 책에는 워크북이 없다. 대신에 웹사이트를 하나 만들었다. 이 인터넷 공간을 통해 독자들은 책과 관련된 정보를 찾을 수 있고, 다른 기업인들과 토론을 할 수도 있다. 최고의 조언과 아이디어는 다른 사람에게서 얻을 수 있는 법이다. 이곳의 토론공간을 잘 활용해보기 바란다.

실패보다 더 치명적인

인기의 함정

초판 1쇄 인쇄 2012년 12월 6일
초판 1쇄 발행 2012년 12월 10일

지은이 에리카 나폴레타노
옮긴이 박여진
펴낸이 김옥희
펴낸곳 애플트리태일즈
기획편집 이미숙, 박소연
디자인 안은정
마케팅 최현욱, 조유정

출판등록 2004년 8월 5일 제16-3393호
주소 서울시 강남구 역삼동 679-5 아주빌딩 501호
전화 (02) 557-2031
팩스 (02) 557-2032
홈페이지 www.appletreetales.com
블로그 http://blog.naver.com/appletales

ISBN 978-89-91667-77-8 13320

잘못 만들어진 책은 구입한 곳에서 바꿔드립니다.
값은 뒤표지에 표시되어 있습니다.

층계참의 빅 노이즈

층계참의 빅 노이즈

스튜디오 본프리

1

콧물이 멈추질 않았다.

닦아도, 닦아도, 콧물은 끈질기게 입술 위를 적셨다.

가방 밑바닥에 찌그러져 있던 휴대용 티슈는 금방 바닥나고 말았다. 카미야마 케이토는 발밑의 종이박스에서 클리닝 천을 꺼내어 힘껏 코를 풀었다. 아깝다는 생각은 들지 않았다. 어차피 버릴 거니까.

코를 푼 김에 양쪽 눈초리를 닦고 층계참에서 계단을 올려다보았다. 침침한 형광등 불빛 아래, 열한 개의 계단은 오랜 세월동안 쌓인 먼지와 진흙 자국을 볼썽사납게 드러내고 있었다. 계단 꼭대기에는 옥상으로 이어지는 철문이 있지만 '사건'이 발각된 이후로는 빗장이 걸려 있는 채였다.

옥상 입구부터 발밑의 층계참까지는 계단 한 단마다 벽을 따라 잡동사니가 쌓여 있었다.

낡은 만화 잡지. 건전지 박스 뚜껑이 없는 튜너. 시청각실과 강당에서 찍은, 3년 전 날짜가 박혀 있는 사진 다발. 바람 빠진 배구공. 누렇게 변색된 비닐우산. 높이를 조절할 수 없을 만큼 일그러지고 나사는 어디론가 사라진 보면대. 모두가 이 계단에서 죽치고 살던 자들이 심심풀이삼아 갖고 놀다 고물이 된 물건들이었다.

이 잡동사니를 전부 학교 비품과 개인 물품, 두 종류로 나누어 정리하는 것이 케이토에게 주어진 의무였다. 셋이 달라붙어도 꼬박 하루가 걸릴 작업이었지만, 밴드부에 소속된 세 명 중 두 명이 학교에 올 수 없게 된 지금, 정리는 사실상 유일한 부원인 케이토의 몫이었다. 그리고 이 비참한 작업이 '포크송 동호회' 시절부터 30년 동안 이어져 내려온 현립 오오미야 혼덴 고등학교 밴드부의 마지막 활동이었다.

케이토가 교장실로 불려간 것은 봄방학 마지막 날인 어제의 일이었다.

좋은 일이건 나쁜 일이건 교장이 직접 호출할 만한 일을 저지른 기억은 없었다.

사람을 착각한 것이 아닐까 고개를 갸웃거리며 교장실 문을 노크한 케이토는 곧 자신이 불려온 이유를 알게 되었다. 교장이 직접 호출할 만한 일을 저지른 사람은 자신이 아니라 밴드부의 두 상급생이었다.

포대화상*이나 대흑천**을 연상시키는 교장의 얼굴은 마치

갓 만든 찹쌀떡 같았지만, 그 입에서 흘러나온 것은 얼굴에 어울리지 않는 딱딱한 말이었다.

교장의 설명에 섞여 있는 '마약'과 '퇴학'이라는 무시무시한 단어에 당황한 케이토는 교장실에 들어간 지 20분 만에 거의 넋이 나간 채 밖으로 나왔다.

"호오, 꽤나 순순히 받아들이는구나."

밖으로 나오기 직전, 등 뒤에서 교장의 목소리가 들려왔다. 그것이 마지막 기회였다. 그때 뒤돌아서서 교장과 맞싸웠더라면 다른 결과를 얻을 수 있었을지도 모른다. 그러나 케이토에게는 그럴 배짱이 없었다. 케이토가 할 수 있었던 것은 그저 직원회의에서 결정되었다는 폐부 방침을 받아들이는 것뿐이었다.

양손에 낀 목장갑은 곧 새까매졌다. 교복 상의를 벗어서 난간에 걸어놓고 다시 작업에 착수했다. 두 번 다시 사용되지 않을 먼지투성이 잡동사니를 분류하는 작업은 허탈감만을 증폭시켰다.

계단 아래 4층에서 학생들의 시끄러운 목소리가 들려왔다.

* 포대화상(布袋和尙) : 중국 후량(後梁)의 중(?~916). 이름은 계차(契此). 호는 정응(定應). 체구가 비대하고 배가 불룩하게 나왔으며, 항상 지팡이를 들고 일용품을 담은 자루를 메고 다니면서 길흉과 날씨를 점쳤다고 한다

** 대흑천(大黑天) : 삼전신의 하나. 삼보(三寶)를 지켜 먹을 것을 넉넉하게 하는 신을 이른다. 검은 두건을 쓰고 망치를 들었으며, 쌀자루를 둘러메고 쌀가마니 위에 서 있는 모습이다

이 학교의 학생이 체포됐다는 자극적인 뉴스에 방과 후 복도는 시끌벅적했다.

콧물이 멈추질 않았다.

끊임없이 코를 훌쩍이며 케이토는 보람 없는 작업을 계속했다. 계단을 오르락내리락하며 짐을 분류하는 사이에 몸이 후끈거리고 셔츠의 등 언저리에 땀이 배기 시작했지만, 콧물이 나오는 것은 이 계단이 춥기 때문이라며 스스로를 납득시켰다. 최상층인 4층과 옥상을 연결하는 이 A계단은 옥상 문을 닫으면 낮에도 전혀 햇빛이 들지 않는다.

페달이 움직이지 않는 이펙터와 지저분하게 묶여 있는 실드 코드 등 개인 물품인지 비품인지 애매한 물건들이 많다 보니 확실하게 학교 비품임을 알 수 있는 것은 여섯 개에 불과했다.

반투명한 비닐에 싸여 있는, 한 아름이나 되는 스피커 일체형 베이스 앰프와 기타 앰프. 한손으로 들 수 있는 소형 믹서. 보컬용 마이크와 스탠드. 그리고 옥상 문 오른쪽 옆 공간에 놓여 있는 드럼 세트. 이 여섯 개만은 확실히 학교에 반납해야 한다. 그리고 그 수속이 끝나면 밴드부도 끝이다.

셋밖에 없는 부원 중 어설프게나마 악기를 연주할 수 있는 것은 자신뿐, 나머지 두 사람은 악기에는 손끝 하나 대지 않고 옥상에서 담배를 피우며 따분한 일상에 불평을 늘어놓기만 했다. 이런 한심한 부가 사라진다고 생각하니 차라리 후련한 기분이 들기도 했다.

좁은 층계참에서 작업을 하기에는 두 개의 앰프가 거치적거렸다. 실수로 걷어차서 스피커 콘을 망가뜨리기라도 하면 골치 아프다. 일단 이 두 개는 4층 복도에 내려놓자. 그렇게 생각하며 기타 앰프 윗부분의 손잡이를 비닐째 움켜잡았다.

그러고 보니 이 앰프를 사용했던 것은 그때 한 번뿐이었구나.

문득 그렇게 생각한 순간 두 눈에서 눈물이 흘러내렸다.

종이박스 조각을 방석 삼아 층계참에 걸터앉아서 4층 복도를 오가는 학생들의 모습을 내려다보며 홀로 일렉트릭 기타를 연주하던 나날의 기억이 뇌리에 떠올랐다.

아무 관심도 기울이지 않고 복도를 지나가는 사람들 속에서 홀로 걸음을 멈추고 이쪽을 올려다보던 눈길. 그 눈길에 아무런 반응도 할 수 없었다. 밴드부는 끝난 것이다.

케이토는 학교에서 눈물을 찔끔거리고 있는 자신의 모습에 몹시 당황하면서 기타용 클리닝 천으로 얼굴을 닦았다.

"여어."

문득 등 뒤에서 누군가의 목소리가 들려왔다. 케이토는 움찔 몸을 떨었다. 재빨리 기침을 해서 먼지 알레르기인 척하며 목소리가 들려온 방향을 돌아보니 4층 계단 중간에 츠쿠모 신타로가 서 있었다.

"아."

상대방을 어떻게 불러야 할지 망설이던 케이토는 애매하게 미소를 지었다.

"죽겠다. 여긴 먼지가 너무 많아."

"아, 응. 그렇구나."

신타로도 케이토를 어떻게 불러야 할까 망설이고 있었는지 말투가 영 어색했다.

신타로와는 오늘부터 같은 2학년 6반이 되었지만 서로 알게 된 것은 1년 전이었다. 하지만 알고 지냈던 기간은 겨우 2주에 불과했다. 입학하자마자 케이토와 거의 같은 시기에 밴드부 부원이 되었던 신타로는 4월쯤부터 밴드부에 얼굴을 내밀지 않게 되었다.

집은 비슷한 방향인 것 같았지만 어차피 반이 다른 유령 부원과는 접점이 생길 일도 없었고, 그 후로는 그냥 복도에서 마주치면 인사나 하는 정도였다. 오늘 아침에도 교실에서 가볍게 손을 들어 인사를 했을 뿐. 얄팍한 친분을 통해 느낀 신타로에 대한 인상이란 미국의 하드록 밴드 KISS의 베이시스트 진 시몬즈에 심취해 있는 이상한 녀석이라는 정도였다.

양손을 검은 교복 바지 주머니에 넣고 층계참까지 올라온 신타로는 아래에서 케이토를 노려보았다. 160센티미터 남짓한 작은 키와 작은 눈. 언제 봐도 삐죽 서 있는 가마 부근의 뻗친 머리는 밴드부보다는 애니메이션 연구부 쪽에 어울릴법한 분위기를 풍겼지만, 그의 작은 눈은 항상 뭔가에 화가 난 것처럼 번뜩이고 있었다.

얼굴의 땀을 닦는 척하며 눈물을 닦은 후, 케이토는 다시 한 번 계단에 먼지가 많다고 투덜거렸다. 하지만 신타로는 그 말에는 아무 대답도 없이 낮고 날카로운 어조로 말했다.

"그건 그렇고, 같은 반 녀석들이 그러던데, 체포되었다는 놈들, 그 두 쓰레기라면서?"

이 학교의 학생이 경찰에 체포된 사건은 어제 오후 TV 뉴스로 보도되었고, 메일과 전화로 그날 안에 거의 모든 학생들이 알게 되었다. 게다가 매스컴까지 몰려든 오늘 아침 종업식에서 교장이 직접 사건의 경과를 설명했기에 이 불상사를 모르는 사람은 없었다. 물론 체포된 학생들의 이름은 보도되지 않았고 교장도 언급을 삼갔지만, 현재 두 학생이 결석 중인 이상 소문을 막을 방법은 없었다.

아무런 대답 없이 입을 다물고 있자 신타로가 이를 가는 듯한 목소리로 또다시 물었다.

"말해 봐. 밴드부가 폐부된다는 소문이 있던데, 진짜냐?"

1년 가까운 공백을 두고 또다시 연습 장소에 얼굴을 내민 신타로의 진의를 케이토는 짐작할 수 없었다. 밴드부에 소속되어 있던 것을 빌미로 유일한 관계자로부터 진상을 캐내서 주위에 떠들어대고 싶은 것뿐일까. 아니면 뭔가 다른 생각이 있는 것일까.

신타로가 유령 부원이 된 지 몇 달이 지났을 무렵, 밴드부에 오지 않게 된 이유를 물어본 적이 있다. 그때 신타로는 단 한마디, "어이가 없어서"라고 대답했다. 대답 자체보다도 우직해

보이는 눈빛이 기억에 남았다. 그 눈은 '이러려던 것이 아니었다'라고 호소하고 있었다. 그래서 억지로 잡지 않았다. 케이토 본인도 제대로 된 활동을 하지 않는 밴드부에 정나미가 떨어진 상태였기 때문이다.

지금 시비를 거는 듯한 사나운 표정으로 케이토를 추궁하는 신타로의 눈은 그때와 똑같은 빛을 품고 있었다. 가벼운 호기심으로 이 계단을 올라온 것이 아니다. 이 녀석이라면 얘기해도 괜찮을 것이다. 케이토는 직감적으로 그렇게 판단했다.

"응. 폐부될 거야."

케이토는 어제 교장실에서 들은 사건의 개요를 그대로 이야기했다.

체포된 것은 이 학교의 밴드부 부원 두 명을 포함한 2개 현의 고교생 및 대학생 여섯 명. 도내 노상에서 각성제를 거래하다가 현행범으로 경찰에 체포되었다고 한다. 밴드부 부원들의 몸에서는 각성제 반응이 검출되지 않았지만, 각성제 외에도 말린 대마초를 소지하고 있는 것이 발각되었다. 취조를 받으면서 두 사람은 각성제를 구입한 것은 이번이 처음이지만 대마는 전부터 때때로 집과 학교 옥상에서 흡입했음을 인정했다.

다음날 아침, 경찰 측에서 오오미야 혼덴 고등학교로 연락을 취했고 학교 측은 그날 긴급 직원회의를 열었다. 회의 결과, 다수결로 밴드부 폐부가 결정되었다. 그리고 그 다음날, 사실상 유일한 부원인 케이토가 교장실로 불려가서 폐부에 동의했다.

설명을 하면서도 케이토는 그것이 현실로 느껴지지 않았다. 심각한 사건 속에 자신이 등장하는 것이 이상해서 견딜 수 없었다.

"이상하지 않냐?"

신타로가 퉁명스러운 얼굴로 말했다.

"응?"

"이상하잖아. 약 때문에 잡힌 건 그 한심한 쓰레기들 아니냐. 아무 의욕도 없는. 그 녀석들이 어떻게 되든 나야 알 바 아니지만, 왜 성실하게 활동하던 네가 피해를 입어야 되는 거냐?"

"그렇긴 하지만……."

말꼬리를 흐리는 케이토에게 신타로가 또다시 말했다.

"요즘 세상에 연대책임이 웬 말이냐? 넌 마리화나도 뭣도 손댄 적 없잖아? 분하지 않냐? 너하고는 관계없는 일로 밴드부가 폐부되다니."

케이토는 고개를 들었다.

"물론 분하지."

"그럼 가자."

신타로가 케이토의 팔을 잡고 계단을 내려가기 시작했다.

"가다니, 어딜?"

"교장실."

"뭐?"

"교장하고 직접 담판을 지어서 결정을 취소하게 만드는 거야. 이런 일방적인 처사는 용납할 수 없어. 그 호빵 영감을 납작하게 해주자."

2학년 6반 담임과 체육교사 모리 요시미가 소동이 벌어졌다는 소식을 듣고 교장실로 달려왔다. 모리의 눈 아래에는 기미가 끼어 있었다. 케이토와 신타로를 바라보는 날카로운 눈빛이 눈 아래의 기미를 더욱 돋보이게 했다.

교장실과 교무실을 연결하는 문 앞에 두 사람을 세워둔 채 신타로는 책상에 앉아 있는 교장에게 따졌다.

"그러니까 처분이 이상하단 말입니다. '밴드부에 바보 둘이 있었습니다.' 네, 그 녀석들이라면 알고 있습니다. 우리보다 한 학년 위죠. '그 녀석들이 둘 다 체포됐습니다.' 아, 그렇습니까. 구워먹든 삶아먹든 마음대로 하시죠. '그러니까 폐부합니다.' 이게 뭡니까? 몇 번을 설명하셔도 그 이유를 전혀 모르겠다니까요."

옆에 서 있는 신타로의 험악함에 압도당한 케이토는 교장실에 들어온 후로 한마디도 입을 열지 않고 있었다. 자신보다 세 배 이상 나이가 많은 교장을 상대로 얼굴을 시뻘겋게 붉히며 항의하는 신타로를 멍하니 바라볼 뿐이었다.

오늘부터 두 사람의 담임이 될 사회 과목 교사가 푸르스름한 면도자국이 난 입가에 애매한 미소를 지으며 말했다.

“하지만 밴드부 부원이 체포됐는데 학교 측에서 아무것도 하지 않을 수는 없지 않느냐. 뭔가 대책을 세우지 않으면 보호자들도 납득하지 못할 테고.”

오늘 밤에는 긴급 보호자회의가 열릴 예정이다. 교사들에게는 최초의 크나큰 관문이겠지만, 신타로는 그런 건 아무 상관도 없는 듯했다.

“도마뱀 꼬리 자르듯 밴드부를 버리려는 겁니까? 그 두 쓰레기가 부원이었다는 이유만으로…….”

“잠깐!”

모리가 팔짱을 낀 채 날카로운 목소리로 말했다.

“쓰레기라는 말, 취소해. 어쨌든 너희 선배야.”

여자이면서도 체육 교사다운 쩌렁쩌렁한 목소리에 케이토는 움찔 몸을 움츠렸다. 신타로도 한순간 당황한 눈치였지만 곧 반격에 나섰다.

“쓰레기는 쓰레기죠. 기타도 베이스도 드럼도 못 치는 주제에 어쩌다 1년 일찍 태어난 것 가지고 괜히 잘난 척하던 녀석들. 쓰레기가 아니면 뭡니까?”

신타로가 입을 열 때마다 케이토의 얼굴에서 핏기가 가셨다. 유달리 피부가 말랑말랑해 보이는 얼굴을 비스듬하게 기울인 채 입을 다물고 있는 교장에게는 눈길조차 던지지 않고 모리가 맹렬하게 반론을 펼쳤다.

“좀 전의 얘기를 들어 보니 넌 입부만 했을 뿐, 밴드부에는 얼굴을 내밀지 않았다면서? 그런데 어째서 그 두 사람을 쓰레기라고 부르는 거지? 1년 동안 담임으로서 줄곧 지켜봤던 내가 그 두 사람에 대해서는 더 잘 알고 있어."

"2주일만 있으면 쓰레기인지 아닌지는 알아요."

신타로가 작은 눈을 더욱 가늘게 뜨며 태연하게 말했다.

"게다가 마약에 손을 대다니, 담임의 교육이 잘못됐던 것 아닙니까?"

케이토의 몸이 반사적으로 딱딱하게 굳었다. 동시에 모리의 날카로운 목소리가 고막에 꽂혔다.

"해도 되는 말하고 하면 안 되는 말이 있어! 어른을 모욕하지 마!"

여학생 체육 수업을 맡고 있는 모리와는 직접적인 접점이 없었지만, 그녀에 대한 소문은 케이토도 들은 적이 있었다. 아직 20대 후반이지만 이 학교에서 가장 잔소리가 많고 가장 엄격한 교사가 바로 모리였다. 교내에서는 항상 운동복이나 트레이닝복 차림으로 돌아다니며 화장기라고는 찾아볼 수 없는 얼굴. 입을 열면 반드시 잔소리가 튀어나오는 성격. 1학년 때 같은 반이었던 한 여학생은 "그 사람은 여자이기를 포기한 것 같아"라는 말까지 했었다.

그런 모리가 지금 자신들을 향해 화를 내며 고함을 지르고 있다. 오지 않았으면 좋았을 것을. 케이토는 깊이 후회했다.

"소리만 지르면 물러날 줄 아셨습니까? 그렇게 생각하셨다면 큰 오산입니다!"

신타로는 전혀 겁먹지 않고 대꾸하며 케이토의 어깨를 움켜쥐었다.

"그 두 쓰레기 밑에서 1년간 견뎌 온 이 녀석을 더욱 비참하게 만드시려는 겁니까? 그게 교사가 할 짓입니까? 뭐였더라? 관료적? 그래, 너무 관료적인 처사 아닙니까!"

결정을 취소시키기는커녕 사태를 악화시키고 있을 뿐인 신타로의 입을 어떻게든 막아야 한다. 그건 알고 있었지만 케이토는 두 사람 사이에 끼어들 자신이 없었다. 자신의 어깨를 흔드는 신타로에게 몸을 맡긴 채 케이토는 힘없이 고개를 숙였다.

"비판이야 쉽지! 선생님들은 요 사흘 동안 제대로 잠도 못 잤어!"

모리가 말했다. 신타로가 또다시 반격을 하려고 입을 연 순간 지금까지 침묵을 지키던 교장이 작게 중얼거렸다.

"선생님들이 관료적이라는 말은 그냥 흘려 넘길 수가 없구나."

신타로와 모리는 아무 말도 못하고 입을 다물었다. 교장이 복스러운 얼굴을 살짝 찡그리며 말을 이었다.

"두 사람을 퇴학 처분한 것은 적절한 판단이라고 확신한다만, 연락을 받은 그날 밴드부까지 없애기로 결정한 것은 잘한 일인지 잘못한 일인지…… 여기 작은 학생, 음, 츠쿠모의 말을 듣고 보니 잘 알 수가 없군. 듣고 보니 처분에 문제가 있는 것 같기도 해.”

“하지만 교장선생님…….”

모리가 반론을 제기하려 했지만 교장은 그녀의 말을 가로막으며 케이토에게 물었다.

“카미야마는 어떻게 생각하나?”

갑작스러운 질문을 받은 케이토는 도움을 청하듯 교장을 바라보았다. 정년이 가까운 남자에게는 어울리지 않는 매끈매끈한 복숭앗빛 얼굴은 이 사태를 즐기고 있는 것처럼 보이기까지 했다.

“말해. 너도 하고 싶은 말이 있을 거 아냐.”

신타로가 케이토의 팔을 쿡쿡 찌르며 말했다. 한동안 망설이던 케이토는 신타로의 찌르기가 슬슬 구타로 변하기 시작할 쯤에야 제대로 바닥을 딛고 서 있는지 어떤지도 안 느껴지는 발에 겨우 힘을 주었다.

“저…….”

줄곧 입을 다물고 있었넌 탓에 목소리가 갈라졌다.

“저, 어제는 별안간 폐부 얘기가 나오는 바람에 깜짝 놀라서 잘 생각해보지도 않고 ‘네’라고 대답했지만, 확실히 별 볼일 없는 부이긴 하지만, 그렇지만 정리를 하는 동안 이상하게 쓸쓸해져서……. 밴드부는 30년 동안이나 이어져 내려왔고, 몇 년 전까지는 저희 형도 소속되어 있었습니다. 문화제 때 ‘혼덴고 마니아’ 스테이지에 서서 연주하던 형은 굉장히 멋있었습니다. ……평소에는 전혀 멋지지 않습니다만. 그래서 나, 아니, 저도 밴드부에 들어가고 싶어서 오오미야 혼덴 고등학교에 입학했습니다.”

“흠, 그런데?”

인조가죽으로 만든 의자에서 몸을 살짝 앞으로 내밀며 교장이 다음 말을 재촉했다. 네 명의 시선이 집중된 가운데, 케이토는 이 자리에서 도망치고 싶은 마음을 억누르며 자신의 의견을 말했다.

“그러니까, 저기, 뭐랄까, 역시 제 대에서 밴드부가 없어지는 건 싫습니다. 하다못해 문화제까지는 계속하고 싶습니다. ‘혼덴고 마니아’에 나가고 싶습니다. 지금까지 별 볼일 없는 부였지만, 앞으로는 별 볼일 있는 부로 만들겠습니다. 그러니까 다시 한 번 기회를 주세요.”

“하지만 혼자서 뭘 어쩌려고? 밴드부는 록 밴드잖니?”

모리가 말했다. 그 말을 부정하듯 신타로가 단호하게 선언했다.

“두 사람입니다. 전 베이스를 칠 줄 압니다. 다른 멤버도 찾겠습니다. 그럼 불만 없겠죠?”

예상 외의 말이었다. 케이토는 신타로의 옆얼굴을 바라보았다. 신타로는 케이토의 시선에 아무런 반응도 없이 교장을 물끄러미 응시하고 있었다.

교장은 복숭앗빛 얼굴에 눈이 파묻힐 듯한 미소를 지으며 천천히 고개를 끄덕였다.

"그렇게까지 말한다면 해보려무나."

"안 됩니다, 교장선생님. 그럼 얘기가 다르지 않습니까? 보호자들도, 교육위원회도 납득하지 못할 겁니다."

"아니, 모리 선생. 그건 내가 잘 얘기해 보겠네. 물론 아무 처분 없이 밴드부를 존속시킨다면 납득하지 못할 고지식한 사람도 있을 테니 몇 가지 조건을 내걸고 당분간 부 활동을 계속할 수 있도록 허락하는 게 어떻겠나?"

14인치 TV 모니터 속에서 수많은 머리 너머로 아홉 명의 밴드가 연주하고 있다. 가정용 비디오카메라로 찍은 거라 소리는 찍찍대며 갈라지고 베이스와 드럼만 튀게 들리는 등 만족스러운 음질은 아니었지만, 잡음 속에서도 그 열정만큼은 확실하게 느껴지는 연주었다.

허리 높이의 스테이지 중앙에서는 마이크스탠드를 양손으로 움켜잡은 보컬이 서툰 영어로 "로큰롤 라디오를 기억하는가!"라고 외치고 있었고, 그 왼쪽 옆에서는 형 츠요시가 머리를 흔들며 페르난데스 사의 짙은 푸른색 기타를 쥐어뜯고 있었다. 지금보다 네 살 어린 츠요시는 짧은 다리를 한껏 벌리고 있다.

실력은 어찌 됐든 포즈만은 록 스타 같다.

케이토는 형의 침대에 등을 기대고 4년 전 '혼덴고 마니아 26' 때 촬영한 비디오를 공허한 눈으로 바라보고 있었다. 스피커에서 한 덩어리가 되어 쏟아져 나오는 보컬의 목소리, 두 대의 기타, 베이스, 드럼, 키보드, 그리고 세 대의 색소폰 소리가 케이토의 마음을 마구 휘저었다.

교장실에서 직접 담판을 지은 지 열흘이 지났지만 밴드부는 아직 활동을 재개하지 못하고 있었다. 고문 교사를 찾을 수 없었던 것이다.

신타로의 폭주와 교장의 변덕 덕분에 일단 존속이 가능해진 밴드부에는 다음 세 가지 조건이 주어졌다.

1. 연습 장소와 기존의 비품은 지금까지와 똑같이 제공하지만 예산 외의 비용은 학교 측에서 일절 지원하지 않는다.

2. 연습 장소에서 활동하는 시간에는 반드시 고문 교사의 감독을 받는다.

3. 반년 이내에 모종의 성과를 올리지 못할 경우 예정대로 폐부한다.

교장, 담임, 그리고 모리와 대화한 결과 이 세 가지 조건만은 엄수하는 것으로 결정됐다. 또한, 만약 위반할 경우 이후의 처분은 교장에게 맡기기로 했다. 모리는 마지막까지 승복할 수 없다는 눈치였지만 교장의 결정에 더 이상 반대할 수는 없었던 모양이다.

교장실에서 나온 케이토와 신타로는 "그런 조건이라면 간단하지!"라며 기뻐했지만 현실은 가혹했다.

작년까지 밴드부 고문이었던 교사는 사건이 발생하기 전에 이미 다른 학교로 이동했다. 애초에 고문이라고 해봤자 케이토와는 거의 안면도 없었고, 편의상 이름만 빌린 것에 불과했다. 올해에는 밴드부에 새 고문 교사가 지정될 예정이었지만 사건의 여파로 모든 것이 날아가 버리고 말았다. 교직원들은 모두 사건 대응에 쫓기고 있었다.

이 상태로는 다음 고문이 결정될 때까지 반년은 걸릴 거라고 역설하는 신타로에게 떠밀려, 둘이서 각 교실과 교무실을 돌아다니며 머리 숙여 부탁했다. 하지만 케이토와 신타로의 부탁을 받아주는 교사는 없었다. 그뿐인가? 다들 두 사람을 꺼리는 눈치였다.

"밴드부? 아, 절대 무리다. 나는 사진부 부고문이라서. 무리야, 무리."

"아, 나는 신임이라 고문은 도저히 무리일 것 같은데. 음악은 좋아하지만……. 뭐? 어떤 음악을 좋아하냐고? 차이코프스키나……. 아, 미안. 무슨 부라고 했지? 밴드부? 아, 그건 좀……."

"연습 시간에 계속 지켜봐야 한다고? 토요일에도 활동한다고? 아무리 카미야마 츠요시의 동생이라도 그 부탁을 들어주긴 어렵겠구나. 그건 그렇고, 형은 잘 있니?”

거절뿐이라면 몰라도 ‘카미야마 츠요시의 동생’이라는 말까지 들은 케이토의 마음은 침울하기 짝이 없었다. 재학 중인 자신보다 3년 전에 졸업한 츠요시가 교사들 사이에 더 잘 알려져 있다니. 그런 취급의 차이가 밴드부의 마지막 황금시대를 보낸 형과 암흑시대에 몸을 담고 있는 동생의 차이를 말해주는 것 같았다.

왕년의 ‘록 인 혼덴고’의 전통을 이어받은 ‘혼덴고 마니아’로 현 밖에까지 이름을 떨쳤던 오오미야 혼덴 고등학교 밴드부는 케이토가 입학할 무렵에는 완전히 몰락해 있었다. 교내에서는 힙합을 비롯한 댄스 뮤직이 각광받고 있었고, 전통적으로 록을 중심으로 활동하던 밴드부는 정체기를 극복 못하고 그 흐름에 휩쓸려 버리고 말았다. 예전에는 온통 록 일색이었던 ‘혼덴고 마니아’는 해가 갈수록 스트리트 댄스 이벤트의 색채가 강해졌고, 결국 작년 ‘혼덴고 마니아 29’에서는 드디어 ‘밴드부 출연자 제로’라는 불명예스러운 기록마저 달성하고 말았다.

이런 상황도 상황이거니와 밴드부에서 체포된 학생까지 나온 직후인지라 밴드부에 불어 닥친 역풍은 거세고 싸늘했다. 오기가 발동한 신타로의 독촉으로 열심히 부원을 모으러 다녔지만, 친구들과 아는 사람들에게 닥치는 대로 입부를 권유해도 돌아오는 것은 거절뿐이었다.

"지금 밴드부 같은 위험한 부에 들었다가는 졸업할 때까지 여친이 안 생길 거 아냐? 나까지 이상한 오해를 받긴 싫어."

"록이라. 왠지 필이 안 와. 연습하는 것도 귀찮고, 부실도 없잖아."

"'혼덴고 마니아'에 나가겠다니? 그건 댄스 뮤직 이벤트 아니었냐? 뭐? 밴드도 나간다고? 올해 둘째 날? 흠. 뭐, 나하고는 관계없지만."

사건에 속된 관심을 갖는 사람은 많았지만 밴드부 활동에는 아무도 흥미를 보이지 않았다. 의욕 없는 상급생들이 떠나 버렸으니 어쩌면 다시 활동이 활발해지지 않을까 하는 달콤한 기대를 품고 있었지만, 두 상급생이 남겨 놓고 간 부정적인 유산은 상상 이상으로 컸다. 밴드부는 이미 골칫거리 취급이었고, 신타로와는 아침에 교실에서 얼굴을 마주칠 때마다 '여어'도 '안녕'도 아닌 '어떻게 할래?'라는 말을 나누게 되었다.

밴드부 선전을 겸해 매일 짊어지고 다니는 기타 소프트 케이스는 아직 한 번도 열지 못했다. 무거운 일렉트릭 기타를 짊어지고 집에서 학교까지 3킬로미터 거리를 왕복하는 것도 날이 갈수록 힘겨워졌다.

2학년이 되자마자 우울한 나날이 계속되는 와중에 유일한 즐거움은 앞자리에 앉은 오오노 아키의 뒷모습을 보는 것뿐이었다. 올해 들어, 아니, 입학했을 때부터 지금까지 최대의 행운은 아키와 같은 반이 된 것이었다. 짧은 머리 아래로 보이는 아키의 목덜미는 가늘고 예쁜 갈색이었다. 그 목덜미가 보일 때마다 케이토의 가슴은 괜히 두근거렸다.

쉬는 시간, 친구들과 함께 하얀 이를 드러내며 환하게 웃는 아키는 작년 가을에 있었던 일을 기억하고 있을까. 밴드부의 미래를 고민하는 시간 외에는 그런 생각만 하고 있었다.

때때로 아키와 눈이 마주치는 듯한 기분이 들었다. 그때마다 번번이 가슴이 설렜지만, 자세히 살펴보면 아키의 시선은 케이토의 등 뒤에 있는 창문이나 게시판을 향해 있을 뿐, 케이토를 보는 것이 아니었다. 상식적으로 생각해 보면 반년 전, 그것도 겨우 1분 동안 있었던 일을 그녀가 기억하고 있을 리 없었다.

"아, 있다. 내 방에 멋대로 들어오지 말라고 했잖아."

츠요시가 문을 벌컥 열고 방으로 들어오며 말했다. 그의 면접용 양복에는 봄밤의 냉기가 묻어 있었다. 감색 양복을 귀찮은 듯이 벗은 후 츠요시는 얼굴을 찡그리며 넥타이를 풀었다.

모처럼 부드러워진 기분을 박살내는 커다란 목소리에 얼굴을 찡그리며 케이토는 입을 삐죽 내밀었다.

"아래층에는 비디오가 없잖아. 게다가 엄마가 드라마를 보고 있단 말이야."

"뭐? 또 그 비디오를 보고 있냐?"

츠요시는 양복을 옷걸이에 걸며 턱으로 작은 TV 화면을 가리켰다.

"그거 마스터 테이프도 있잖아. 빨리 DVD로 구워. 어차피 시간은 남아돌잖아."

"이제 곧 안 남아돌게 될 거야."

츠요시는 재빨리 트레이닝복으로 갈아입은 후 피곤한 듯이 바퀴가 달린 의자에 주저앉았다. 등받이가 삐걱거렸다.

"멤버는 모았냐?"

대학에 진학한 후로 밴드 활동을 그만두긴 했지만, 츠요시는 밴드부 선배로서 상황이 궁금한 듯 어떻게 되어가고 있는지를 종종 물어보곤 했다.

케이토는 TV 볼륨을 줄인 후 신타로처럼 퉁명스러운 표정으로 밴드부 선배의 태평한 질문에 대답했다.

"지금 멤버 타령을 할 때가 아니야. 아직 고문도 정해지지 않았어. 그보다 자기 걱정이나 하시지. 취직은 어떻게 됐어?"

"아, 세상은 냉혹하단다."

츠요시는 무릎을 치며 한숨 섞인 목소리로 말했다.

"면접관들은 어쩌면 그렇게 건드리지 말아줬으면 하는 것만 골라서 묻는 걸까. 어른들의 세계는 가혹해. 신경이 닳아서 없어질 것 같아. 정말 젊음을 무기로 승부할 수 있는 건 10대일 때뿐이라니까. 그런 점에서 고등학생들은 좋겠다. 선생님들이 모두 성의 있게 상대해주니까."

"그렇지도 않아. 거의 모든 선생님한테 부탁했지만 시답잖

은 이유로 아무도 고문이 되어주지 않았어. 이젠 될 대로 되라
는 심정이야."

인생 최초의 노력다운 노력이 좀처럼 결실을 맺지 못하는
허탈함에 무심코 본심을 털어놓자 츠요시가 문득 진지한 표정
을 지으며 말했다.

"카토 쌤한테는 부탁해봤냐?"

"카토 쌤? 그 버섯머리? 그 사람은 이쪽에서 거절이야. 무
슨 생각을 하는지도 모르겠고, 듬직하지도 못하고. 집에서 민
달팽이 같은 걸 기르고 있을 것 같아."

"괜찮지 않냐? 카토 선생님, 난 좋더라."

케이토는 어깨를 으쓱했다.

"취향도 특이하군."

눈썹 아래까지 내려오는, 귀를 덮는 생머리. 렌즈가 누렇게
변색된 금테 안경. 밑창이 찌그러져서 슬리퍼처럼 변한 샌들.
스쳐 지나가는 사람들조차 식생활을 걱정해줄 정도로 깡마른
몸. 국어 선생 주제에 언제나 걸치고 다니는, 분필가루가 덕지
덕지 묻은 하얀 가운. 복도를 걸으면 학생들의 실소가 뒤를 따
르고, 수업 시간은 절호의 '낮잠 & 숙제 타임'인 서른 줄의 남
자 선생. 어디가 '괜찮은'지 도무지 알 수 없었다.

케이토가 자신의 제안에 코웃음을 치자 기분이 상한 것일까.
츠요시는 발끈하며 말했다.

"아니야. 카토 쌤한테는 다른 선생님한테 없는 매력이 있어."

“음침한 거?”

“그게 아니라…….”

츠요시는 TV 화면을 바라보았다.

“저때, ‘혼덴고 마니아’에 아홉 명이나 되는 대부대로 참가한 것도 카토 쌤의 말이 계기가 됐던 거야.”

“세상에! 카토 쌤이 밴드부에 조언을 해줬단 말이야?”

“그게 아니라, 수업 시간에 갑자기 그러더라고. ‘아, 젊음을 무기로 승부할 수 있는 건 기껏해야 10대일 때뿐이다. 그러니까 조금 엉뚱해도 하고 싶은 일을 해라’라고.”

“뭐?”

“반 애들 모두가 어리둥절해했어. 카토 쌤은 그 말만 하고 아무 일도 없었던 것처럼 다시 칠판에 필기를 계속했지. 그런 말을 할 것 같지 않은 사람이 한 말이라 더 인상적이었던 걸지도 몰라.”

“흠…….”

케이토는 학생들에게 조언하는 카토의 모습을 좀처럼 상상할 수 없었다. ‘그 카토 쌤’과 그런 인생의 교훈 같은 말은 아무리 생각해도 연결이 되지 않았다.

“‘그럼 나도 엉뚱한 짓을 해볼까’ 하는 심정으로 ‘혼덴고 마니아’ 사상 최대 인원인 9인조 밴드를 결성하게 됐지. 그게 알다시피 엄청난 성공을 거뒀고. 형이 존경스럽지 않냐?”

“아니, 별로.”

‘역시 카토 쌤은 그만두지 않을래?’

신타로가 보낸 쪽지에는 지저분한 글씨로 그렇게 쓰여 있었다. 교단에서는 고전문학 담당인 카토가 오늘도 칠판을 상대로 수업을 진행하고 있었다.

40명의 학생들이 앉아 있는 교실 안. 창밖의 비 내리는 소리와 분필이 칠판에 닿는 소리만이 커다랗게 울려 퍼지고 있었다.

케이토는 두 분단 옆에 앉아 있는 신타로를 바라보았다. 그의 찡그린 얼굴을 바라보며 고개를 젓자 신타로는 과장된 동작으로 하늘을 올려다보았다.

신타로 건너편에 앉아 있는 여자애는 책상 아래에서 휴대전화를 만지작거리고 있었다. 수업 시간에는 휴대전화 전원을 끄는 것이 원칙이었지만, 그것도 카토의 수업 시간에는 지켜지지 않았다. 그밖에도 책상 위에 당당하게 잡지를 펼치고 있는 녀석이라든가 사탕을 입안에 던져 넣는 녀석 등이 곳곳에서 눈에 띄었다. 누마지리라는 녀석은 교과서조차 펼치지 않은 채 한손에 거울을 들고 헤어카탈로그에서 막 빠져나온 듯한 ‘바람머리’를 정성껏 손질하고 있었다.

한편, 카토는 규칙을 위반하는 학생을 발견해도 딱히 주의를 주지 않았다. 소심해서 주의를 주지 못한다기보다는 애초부터 규칙을 위반하는 학생이 눈에 들어오지 않는 눈치였다. 그 초연한 태도가 도무지 종잡을 수 없는 그의 성격을 더욱 두드러지게 만들었다.

정말 이 사람에게 부탁해도 될까. 케이토는 색색의 분필가루로 얼룩진 하얀 가운을 걸친 뒷모습을 바라보며 생각에 잠겼다. 하지만 달리 부탁할 상대가 없었다. 망설일 때가 아니라며 마음을 고쳐먹고 수업 종료 벨이 울리기를 기다렸다.

"젊음을 무기로 승부할 수 있는 것은 고작 10대일 때뿐이니까, 조금 엉뚱하지만 부탁드릴 게 있습니다."

필요 이상으로 힘을 주는 바람에, 미리 준비했던 말이 생각보다 큰 소리로 튀어나왔다. 교실 안이 조용해졌다. 케이토는 머뭇거리며 뒤를 돌아보았다. 반 아이들의 시선이 그에게 꽂혀 있었다. 이야기소리가 끊기고, 빗소리가 한층 크게 울려 퍼졌다. 복도 쪽 자리에서 오오노 아키가 햇볕에 그은 얼굴로 이쪽을 물끄러미 바라보고 있었다. 이번만큼은 착각이 아닌 듯했다.

'그 밴드부'가 '저 카토 쌤'을 상대로 뭘 하려는 걸까. 모두가 의아한 눈빛으로 케이토와 신타로를 바라보고 있었다.

카토는 교단에서 내려오려다 걸음을 멈추고 눈을 동그랗게 떴다. 케이토는 그런 카토를 바라보며 말을 이었다.

"저기, 그러니까, 저와 신타로는, 저기, 밴드부 부원인데요, 저기, 그러니까……."

“아, 그러니까 말이죠.”

횡설수설하는 케이토의 말을 가로막으며 신타로가 입을 열었다.

“밴드부 고문이 되어주세요. 조건은 꽤 까다롭지만.”

신타로는 카토에게 말 그대로 툭 까놓고 고문이 되어주기를 요청했다.

교장과 합의한 조건 상, 연습 중에는 반드시 고문이 있어야 한다는 것. 월요일부터 금요일까지는 매일, 부원들이 모이면 토요일에도 활동한다는 것. 현재의 목표는 가을 문화제 때 열리는 ‘혼덴고 마니아’에 출연하는 것이며, 그 목표를 이루지 못하면 폐부된다는 것. 신타로는 조금 건방진 어조로 조리 있게 설명했다.

카토는 신타로의 설명을 묵묵히 듣고 있었다. ‘밴드’라는 말을 듣기만 해도 얼굴을 찡그리는 선생도 많았지만, 카토는 도중에 말을 끊지 않고 조용히 귀를 기울여주었다.

“선생님께 거절당하면 밴드부는 끝장입니다. 이 학교에서 밴드부가 사라지게 됩니다. 부탁드립니다!”

반쯤 자포자기의 심정으로 애원하는 케이토의 눈을 물끄러미 바라보며 카토는 짧게 대답했다.

“좋다.”

“네?”

예상외의 흔쾌한 대답에 무심코 되물었지만, 카토는 조금도 신경 쓰지 않고 말을 이었다.

"활동은 언제부터냐?"

"오늘부터요."

신타로가 상대방에게 생각할 여유를 주지 않으려는 듯이 즉각 대답했다.

"그럼 방과 후에 보자."

카토는 그렇게 말하며 교실에서 나갔다. 교실에 남겨진 케이토와 신타로는 기뻐하며 서로의 어깨에 주먹을 날렸다.

무심코 뒤를 돌아본 순간 케이토의 시선이 아키의 시선과 정면으로 부딪혔다. 지금까지 그녀와 눈을 똑바로 마주친 적이 없는 케이토는 그만 반사적으로 시선을 피하고 말았다. 아까운 짓을 했다며 내심 후회하고 있을 때 귓가에 차가운 목소리가 들려왔다.

"밴드부라면 마약도 갖고 있겠지? 좀 나눠주라."

누마지리라는 녀석이었다. 케이토 옆을 스치고 지나간 누마지리는 뒤를 돌아보며 두 친구와 함께 낄낄 웃고 있었다.

"지금 뭐라고 지껄였냐."

신타로가 자신보다 15센티미터나 큰 누마지리 패거리에게 따지듯 물었다. 그 험악한 목소리에 점심시간을 맞이한 교실의 공기가 팽팽하게 긴장됐다.

"야, 참아, 참아."

케이토는 어색한 미소를 지으며 신타로를 달랬다. 신타로의 기분은 이해할 수 있지만, 귀찮은 인간들과 얽히고 싶지 않았다. 지난 1년 동안 계속 그런 인간들에게 시달리지 않았던가.

"넌 눈치 보며 웃기만 하면 모든 게 해결될 줄 아냐?"

그런 신타로의 말에 긍정도 반론도 할 수 없었다.

누마지리는 갸름한 얼굴에 엷은 미소를 짓더니 친구들과 서로를 팔꿈치로 쿡쿡 찌르며 복도로 나갔다.

케이토와 신타로는 오후 수업을 건성으로 때운 후 수업이 끝나자마자 각각 등에 검은 나일론 소프트 케이스를 짊어지고 흥분을 억누르며 서둘러 복도를 걸었다. 그들의 목적지인 밴드부 연습 장소 겸 악기 보관소는 구교사 끝 A계단 4층과 옥상 사이에 자리 잡고 있었다. 물론 2학년 6반 교실과는 매우 멀었다.

교외 전원지대에 위치한 현립 오오미야 혼덴 고등학교는 70년대 초 개교할 당시에 지어진 구교사와 주변 인구 증가에 따라 80년대 중반에 지어진 신교사로 이루어져 있다.

두 개의 4층 건물로 이루어진 교사는 평행으로 세워져 있으며, 각 교사 2층과 3층 중앙부는 연결 통로로 이어져 있다. 남쪽에 위치한 신교사가 옆으로 조금 더 길어서, 지도로 보면 'エ'자 모양으로 보인다고 한다.

신교사와 구교사를 연결하는 연결 통로에서는 댄스 팀 두 팀이 등에 저녁 햇살을 받으며 연습에 열중하고 있었다. 각각

너댓 명으로 구성된 두 그룹은 직접 춤을 추며 안무를 맞춰 보고 있었다. 올해 문화제에 개최될 '혼덴고 마니아 30' 스테이지에 서기 위해 벌써부터 연습을 시작한 모양이다.

댄스와 연주는 장르가 다르다. 출연하는 날도 첫째 날과 둘째 날로 나뉘어져 있다. 그러나 묵묵히 연습하는 그들을 본 케이토와 신타로는 조금 초조함을 느꼈다. 자연스레 발걸음이 빨라졌다.

연결 통로 모퉁이에서 왼쪽으로 꺾어 리놀륨이 깔린 구교사 복도를 거의 경보하는 듯한 속도로 걸었다. 복도 끝 오른쪽에 A계단이 있고, 그 위가 밴드부의 연습 장소 겸 악기 보관소였다. 경쟁하는 것은 아니었지만, 두 사람은 오른쪽에 있는 계단을 앞다퉈 올라갔다.

4층 플로어의 한 층 위, 중간의 층계참과 옥상 문 앞의 공간까지 이어져 있는 스물두 개의 계단이 밴드부에 주어진 공간이었다.

1층에서 4층까지 이어지는 계단은 베이지색이었지만 그 위의 계단은 탁한 갈색으로 변색되어 있었다. 과거 1년 동안, 케이토에게는 이 계단을 청소한 기억밖에 없었다.

"여긴 여전히 지저분하군."

층계참에 선 신타로는 계단에 뚜렷하게 남아 있는 실내화 자국을 돌아보며 얼굴을 찡그렸다.

케이토는 카토가 오기도 전에 두 개의 앰프를 싸고 있는 비닐을 벗긴 후 플러그를 콘센트에 꽂고 전원 스위치를 켰다. 부탁을 하긴 했지만 설마 카토가 고문이 되어달라는 요청을 흔쾌히 받아줄 거라고는 생각도 못했기에 이펙터 등의 액세서리는 가져오지 않았다. 애초에 소리를 내는 것보다 잡동사니 정리와 청소가 먼저라는 것은 알고 있었지만, 밴드부 재개 첫날인 오늘은 어쨌든 앰프를 울리고 싶었다.

카토가 덜컹덜컹 시끄러운 소리를 울리며 책상과 의자를 안고 계단을 올라왔다. 그리고 아무 말 없이 층계참 아래쪽 계단에 책상을 내려놓은 후 의자에 앉아서 일지를 펼쳤다.

"저…….."

일단 인사 정도는 해야겠다 싶은 마음에 케이토는 카토에게 말을 걸었다.

"아, 이건 남는 책상."

카토가 책상을 콩콩 두드리며 말했다.

"창고에서 가져왔지. 교장선생님께 허락도 받았다."

"아, 네. 저, 선생님, 거기서 일하실 건가요? 앰프를 사용할 거라 꽤 시끄러울 텐데요."

"하지만 고문이 없으면 연습할 수 없다면서?"

흐릿한 안경으로 천장의 형광등 불빛을 반사하며 카토가 변함없이 무표정한 얼굴로 대답했다.

"아, 네."

힘들게 포섭한 고문을 겁먹게 해서야 여러모로 난처하지 않은가. 그렇게 생각한 케이토는 더 이상의 설명을 자제했다. 카토가 사정을 잘 모르고 있다면 그보다 다행은 없다. 빨리 활동을 시작해서 카토가 밴드부 고문이라는 사실을 교직원과 학생회에 알리는 것이 상책이다.

"어? 웬 종이가……."

신타로가 카토의 싸구려 모직 양복 등에 붙어 있는 쪽지를 뗐다.

'33세, 동정.'

누가 붙였는지 모르지만 상당히 질 나쁜 장난이었다.

카토는 신타로가 건네준 쪽지를 안경 너머로 바라보며 작게 말했다.

"한 가지 틀린 점이 있군."

케이토는 '틀린 점'이 나이인지 그 아래 적혀 있는 문장인지 판단 못한 채 아무 말도 못 들은 척 세팅을 계속했다. 답을 알게 되는 것이 왠지 무서웠다.

튜닝을 마치고 검은 일렉트릭 기타를 앰프에 연결한 후, 케이토는 전원 스위치와 그 옆의 스탠바이 스위치를 켰다. 옆에서 신타로도 베이스 세팅을 하고 있었다. 먼저 준비를 마친 케이토는 기타 볼륨을 올린 후 핑거 보드와 줄 사이에 끼워 둔 피크를 오른손에 들고 층계참에서 4층을 내려다보았다.

이제 누구의 눈치도 보지 않고 자유롭게 기타를 칠 수 있다. 기타 볼륨을 올리지 말라는 말도 안 되는 명령을 내릴 상급생은 없다. 담배를 피우는 동안 망보는 역할을 떠맡을 일도 없다. 잡지에 실린 타브 악보를 들여다보며 혼자 찔끔찔끔 연습할 필요도 없다. 이상한 녀석이지만 동료가 있고, 이상한 사람이지만 고문도 있다.

한순간 자신을 올려다보던 저 가을날의 강렬한 눈빛이 4층 복도를 지나간 듯한 기분이 들었다. 몇 번이나 연습해서 완벽하게 연주할 수 있게 된 유일한 부분, 그린데이의 〈Basket Case〉의 브리지를 연주하고 작은 박수를 받았던 그날의 공기는 지금도 또렷하게 기억하고 있다.

그로부터 반 년. 잠들어 있던 앰프를 깨울 때가 왔다.

케이토는 재빨리 피크를 움직여 스트라토캐스터의 여섯 줄을 울렸다. 동시에 등 뒤의 스피커에서 지잉 하는 일그러진 음이 튀어나와 먼지투성이의 계단을 흔들었다.

왠지 자랑스러운 기분이 들었다. 어떠냐 하는 심정으로 카토를 돌아봤지만, 카토는 기타의 폭음에도 안색 하나 변하지 않은 채 깨알 같은 글씨로 일지를 작성하고 있었다.

이상한 사람이다.

케이토는 새삼 그렇게 생각했다.

2

짜증나는 녀석.

쓴웃음을 짓는 케이토의 미끈한 옆얼굴을 올려다보며 츠쿠모 신타로는 끊임없이 이를 갈았다.

'부실 같은 계단이니까'라는 이유로 둘이서 어느 샌가 '부단'이라고 부르게 된 구교사의 연습 장소에서 신타로는 잡동사니를 정리하다가 종이 한 장을 발견했다. 작년 밴드부 명부인 듯한 그 종이에는 신타로와 케이토, 그리고 체포된 상급생 두 명 외에도 여섯 명의 이름이 적혀 있었다. 올해 봄까지의 신타로와 같은 입장인, 한마디로 유령회원들의 이름이었다.

두 사람은 그 종이에 의지하여 다음날부터 즉각 교섭에 나섰다. 짜증나는 바보들은 이제 없으니 밴드부로 돌아오라는 말만 전하면 그만이었지만, 신타로는 케이토의 조심스러운 태도가 짜증났다.

케이토는 말을 걸 때마다 "멋대로 부탁해서 미안하지만"이라든가 "만약 마음이 내키면 말인데" 등의 쓸데없는 서론을 일일이 늘어놓았고, 아니나 다를까 다섯 명에게 연속으로 거절당했다. 그뿐인가? "쓸데없는 짓을 하는군"이라는 비아냥을 던지며 정식으로 퇴부를 신청하는 사람까지 있었다. 모두가 약물 사건으로 지저분한 이미지를 갖게 된 밴드부와 필사적으로 거리를 두고 싶어 하는 눈치였다. 그런 절박한 상황이건만 제대로 대꾸도 못하고 "큰일이네"라며 어깨를 으쓱하는 케이토의 정신 상태를 신타로는 이해할 수 없었다. 자신에게는 없는 싹싹한 성격을 높이 사서 케이토를 교섭에 투입한 건데, 아무래도 실패였던 모양이다. 이 녀석에게 정말 밴드부를 다시 일으켜 세울 생각이 있는지 의심스럽기조차 했다.

KISS의 열광적인 팬이었던 아버지의 영향으로 자장가 대신 라이브 앨범 〈Alive!〉를 들으며 자란 신타로는 여덟 살 때 검은 유성 펜으로 자신의 얼굴에 진 시몬즈와 똑같은 페인팅을 해서 아버지를 기쁘게 하고 어머니를 한숨짓게 했다.

악마처럼 요란한 메이크업과 '의상'이라기보다는 '가장'에 가까운 코스튬, 스테이지 위에서 작렬하는 수백 발의 불꽃, 와이어로 허공을 나는 연출 등 상식의 범주를 뛰어넘는 KISS의 무대와 밝고 경쾌한 음악에 신타로는 완전히 마음을 빼앗겼다. 말끔한 의상을 입고 아름다운 꿈과 희망을 노래하는 요즘 인기 있는 밴드에는 없는 것들을 KISS는 모두 갖추고 있었다.

중학생이 된 신타로는 당연히 오오미야 혼덴 고등학교에 진학하기로 결심했다. 이 근방의 남자 중학생 가운데 록에 흥미를 지니고 있는 사람이라면 누구나 '혼덴고의 밴드부'와 그들이 공연하는 '혼덴고 마니아'를 알고 있었다.

당시 신타로의 목표는 '진 시몬즈가 되는 것'과 '밴드를 결성하는 것'이었다. 하지만 첫 번째 목표는 일본인 중학생 꼬맹이에게는 실현 불가능한 것이었다. 두 번째 목표도 친구와 하자 하자 말로만 떠들었을 뿐, 실제로 악기를 들어 본 적은 한 번도 없었다.

그래서 어떻게 해서든 그 유명한 혼덴 고등학교 밴드부에 들어가고 싶었다. 그곳에 가면 밴드를 결성할 수 있는 것이다.

"네 성적으로 혼덴고는 무리다."

선생님이 수차례 타일렀지만 신타로는 포기하지 않았다.

그랬던 만큼, 몰락한 밴드부의 모습을 참을 수 없었다.

"연습? 하고 싶으면 하지 그래? 하지만 소리는 내지 마. 시끄러우니까."

훗날 퇴학당한 상급생은 그렇게 말했다. 배신당한 기분이었다. 뭔가가 잘못된 거라고 생각했다. 단념할 때까지 2주일이나 걸렸다.

그밖에 몇 명 있던 신입부원들은 신타로와 비슷한 시기에 밴드부에서 사라졌고, 결국 케이토 혼자만이 남았다. '진 시몬즈가 된다'는 농담 섞인 목표도 사라졌다. 밴드 활동에 과도한 기대를 품었던 자신이 부끄러웠다. 그로부터 1년 동안 신타로는 때때로 아버지가 물려준 베이스를 연주하는 것 외에는 아무 특별할 것 없는 무미건조한 나날을 보냈다.

한편 케이토는 그 1년 동안 부단 층계참에 앉아서 시키는 대로 볼륨을 제로로 줄이고 기타를 연주했다. 전기로 증폭되지 않은 스틸 줄의 음색은 빈약하기 그지없었다. 계단 위에서 그 소리가 어렴풋이 들려올 때마다 신타로는 몹시 안타까운 기분을 느꼈다. 소심한 성격 탓에 그만두겠다는 말을 꺼내지 못한 케이토에게 무거운 짐을 떠맡기고 도망쳐 버린 것이 또 다른 짐이 되어 신타로를 짓눌렀다. 사건을 계기로 다시 악기 보관소를 찾아간 것은 홀로 남겨진 케이토에 대한 죄책감을 덜기 위해서이기도 했다.

"그런데 이 녀석은……."

"응?"

"……아무것도 아니야."

이제 남은 유령부원은 한 사람. 3학년의 요시다라는 남학생뿐. 마지막 한 사람에게 거절당하면 이제 새로운 부원이 입부하기를 기다릴 수밖에 없다. 하지만 그럴 가능성은 희박해 보였다. 4월 하순인데도 아직 견학하러 오는 사람조차 한 명 없었다.

신타로는 초조한 마음으로 점심시간의 소란한 복도를 걸었다.

일반 학생이나 유령부원이나 밴드부를 기피하는 이유는 알고 있었다. 불상사의 영향이 큰 것은 사실이지만, 자신들의 미숙함도 그 이유 중 하나였다.

자신의 방에서 베이스를 연주하며 혼자 도취되어 있었던 때에는 그리 심각하게 느끼지 못했지만, 케이토의 기타와 맞춰 보니 자신의 베이스가 얼마나 서툴고 미숙한지를 알 수 있었다. 교본과 음악 잡지를 스승 삼아 연습했을 뿐, 직접 지도를 받은 적이 없는 케이토도 마찬가지. 피크 미스가 눈에 띄는데다 줄을 제대로 누르지 못해서 때때로 탁한 소리가 나곤 했다. 이런 미숙한 실력에다 복잡한 사정까지 있는 밴드부에 과연 누가 가입하고 싶어 하겠는가?

복도 중간의 게시판에 익숙한 손글씨 포스터가 붙어 있었다.

♪밴드부♪

멤버 모집! 드럼 완비!

특히 드럼을 칠 수 있는 사람, 보컬을 할 수 있는 사람을 기다리고 있습니다.

그 외의 파트도 물론 대환영! (단, 드럼 외의 악기는 각자 준비)

록을 위주로 활동하고 있습니다. 오래된 록부터 새로운 록까지.

함께 '혼덴고 마니아'에 나갑시다!

흥미 있는 사람은 2-6 카미야마/츠쿠모에게!

또는 구교사 A계단 4층과 옥상 사이 층계참으로!

구석에 학생회 승인 도장이 찍혀 있는 B4 사이즈 도화지에 형형색색의 펜으로 선전 문구를 적은 그 포스터는 열흘쯤 전에 케이토와 함께 만든 것이었다. 굳이 '초보자 환영'이라는 말을 쓰지 않은 것은 자신들도 초보자나 다름없는 처지이기 때문에 기초 중의 기초 외에는 남에게 가르쳐줄 수 없기 때문이었다.

이것과 똑같은 포스터를 교무실 앞과 엘리베이터 등 교내 다섯 군데에 붙여 놓았다. 포스터는 여자 농구부와 ESS 사이에 끼어서 꿋꿋하게 자리를 유지하고 있었지만 선전 효과는 전혀 없었다.

뭔가가 이상했다. 포스터 문구에 뭔가 위화감이 느껴졌다.

게시판으로 다가가서 자세히 살펴보니 '드럼 완비!'라는 문구 바로 아래에 '마리화나도 완비!'라는 낙서가 쓰여 있었다.

"누구야, 제기랄!"

화를 내며 포스터를 떼어 버리려던 순간, 케이토가 손목을 잡았다.

"잠깐. 이거 연필로 쓴 거야. 나중에 지우러 오자."

그런 문제가 아니다. 그런데 이 녀석은……

"하지만 케이토, 너도 열 받지 않냐? 왜 밴드부라는 이유만으로 이런 짓을 당해야 되냐?"

"하지만 다들 보고 있잖아. 네가 여기서 소란을 피우면 밴드부의 이미지가 더 안 좋아질 거야."

케이토가 작은 목소리로 말했다. 신타로는 주위를 둘러보았다. 몇몇 학생들이 혐오감과 경계심이 뒤섞인 눈빛으로 신타로를 바라보고 있었다.

신타로는 퉁명스러운 표정을 지으며 "가자"라고 말한 후 최대한 성큼성큼 걷기 시작했다.

"음, 미안. 협력하고 싶지만, 난 수험생이라서."

3학년 요시다는 지금까지 만났던 유령부원들 중에서는 가장 말이 통할 것 같은 얼굴을 하고 있었다. 한 번도 마주친 적이 없는 것을 보면 분명 신타로와 케이토가 입학하기 전에 밴드부에 얼굴을 내밀지 않게 됐을 것이다. 안경 아래의 온화한 눈에서는 왠지 지적인 분위기가 풍겼다.

"아……, 그렇군요."

케이토는 힘없이 고개를 숙였다. 신타로도 고개를 숙이고 말았다. 요시다의 교실로 오는 동안 서로 '3학년이니까 아마 밴드부로 돌아오진 않을 거야'라는 이야기를 나누긴 했지만, 막상 본인에게 직접 거절당하고 보니 역시 낙담하지 않을 수 없었다.

어지간히 낙담한 것처럼 보였는지, 요시다가 "소개해줄 만한 사람이 한 명 있기는 한데……"라며 입을 열었다.

"중학교 때 잠깐 밴드를 같이 했던 녀석이 있어. 드럼도 키보드도 칠 수 있지만 특히 기타 실력이 끝내줘. 돈도 벌 수 있는 수준이야. 나보다 한 살 아래인데, 그 녀석도 혼덴고에 들어왔으니까 지금은 너희와 똑같은 2학년일 거야. 이름을 가르쳐달라면 가르쳐줄 수는 있지만. 음, 어떨까? 어쨌든 실력만은 자신 있게 보증할 수 있다만……."

신타로와 케이토는 요시다가 건네준 '시마모토 유사쿠. 미츠 중학교 출신'이라는 메모를 들고 2학년 교실을 돌아다녔다.

'2학년 교실 중에 여자들이 모여 있는 곳이 있을 거야. 아마 거기 있을걸.'

반신반의하는 심정으로 '시마모토 유사쿠'라는 이름을 중얼거리던 두 사람은 2학년 2반 교실에서 정말로 여자들이 모여 있는 곳을 발견했다. 허리 높이의 로커에 걸터앉은 남학생이 주위를 둘러싼 세 명의 여학생에게 뭔가 농담을 하고 있었다.

케이토가 눈짓으로 남학생을 가리키며 신타로에게 물었다.

"저 녀석인가?"

"그렇겠지."

'시마모토 유사쿠'인 듯한 남학생은 부드럽게 세운 갈색 머리를 손가락 끝으로 쉴 새 없이 만지작거리며 익숙한 태도로 세 명의 여학생에게 균등하게 말을 걸고 있었다.

마음에 안 들어.

신타로는 아랫입술을 삐죽 내밀었다. 옆에서 케이토가 속삭였다.

“어떻게 할까? 뭔가 바빠 보이는데 나중에 다시 올까?”

“아니, 말을 걸어 보자. 케이토, 너는 6연패 중이니까 이번에는 내가 할게.”

신타로는 그렇게 말하며 ‘여자들이 모여 있는 곳’으로 성큼성큼 걸어갔다.

“네가 시마모토 유사쿠냐? 미츠 중학교 출신.”

신타로가 로커에 앉아 있는 남학생에게 말을 걸자 그 주위에 있는 세 명의 여학생이 일제히 고개를 돌렸다. 셋 다 노골적으로 의아한 표정을 지으며 신타로를 노려보았다.

“맞는데, 누구?”

시마모토 유사쿠가 싱긋 웃으며 물었다. 쌍꺼풀 진 커다란 눈과 단정하게 뻗은 콧날이 왠지 여자 같아서 신타로는 같은 남자 주제에 가슴이 두근거리는 것을 느꼈다.

“밴드부에 들어오지 않을래? 우리……..”

여학생 한 명이 신타로의 말을 가로막으며 유사쿠의 팔을 양손으로 붙잡았다.

“밴드부? 폐부된 거 아니었어? 유사쿠, 그런 위험한 부에 들어가진 않겠지?”

마음에 안 들어.

“닥쳐, 팬클럽 회원 1.”

“뭐야, 그 말투는! 열 받는 애네. 저쪽으로 가, 꼬마!”

“아, 미안, 미안. 우리가 잘못했어.”

케이토가 싹싹한 미소를 지으며 두 사람 사이에 끼어들었다.

"금방 끝나니까 잠시만 저 녀석이랑 얘기하게 해주지 않을래?"

신타로와 케이토는 '팬클럽 회원 1부터 회원 3까지'의 야유를 뿌리치고 유사쿠를 복도로 데리고 나갔다. 다시 한 번 자기소개를 하고 입부를 권유했지만 유사쿠의 반응은 신통치 않았다.

"음, 밴드라? 음, 자신 없는데."

신타로는 고개를 갸웃거렸다.

"겸손 떨지 마. 요시다 선배가 실력은 보증한다고 하던데."

"요시다 선배가? ……아, 그렇구나."

칭찬을 받았으면서도 유사쿠의 표정은 오히려 어두워졌다. 그 어두운 얼굴과는 정반대로 싹싹한 미소를 지으며 케이토가 그에게 매달렸다.

"지금 딱히 다른 부에 가입해 있는 건 아니지? 그럼 부탁할 수 없을까? 나도 신타로도 드럼은 못 치거든. 그러니까 들어와줘, 시마모토. 그럼 기타, 베이스, 드럼, 이렇게 밴드의 형태가 갖춰지거든."

"카미야마라고 했지? 목소리가 참 좋네."

"응? 그런가?"

"응. 힘 있고 호소력 있는 목소리야."

"이 녀석 목소리는 아무래도 상관없어."

초조해진 신타로가 유사쿠에게 말했다.

"우린 밴드를 만들지 않으면 안 돼. 여자들과 시시덕거릴 시간이 있으면 들어와라. 응?"

케이토가 허둥지둥 말했다.

"아, 아니, 점심시간에는 뭘 하든 자유지. 하지만 방과 후에 밴드를 하는 것도 꽤 즐거워. 구교사 서쪽 계단 꼭대기 근처에 있으니까 언제든지 찾아와."

다음날 방과 후, 유사쿠는 모험 만화에 등장하는 '떠돌이 상인' 같은 모습으로 계단을 찾아왔다.

"드럼은 싫지만 기타라면 할게."

며칠 동안 걸레질을 해서 본래의 베이지색을 되찾은 바닥에 산더미 같은 짐을 내려놓은 후, 유사쿠는 그렇게 선언했다.

신타로는 뻗친 머리 언저리를 긁적거리며 말했다.

"저기, 네가 맡아줬으면 하는 건 드럼인데."

"하지만 그럼 내 재능이 아깝잖아."

유사쿠가 기타 스탠드를 세우며 태연하게 말했다.

"얼씨구?"

"앰프는 마셜 두 대뿐? 그럼 내 건 집에서 가져와야겠군. 여긴 좁으니까 작은 VOX가 낫겠다. 그거라면 제법 파워도 있으니까."

유사쿠는 그렇게 말하며 형형색색의 스티커가 덕지덕지 붙은 이펙터 박스를 열었다. 안에는 역시 형형색색의 각종 이펙터와 와우페달 등이 들어 있었다. 케이블을 기타 앰프와 연결하는 유사쿠를 바라보며 신타로가 낮은 목소리로 말했다.

"야, 내 말 안 들려? 기타랑 베이스는 벌써 있어. 드럼도 칠 수 있다면서? 저쪽 위에 있으니까 쳐 봐."

신타로는 계단 위를 가리켰다. 콘크리트 난간 너머로 두 개의 심벌이 보였다.

"물론 드럼도 칠 수 있지만, 아니, 웬만한 사람보다 잘 치지만, 내 특기는 기타야. 뭐, 어때? 기타가 둘인 것도 괜찮지 않아? 잠깐 연주해 볼 테니까 듣고 나서 말해."

이런 녀석에게 입부를 권유하는 게 아니었다고 후회하는 신타로를 무시하고 유사쿠는 층계참 구석에 있는 하드 케이스를 끌어당겼다.

여섯 개의 금속 버클을 풀자 뚜껑이 열렸다. 펠트 천 위에 놓여 있는 기타를 본 순간 케이토는 감탄을 금할 수 없었다.

"우와, 레스폴이다! 진짜 깁슨 기타! 얼마야?"

유사쿠가 나뭇결도 선명한 체리 선버스트 바디를 신중하게 꺼내며 대답했다.

"22만 정도? 빈티지가 아니고 그냥 기성품이라 그 정도밖에 안 해."

자신이 갖고 있는 악기의 열 배 가까운 가격을 아무렇지도 않게 말하는 유사쿠의 대답에 케이토는 완전히 기가 죽고 말았다.

"깨끗한 기타로구나."

등 뒤에서 느닷없이 들려온 목소리에 신타로는 작은 몸을 움찔 떨었다. 목소리의 주인공은 카토였다.

"아, 아시겠어요? 7년 전에 산 건데 깨끗하죠? 소중하게 다뤘거든요."

즉, 경력이 적어도 7년은 된다 이 말이군.

유사쿠는 튜닝을 척척 마쳤다. 앰프를 거치지 않은 소리만 들어도 그 성능이 중국에서 조립한 케이토의 스트라토캐스터와는 하늘과 땅 차이라는 것은 분명히 알 수 있었다.

케이토의 스트라토캐스터가 불꽃을 형상화한 것처럼 보이는 너무나도 ROCK적인 디자인이라면 레스폴은 현악기다운 형태가 남아 있는 조금 보수적인 디자인이다. 둘 다 일렉트릭 기타의 대명사 격인 모델로 각각 장점과 단점을 지니고 있으며, 어느 쪽을 선택하느냐는 각자의 취향에 좌우된다. 하지만 그것은 어디까지나 비슷한 수준의 스트라토캐스터와 레스폴을 비교할 경우일 뿐, 케이토의 염가 모델과 유사쿠의 깁슨 제품을 비교하자면 압도적인 차이로 유사쿠의 레스폴이 우세할 것이다.

신타로는 마음속으로 록은 악기의 가격이 중요한 게 아니라고 중얼거렸다. 하지만 메이플 톱과 마호가니 백 바디에서 울리는 그 달콤한 음색 앞에서는 반론을 망설일 수밖에 없었다.

물엿처럼 매끄러운 빛을 발하는 레스폴 스탠더드와 이펙터

박스를 실드 코드로 연결한 후 유사쿠는 "잠깐만"이라고 말하며 몇 개의 이펙터 버튼을 조작했다.

허리보다 조금 낮은 위치로 기타를 든 유사쿠의 모습은 단정하고 아름다웠다. 키는 비슷해도 연주하는 동안 자꾸 등이 굽는 케이토와는 하늘과 땅 차이였다.

"80년대 곡 좋아해?"

유사쿠가 물었다. 잠시 대답을 망설이자 유사쿠는 양손을 천천히 움직였다. 앰프에서 흘러나온 날카로운 음색이 부단의 탁한 공기를 갈랐다.

건스 앤 로지스의 〈Welcome To The Jungle〉. 그 기타 솔로 부분이었다.

신타로에게는 뭐가 뭔지 하나도 보이지 않을 만큼 빠르게 손가락을 움직이며 유사쿠는 여섯 개의 줄을 현란하게 조종했다. 부드러운 얼굴과는 어울리지 않는, 육식동물의 포효 같은 굉음이 계단을 뒤흔들었다.

기타 넥 밑동에 가까운 위치에서 왼손이 대담하게, 그리고 정확하게 춤을 췄다. 케이토는 결코 흉내 낼 수 없는 기술이었다. 뒤를 돌아보자 케이토는 물론 카토마저 유사쿠의 연주에 넋을 잃고 있었다.

20초도 되지 않는 짧은 솔로가 끝나고, 그 멋진 연주의 여운이 남아 있는 가운데 유사쿠가 "어때?"라고 물었다.

"정식으로 배웠냐?"

카토가 물었다.

"네. 초등학교 1학년 때부터 4학년 때까지 클래식 기타를 배웠어요. 하지만 교실의 정숙한 분위기가 왠지 성격에 안 맞아서 그만두고, 그 다음부터는 독학으로 공부했어요. 선생님도 연주해 보실래요?"

"아니, 나는 됐다."

안경을 쓴 얼굴에 드물게 미소 같은 것을 지으며 카토는 양손을 저었다.

확실히 아무것도 모르는 사람이 들어도 감탄할 만큼 수준 높은 연주였지만, 신타로는 자신과 케이토의 연주에는 무관심했던 카토가 유사쿠에게만 흥미를 보인 것이 마음에 들지 않았다.

"나, 드럼 해볼까."

한술 더 떠서 케이토마저 그런 말을 중얼거렸다.

"뭐?"

신타로가 노려보자 케이토는 어색한 미소를 지으며 말했다.

"해본 적은 없지만 연습하면 어떻게든 되겠지. 시마모토가 기타, 신타로가 베이스, 내가 드럼. 그럼 일단 밴드다워지긴 할 거야."

"무슨 소리야. 넌 고등학교에 들어와서 지금까지 계속 기타를 쳤잖아. 갑자기 진로 변경이냐?"

"하지만 승산이 없는걸."

순간, 신타로는 뒤통수에서 귀 뒤까지 피가 확 솟구치는 것을 느꼈다.

"웃기지 마, 이 멍청아! 이 부단을 1년 동안 지켜 온 건 너야. 뒤늦게 나타난 녀석한테 순순히 자리를 양보하지 마. 1년 동안 그 싸구려 기타를 끌어안고 계단에 앉아 있던 건 너야. 가끔은 하고 싶은 말을 해!"

"맞아. 나한테 기타리스트 자리를 양보할 필요는 없어."

유사쿠가 밝은 목소리로 말했다. 신타로가 어리둥절한 표정을 지었지만 유사쿠는 그것을 무시하고 말을 이었다.

"카미야마랑 내가 둘 다 기타를 하면 되잖아. 드럼은 다른 녀석을 찾으면 돼. 그리고 카미야마는 목소리가 좋으니까 보컬을 해보지 그래? 보컬 겸 세컨드 기타. 리드 기타는 나."

"보컬? 내가?"

생각지도 못했던 전개에 케이토는 그저 눈을 동그랗게 뜨고 있었다.

"응. 그 목소리는 멋진 악기야. 사용하지 않으면 아깝잖아. 노래하는 법이라면 가르쳐줄게."

"음, 보컬이라……."

"응, 그렇게 하자. 다시 한 번 말하지만 리드 기타는 나야."

하늘이 두 쪽 나도 이 녀석과는 잘 해나갈 수 없을 것 같군.

얼핏 보기에는 싹싹해 보이는 유사쿠의 웃는 얼굴을 바라보며 신타로는 그렇게 생각했다.

3

　여행이나 데이트 같은 가슴 설레는 이벤트도 없이 올해 연휴가 끝났다. 검은 스탠딩 칼라 교복을 입고 학교를 다니는 나날이 또다시 시작되었다.

　소프트 케이스를 메고 자전거 페달을 밟는 케이토의 뺨에 여름의 기척을 머금은 바람이 와 닿았다.

　완만한 경사가 이어지는 주택가를 달리는 동안에는 딱히 변화를 느끼지 못했지만, 대지로 내려와 시야가 트이자 확실히 봄이 끝나고 여름이 다가오고 있음을 실감할 수 있었다. 물을 댄 지 얼마 되지 않은 논을 스나는 바람은 습기를 머금고 있었고, 교사 너머 남북으로 뻗어 있는 작은 제방은 잡초에 뒤덮여 초록색 벽처럼 보였다. 그 위로 펼쳐진 넓은 하늘에는 구름의 가장자리가 푸른색인지 흰색인지 애매했던 봄 하늘과는 달리 갓 만든 잉크처럼 새파란 하늘에 유백색 구름이 선명하게 떠 있었다.

유사쿠가 입부한 지 열흘 정도가 지났지만 드럼 희망자는 아직 나타나지 않았다. 하지만 그런 초조함도 이 기분 좋은 푸른 하늘이 조금은 달래주는 듯한 기분이 들었다.

케이토와 나란히 자전거 페달을 밟으며 신타로가 작은 눈을 더욱 가늘게 뜨고 KISS의 노래를 흥얼거렸다.

"우후~ 샤우릿, 샤우릿, 샤우리랏라우~!"

1년 내내 화가 나 있는 듯한 신타로도 5월의 바람은 기분 좋은 모양이었다.

계절의 변화는 창문이 없는 부단에도 반걸음 늦게 찾아왔다. 이제는 연습을 할 때 손이 곱지 않게 되었다. 본래는 환영해야 할 일이지만, 실수를 추위 탓으로 돌릴 수 없게 된 것은 큰 타격이었다. 쓸데없는 줄을 울릴 때마다 유사쿠의 따가운 시선이 날아왔다.

고대의 조리제*에 기원을 두고 있다는 이 논 지대에서는 21세기인 지금도 벼농사가 계속되고 있다. 약 1킬로미터 사방에 걸쳐 건물다운 건물도 없다. 거의 유일한 예외가 바로 북쪽에 위치한 현립 오오미야 혼덴 고등학교다.

앞을 가로막는 건물이 없는 덕에 신교사에는 햇볕이 무척 잘 들지만, 구교사 북쪽에 있는 정문은 두 개의 교사와 오른쪽 옆의 강당 사이에 끼어 여름철 저녁 무렵을 제외하면 1년 내

---

* 조리제(條里制) : 일본 고대의 토지 구획법

내 그늘이 져 있었다. 이 부근만은 아직 지난 계절이 남아 있는 느낌이었다.

부지 바깥쪽을 둘러싼 전봇대마다 선생들이 서 있었다. 스탠딩 칼라 교복과 짙은 감색 블레이저 교복을 입은 학생들이 쫓기듯 정문 안으로 빨려 들어갔다. 지나갈 때 교문 안을 흘끗 바라본 케이토는 한순간 한겨울로 되돌아간 듯한 착각에 사로잡혔다. 스탠딩 칼라 안에 살짝 배어 있던 땀이 차갑게 식어 갔다.

학생들이 학교에서 지정한 나일론 가방의 지퍼를 반쯤 열고 네 줄로 서 있었다. 줄 앞에는 접이식 테이블 네 개가 일정한 간격으로 놓여 있었고, 각 테이블마다 선생들이 가방 안을 검사하고 있었다. 올해부터 시작된 불시 소지품 검사였다.

"또냐."

신타로가 이를 갈며 말했다. 요 한 달 사이에 벌써 세 번째 검사다.

정문 오른쪽 옆은 강당. 케이토와 신타로의 반인 2학년 6반 교실은 강당과 구교사 사이에 있다. 구교사 서쪽 끝은 수영장과 나란히 붙어 있어서 그쪽 출입구를 이용하면 정문을 지나지 않고 건물 안으로 들어갈 수 있지만, 물론 거기에도 남자 선생이 서 있었다.

들키면 안 될 물건을 갖고 온 것은 아니었지만, 역시 가방 속을 강제로 검사당하는 것은 기분 좋은 일이 아니었다. 게다가 소지품 검사가 실시되게 된 배경에 밴드부 사건이 있다는 것은 명백했다. 케이토와 신타로는 자전거를 세우고 떨떠름한 기분으로 정문으로 향했다.

두 사람은 왼쪽에서 두 번째 줄에 서서 가방을 반쯤 열고 차례를 기다렸다.

줄 밖으로 몸을 내밀고 앞쪽의 상황을 살피던 신타로가 "어이"하고 짧게 불렀다.

케이토와 신타로가 서 있는 줄의 담당은 하필이면 모리 요시미였다. 잽싸게 다른 줄에 서고 싶었지만 이상한 행동을 하면 눈에 띌 뿐더러 괜한 의심을 살 수도 있다. 뭐니 뭐니 해도 우리는 '그 밴드부'니까 말이다.

다른 줄에 비해 모리가 담당한 줄의 검사는 눈에 띄게 느렸다. 다른 선생들은 주머니 속의 물건을 꺼내도록 지시하고 가방을 위에서 살펴볼 뿐이었지만, 모리는 가방 속에 일일이 손을 넣어 이상한 물건이 없는지 꼼꼼하게 살펴보고 있었다.

줄을 선 지 10분 가까이 지났을 무렵에야 겨우 케이토와 신타로의 차례가 돌아왔다. 먼저 신타로가 가방을 테이블 위에 올려놓았다.

모리는 무표정한 얼굴로 특히 꼼꼼하게 신타로의 가방을 검사했다. 물론 아무것도 나오지 않았다. 휴대전화 외에 수업에 관계없는 물건은 가슴 주머니에서 나온 아이팟뿐이었다. 휴대용 게임기를 갖고 오는 것은 금지되어 있지만, 트럼프 등의 카드 종류나 휴대용 음악 플레이어는 수업 시간에 사용하지 않는 한 교칙 위반이 아니었다.

"가도 됩니까?"

신타로가 도발적인 목소리로 물었다.

"그것도."

모리는 신타로가 등에 멘 검은 소프트 케이스를 가리켰다.

"아무것도 안 들어 있습니다. 그냥 악기 케이스입니다."

"어쨌든 내려놔."

신타로는 들으라는 듯이 혀를 차며 안에 들어 있는 베이스에 상처가 나지 않도록 소프트 케이스를 조심스럽게 테이블 위에 올려놓았다.

모리는 바디 부분에 있는 커다란 주머니의 매직테이프를 떼고 안을 조사했다. 주머니 안에서 나온 것은 피크와 교환용 줄 등의 액세서리 뿐, 딱히 이렇다 할 물건은 없었다.

모리는 감정을 얼굴에 드러내지 않은 채 소프트 케이스 가장자리의 지퍼로 손을 뻗었다.

"잠깐, 베이스밖에 안 들어 있다니까요."

모리는 신타로의 항의를 무시하고 지퍼를 활짝 열었다. 껍질을 벗기듯 케이스를 열어 베이스를 노출시킨 후 'Ibanez'라는 로고가 박힌 끝부분에 달려 있는 네 개의 페그* 중 하나를

---

*페그(peg) : 기타의 줄감개

아무렇게나 움켜잡았다.

"아!"

신타로와 케이토가 동시에 외쳤다. 모리가 페그를 움켜쥐고 우격다짐으로 베이스를 들어 올린 것이다.

"무슨 짓입니까! 페그가 부러지잖아요!"

신타로가 고함을 지르며 모리의 손에서 벌꿀색 일렉트릭 베이스를 낚아챘다.

"일부러 그런 거죠! 일부러 망가뜨리려고 한 거죠!"

그 목소리는 정문에서 엘리베이터까지 울려 퍼졌다. 주위에 있던 수십 명이 움직임을 멈추고 신타로와 모리를 바라보았다.

신타로의 험악한 태도에 모리는 겨우 자신이 건드려서는 안 되는 부분을 건드렸다는 사실을 깨달은 듯, 학생들의 가방에 아무렇게나 넣었던 팔을 가슴 앞으로 움츠렸다.

"우릴 싫어하는 건 알지만 남의 물건을 망가뜨리면서까지 방해할 건 없잖습니까!"

케이토는 재빨리 양팔로 신타로를 붙잡았다. 내버려두면 모리에게 달려들 기세였다.

"잠깐, 화내지 마, 신타로. 선생님은 악기의 구조를 몰랐던 것뿐이야. 악의가 있어서 그런 건 아닐 거야, 아마도."

"악의 없는 사람이 남의 물건을 마구 뒤져? 이상하잖아! 여기가 이스라엘 공항이냐? 왜 사람을 테러 용의자 취급하는 건데? 너희들도 고분고분 서 있지 마!"

마지막 말은 주위의 수십 명을 향한 말이었다.

아, 이제 신입 부원은 기대할 수 없겠구나.

케이토는 온몸에서 힘이 빠지는 것을 느꼈다.

웅성거리는 학생들 속에서 여학생 두 명이 들으라는 듯이 말했다.

"저거, 밴드부지? 역시 '그렇구나'. 왜 폐부하지 않는 걸까?"

"정말 짜증나. 작년까지는 소지품 검사 같은 거 없었는데. 이게 다 누구 때문인데?"

일부러 들으라고 말하는 그 목소리는 이 자리에 있는 수십 명의 의견을 대변하고 있는 것 같았다. 반박하고 싶었지만 편견을 없애줄 만한 말도, 이 많은 사람을 상대할 배짱도 없었다. 낯선 학생들의 적의에 찬 시선에 케이토는 고개를 들 수조차 없었다.

"뭘 웃는 거냐."

신타로의 험악한 목소리가 여학생들이 아닌, 줄의 뒤쪽을 향했다.

뒤를 돌아보자 바로 뒤에 올려봐야 할 만큼 키가 큰 남학생이 서 있었다. 그 까까머리 남학생의 키는 185센티미터 가까이 되어 보였다. 160센티미터 남짓한 신타로와 그 남학생 사이에 끼어, 두 사람의 중간쯤 되는 키인 케이토는 양쪽의 얼굴을 번갈아 바라보는 것만으로도 목이 아팠다.

"웃다니, 나 말이야?"

까까머리는 긴 팔을 꺾어 자신의 얼굴을 가리켰다. 싫어도 눈에 띄는 이 큰 키는 어디선가 본 기억이 있었다. 아마도 같은 2학년일 것이다.

"달리 누가 있냐? 참 태평한 낯짝이구나."

신타로의 지적대로 확실히 그는 좋은 구경을 했다는 듯이 태평한 미소를 짓고 있었다.

"잠깐, 그만두지 못해?"

테이블 너머에서 모리가 신타로를 말렸지만, 숙적 모리의 목소리는 오히려 신타로를 더욱 흥분하게 만들 뿐이었다. 만약 그와 싸움이라도 벌어진다면 절망적인 팔 길이의 차이로 질 것이 분명했지만, 신타로는 그래도 상관없이 그를 물고 늘어졌다.

"기린이나 당나귀처럼 느긋한 낯짝이군. 그렇게 재미있냐?"

"그만두라고 했잖아!"

모리의 쩌렁쩌렁한 목소리가 들리지 않는 것일까. 당나귀 남학생은 태평하게 까까머리를 긁적였다.

"아, 역시 태평해 보이나."

그는 등을 굽히고 초식동물처럼 온화한 표정으로 신타로에게 물었다.

"나 말이야, 스트레스 안 받게 생겼냐?"

얼핏 보기에는 온화한 이런 타입이 제일 위험한 법이다.

케이토는 재빨리 그것을 감지했다.

"뭐?"

의아한 표정으로 되묻는 신타로를 말리며 케이토는 사태를 수습하려 애썼다.

"아니, 그렇지도 않아. 꽤 남자답게 생겼어. 그렇지, 신타로? 느긋하기는커녕 아주 바빠 보여."

"너 지금 뭐라고 지껄이는 거냐?"

"어쨌든 이제 됐잖아. 베이스도 망가지지 않았고. 다음엔 내 차례니까, 신타로, 너 먼저 교실로 가."

케이토는 키다리 남학생의 얼굴을 힐끔힐끔 훔쳐보며 신타로를 쫓아냈다. 키다리 남학생은 여전히 평화 그 자체인 얼굴로 서 있었다.

당나귀 남학생이 느닷없이 등 뒤에서 목을 조르는 것은 아닐까 하는 불안에 떨며 케이토는 모리의 검사를 받았다. 신타로에게 비난받은 후로 모리는 정신이 어딘가 다른 곳에 가 있는 눈치였고, 검사는 곧 끝났다.

방과 후, 당번 일을 마친 케이토는 부단으로 달려갔다. 늘 그렇지만, 눈부신 석양에 잠긴 교사 안을 걷다 보면 창문이 없는 부단에 눈이 익숙해질 때까지는 시간이 걸리곤 한다.

부단에는 신타로는 물론 유사쿠도 이미 와 있었다.

"카토 쌤은 일이 있어서 30분 정도 늦는대."

이어폰을 낀 신타로가 퉁명스러운 목소리로 말했다. 오늘 아침에 그런 일을 겪은 후로 조금도 기분이 나아지지 않은 눈치였다.

새 학년 첫날 정해진 세 가지 조건 때문에 고문이 없으면 연습을 할 수 없다. 할 수 없이 유사쿠의 추천으로 산 보컬용 교본을 읽으며 시간을 때우기로 결심한 케이토는 층계참과 옥상 입구 중간의 계단에 걸터앉았다.

유사쿠는 층계참에 책상다리로 앉아서 무릎 위에 올려놓은 레스폴 줄을 니퍼로 자르고 있었다.

"오, 줄 교환?"

"응. 벌써 한 달이나 줄을 안 갈았거든."

본체에서 떼어낸 기타 줄을 하나로 묶으며 유사쿠는 쑥스러운 듯이 미소를 지었다.

자신은 올해 들어 기타 줄을 갈아 끼운 적이 한 번도 없었지만, 케이토는 입을 다물고 있기로 했다. 솔직하게 고백하면 유사쿠가 시끄럽게 잔소리를 해댈 것이 뻔하기 때문이었다.

"저기 말이야."

평소에는 줄 아래에 있어서 손이 닿기 어려운 핑거보드와 픽업 주위를 천으로 꼼꼼히 닦으며 유사쿠가 두 사람에게 물었다.

"모리랑 싸웠다면서? 우리 반 애들이 그러더라."

신타로가 귀에서 이어폰을 빼고 입술을 삐죽 내밀며 말했다.

"저쪽에서 시비를 건 거라니까. 그 여자, 분명히 일부러 페그를 부러뜨리려고 그런 걸 거야.”

“그럴 리가 있냐.”

케이토는 지긋지긋한 심정으로 아침부터 되풀이해 온 말을 입에 담았다.

“모리는 정말로 악기의 구조를 몰랐던 것뿐이야. 아무리 모리라도 그런 심술은 안 부려. 남의 악기를 망가뜨리면 자기만 불리해질 텐데 뭐하러 그런 짓을 하겠냐?”

하지만 신타로는 들은 척도 하지 않았다.

“뭐냐, 그 의심의 눈초리는. 짜증나. 이것도 하지 마라, 저것도 하지 마라. 저 문을 열지 못하는 것도 ‘옥상으로 나갈 수 있게 하면 분명히 뭔가 나쁜 짓을 저지를 거야’라고 학교 측이 우리를 의심하고 있기 때문이잖아? 안 한다고, 이 멍청이들아.”

신타로는 그렇게 말하며 계단 위의 철문을 가리켰다. 체포된 상급생들이 옥상에서 마리화나를 피운 후로 옥상 문은 굳게 잠겨 있었다.

두 사람이 체포될 때까지 케이토는 선배들이 그냥 담배를 피우는 거라고 굳게 믿고 있었다. 하지만 지금 생각해 보면 이상한 점이 없었던 것은 아니었다.

‘뭐야, 멋대로 볼륨 높이지 말라고 했잖냐, 케이토.’

친한 척 어깨를 감싸던 팔의 힘없고 나른한 감촉과 교복에 배어 있던 짚을 태운 듯한 냄새가 문득 기억 속에 되살아났다.

1학년이었던 작년 1년 동안, 기타 볼륨을 한껏 높이고 학교 비품 앰프를 화려하게 울렸던 유일한 날은 그 가을날뿐이었다. 연습 중에는 항상 기타와 앰프를 연결하고 전원도 켜 놓았지만, 소리를 내도 되는 것은 선생들이나 밴드부가 아닌 학생들이 계단을 올라올 때뿐이었다. 앰프는 기타의 음을 증폭시키거나 음색을 변환하는 장치가 아니라 일종의 경보 장치로서만 사용할 수 있었던 것이다.

그날도 케이토는 기타의 볼륨 다이얼을 제로에 맞춘 채 음악 잡지의 타브 악보와 씨름하고 있었다. 앰프를 거치지 않은 기타의 가늘고 힘없는 음은 계단의 웅성거림과 교내 방송에 몇 번이나 삼켜졌다.

여섯 개의 줄과 격투를 벌이다 지쳐서 문득 계단 아래를 내려다보니 한 여학생이 서 있었다. 그것이 오오노 아키였다.

아키는 여름방학을 맞은 초등학생처럼 햇볕에 그은 얼굴로 이쪽을 물끄러미 올려다보고 있었다. 한순간 복도의 웅성거림도, 때때로 옥상에서 들려오던 얼빠진 웃음소리도 아득히 멀어졌다.

서로 아는 사이는 아니었지만 케이토는 아키의 얼굴을 알고 있었다. 반은 다르지만 복도에서 마주친 적은 몇 번인가 있었고, '좀 귀여운데' 정도의 인상은 갖고 있었다. 물론 아키는 자신 따위는 눈에 들어오지도 않았겠지만.

이쪽을 올려다보는 아키의 눈빛이 '뭔가가 시작되려나'라고 말하고 있었다.

그런 식으로 기대에 찬 시선을 받는 것은 처음이었다. 자신은 '형에 비해 굉장히 얌전한 동생'이었고, 축구도 야구도 서툰데다 재치 있는 대화도 할 줄 모르는, 이제 곧 부원수 0명이 될 무기력한 밴드부의 부원이었다. 그런 자신이 뭔가를 시작하는 것을 줄곧 기다려주는 사람이 있다. 케이토의 심장이 빠르게 뛰기 시작했다.

어쩌면 아키가 뭔가 기대하고 있었다는 것은 케이토의 착각일 뿐, 아키 본인은 딱히 아무 생각도 없었을지 모른다. 사실 지금 아키는 그날의 일 따위는 기억하지 못하는 눈치였고, 교실에서 제대로 이야기를 나눠 본 적도 없다.

케이토는 플라스틱 볼륨 다이얼을 돌렸다. 아키의 눈빛에 떠밀려 정신을 차리고 보니 그렇게 하고 있었다. 앰프 스피커에서 '지잉' 하는 작고 묵직한 노이즈가 울렸다.

기타 튜닝은 반음을 낮춘 중량감 있는 '플랫 튜닝'. 기타와 연결된 앰프의 톤 컨트롤러는 음악 잡지에 '팝 펑크 풍의 힘차게 울리는 음'이라고 실려 있던 설정을 그대로 흉내 냈다. 그날 우연히 그렇게 해 둔 것이 아니라, 언제든지 소리를 낼 준비만은 하고 있었던 것이다. 물론 실제로 소리를 내 본 적은 없지만.

왼손으로 핑거보드를 더듬어 포지션을 찾고 오른손 엄지와 검지 사이에 끼운 피크에 힘을 줬다. 연주할 곡은 제일 좋아하는 밴드인 그린데이의 〈Basket Case〉.

'내 넋두리를 들어줄 시간은 있나'라는 가사로 시작되는 업 템포의 그 곡은 형을 흉내 내서 기타를 손에 쥔 후로 몇 백 번이나 듣고 몇 백 번이나 연주했던 곡이었다.

'넋두리'라면 너무나도 많았다. 선배들이 담배를 피우는 동안 망을 봐야 하는 현실은 비참했다. 이런 짓을 계속해 봤자 무슨 소용이 있을까. 그런 생각이 들 때마다 허무해서 견딜 수 없었다. 물론 프로가 되고 싶다는 거창한 꿈을 품고 있는 것은 아니었다. 그런 재능 따위는 없다는 것쯤은 자신의 손가락과 귀가 알고 있었다. 하지만 이런 무미건조한 나날을 보내기 위해 밴드부에 가입한 것은 아니었다. 고등학교에 다닐 동안만이라도 좋으니 밴드를 하고 싶어서 가입한 것이다.

케이토는 아키의 얼굴을 힐끔 쳐다보았다. 확실히 이쪽을 보고 있었다.

이런 부끄러운 넋두리를 처음 보는 사람에게 늘어놓을 수는 없지만 음악에 실어 전하는 것은 가능했다.

아키의 입장에서는 별로 듣고 싶지 않을 지도 모르지만, 어쨌든 들어주길 바랐다. 우울한 나날들 속에서 홀로 간신히 계속해 온 연습의 성과를 한 번이라도 좋으니 들려주고 싶었다.

가능한 한 태연한 척하며 케이토는 손가락이 기억하고 있다고 해도 좋을 만큼 익숙한 리프를 연주했다. 바로 뒤의 스피커에서 생각했던 것 이상으로 크고 박력 있는 음이 쏟아져 나왔다. 케이토는 한순간 당황했다. 그러나 동요한 것을 들켜서는 꼴불견이라는 생각에 당연하다는 듯이 태연한 척을 했다.

계단의 공기를 가르듯 오른손을 스트로크하며 케이토는 스피커의 음압이 주는 흥분에 몸을 맡겼다. 누군가를 향해 연주하는 것은 난생 처음이었다.

코드를 바꾸다가 실수도 여러 번 했고, 불필요한 줄도 몇 번이나 울렸다. 그래도 기분은 좋았다.

30초가량의 연주를 마치고 머뭇머뭇 계단 아래를 내려다보았다. 아키는 활발해 보이는 얼굴에 온화한 미소를 지으며 작은 박수를 보냈다.

이야기를 나눠 보고 싶었지만 아무 말도 떠오르지 않았다. 연주를 마치자 더욱 가슴이 두근거렸다.

박수를 마친 후 아키는 총총걸음으로 계단을 내려가 버렸다.

그로부터 1분쯤 지난 뒤, 옥상에 있던 상급생이 계단을 어슬렁어슬렁 내려왔다. 평소 이상으로 풀린 얼굴과 굉장히 느릿느릿한 말투.

"누가 온 건 아니지? 깜짝 놀랐잖아."

어깨에 두른 팔을 힘껏 뿌리치고 싶었지만, 케이토는 미소를 지으며 "죄송합니다"라고 사과했다. 이 녀석들에게 사실을 얘기하면 지금 마음속에 있는 것이 사라져 버릴 거라는, 그런 생각만 하고 있었다. 생각해 보면 그때 그들은 마리화나를 피우고 있었을 것이다.

그로부터 반년이 지난 지금도 밴드부 부원은 여전히 세 사람뿐이지만, 작년을 기억하는 케이토에게는 낙원이나 다름없다. 새로 멤버가 된 두 사람은 뭐니 뭐니 해도 악기를 연주할 수 있다. 게다가 그들은 자발적으로 밴드부 활동을 하고 있다. 이 얼마나 축복 받은 상태란 말인가.

"하아."

유사쿠가 문득 한숨을 쉬었다. 새로 줄을 끼우고 페그를 감는 능숙한 손놀림은, 페그 와인더 없이는 줄도 제대로 갈 수 없는 케이토의 입장에서는 든직하기도 하고 조금 질투가 나기도 했다.

"뭐냐, 그 한숨은. 우리 들으라는 거냐?"

신타로가 퉁명스러운 목소리로 물었다.

"그렇지만 기합이 들어가지 않잖아."

"왜?"

"밴드 주제에 드럼이 없으니까."

"네가 드럼을 치면 되잖아!"

"싫어. 난 기타를 칠 거야. 밴드의 중심은 기타니까."

아, 여긴 황야다. 낙원이 아니다.

케이토는 바로 몇 초 전에 품었던 감상을 스스로 지워 버렸다.

"무슨 소리야? 중심은 베이스지. 베이스가 리듬과 그루브를 만들어내는 거야. 기타 따윈 효과음 같은 거 아니냐. 기타밖에

못 치는 녀석은 이미 있으니까 드럼을 칠 수 있는 녀석은 드럼
이나 쳐.”

신타로의 베이스가 리듬과 그루브를 만들어내고 있기는 한
걸까. 그런 의문은 일단 제쳐두고, 케이토는 늘 그랬듯이 중재
에 나섰다.

“저기, 신타로의 의견도 이해는 가지만…….”

애써 말리는 케이토의 옆에서 유사쿠가 말했다.

“아, 신타로, 넌 아무 것도 모르는구나.”

“뭐?”

“기타가 한 명일 때랑 두 명일 때는 소리의 깊이가 전혀 달
라. 리드 기타 뒤에서 리듬을 맡는 사람이 없으면 연주에 박력
이 떨어진단 말이야. 비틀즈도 롤링스톤즈도 기타는 둘이었어.
에어로스미스, AC/DC, 건스 앤 로지스도 마찬가지야. 멋진
밴드에는 대부분 기타리스트가 둘이라고.”

“KISS도 그렇지.”

신타로가 조금 기분이 풀린 듯한 목소리로 덧붙였다.

“그래, 맞아. KISS도 좋지. 화려하고.”

두 사람의 사이를 중재하려는 케이토의 노력을 비웃기라도
하듯 유사쿠가 비아냥거리는 어조로 중얼거렸다.

“KISS라…….”

“뭐야.”

“아니, KISS도 괜찮지. 알기 쉽고. 음, 음. 그러니까 이 밴드

에도 기타가 두 명 필요해. 이런 말 하긴 미안하지만, 케이토 혼자 리드 보컬을 하면서 기타 파트를 완벽하게 연주하는 건 무리잖아? 아무리 간단한 곡이라도 말이야. 그러니까 기타 둘 중 하나는 내가 맡을게. 드럼은 새로 사람을 찾으면 돼. 간단하잖아?"

신타로가 하얀 이어폰 코드를 휘두르며 이를 가는 듯한 목소리로 말했다.

"찾아봤지만 없으니까 네가 드럼을 치라 이거 아냐, 응? 투수가 둘 있는데 그 중 한 명은 유격수도 할 수 있어. 그 팀에는 달리 유격수를 할 수 있는 녀석이 없고. 그럼 그 녀석은 유격수를 하기 마련이야. 상식 아니냐."

"야구에 비유하다니 꼭 아저씨 같다."

"닥쳐!"

신타로가 뻗친 머리를 난폭하게 긁어댔다. 유사쿠가 태연하게 말했다.

"아무래도 상관없으니까 빨리 드럼 칠 수 있는 녀석이나 찾아 와."

"너도 좀 찾아봐라. 어려운 일도 아니잖아? 한 사람 정도는 네가 데려와 봐. 중학교 때 밴드를 했다며. 그럼 데려올 만한 녀석이 있을 거 아냐."

"아니, 음, 그건 좀……."

유사쿠는 애매하게 말꼬리를 흐리며 입을 다물어 버렸다.

"……어차피 기대도 안 했다."

졸지에 분노가 허무하게 시들어 버린 신타로는 겸연쩍은 듯이 고개를 돌렸다.

말다툼 소리가 느닷없이 멈추고, 생각지도 못했던 정적이 부단에 찾아왔다.

신타로는 혀를 차며 귀에 이어폰을 꽂았고, 유사쿠는 아무 말 없이 새로 감은 기타 줄의 남은 부분을 니퍼로 자르기 시작했다. 대체 이 분위기를 어쩌면 좋단 말인가. 케이토는 어쩔 줄 몰라 하며 두 사람의 얼굴을 번갈아 바라보았다.

끼익.

문득 머리 위에서 둔탁한 소리가 들려왔다. 뒤이어 초여름의 상쾌한 바람이 계단을 어루만졌다.

계단 위를 올려다본 케이토의 눈에 비친 것은 매끄러운 곡선을 그리는 허벅지였다. 그 너머에는 문밖으로 보이는 네모난 푸른 하늘.

"아."

바람에 날리는 스커트를 한손으로 누르며 여학생은 눈앞의 계단에 앉아 있는 남자들을 보고 한순간 눈을 동그랗게 떴다.

아키였다.

"아."

“아.”

아키와 케이토는 거의 동시에 얼빠진 목소리로 중얼거렸다. 곧 평정을 되찾은 아키가 손을 뒤로 뻗어 철문을 닫았다.

쿵.

푸른 하늘과 바깥 공기가 차단되고 처량한 형광등 불빛과 탁한 공기로 가득 찬 세계가 돌아왔다.

생각지도 못한 곳에서 나타난 아키는 스커트 주머니에서 꺼낸 열쇠로 문을 잠근 후 이쪽을 돌아보았다.

“안녕.”

아키가 한손을 들었다.

“아, 안녕.”

케이토가 얼떨결에 손을 들어 인사하자 아키는 아무 일도 없었던 것처럼 계단을 내려가기 시작했다.

옆을 스쳐 지나간 순간 귀가 드러나는 짧은 머리카락에서 풍기는 향기가 케이토의 코를 간질였다.

왜 옥상에 있었던 것일까. 어떻게 열쇠를 손에 넣은 것일까. 그런 의문은 순식간에 머릿속 한구석으로 밀려났다. 설령 같은 샴푸와 컨디셔너를 쓴다 해도 남자는 절대 풍길 수 없는 달콤한 향기를 케이토는 폐에 살며시 담았다.

여자란 참 좋구나. 여긴 남자들뿐인데. 아, 좋구나.

케이토의 감상 따윈 아랑곳없이, 층계참에 도착한 아키는 별안간 걸음을 서둘러 계단을 뛰어 내려갔다.

아무 말 없이 아키의 뒷모습을 바라보던 세 사람은 그녀의 모습이 완전히 보이지 않게 된 순간 마치 마법이 풀린 것처럼 서로의 얼굴을 바라보았다.

"개방 금지 아니었냐?"

신타로가 당연한 의문을 던졌다.

"지금 그 애 누구? 꽤 귀엽지 않아? 케이토, 아는 사이야?"

자신이 지금까지 입을 다물고 있었다는 사실조차 깨끗이 잊은 채 유사쿠가 끈질기게 물었다. 케이토는 그 질문에 아무런 대답도 못하고 가슴의 두근거림을 들키지 않기 위해 모르는 척 교본으로 시선을 떨어뜨렸다.

칠판 위의 스피커에서 국내 최신 히트곡이 방해가 되지 않을 정도의 음량으로 흘러나왔다. 방송부가 점심시간에 트는 교내 방송이었다.

2학년 6반 교실에는 열 몇 명의 학생들밖에 남아 있지 않았다. 대부분의 학생들은 학생식당이나 부실에서 점심을 먹고 있었다. 케이토와 신타로도 악기에다 도시락통까지 들고 등하교하는 게 너무 번거로운 탓에 학생식당을 이용하고 싶었지만, 사정상 많은 학생들이 모이는 곳은 웬만하면 피하고 싶었다. 뭐니 뭐니 해도 자신들은 '그 밴드부'인 것이다.

많은 학생들과 학부형, 인근 주민들은 물론 다른 학교 학생들까지 찾아오는 '혼덴고 마니아'에서 연주하는 것을 목표로 삼고 있는 밴드부가 남의 눈을 피해서야 본말전도지만, 사건의 여운이 가실 때까지는 어쩔 수 없었다.

신타로가 식은 만두를 입안에 던져 넣으며 스피커에서 흘러나오는 노래의 원곡을 맞췄다.

"더 카스의 〈Shake It Up〉. 도중에 랩을 넣어서 얼버무리긴 했지만 멜로디도 코드 진행도 거의 똑같아. 싸구려 표절로 돈을 벌다니, 콱 죽어 버려라."

원곡을 맞추며 신랄하기 그지없는 비평을 덧붙이는 것이 신타로다웠다.

방 안이 CD와 레코드판으로 가득 차 있을 정도로 마니아라는 아버지의 영향도 있겠지만, 신타로는 KISS뿐 아니라 서양 음악 전반에 유달리 해박했다. 그 지식의 양과 그것을 피력하지 않고는 못 배기는 성격이 가마 부근의 뻗친 머리와 어우러져 독특한 분위기를 자아냈지만, 본인은 그에 대한 자각이 전혀 없는 듯했다.

신타로는 솔직하고 직선적인 성격이지만, 매일 아침부터 저녁까지 붙어 있다 보면 위가 지끈거리는 듯한 기분이 들기도 했다. 점심시간에는 특히 그랬다. 탁해진 기분을 정화시키기 위해 케이토는 눈앞의 뻗친 머리 남자로부터 시선을 돌려 교탁 앞자리에 있는 아키를 넌지시 바라보았다.

아키와 다른 반 아이들 두 명이 앉아 있는 책상에는 각각 도시락과 음료수가 놓여 있었다. 도시락통은 셋 다 여자다운 파스텔 톤의 작은 용기였지만, 아키 앞에는 그 외에도 과자와 빵 두 개가 놓여 있었다.

저걸 전부 먹을 건가.

보기만 해도 트림이 나올 것 같았다.

두 친구와 도시락을 먹고 있던 아키는 케이토의 시선에 등을 꼿꼿이 세웠다.

아, 보고 있는 걸 눈치 챘구나.

어쩌면 좋을지 고민하고 있는데 아키가 자리에서 일어서더니 한손을 들며 이쪽으로 다가왔다.

"안녕."

"아, 안녕. ……어제도 마주쳤었지?"

케이토는 턱을 앞으로 내밀며 어색하게 인사했다. 문득 머리카락의 달콤한 향기가 떠올라 가슴이 두근거렸다.

"응."

아키도 케이토를 따라 어색하게 머리를 숙였다.

"저, 어제 일 말인데, 혹시 다른 사람한테 얘기했니?"

물론 그런 짓은 안 했다고 주장하듯, 케이토는 세차게 고개를 저었다.

"아, 다행이다. 츠쿠모도 말하지 않았지?"

"어제 일? 무슨?"

“……아니, 아무것도 아니야.”

“아, 그래.”

아키는 조금 안심한 표정으로 말을 이었다.

“다행이다. 우리 부 고문 선생님한테 들키면 정수장까지 두 번 왕복 달리기를 시킬 게 분명해.”

“흐응.”

신타로가 전혀 흥미 없다는 눈치로 시큰둥하게 대답했다.

케이토는 애써 미소를 지으며 모처럼 찾아온 대화의 기회를 놓치지 않기 위해 필사적으로 화제를 찾았다.

“저기, 오오노, 넌 무슨 부야?”

아키가 생긋 웃으며 대답했다.

“글쎄, 무슨 부일까요.”

케이토는 신타로의 ‘진심으로 아무래도 상관없는 듯한’ 얼굴을 무시하고 상상력을 쥐어짰다.

갈색까지는 아니지만 햇볕에 그은 아키의 피부와 활달하고 사교적인 성격. 무엇보다도 계단 중간에서 올려다봤던 탄탄한 허벅지. 아무리 생각해도 인문계 쪽 부원은 절대 아니다.

“수영부?”

“오, 정답! 굉장하다. 어떻게 알았니?”

허벅지를 보고 알았다고 대답할 수는 없는 노릇. 케이토는 “아, 그냥 느낌으로”라고 대답한 후 더 이상의 질문을 피하기 위해 재빨리 물었다.

"수영부 고문 선생님은 누구?"

"모리 알지?"

"모리라면……, 여자 체육?"

"응."

"제대로 된 부가 아니로군."

신타로가 독설을 내뱉었다. 그의 팔에 힘껏 펀치를 날린 후 케이토는 상황을 수습하기 위해 아키를 바라보며 웃었다.

아키는 가느다란 목을 가볍게 으쓱하며 목소리를 낮췄다.

"소문 들었어. 밴드부랑 요시미랑 크게 싸웠다면서?"

"요시미?"

"아, 모리 선생님 이름. 우리 부에서는 본인이 없을 땐 그렇게 불러. 열 받으니까 일부러 이름으로 부르는 거지."

케이토는 애매하게 고개를 끄덕였다.

"그렇구나. ……이해가 되기도 하고 안 되기도 하고. 그래서, 그 '요시미'가 우리에 대해 뭐라고 말하기라도 했어?"

"아, 그럼 소문이 사실이었구나. 굉장하다. 좀 존경스러운 걸. 요시미는 항상 무뚝뚝하잖아. 수영부에는 요시미랑 싸울 수 있는 사람은 한 사람도 없어."

"아니, 그렇게 대단한 일도 아닌데, 뭐."

싸움을 한 것은 신타로 쪽이었지만 케이토는 자신이 한 일인 양 겸손을 떨었다.

"역시 굉장해. 좀 실례일지도 모르지만, 보기와는 다르다고 할까. 왠지 로커다워.”

자신이 어떻게 보이는지 케이토는 조금 궁금해졌다. 보기와는 달리 로커 같다고 하는 걸 보면 적어도 아키의 눈에 자신은 ‘로커’처럼 보이지는 않는 모양이다. 아키는 ‘로커’ 같은 외모와 태도를 좋아하는 것일까. 셔츠 버튼을 세 개 이상 푸는 것조차 망설이는 자신은 어떻게 보이는 것일까.

“오오노, 너도 록을 좋아하나?”

신타로가 아키에게 물었다.

화제가 풍부해지는 좋은 질문이라고 생각하며 케이토는 책상 아래에서 주먹을 불끈 쥐었다.

“나? 음……, 일본 록이라면 조금.”

케이토는 용기를 내서 물었다.

“그, 그럼, 그린데이는? 몰라? 미국 밴드인데.”

“아, 그쪽은 잘…….”

“뭐야, 요즘 제일 유명한 밴드 아냐. 정말 모르냐?”

신타로는 그렇게 말하며 주위의 시선도 아랑곳없이 하이템포로 노래를 불렀다. “짜짜짜짜짠～ 짜짜짜짠～ 하! 투구투구 청～! 유명한 곡 아냐?”

“음……, 모르겠는데.”

아키는 쓴웃음을 지으며 대답한 뒤 변명하듯 덧붙였다.

“하지만 외국 록도 조금은 들어. 에미넴 곡은 작년 ‘혼덴고 마니아’에서 많이 연주하는 바람에 외웠어.”

"에미넴은 록이 아니라 힙합."

케이토는 낙담하고 말았다. 현실이란 이런 것이다. 지금 '혼 덴고 마니아'의 주역은 록이 아니라 힙합이다. 연주가 아니라 댄스와 랩인 것이다.

신타로는 아직 포기하지 않은 눈치였다.

"그럼 요즘 밴드는 몰라도 옛날 밴드라면 조금은 알겠지. KISS라든가. 예를 들면, 음……, 아~ 워즈메이드포~ 러빙유 베이베~ 유메이드포럽미……."

신타로는 베이스를 치는 시늉을 하며 쉰 목소리로 후렴 부 분을 불렀다. 케이토는 기분 좋은 듯이 노래하는 신타로를 힐 끔 쳐다보았다. 젓가락질을 멈추고 이쪽을 바라보는 반 아이 들의 싸늘한 시선이 신경 쓰여 견딜 수 없었다. 신타로와 아키 는 전혀 신경 쓰지 않는 눈치였지만.

"아, 그 곡, CF에 나오지 않았니?"

"오, 역시 TV의 영향력은 크군."

만족스러운 듯이 고개를 끄덕이던 신타로는 곧 험악한 표정 을 지었다. 그 시선을 쫓아 고개를 돌리자 누마지리가 친구들 과 함께 이쪽을 보며 이죽이죽 웃고 있었다.

'밴드라면 마약도 갖고 있겠지.'

케이토와 신타로에게 그렇게 말했던 녀석이었다.

신타로가 개처럼 으르렁거리며 말했다.

"뭘 보냐."

"내가 뭘?"

그렇게 말하면서도 누마지리는 바보 취급하는 듯한 웃음을 지우지 않았다.

아, 또 싸움이냐.

얼굴이 딱딱하게 굳는 것을 스스로도 느낄 수 있었다. 필사적으로 싸움을 피해야 할 밴드부 부원 주제에 신타로는 솔선수범해서 싸움을 일으키곤 했다.

"뭐 어때. 내버려 둬."

아키가 절묘한 타이밍으로 신타로를 말렸다. 기선을 제압당한 신타로는 투덜거리면서도 일단 물러섰다. 케이토는 안도의 한숨을 쉬었다. 누마지리도 더 이상 시비를 걸 생각은 없는지 신타로를 흘낏 노려본 후 곧 다른 곳으로 시선을 돌렸다.

"아키!"

여학생들이 아키를 불렀다. 그 목소리에서 '밴드부'에 대한 경계심이 느껴지지 않는 것은 자신의 착각일까.

"알았어!"

친구에게 손을 흔들어 대답한 후 아키는 케이토와 신타로에게 빠른 어조로 말했다.

"그럼 어쨌든 밴드부 활동 열심히 해."

열심히 해야지. 케이토는 진심으로 생각했다.

4

"똑같은 소리를 몇 번이나 해야 알아듣겠냐, 이 멍청아!"

고문의 노성이 낡은 강당에 울려 퍼졌다. 오늘 두 번째의 노성이었다.

50명 가까운 관악부 부원들의 몸이 일제히 굳었다.

지휘대 위에 서 있는 고문 교사 하야시바라는 짜증을 노골적으로 드러내며 지휘봉 끝으로 보면대를 끊임없이 두드렸다. 조용한 강당 안에서 그 소리는 유달리 크게 울렸다.

팀파니 말렛*을 쥐고 있는 오카자키 토오루는 지긋지긋한 심정으로 지휘대 위의 고문을 바라보았다. 지휘대와 목관악기, 금관악기 연주자용 파이프 의자는 평평한 바닥에 부채꼴로 배열되어 있지만 편성 제일 뒷줄에 해당되는 타악기는 1미터 높이의 스테이지 위에 배치되어 있었다. 그 때문에 토오루는 지

---

* 말렛(mallet) : 타악기를 연주하는 스틱. 뷰렛이라 부르기도 한다

휘대 위의 하야시바라를 내려다봐야만 했다.

하야시바라의 눈은 호른을 든 오른쪽 끝의 여학생을 차갑게 내려다보고 있었다.

"다시 한 번 불어 봐라. B-5부터."

하야시바라는 지휘봉을 보면대에 내려놓고 손뼉으로 박자를 맞췄다. 짝, 짝, 짝…….

아니나 다를까, 머뭇머뭇 흘러나온 호른의 음색은 가늘게 떨리고 있었다. 도저히 제대로 된 연주라고 할 수 없었다.

이건 그냥 괴롭히는 게 아닌가.

토오루는 말렛을 홀더에 넣은 후 팔짱을 끼고 떨리는 입술을 호른의 작은 마우스피스에 대고 있는 여학생의 뒷모습을 바라보았다.

사토라는 이름의 그 3학년 여학생의 옆얼굴은 초조함과 두려움으로 새빨갛게 물들어 있었다.

"안 돼, 안 돼! 틀렸다고 했잖아! 딴, 따안! 좀 더 리듬감 있게 불어야지!"

하야시바라는 요란한 몸짓으로 자신이 추구하는 음을 표현했다.

"나 참. 사토, 넌 아무리 연습해도 형편없구나. 자, 다시 한 번."

짝, 짝, 짝…….

그러나 이번에는 아무리 기다려도 연주가 시작되지 않았다.

자세히 살펴보니 사토의 눈에는 눈물이 고여 있었다.

문득 걱정이 된 토오루는 지휘대에서 두 번째 줄에 앉아 있는 하세가와 사토미의 뒷모습을 바라보았다. 아름다운 세미롱 헤어가 사토와 마찬가지로 떨리고 있는 듯 보였다. 지휘대의 폭군이 내뱉는 노성에 모두가 움츠러들어 있었다. 사토미도 분명, 마치 자신이 야단맞는 것처럼 창백한 얼굴을 하고 있을 것이다.

가운데 가르마를 타서 귀 뒤로 넘긴 머리카락 안에 지휘봉 끝을 꽂고 신경질적으로 머리를 긁적이던 고문 선생은 얇은 입술 사이로 니코틴에 찌든 누런 이를 드러내며 말했다.

"할 수 없군……. 이제 됐다. 그럼 다 함께 B부터."

모두가 재빨리 악기를 들었다. 야단을 맞던 사토도 콧물을 훌쩍이며 호른을 들었다.

"어이, 잠깐."

하야시바라의 목소리가 문득 낮아졌다. 그 목소리가 자신을 향한 것임을 깨달은 토오루는 지휘대로 얼굴을 향했다.

"어이, 오카자키. 까까머리! 너 왜 팔짱을 끼고 있는 거냐."

"아…….."

토오루는 재빨리 팔짱을 풀었다.

"네가 손님이냐? 이 얼간아. 주제에 웬 팔짱이냐."

하야시바라는 그렇게 말하며 지휘봉을 고쳐 쥐었다.

"아, 참. 사토, 넌 불지 않아도 된다. 이상한 소리가 섞이니까. 부는 척만 해라."

지휘봉이 허공을 갈랐다. 또다시 연주가 시작되었다.

더 이상 견딜 수 없었던 것일까. 여섯 소절쯤 진행됐을 때 사토가 벌떡 일어서서 호른을 들고 철문으로 뛰어갔다. 그 문은 여자가 한손으로 열기에는 조금 무거웠지만 사토는 간신히 한 명이 빠져나갈 수 있는 틈을 만든 후 강당 밖으로 사라졌다. 그래도 연주는 계속되었다.

뭐야, 여기.

두 개의 긴 팔은 정확한 터치로 네 대의 팀파니를 연주하고 있었다. 하지만 토오루는 배꼽 부근이 화끈거리는 것을 필사적으로 참아야 했다.

중학교 관악부는 굉장히 즐거웠다. 토오루 외에는 그다지 잘한다고 할 수 없는 수준이었지만 다들 마음을 하나로 모아 같은 목표를 향해 나아간다는 일체감이 있었다. 2학년 후반에는 남들보다 머리 하나가 클 만큼 키가 훌쩍 자라서 타악기 파트 리더가 되었다. 지나치게 느긋한 리더였지만 다들 웃으며 따라와주었다. 하루하루가 즐거워서 견딜 수 없었다. 하지만 차츰 욕심이 생겼다.

좀 더 수준 높은 연주를 해보고 싶다는.

그 꿈을 이루어줄 것 같았던 것이 현립 고등학교이면서도 관동 대회 단골 출전을 자랑하는 강호 오오미야 혼덴 고등학교 관악부였다. 집에서 버스와 전철을 타고 한 시간 가까이 걸리는 것이 단점이었지만, 수준이 높은 만큼 즐거움도 일체감도 보다 클 거라는 생각에 일부러 이 고등학교를 지망했던 것이다.

고문 선생님도 응원해줬다.

'너라면 혼덴 고등학교에서도 충분히 통할 거다.'

그렇게 말하며 까까머리를 쓰다듬어줬다. 그래서 의욕에 넘쳐 이 관악부에 들어온 것이다. 그런데 이 무거운 공기는 뭐란 말인가.

'똑같은 소리를 몇 번이나 해야 알아듣겠냐, 이 멍청아!'

'사토, 넌 아무리 연습해도 형편없구나.'

'넌 불지 않아도 된다. 이상한 소리가 섞이니까. 부는 척만 해라.'

혹독한 말을 퍼부어 반발심을 자극하는 지도법 수준이 아니었다. 어떻게 해석해도 그건 단순한 언어의 폭력에 불과했다.

1년 동안 참아 왔다.

제법 수준 높은 고등학교에 입학하기 위해 나름대로 열심히 공부했고, 합격했을 때에는 가족들도 선생님도 관악부 친구들도 진심으로 기뻐해주었다.

하지만 동경했던 관악부에 입부한 후, 감격은 급속도로 사라졌다. 그곳에 있는 것은 정 없는 폭군과, 폭군에 맹종하는 상급생들뿐이었다.

콩쿠르 A팀에 남겨진 1학년은 토오루를 포함해서 겨우 세 명뿐이었다. 가족들에게는 대단하다고 칭찬도 받았고 서부 관동 대회에도 출전했지만 성취감은 전혀 느껴지지 않았다. 대회를 마지막으로 은퇴하는 3학년들에게조차 하야시바라는 치하의 말 한마디 하지 않았다. 그의 신경질적인 얼굴에는 부원들에 대한 실망감만이 떠올라 있었다.

그 후로 하야시바라는 툭하면 '전국 대회에 출전하지 못한 분함을 원동력으로 삼아라'라는 말을 입에 담았다. 하지만 서부 관동 대회 연속 출장을 기록한 것은 칭찬해주지 않았다. 그런 하야시바라에게 이의를 제기하는 부원은 한 명도 없었다. 지금도 그렇다. 동료가 울며 뛰쳐나갔는데도 아무 일 없다는 듯이 조용히 연주를 계속하고 있다.

몇 번이나 그만두고 싶었는지 모른다. 하지만 관악부를 그만두면 달리 갈 곳도 없거니와, 굳이 이런 논밭밖에 없는 공립 고등학교를 선택한 의미가 없지 않은가. 무엇보다도 관악부를 그만두면 하세가와 사토미를 만날 수 없다. 지금까지 한 번도 마음을 고백하지 못했고, 사토미가 자신을 어떻게 생각하고 있는지도 모르지만, 자신은 사토미가 좋았다.

다른 사람들은 이 관악부를 어떻게 생각하고 있을까. 사토미는 즐거울까? 나는 즐거운 걸까?

강당 가득 울려 퍼지던 연주 소리가 갑자기 작아졌다. 문득 정신을 차리고 시선을 아래로 향한 토오루는 말렛이 움직이지 않고 있다는 사실을 깨달았다.

연주는 완전히 멈췄다.

지휘대의 하야시바라가 인간이 아닌 물건을 보는 듯한 눈으로 이쪽을 올려다보고 있었다.

"너, 무슨 생각이냐."

"아……."

토오루는 서둘러 말렛을 움켜쥐었다. 하야시바라가 지휘봉으로 보면대를 두드렸다.

"오카자키, 할 마음이 없으면 나가라, 이 얼간아. 사토와 손잡고 사이좋게 돌아가란 말이다."

아, 더는 못해먹겠다.

토오루는 손에서 힘을 빼고 말렛을 홀더에 꽂았다.

"선생님, 역시 그만두겠습니다."

"뭐? 너, 지금 뭐라고 했냐?"

하야시바라가 한쪽 뺨을 치켜 올리며 되물었지만 토오루는 "그만두겠습니다"라는 말을 되풀이하며 허리 높이의 스테이지에서 뛰어내렸다. 관악부 부원들의 시선이 모두 토오루를 향해 있었다. 문까지 20미터 남짓한 거리가 몹시 길게 느껴졌다.

하야시바라의 깨질 듯한 목소리가 등에 꽂혔다.

"너 따위는 없어도 아무 상관없어! 마음대로 해!"

토오루는 마음속으로 중얼거렸다.

그만두고 싶다는 말은 아무에게도 한 적 없으니까 '역시'라는 말을 붙인 건 이상했나? 하지만 이제는 아무래도 상관없어.

“미안해.”

인적 없는 방과 후, 과학 실험실 안에서 하세가와 사토미가 머리를 깊이 숙였다.

사토미는 토오루의 고백을 정중하게, 그러나 단호하게 거절했다.

“어, 바로 거절? ‘며칠 생각하게 해줘’도 아니고?”

“……응.”

하늘에는 먹구름이 끼어 있었다. 그 때문에 실험실 안은 아직 4시인데도 유난히 어두웠다.

토오루는 동요하고 있었다. 클라리넷과 악보를 들고 연습실로 향하는 사토미를 붙잡고 음악실 옆에 있는 과학 실험실로 들어온 지 겨우 3분 만에 토오루는 고백을 거절당하고 말았다.

관악부를 그만둔 지 겨우 이틀밖에 되지 않았지만, 나름대로 고민 끝에 내린 결론이었다. 은혜를 원수로 갚듯이 관악부를 뛰쳐나온 몸이라는 건 잘 알고 있었지만, 관악부를 그만둬도 사토미를 좋아한다는 사실에는 변함이 없었다. 그렇다면 시간이 지나서 나를 잊어버리기 전에 고백하자. 그런 생각에 이제는 ‘적지’라 해도 과언이 아닌 구교사 3층 음악실 앞까지 찾아온 것이다.

그러나 깨끗하게 차이고 말았다.

고백한 후의 일은 애초에 생각하지 않았지만, 이토록 매정하게 거절당할 줄이야. 토오루는 긴 다리가 부들부들 떨리는 것을 참으며 더욱 미움받을 만한 질문을 던졌다.

"도저히 안 되겠어?"

"난 오카자키에 대해 잘 모르는걸. 파트도 달랐고."

자신은 그녀를 잘 알고 있는데. 아무래도 두 사람의 의식 사이에는 매우 높은 벽이 서 있는 모양이다.

"이제부터 천천히 알아 나가면 되잖아."

"그건 그렇지만……."

고개를 숙인 채 한동안 입을 다물고 있던 사토미는 이윽고 뭔가를 결심한 듯 딱딱한 표정으로 토오루를 올려다보았다.

"관악부를 그만둔 이상 알 방법이 없잖아. 반도 다르고. 저, 이런 말은 굉장히 실례일지도 모르지만, 난 무책임한 사람은 좀……."

"무책임해? 내가?"

미안한 듯이 미소를 지으면서도 사토미는 망설임 없이 고개를 끄덕였다.

이런 상냥한 배려심과 강하고 분명한 성격을 겸비한 것이 사토미의 가장 큰 매력이지만, 오늘만큼은 조금 덜 분명해도 되지 않을까.

"……저, 이제 그만 가 볼게. 연습에 늦겠다."

"후아……."

사토미가 나간 지 십여 분이 지났다. 토오루는 실험 테이블에 팔꿈치를 괴고 둥근 의자에 걸터앉아 끊임없이 한숨을 쉬었다.

유리창을 씻어 내리는 빗줄기를 멍하니 세며 토오루는 머릿속으로 몇 번이나 '무책임한 사람'이라는 말을 되풀이했다.

그런 식으로 평가받은 적은 지금까지 한 번도 없었다. 관악부를 그만둔 것은 연습이 싫어서도, 편하게 놀고 싶어서도 아니었다. 그 고문에게 절망했기 때문이었다. 그 사람 밑에 있으면 음악이 싫어질 것이다. 무책임한 성격이라 그만둔 게 아니다. 스트레스와는 무관해 보이는 얼굴 때문에 아무도 눈치 채지 못했지만, 작년 봄부터 줄곧 생각하고 고민했던 일이다.

"후아……."

토오루는 또다시 한숨을 쉬었다. 사토미의 오해를 어떻게든 풀고 싶었다. 그러려면 다시 관악부에 들어가는 게 가장 빠른 길이다. 하지만 그 고문이 있는 부에는 두 번 다시 돌아가고 싶지 않았다. 그런 식으로 부원들에게 지저분한 욕설을 퍼붓는 선생은 최악이다. '전국 대회에 출전하기 위해서'라고는 해도, 그의 방식을 고분고분 따르는 녀석들도 어떻게 된 것이 분명하다. 하지만 그녀는 좋다. 그래도 그 부에 있고 싶지는 않다. 녀석에게 복종하면서까지 출전하는 전국 대회에 무슨 의미가 있단 말인가? 그보다, 나는 어쩌면 좋을까?

문득 문이 열리는 소리가 들려왔다. 토오루는 재빨리 뒤를 돌아보았다.

혹시 마음이 바뀐 사토미가 돌아와준 것은 아닐까. 그런 뻔뻔스러운 기대를 품었지만, 문을 열고 들어온 것은 안경을 쓴 낯선 남학생이었다.

"아, 혹시 입부 희망자?"

남학생이 안경을 치켜 올리며 물었다. 실내화의 파란 줄을 보니 3학년인 듯했다.

"네?"

토오루는 얼빠진 목소리로 되물었다.

"아니야? 난 과학부 부원인데."

사람 좋아 보이는 동그란 얼굴이 조금 어두워졌다.

토오루는 그 얼굴을 물끄러미 응시했다. 과학부 학생은 당황하며 말했다.

"어, 왜, 왜 그래?"

"과학부에는 전국 대회가 있습니까?"

"전국 대회? 음, '일본 학생 과학상'이라면 있어. 우수한 연구를 한 팀은 총리상을 받지. 뭐, 우리에게 그런 건 꿈이지만."

총리상이라……. 뭔가 필이 오지 않는군. 난 문과 계열인걸. 게다가 음악을 하고 싶어.

토오루는 잠시 생각에 잠긴 후 자리에서 일어서서 머리를 꾸벅 숙였다.

"죄송합니다. 과학부에는 입부할 수 없습니다."

어디를 어떻게 걸어온 것일까. 정신을 차리고 보니 토오루는 4층에 도착해 있었다. '무책임한 사람'이라는 사토미의 말이 계속 머릿속을 맴돌았다.

지난 주, 체육관에서 옛날에 복역했던 사람의 강연회가 있었다. 체포당한 후에야 겨우 중증의 약물 의존증에서 벗어날 수 있었다는 그 40대 남자는 때때로 눈물을 흘리며 전교생에게 말했다.

"곤경에서 도망치기는 쉽습니다. 소중한 걸 잃어버리기는 쉽습니다. 하지만 그걸 되찾는 것은 굉장히 어려운 일입니다. 가석방 된 지 5년이 지났지만, 아직 아내와 아이로부터는 연락이 없습니다. 아마 평생 없겠지요."

그때는 '그야 그렇겠지'라는 생각밖에 없었지만, 지금은 그 말이 무겁게 가슴을 짓눌렀다.

하지만 그 '곤경'을 꼭 겪어야 하나?

답은 알 수 없었다.

문득 복도 앞쪽에서 음악소리가 들려왔다. 갈라지고 형편없는 음색이었다. 하지만 음악이었다. 누군가가 연주에 맞춰 노래하고 있는 것이다.

토오루는 자석에 끌려가듯 음악이 흘러나오는 곳으로 향했다. 시청각실이었다. 부실 자체는 나름대로 방음 처리가 되어 있지만 뒷문이 살짝 열려 있었다. 음악은 그 틈으로 흘러나오고 있었다.

토오루는 까까머리를 문틈으로 집어넣었다. 차광 커튼이 드리워진 실내는 불이 꺼져 있어서 바닥에 깔려 있는 카펫의 색깔조차 분간하기 어려웠다.

앞의 대형 모니터에서 홈 비디오인 듯한 영상이 흘러나오고 있었다. 셔츠에 회색 바지. 이 오오미야 혼덴 고등학교의 여름 교복을 입은 학생들이 스테이지 위에서 록을 연주하고 있었다. 모두 여덟 명이나 아홉 명쯤. 일본어 억양이 섞인 영어로 외치는 보컬과 기타, 드럼, 호른 세션까지 있는 상당히 본격적인 편성이었다. 무대 위의 학생 중 한 명은 여자였다. 시커먼 남자들에게 지지 않으려는 듯 손가락으로 키보드를 두드리는 스커트 차림의 그 모습이 몹시 눈부셨다.

토오루는 대벌레 같은 몸을 뒤틀어 시청각실 안으로 들어갔다.

서툰 촬영 솜씨 탓에 쓸데없는 줌인과 줌아웃이 반복되거나 별안간 서서 환성을 지르는 관객들이 비치는 등 정신이 하나도 없었다. 때때로 사람들 머리에 가려져 화면이 새까매지기도 했다. 덕분에 눈이 굉장히 피곤한 데다, 무엇보다도 녹음 상태가 엉망이었다. 비디오카메라에 내장된 마이크를 그대로 사용한 모양이었다. 전국 대회를 노리는 관악부에 1년 이상 몸을 담아 온 토오루의 귀에는 그 '시끄러운' 음악이 몹시 괴로웠지만, 계속 듣고 있자니 신기하게도 마음이 술렁거렸다.

꽤 긴 시간이 지난 후에야 토오루는 모니터 앞에 누군가가 앉아 있다는 사실을 깨달았다. 영상과 음악에 그만 넋을 잃었던 모양이다. 밝은 화면을 배경으로 머리 세 개가 나란히 줄지어 있었다. 시청각실 뒤쪽에 있는 토오루의 위치에서는 역광 때문에 누구인지 보이지 않았다. 하지만 왼쪽에서 첫 번째 녀석의 실루엣은 토오루의 눈에도 낯이 익었다.

얼마 전 소지품 검사를 할 때 모리와 크게 싸웠던, 그리고 자신에게 시비를 걸었던 꼬마 녀석이었다. 가마 부근의 뻗친 머리를 보니 틀림없었다.

아, 그럼 이 녀석들이 그 밴드부?

대체 무엇 때문에 그렇게 화를 낸 것인지는 모르지만, 선생에게 덤벼드는 뻗친 머리의 모습에 토오루는 조금 호감을 품었다. 아무리 불만이 있어도 고문에게 말대꾸 한마디 못하는 관악부 부원들과는 달리 뻗친 머리는 모리에게 큰 소리로 당당하게 반항했다. 하야시바라에게도 그런 식으로 말할 수 있었더라면 관악부의 부위기도 조금쯤은 좋아졌을 텐데. 삐죽 뻗친 머리를 바라보며 토오루는 그런 생각에 잠겼다.

"다음이 마지막 곡입니다."

거친 숨을 몰아쉬며 말하는 보컬의 목소리에 토오루는 화면으로 시선을 되돌렸다.

무대의 높이와 거뭇거뭇한 벽을 보면 저곳은 틀림없는 강당이었다. 1년 동안 매일 늦게까지 연습했던 곳.

문화제 기간 외에는 거의 관악부의 독점 상태인 강당에 사람들이 꽉 차 있는 것을 보면 이 영상은 '혼덴고 마니아'인가? 하지만 '혼덴고 마니아'는 댄스가 주축이고, 연주 쪽 출연자는 포크 듀오나 음치 아카펠라 그룹, 혹은 왠지 친구가 되기 꺼려지는 가짜 나가부치*가 대부분이다. 록 밴드, 그것도 서양 록 카피로 수많은 관객들을 자리에서 일으켜 세울 정도로 장내를 열광시킨 출연자가 있었던가.

의문이 끊이지 않았지만 그런 건 아무래도 상관없었다. 어쨌든 음악을 듣고 즐겁다고 느낀 것은 오랜만이었다. 관악부에 있었을 때에는 이런 고양된 기분은 서부 관동 대회에서도, 정기 연주회에서도 맛본 적이 없었다.

밝고 경쾌한 마지막 곡이 끝나고 영상이 강당 밖으로 바뀌었다. 땀으로 뒤범벅이 된 채로 석양 속 무대 뒤 출입구로 나온 기타리스트가 카메라를 향해 만족스럽게 엄지를 세우며 말했다.

"굉장하지?"

카메라맨이 앳되고 또랑또랑한 목소리로 대답했다.

"응! 굉장해, 형. 나도 꼭 혼덴고에 들어갈 거야."

"저거 케이토 목소리 아니냐?"

---

* 나가부치 : 나가부치 츠요시. 일본의 유명한 싱어 송 라이터 겸 배우. 우리나라에서도
유명한 곡으로 〈RUN〉이 있다

왼쪽의 뻗친 머리가 묻자 가운데 사람이 "아, 끝! 끝!"이라며 허둥지둥 일어서서 비디오를 껐다. 화면이 파란색으로 변했다.

느닷없이 어쿠스틱 기타보다 단조롭고 작은 소리가 울렸다. 그 멜로디는 조금 전 흘러나왔던 마지막 곡과 똑같았다. 어두워서 잘 보이지 않지만, 오른쪽 사람은 일렉트릭 기타 같은 것을 들고 있는 모양이었다.

"오, 과연 유사쿠. 한 번 들은 것만으로 카피를 하다니."

가운데 사람이 색소폰 같은 목소리로 말했다.

"아무튼 이게 4년 전 '혼덴고 마니아 26'이야. 우리의 목표는 올해의 '30'에서 이 이상의 연주를 하는 것. 그럼 주위에서 이상한 눈으로 보지도 않을 테고, 학교 측도 밴드부 존속을 인정해줄 거야. 공연은 9월 마지막 일요일이니까 앞으로 넉 달하고 조금 남았어. 힘내자."

아, 중학교 때 관악부 같군.

색소폰의 '힘내자'라는 말에 토오루는 그리운 나날을 떠올렸다. 불과 2년 전까지는 자신도 저런 무리들 안에 있었는데.

뻗친 머리가 고개를 끄덕였다.

"저 정도로 박력 있는 밴드가 몇 팀이나 나왔다니, 현 밖에서도 손님들이 왔다는 게 이해가 되는군. 머릿수로는 케이토네 형의 팀을 이길 수 없어도, 지금부터 열심히 연습하면 우리도 저 정도 수준은 뛰어넘을 수 있을 거야. ……드럼만 있으면!”

뻗친 머리의 의미심장한 눈길에 기타를 친 녀석이 부드러워 보이는 머리카락을 만지작거리며 중얼거렸다.

“나도 실은 저런 걸 하고 싶었는데.”

색소폰 목소리가 기타의 어깨를 두드렸다.

“무슨 소리야. ‘하고 싶었다’가 아니라 ‘하고 싶다’야. 올해 ‘혼덴고 마니아’에서 멋지게 날뛰어 보자. 멋지게.”

“멋지게 날뛰어 보자니, 좋은 말인데.”

토오루는 허둥지둥 입을 다물었다. 앞의 세 사람이 일제히 뒤를 돌아보았다.

“……누구야?”

5

다이내믹하고 정확한 비트가 부단에 떠도는 초여름의 미적지근한 공기를 끊임없이 흔들고 있었다.

옥상 출입구 오른쪽 옆, 부단 위의 발코니처럼 튀어나온 공간에서 토오루가 드럼을 치고 있었다. 그곳에서 열한 계단 밑의 층계참 책상 위에는 노트북이 놓여 있었고, 밴드부 고문 카토가 여느 때와 다름없는 무표정한 얼굴로 키보드를 두드리고 있었다. 하지만 책상 아래의 발이 비트에 맞춰 리듬을 타고 있는 것을 계단 중간에 서 있는 카미야마 케이토는 놓치지 않았다.

확실히 누구나 저도 모르게 발로 박자를 맞출 만한 드럼이었다. 아직 서툰 부분은 있지만, 토오루의 스틱과 발놀림에서는 선천적인 센스 같은 것이 느껴졌다.

토오루가 연습을 마친 후 숨을 돌리고 있을 때 옆에서 지켜보던 유사쿠가 밝은 목소리로 말했다.

"아직 시작한 지 1주일밖에 안 됐는데 눈 깜짝할 사이에 늘었네. 터치도 좋고 리듬도 정확해. 역시 관악부 출신다워."

"미묘한 칭찬, 고마워."

플로어 탐을 밀고 비좁은 드럼 세트 안에서 빠져나온 토오루는 케이토를 비롯한 세 사람에게 확인하듯 물었다.

"다시 한 번 묻겠는데, 넉 달 동안 드럼을 열심히 마스터해서 '혼덴고 마니아'에 나가는 건 무책임한 사람은 할 수 없는 일이지?"

"물론."

유사쿠가 얄팍한 가슴을 두드리며 말했다.

"하지만 그렇게 될 때까지의 여정은 험난할 거야. 알고 있겠지?"

케이토는 마음속으로 제발 참아달라고 외쳤다. 유사쿠는 음악과 관련된 일에는 피도 눈물도 없었다. 몇 번이나 유사쿠의 '그만그만그만!'이라는 목소리에 연주를 중단했던가. 머리를 기르고 블레이저를 입으면 여학생이라고 해도 믿을 것 같은 유사쿠지만, 기타를 앰프에 꽂고 있는 동안에는 호랑이 교관이었다.

유사쿠가 '서양 록 중심'이라는 부의 방침에 이의를 제기하거나 선곡을 할 때 자신의 의견을 내세운 적은 없었다. 생글생글 웃으며 '응, 케이토와 신타로에게 맡길게'라고 말해주는 것은 고맙지만, 막상 연습이 시작되면 항상 호랑이 교관으로 돌변하곤 했다. 유사쿠가 케이토와 신타로의 형편없는 연주에 짜증을 내고 있다는 것은 분명했다.

하지만 가능성 있는 드러머가 합류했으니 이제는 유사쿠의 '그만그만그만!'의 횟수도 줄어들지 모른다. 사실 밴드의 형태가 갖춰진 후로 신타로와 유사쿠의 말다툼 횟수는 많이 줄었다. 케이토는 그것만으로도 기뻤다. '혼덴고 마니아'가 저쪽에서 손을 흔들며 다가오는 듯한 기분이 들었다. 몸이 들썩거려서 견딜 수가 없었다.

"있잖아, 이제 제법 칠 수 있게 됐으니까 뭔가 한 곡쯤 가볍게 맞춰보지 않을래?"

무심코 그렇게 제안하자 신타로와 유사쿠가 금방 동의를 표했다. 신타로의 강력한 주장으로 연주곡은 KISS의 〈Rock And Roll All Nite〉로 결정되었다. 드럼 패턴이 심플해서 초보자도 쉽게 연주할 수 있는 곡이라고 신타로는 입에서 침을 튀겨 가며 역설했다.

이번에도 유사쿠는 별다른 이의를 제기하지 않았다. 그리고 망설이는 토오루에게 조언했다.

"복잡한 싱커페이션도 없고, 어쨌든 신나게 투다다다 두드리기만 하면 그럭저럭 형태는 갖춰지는 곡이야. 만약 할 수 있다면 분위기를 봐서 애드리브를 넣어도 상관없지만, 일단은 리듬만 유지하면 충분해. 원래 '아침까지 로큰롤을 즐기자, 예~!'라는 바보스러울 만큼 단순한 곡이니까 어려운 생각은 안

해도 돼."

"할 수 있을까?"

토오루는 영 자신 없는 눈치였지만 신타로가 건네준 밴드 스코어를 훑어보며 계단 난간을 두드리는 동안 대충 느낌은 파악한 모양이었다.

토오루가 다시 드럼세트에 앉았다. 계단 중간에 서 있는 케이토에게는 그의 모습이 보이지 않게 되었다. 아이 컨택트(eye contact)도 연주에서는 필수 요소지만, 계단을 부실 겸 연습장소로 사용할 수밖에 없는 지금 상황에서는 그것도 포기할 수밖에 없었다. 하다못해 시청각실을 이용할 수 있다면 얼마나 좋을까. 살짝 보이는 크래시 심벌을 올려다보며 케이토는 입술을 깨물었다.

유사쿠가 콧노래를 흥얼거리며 케이토의 등 뒤를 지나 층계참으로 내려가서 레스폴을 들었다.

계단 위에서 신타로가 제안했다.

"템포를 좀 늦추지 않을래?"

신타로와 베이스용 앰프는 케이토 쪽에서 보기에 토오루의 왼쪽, 즉 철제 옥상 문 앞에 있었다. 눈높이에 신타로의 지저분한 실내화가 있는 것은 케이토에게는 별로 기분 좋은 일이 아니었지만, 하다못해 리듬 파트만이라도 의사소통을 할 수 있도록 하자는 판단 아래 베이스 위치를 정한 것이니만큼 익숙해질 수밖에 없었다.

"음, 신타로에게는 어려우려나? 난 오리지널보다 빠르게 연주해도 상관없지만, 그렇게 말한다면 할 수 없지."

유사쿠가 층계참에서 그렇게 대답하자 신타로는 "재수 없는 녀석"이라며 콧방귀를 뀌었다. 하지만 평소와는 달리 말투가 험악하지는 않았다. 역시 케이토와 마찬가지로 본격적인 첫 연습에 들떠 있는 모양이었다.

두 사람이 이야기를 나눌 때마다 가운데 서 있는 케이토는 고개를 들어 올려다보거나 내려다보아야 했다. 정말 귀찮은 환경이다.

케이토의 몇 계단 아래 있는 층계참에는 레스폴을 든 유사쿠가 서 있었다. 두 기타리스트의 위치 관계는 소유하고 있는 이펙터의 사이즈로 정해졌다.

유사쿠의 이펙터 박스는 계단에 놓기에는 너무 컸지만 케이토가 갖고 있는 싸구려 멀티 이펙터는 성능이야 어찌 됐든 계단에 설치하는 것만은 가능했다.

계단 중간에 보컬용 마이크 스탠드를 설치하느라 고생하긴 했지만, 왼쪽 아래에 있는 계단 안쪽의 목제 난간에 비닐 테이프로 고정해서 억지로 해결했다.

유사쿠의 칭찬에 혹해서 메인 보컬이 됐고, 그 후로도 항상 '고음 처리가 훌륭하다'는 둥 '목소리에서 섹시함이 느껴진다'는 둥 계속 칭찬받고 있기는 하지만, 케이토는 아직도 노래를 한다는 데 대해 쑥스러움을 버릴 수 없었다. 게다가 계단 중간의 마이크 스탠드 앞에 서 있으면 가끔 층계참의 카토와 눈이 마주치곤 했다. 그럴 때마다 뭐라 말할 수 없는 어색함이 느껴졌다.

보컬용 앰프와 레스폴용 앰프는 유사쿠가 집에서 가져왔다. 집에 있는 앰프라고는 형에게 물려받은 10와트짜리 소형 앰프 한 대뿐인 케이토는 유사쿠에게 "대체 집에 악기가 얼마나 많은 거야?"라고 물어본 적이 있었다. 유사쿠는 "음, 그렇게 많지는 않아. 에피폰의 레스폴 한 대랑, 마틴과 야마하의 어쿠스틱 기타 한 대씩뿐이야"라고 간단하게 대답했다. 같은 공립 고등학교에 다니고 있지만 유사쿠와 케이토는 사는 세계가 다른 모양이었다.

"케이토, 준비 됐어?"

오른쪽 아래에서 유사쿠의 목소리가 들려왔다. 케이토는 의식을 현실로 되돌렸다.

"아? 응."

생활수준의 차이는 어쨌든, 유사쿠와 자신은 같은 목표를 지닌 동료다. 기타리스트들에게는 드러머의 모습이 보이지 않고, 멤버 배치는 갈고리형으로 열한 계단이나 차이가 나는 지독한 연습환경이지만, 그런 상황에서도 케이토는 무심코 웃음이 나올 듯한 기묘한 고양감을 느꼈다.

난 이제 혼자가 아니야.

"그럼 시작한다."

발코니의 토오루가 케이토의 감격을 박살내는 느긋한 목소리로 세 사람에게 말했다. 신타로와 유사쿠에 이어 케이토도 "응"하고 대답했다. 각각 앰프 볼륨을 과도하게 큰 토오루의 드럼소리에 맞춰 평소보다 훨씬 높여 놓은 상태였다.

플로어 탐과 베이스 드럼의 경쾌한 리듬으로 전주가 시작되었다.

두 대의 기타에서 동시에 튀어나온 요란한 음이 좁은 부단을 가득 채웠다. 신타로의 베이스가 다운 피킹으로 연주에 무게를 더했다. 조금 서툴기는 하지만, 이것이야말로 록밴드의 소리다.

오 오 오 오…….

심플한 블랙 기타로 심플한 코드를 연주하며 케이토는 등을 떨었다. 이렇게 된 이상, 쑥스러움도 부끄러움도 어색함도 일단 잊어버리고 마음껏 노래할 뿐이다.

"유~쇼어스에브리띵유~브갓, 유~키본댄싱앤룸~겟~핫, 유~드라이버스와일, 월드라이뷰크레~이쥐~."

케이토는 제법 영어답게 들리는 발음으로 이미 외워 버린 프레이즈를 노래했다.

이런 게 하고 싶었다.

심장을 직접 두드리는 듯한 굉음 속에서 케이토는 고등학교에 입학한 후 처음으로 충실감 같은 것을 느꼈다. 1년 남짓한 시간 동안 먼 길을 돌아 왔지만, 밴드를 하고 싶다는 바람이

드디어 이루어진 것이다.

의식의 대부분을 노래에 쏟고 있는 탓에 케이토의 기타는 거의 코드를 연주하는데 그쳤고, 계단 위에서 울리는 신타로의 베이스는 힘겹게 따라오는 것이 고작이었다. 그래도 유사쿠의 능숙한 리드와 토오루의 빠른 적응력 덕분에 첫 합주라고는 생각할 수 없을 만큼 괜찮은 연주였다. 시간은 걸리겠지만, 잘 갈고 닦으면 정말로 '혼덴고 마니아'에서 형들을 뛰어넘을 수 있을지도 모른다.

곡이 종반부에 접어들었을 무렵 카토가 의자에서 일어서서 귀에 손을 대고 계단 아래를 향해 뭔가를 말하고 있는 것이 보였다. 유사쿠의 손이 멈췄다. 케이토도 노래와 연주를 중단했다. 신타로가 의아한 표정으로 이쪽을 바라보며 베이스를 연주하던 손을 멈췄다. 마지막으로 드럼 소리가 끊겼다.

스트라토캐스터를 든 채 층계참을 내려가서 4층을 살펴본 순간, 케이토는 숨을 삼켰다.

열 명에 가까운 남학생과 여학생들이 떨떠름한 얼굴로 이쪽을 올려다보고 있었다. 바둑·장기부와 미술부 등 구교사에서 활동하는 부의 대표들이었다.

"지금까지는 참았지만, 매일 그 소리에 시달려야 하는 우리 생각 좀 해봐."

"마이크는 참아주지 않을래? 하다못해 댄스부 정도로만 음량을 낮춰줘."

“연습하고 싶으면 다른 장소를 찾아봐. 시끄러워 죽겠네.”

당연히 기타를 들고 얼굴을 내민 케이토가 항의의 표적이 되었다. 케이토는 상대방의 얼굴조차 똑바로 쳐다보지 못한 채 오른손의 얇은 피크를 움켜쥐었다.

이럴 때는 항상 신타로가 앞뒤 가리지 않고 반격에 나서곤 했지만, 이번에는 그럴 마음이 없는지 퉁명스러운 얼굴로 계단에 앉아 있었다. 평소에는 신타로가 날뛸 때마다 귀찮다고 생각했지만, 달리 생각해 보면 그런 신타로를 말리면서 트러블의 원인을 흐지부지 흘려 넘길 수 있었다. 신타로를 실탄으로 쓸 수 없다면 다른 부원의 힘을 빌리고 싶었지만, 유사쿠는 보이지 않는 곳에 숨어 창백한 얼굴로 고개를 저을 뿐이었고 토오루는 상황을 파악하지 못한 듯 발코니 위로 보이는 까까머리를 갸웃거릴 뿐이었다. 물론 카토는 처음부터 도움이 되지 않았다.

입을 모아 불만을 늘어놓는 집단 뒤로 싸구려 양복을 걸친 둥근 몸이 보였다. 교장이었다.

케이토는 안심했다. 여러 가지 조건을 내걸기는 했지만, 상대는 밴드부의 존속을 허락해준 사람이다. 분명히 이 집중포화를 멈춰줄 것이다.

“확실히 시끄럽기는 하구나. 어떻게든 해보려무나.”

믿었던 교장마저 그렇게 말하는 이상, 케이토는 고개를 숙일 수밖에 없었다.

정문 앞을 가로지르는 도로 위에 네 개의 긴 그림자가 드리워져 있었다.

"여러모로 문제는 많지만 기운 내자. 뭔가 대책을 세우면 연주는 계속할 수 있잖아, 응? 아이스크림 사줄게. 기운 내."

기타 하드 케이스를 든 유사쿠가 장난스럽게 스텝을 밟으며 말했다.

이 길에서 왼쪽으로 꺾어져 5분 정도 걸어가면 버스가 다니는 도로가 있다. 버스로 통학하는 유사쿠와 토오루는 항상 그곳에서 헤어지곤 한다. 하지만 오늘은 그 전에 들를 곳이 있었다.

"나, 사실은 야스다 상점에 처음 가 봐."

토오루가 기뻐하며 말했다.

"관악부는 항상 버스 도로에 있는 편의점에만 들렀거든. 왠지 되게 기대된다."

유사쿠가 고개를 끄덕였다.

"그러고 보니 넷이서 가는 건 처음이네. 그럼 케이토의 부장 취임 축하 겸 오카자키의 환영회를 열자. 축하해야 할 날이니까 아이스크림 사줄게. 주스도 괜찮아."

케이토를 비롯한 네 사람이 향하고 있는 곳은 학교 부지 모퉁이와 대각선상으로 맞은편에 있는 오래된 잡화점이었다. 이름은 야스다 상점. 학생들이 자주 모이는 곳으로, 가게 뒤편에는 논밭이 펼쳐져 있을 뿐이라 일반 손님이 찾아오는 경우는 거의 없다. 학생들이 사 먹는 과자와 빵, 음료수 매상만으로 유지되고 있는 가게다.

함석지붕에 걸려 있는 '잡화 · 빵 야스다 상점'이라는 간판도, 가게 앞에 놓여 있는 코카콜라 로고가 박힌 벤치도 햇볕에 시달려 색이 바래 있었다. 열 평도 되지 않는 가게 안에는 상품 진열대와 아이스크림 냉동고에 둘러싸인 벤치 두 개와 합판 테이블이 놓여 있고, 안쪽에서는 가게 주인 할머니가 항상 꾸벅꾸벅 졸고 있다. 학생들이 친근함을 담아 '야스다 카페' '싼도날드'라고 부르기도 하는 이 가게에는 케이토도 여러 번 온 적이 있지만, 주인 할머니가 "자, 거스름돈~"과 "고마워요~" 이외의 말을 하는 것을 본 적은 한 번도 없었다.

항의하러 왔던 학생들과 교장이 사라진 후, 카토가 느닷없이 말했다.

"참, 부장을 정하라고 하던데."

프린트 뒤를 투표용지로 만들어 즉각 선거를 실시한 결과, 세 표를 획득한 케이토가 부장으로 선출되었다. 유일하게 유사쿠를 찍은 케이토는 항의를 받은 직후인 만큼 "항의용 화살받이냐"라며 한층 깊이 고개를 숙였다.

"젠장."

케이토의 기분을 대신 표현해주듯 신타로가 입을 삐죽 내밀며 중얼거렸다. 신봉하는 KISS의 대표곡을 '시끄럽다'는 한마디로 부정당한 신타로는 나름대로 무척 풀이 죽어 있었다.

"괜찮아, 괜찮아. 오늘 항의하러 왔던 사람들이 '혼덴고 마니아'에서 우릴 다시 보게 만들어주자. 어쨌든 아이스크림 사줄게."

애써 밝게 행동하는 것일까, 아니면 원래 모든 걸 깊게 생각하지 않는 성격인 것일까. 유사쿠와 어울린 지 한 달이 지났지만 케이토는 아직 판단을 내릴 수가 없었다.

가게 안에서 떠들썩한 소리가 들려왔다. 유리문을 열고 가게 안으로 들어가 보니 먼저 온 손님이 있었다.

그쪽은 남자 셋, 여자 둘이었다. 그들이 1학년이라는 것은 첫눈에 알 수 있었다. 새 교복을 입고 있기 때문이었다. 가게 안 벤치는 좁혀 앉으면 네 명 정도는 더 앉을 수 있을 것 같았지만, 나중에 온 주제에 그렇게 부탁하기는 어려웠다. 아무래도 바깥 벤치에 앉아서 쉬어야 할 것 같았다.

1학년들은 뭐가 그렇게 신나는지 주스와 과자를 먹으며 웃고 있었다. 그러나 가게 안으로 들어온 케이토와 신타로가 메고 있는 소프트 케이스를 보더니 웃음소리가 차츰 작아졌다.

어색한 침묵이 가게를 지배했다. 아이스크림을 고르는 동안 그들은 왠지 이쪽을 훔쳐보며 자기들끼리 눈짓을 보내고 있었다.

네 사람이 가게에 온 지 1분도 되지 않아 남학생 한 명이 "그만 갈까"라고 말을 꺼냈다.

그 말이 떨어지기가 무섭게 1학년들은 허둥지둥 일어서서 출구로 향했다. 가게에서 나갈 때 한 여학생의 구두 끝이 벤치에 부딪혀 쾅 하고 요란한 소리가 울렸다.

"죄, 죄송합니다."

돌이킬 수 없는 실수를 사과하듯 이쪽을 향해 몇 번이나 머리를 숙인 후, 여학생은 친구들을 쫓아 밖으로 뛰쳐나갔다.

음료수 진열장의 자동 온도 조절기 소리만이 유달리 크게 울리는 가게 안에서 토오루가 혼잣말처럼 중얼거렸다.

"왠지 전과자 취급이네?"

반쯤 열린 케이토의 입에서는 한숨밖에 흘러나오지 않았다.

"자, 자."

유사쿠가 화가 날 만큼 밝은 목소리로 말하며 아이스바를 흔들었다.

"마침 잘됐네. 자리가 비었잖아. 자, 앉자, 앉자. 방음 대책도 생각해야 하고, 오늘은 부장 취임 축하 겸 환영회 겸 대책 회의잖아. 자, 자, 앉아, 앉아."

유사쿠가 훨씬 부장답잖아.

초등학교 반장조차 해본 적이 없는 케이토는 나무 스푼의 포장지를 벗기며 마음속으로 그렇게 중얼거렸다.

'방음막' 제작과 설치에는 상상 이상의 수고와 시간이 필요

했다.

각자 집에서 낡은 이불을 가져와 손가락 끝을 구멍투성이로 만들며 꿰매는 데 하루. 일요일을 끼고 학교에 허가를 신청한 후 다시 이불을 꿰매는 데 하루. 자전거를 타고 학교와 홈 센터를 오가며 필요한 재료를 모으는 데 하루.

익숙하지 않은 바느질은 지독하게 힘들었다. 케이토는 끝없이 계속되는 작업에 완전히 질려 버리고 말았다. 휴식시간에는 계단에 축 늘어져서 꼼꼼한 작업으로 굳어 버린 몸을 풀었다.

신타로와 토오루도 마찬가지였다. 신타로는 작은 소리로 투덜대며 이불에 욕설을 퍼부었고, 토오루는 헤드폰으로 음악을 들으며 멍하니 앉아서 시간을 보냈다. 신타로가 억지로 빌려준 아이팟에는 장르를 불문하고 선곡한 '밴드부 부원이 들어 둬야 할 최소한의 곡'이 400곡 이상 들어 있었다. 지금까지 팝음악이라고는 CM송 등이 들어 있는 컴필레이션 앨범을 가끔 들은 것이 전부라는 토오루를 위해 신타로가 선곡한 것이었다.

이런 나태한 분위기 속에서도 유사쿠만은 달랐다.

유사쿠는 휴식시간이 되면 반드시 레스폴을 들었다. 층계참에 책상다리로 앉아서 메트로놈에 맞춰 지루한 음계 연습을 했다. 메이저 스케일과 마이너 스케일뿐 아니라 블루스 스케일과 도리아 스케일 등, 앰프와 연결하지 않은 기타로 다양한 음계를 연주하곤 했다.

케이토에게는 그것이 의문이었다. 연습 전과 짧은 휴식시간 등, 조금만 시간이 나면 유사쿠는 반드시 지루한 음계 연습을 했다. 잡담을 하면서도 오지 오스본의 〈Over The Mountain〉 등 헤비메탈 곡의 화려한 기타 솔로를 가볍게 연주하고, 건방지게도 "랜디 로즈는 거의 따라잡은 것 같아"라고 공언하는 유사쿠가 어째서 그런 초보적인 연습을 되풀이하는 것인지 이유를 알 수 없었다.

신타로가 도발적인 목소리로 유사쿠에게 말했다.

"도레미파솔~ 음악 수업 같군. 지루하지 않냐?"

"지루하지."

유사쿠는 의외로 순순히 인정했다.

"그럼 왜 그것만 계속하는 거냐?"

"더 잘 치고 싶으니까."

그 대답에 케이토와 신타로는 숨을 삼켰다.

유사쿠가 기타를 치던 손을 멈췄다. 갈색 머리카락을 쓸어 올리는 그의 얼굴에는 여느 때 같은 미소가 없었다.

"실은 어쿠스틱 기타로 하는 게 제일 좋지만……. 정확한 핑거링과 정확한 피킹, 그걸 신경 쓰며 한 음 한 음 소리를 내는 거야. 예를 들면 오른손은 얼터네이트 피킹으로 치고 있지만 피크가 이렇게 누우면……."

유사쿠는 기타 바디를 향해 피크를 기울이고 한 현을 아래에서 위로 번갈아가며 쳤다. 그 음색은 각각 다른 악기로 연주하는 것처럼 통일감이 없었다.

"봐, 업 다운으로 치면 음색이 통일되지 않아서 듣기 싫지?"

케이토는 아무 말 없이 고개를 끄덕였다. 기본적인 것이지만 자신은 지금까지 그 기본을 제대로 지켰던가. 별로 자신이 없었다.

유사쿠가 말을 이었다.

"음량을 일정하게 유지하는 것도 간단한 것 같지만 꽤 어려워. 또 줄에서 손을 뗄 때 쓸데없는 소리가 나거나 음이 지저분하게 이어지는 것도 조심해야 돼. 전부 기본 중의 기본이지만, 이런 연습을 계속해야 실력이 늘지 않을까. '록을 하고 싶어'라는 초기적인 충동만으로는 열정을 계속 유지할 수 없어."

마지막 한마디를 할 때 유사쿠는 분명히 케이토의 눈을 응시했다. 케이토는 그만 시선을 피하고 말았다.

"가바가바 헤이! 가바가바 헤이!"

토오루가 느닷없이 노래를 흥얼거렸다. 그는 긴 다리를 뻗고 눈을 감은 채 기분 좋은 듯이 머리를 아래위로 흔들고 있었다.

"뭐, 어쨌든."

유사쿠가 케이토에게 시선을 되돌리며 말했다.

"정확한 소리가 귀에 익으면 이런 것도 간단하게 할 수 있어."

유사쿠는 그렇게 말하며 5번 줄을 제외한 모든 줄의 페그를 마구잡이로 돌린 후 피크를 내리그었다. 불협화음이라고조차

부를 수 없는 거북한 소리가 울려 퍼졌다.

"이걸……."

유사쿠는 두 번째로 굵은 5번 줄의, 헤드부터 셌을 때 다섯 번째에 위치한 플랫을 누르며 그 아래에 있는 4번 줄을 같이 울렸다. 물결이 치는 듯한, 얼핏 듣기에도 서로 어긋나는 소리가 울렸다.

"이렇게 페그를 돌리면서……."

유사쿠는 헤드 상하에 세 개씩 달려 있는 페그 중 4번 줄이 감겨 있는 페그를 조금씩 감으며 음정을 조절해 나갔다. 두 현에서 울리는 소리의 어긋남이 차츰 줄더니 이윽고 완전히 하나가 되었다. 카토가 안경 속의 작은 눈을 깜빡거리며 유사쿠의 능숙한 작업을 지켜보고 있었다.

"이제 4번 줄은 오케이."

유사쿠는 같은 요령으로 같은 높이의 음을 지닌 두 줄의 어긋남을 수정해 나갔다. 마지막으로 6번 줄의 음을 맞추고 처음처럼 여섯 개의 현을 동시에 울리자 이번에는 아름다운 화음이 울려 퍼졌다.

"어때?"

아무 말도 나오지 않았다. 한 음을 정해 두면 그것을 기준으로 음차를 이용해서 다른 음을 맞출 수 있다. 이런 식으로 기계에 의존하지 않는 튜닝 방법은 지식으로는 알고 있었지만 그것을 실제로 눈앞에서, 그것도 지극히 짧은 시간에 해치우는 것을 보니 뭐라 할 말이 없었다.

"이 정도는 아무렇지도 않게 할 수 있어야지. 즐겁게 기타를 치고 즐겁게 노래를 불러도 즐거운 건 자기 자신뿐이지, 듣는 사람은 즐겁지 않아."

"무슨 말이 하고 싶은 거냐."

신타로가 가시 돋친 목소리로 물었다.

"록도 음악이라는 것이지. 삶의 방식, 마음가짐, 또는 즐거운 취미이기 이전에. 취미란 끝까지 파고들지 않으면 진정한 즐거움을 알 수 없잖아? 먼저 음악으로 성립되지 못하면 스테이지에서 연주해도 사람들을 즐겁게 하는 건 무리야. 힙합에 포지션을 빼앗기는 것도 당연해."

"지금 시비 거는 거냐?"

"그럴 생각은 없지만."

신타로가 험악하게 따지자 유사쿠는 그것을 부드럽게 흘려넘기면서도 도발을 계속했다. 평소와 똑같은 패턴이었다.

케이토는 말릴 생각도 없이 입을 다물고 있었다.

부모님을 졸라서 기타를 살 돈을 얻은 것은 4년 전 크리스마스 때였다. 형 츠요시와 함께 들어간 악기점에서 '싸지만 소리도 괜찮고, 초보자라면 이 정도가 제일 무난할 것 같네요'라는 점원의 추천을 받아 스콰이어의 검은색 스트라토캐스터를 구입했다. 처음 기타를 쥐었을 때 느꼈던 묵직한 무게감은 지금도 기억하고 있다.

그날 이후로 거의 매일같이 기타를 연주했다. 열세 살 어린 아이의 손에는 기타가 너무 컸고, 코드 하나를 익히는 데에도 몇 주일이나 걸렸다. 팽개쳐 버릴까 생각한 적도 있었다. 하지만 포기하지 않았다. '혼덴고 마니아'에 나가는 것만을 생각하고 있었다.

피크가 몇 개나 갈라지고 줄이 몇 개나 끊어졌다. 그러면서 조금씩 기타를 다루는 방법을 알게 됐다. 간단해 보이는 곡을 닥치는 대로 카피했다. 듣기만 하던 곡을 자신의 손으로 재현할 수 있었다. 오리지널에는 훨씬 못 미치는 연주였지만 기타가 좋다는 마음만은 누구에게도 지지 않는다고 생각했다. 그래서 동료가 없어도 견딜 수 있었다.

하지만 그때 유사쿠가 나타났다. 유사쿠는 자신보다 훨씬 높은 경지에 올라 있었고, 자신보다 훨씬 기타를 사랑했다. 자신만만하게 속주를 피로하는 한편 기본 연습도 게을리 하지 않았다. 케이토가 음악잡지에 실려 있는 타브 악보와 씨름하며 인기곡을 카피하는 데 열중하는 동안 유사쿠는 지루한 기초 연습에 착실히 시간을 투자했다. 유사쿠는 적어도 기타에 대해서만은 성실했다. 언제나 진지한 태도로 임했다.

"야, 네 말투에는 남에 대한 배려가 없어."

"일일이 물고 늘어지지 마. 배려 없기는 너도 만만치 않거든?"

두 사람은 아직도 싸우고 있었다.

"아, 열 받아!"

"워, 워. 소리 지르지 마. 여긴 학교 안이야."

"너, 너……."

신타로가 이를 갈며 케이토를 돌아보았다.

"케이토, 가만있지 말고 너도 뭐라고 말 좀 해봐."

케이토는 층계참으로 내려가서 스탠드에 걸쳐 둔 스트라토 캐스터를 들었다.

"유사쿠, 기타 가르쳐줘. 기초 중의 기초부터."

"……지금 뭐하자는 거냐."

신타로가 천장을 올려다보았다.

유사쿠는 케이토의 눈을 물끄러미 응시했다. 진의를 가늠하고 있는 듯했다. 이번에는 케이토도 시선을 피하지 않았다.

"……응, 좋아."

두 사람은 층계참에 마주앉아 스케일 연습을 시작했다.

작업을 시작한 지 엿새째, 드디어 방음막이 완성되었다.

이불 위쪽에 꿰매 붙인 여덟 개의 면 테이프를 드럼세트가 있는 발코니 난간에 묶고 이불을 아래로 늘어뜨렸다. 한 겹으로는 별다른 방음 효과를 기대할 수 없기에 같은 크기의 이불 두 개를 준비했다. 계산했던 대로 두 개의 이불은 20센티미터쯤의 여유를 남기고 발코니 아래의 계단에 닿았다.

이 거대한 이불벽 외에도 아래 계단과 위 계단 사이에 있는 삼각형의 틈새를 막을 이불도 만들었다. 남은 천은 흡음 효과를 기대하며 베이스 드럼 안에 넣었다. 앰프 아래에는 보드지를 깔았다. 이걸로 바닥에 전해지는 소음이 조금은 줄어들 것이다.

밴드부라기보다는 수예부에 가까운 활동 끝에 겨우 완성된 '방음막'을 층계참에서 바라보며 카토를 포함한 다섯 명은 고개를 끄덕였다.

"더 음침해졌군."

신타로가 작게 중얼거렸다. 이의를 제기하는 사람은 아무도 없었다. 갈색, 푸른색, 자주색, 옅은 초록색. 색깔도 무늬도 제각각인 낡은 이불로 만든 거대한 패치워크는 부단에 지금까지 이상의 압박감을 드리웠다.

"토오루, 잠깐 드럼 좀 쳐 볼래?"

"오케이."

네 사람은 이중 방음막 안에 토오루를 남기고 4층으로 내려갔다. 곧 업 템포의 드럼 소리가 울려 퍼졌다.

두두다다두두다다 투다다다다……

두 겹의 이불 너머로 들려오는 소리는 제법 작았다. 거리가 다르니 단순 비교는 할 수 없지만, 음량은 계단 중간에서 들을 때의 반 정도로 줄어 있었다.

"어떻습니까?"

케이토가 팔짱을 끼고 옆에 서 있는 카토에게 의견을 물었다.

"괜찮군."

"괜찮은 정돈가……."

유사쿠가 말했다.

"이렇게까지 했는데도 항의하러 오면 인간도 아니야."

유사쿠의 말은 부원들 모두의 심정을 대변하고 있었다. 케이토와 신타로는 고개를 끄덕이며 당장이라도 마릴린 맨슨이 튀어나올 듯한 무시무시한 색깔의 '방음막'을 올려다보았다.

"아, 맞다. 항의할 사람이 있긴 하군."

카토가 느릿느릿한 어조로 말했다.

"누구요? 모리 선생님?"

케이토가 물었다. 카토는 고개를 저었다.

"아니, 소방서 직원. 점검하러 오면 제일 먼저 지적할 거다. 아마 이거, 소방법 위반일걸."

"그럼 위험하지 않을까요?"

"하지만 얼마 전에 점검을 마쳤으니까 당분간은 오지 않을걸."

"괜찮을까요?"

"뭐, 딱딱한 소리는 그만두자꾸나."

버블헤드 인형처럼 고개를 끄덕이는 카토는 아키의 표현을 빌리자면 '로커' 같았다. 너무나도 어울리지 않는 그 동작에 케이토는 내심 쓴웃음을 지었다.

6

방음막을 설치한 후로 항의하러 오는 사람은 없었다. 현립 오오미야 혼덴 고등학교 특별활동부에 인간이 아닌 사람은 없는 모양이었다.

카미야마 케이토를 비롯한 네 명의 밴드부 부원과 고문 교사 카토는 일요일을 제외하고는 매일 모였다. 평일에는 방과 후에 두 시간, 토요일은 아침 9시부터 오후 4시까지, 두꺼운 두 겹의 천과 철문으로 밀폐된 무덥고 어두컴컴한 계단에서 질리지도 않고 연습을 계속했다.

6월에 접어들자 답답하고 무거운 스탠딩칼라 교복에서 해방되어 반팔 셔츠와 얇은 회색 바지를 입을 수 있게 되었다. 하지만 공기가 정체되어 있는 부단은 여전히 찜통 같았다. 언제부턴가 부원들 모두는 집에서 가져 온 티셔츠와 학교 체육복인 감색 반바지로 갈아입고 연습을 하게 되었다.

하루 중 30분은 네 명의 코러스 연습에 할애했다. 유사쿠가 집에서 작은 키보드를 가져와 코치를 맡았다.

유사쿠는 당장 노래를 시켜주지는 않았다. 세 사람에게 복근과 스트레치 운동을 과제로 내주고, 복식호흡이라든가 음정을 일정하게 유지하는 것부터 연습시켰다.

제일 우등생은 토오루였다. 관악부에서 음감이 단련된 덕일까, 드럼뿐 아니라 코러스를 습득하는 속도도 빨랐다.

반대로 가장 열등생은 신타로였다. 화음을 이루어야 할 코러스는 조금만 방심하면 메인 보컬에 휩쓸려 제창이 되었고, 쓸데없는 부분에 힘이 들어가는지 큰소리로 노래를 부르면 얼굴이 시뻘겋게 물들었다.

4월부터 연습을 시작한 케이토는 악기를 연주하지 않고 노래하는 것만은 결코 나쁘지 않은 수준에 도달해 있었다. 하지만 기타를 연주하며 세심하게 신경 써서 노래하는 것은 무척 어려웠다. 노래에 집중하면 기타가 소홀해지고, 기타에 집중하면 노래가 소홀해졌다. 한마디로 아직까지는 노래도 기타도 어중간하다는 뜻이다.

악기와 마찬가지로 코러스에 관해서도 유사쿠의 지도는 엄격했지만, 덕분에 신타로도 몇 주일 만에 나름대로 목소리를 조절할 수 있게 되었다.

케이토가 유사쿠의 제자가 된 것이 미묘한 영향을 미친 것일까. 신타로도 유사쿠의 말에 귀를 기울일 때가 많아졌고, 그 성과는 베이스 음에 뚜렷하게 나타났다. 지금까지는 리듬과 그루브를 만들어내기는커녕 오히려 밴드에 질질 끌려 다니는 것처럼 무거운 연주를 하던 신타로도 유사쿠가 반복해서 지적하고 시범을 보여주는 동안 기타와 드럼에 비해 소리가 늦게 울리는 베이스의 특성을 파악하고 차츰 토오루의 드럼과 조화를 이루게 되었다.

이렇게 음악적인 면으로는 착실하게 향상을 거듭하고 있었지만, 인간관계는 아직 삐걱거리기 일쑤였다.

"스톱스톱! 그만그만그만!"

유사쿠가 케이토의 마이크를 움켜쥐고 연주를 중지시켰다. 세 사람의 입에서 일제히 한숨이 흘러나왔다. 유사쿠는 팔로이마의 땀을 닦으며 짜증스러운 목소리로 케이토와 신타로에게 말했다.

"미적지근해. 늘어져. 축 처져. 좀 더 바디랭귀지를 의식해봐. 벌써 6월 중순이야. 공연까지 앞으로 3개월 남짓밖에 안 남았어. 아니, 그 전에, 2학기가 시작되자마자 오디션이 있잖아? 이대로는 아슬아슬하거든? 밴드부가 '혼덴고 마니아' 예선에 탈락해서 폐부되면 웃기지도 않잖아. 정신 똑바로 차려. 그리고 토오루도 음이 너무 얌전해. 더워서 지친 건 알겠지만 똑바로 해."

"얌전하다고?"

토오루가 드럼세트 안에서 느긋한 목소리로 중얼거렸다.

"얌전해. 막 가입했을 때에는 좀 더 귀신 같이 박력 있는 소리를 냈는데.”

계단 위에 서 있는 신타로가 얼굴 가득 맺혀 있는 땀을 수건으로 거칠게 닦으며 반박했다.

“야, 토오루도 나도 케이토도 다들 진지하게 연습하고 있어. 그딴 소리로 남의 의욕 좀 꺾지 마.”

“하지만 음이 따로따로 논단 말이야. 조화가 되질 않아.”

“네가 계속 스톱을 거니까 조화되고 싶어도 조화될 수 없는 거 아니냐.”

유사쿠가 발끈하며 말했다.

“꼭 그런 식으로 남의 탓을 하더라.”

“너 때문이니까 너 때문이라고 하는 거지. 그것도 모르냐, 이 구름머리야!”

“뭐? 자기 뻗친 머리는 신경도 안 쓰면서 남한테 그런 소릴 하다니. 그럼 나도 한마디 하겠는데, 이상해, 그 뻗친 머리. 무스라도 빌려줄까?”

“헤어스타일까지 네 지도를 받고 싶진 않아.”

늘 그랬듯이 신타로와 유사쿠가 계단 위와 계단 아래에서 싸우기 시작했다.

토오루가 드럼세트에서 얼굴을 내밀었다.

“저, 구름머리든 뻗친 머리든 아무래도 좋으니까 싸움은 그만두지 않을래?”

“넌 빠져, 까까머리!”

신타로가 버럭 소리를 질렀다. 토오루는 "아, 야단맞았다"라면서 머리를 긁적이고 드럼세트 뒤로 숨었다.

"뻗친 머리는 고치지 않아도 되니까 쓸데없이 슬라이딩하는 핑거링이나 고쳐줬으면 하는데."

"쓸데없이……? 이, 이…….."

신타로가 더듬거리는 틈에 케이토는 재빨리 화제를 다른 쪽으로 돌렸다.

"음, 헤어스타일 얘기는 일단 제쳐두고, 애초에 여기가 너무 더운 게 문제 아닐까?"

케이토는 층계참에 오도카니 앉아 있는 카토를 돌아보았다.

"뭐랄까, 방음막 때문에 열기가 밖으로 빠져나가질 않아요. 이런 환경에서 연습하면 역시 짜증이 나기 쉽다고 생각합니다. 그래서 말인데요, 저……, 옥상 문을 열면 안 될까요? 환기도 되고, 교사 안으로 새어나가는 소리도 좀 더 작아질 것 같은데."

케이토는 신타로의 등 뒤에 있는 철문을 가리켰다.

카토는 습기로 부옇게 흐려진 안경을 벗은 후 주머니에서 꼬깃꼬깃한 손수건을 꺼내 눈 주위에 맺힌 땀을 닦았다. 그리고 다시 안경을 쓴 다음 이번에는 노트로 파닥파닥 부채질을 시작했다.

"저, 듣고 계십니까?"

"아, 응."

카토는 노트로 부채질을 하며 고개를 작게 끄덕였다.

"……이건 내 생각인데, 이런 더위 속에서 연습하는 것도 좋은 경험이 되지 않을까. 나중에 분명히 도움이 될 테니까 이번 학기가 끝날 때까지는 참아 보자꾸나."

의외의 대답에 케이토와 유사쿠, 신타로는 서로 얼굴을 마주보았다.

'그럼 다른 선생님들과 의논해 보마.'

그런 애매한 대답이 돌아올 줄 알았건만 카토는 분명한 거절을 표한 것이다.

"아, 네. 그렇습니까."

그렇게 대답하면서도 케이토는 도저히 이해할 수 없었다. 카토도 이 부단의 찜통 같은 더위에 상당히 고생하고 있을 것이다. 옥상 문 개방을 주저할 이유가 없다.

유사쿠가 이쪽을 올려다보며 제안했다.

"케이토, 일단 쉬자. 지금 그 말을 듣고 힘이 빠졌어."

어쨌든 10분 동안 휴식을 취하기로 했다. 토오루가 플로어 탐을 밀고 계단을 내려와서 신타로 옆에 털썩 주저앉았다. 팔다리를 쉴 새 없이 움직이는 드럼은 밴드 중에서도 가장 체력이 필요한 파트다. 덕분에 토오루의 체력소모는 다른 세 사람보다 훨씬 심했다.

며칠 전 토오루가 이런 얘기를 한 적이 있었다.

"'혼덴고 마니아'에 나가려는 건 내가 '무책임한 사람'이 아니라는 걸 하세가와가 알아줬으면 해서야.”

관악부에 소속되어 있다는 하세가와라는 여학생이 어떤 인물인지는 모르지만, 그 하세가와도 지금 토오루의 모습을 보면 즉각 자신의 발언을 철회할 것이다.

케이토는 스트라토캐스터를 끌어안고 층계참으로 내려갔다. 왠지 토오루에게 질 수 없다는 기분이 들었다.

“유사쿠, 미안하지만 다시 한 번 하모나이즈 초킹 시범을 보여주지 않을래? 어제 집에서 연습해 봤는데 하면 할수록 요령을 모르겠어. 아무리 힘을 줘서 줄을 올려도 소리가 끝까지 올라가지 않거나 약지 뒤쪽이 아랫줄에 닿아서 두 줄을 동시에 울릴 수가 없어.”

“또? 보여주는 건 상관없지만, 그게 그렇게 어렵나?”

그렇게 말하며 유사쿠는 왼손 손가락 두 개로 레스폴 현을 올려서 멋진 초킹을 보여주었다. 앰프에서 흘러나온 높고 낮은 두 개의 음은 키잉 하는 금속성 울림과 함께 아름다운 화음을 이뤘다.

“……잘한다.”

신타로가 무심코 중얼거렸다.

케이토도 뒤따라 시도해 봤지만 도저히 제대로 된 음이 나지 않았다. 소리를 낼 때마다 두 개의 줄은 불쾌한 불협화음을 울렸다.

몇 번이나 도전하는 동안 유사쿠의 인내심이 바닥났다.

"손가락 끝을 너무 의식해서 그래. 이런 테크닉에 필요한 건 손이 아니라 감각이야. 가르치는 사람 말을 잘 듣고 귀에 신경을 집중해서 흉내 내면 초보자도 할 수 있어."

유사쿠는 그렇게 말하며 스트라토캐스터의 스트랩을 케이토의 어깨에서 벗긴 후 카토에게 손짓을 했다.

"나?"

"네. 케이토를 가르쳐주세요. 선생님이니까."

"으음."

카토는 시키는 대로 스트랩을 어깨에 메고 검은 스트라토캐스터를 들었다.

"비틀즈다!"

토오루와 신타로가 계단 위에서 카토를 가리키며 외쳤다. 두 사람은 발을 동동 구르며 웃음을 터뜨렸다. 정수리에서 아래로 똑바로 내려오는 카토의 생머리는 확실히 비틀즈의 버섯머리와 비슷하기도 했다.

폭소하는 두 사람을 무시하고 유사쿠는 카토에게 강의를 시작했다. 정말로 카토에게 시킬 생각인 모양이다. 성공하면 웬 망신이란 말인가.

"그리고 이 아래에서 두 번째 줄과 세 번째 줄을 튕기면서 세 번째 줄만 위로 올리세요. 이 정도까지. 자, 해보세요."

"이렇게?"

카토는 안경 너머로 줄을 누르고 있는 왼손을 응시하며 오른손으로 2번 줄과 3번 줄을 튕겼다. 두 개의 소리 중 하나가 부드럽고 날카롭게 상승하여 또 하나의 음과 화음을 이뤘다.

흠잡을 데 없이 완벽한 초킹이었다. 대체 무슨 방법을 쓴 것일까.

토오루와 신타로가 케이토를 바라보며 더욱 크게 웃음을 터뜨렸다. 어지간히 이상한 표정을 짓고 있었던 모양이다.

"우와, 이래서 초심자의 행운이 무서운 거라니까."

"쪽팔리겠다, 케이토. 너, 1년 동안 대체 뭘 한 거냐?"

서로 어깨를 두드리며 웃는 두 사람의 말에 케이토는 아무런 반론도 할 수 없었다.

카토는 유사쿠에게 "이제 됐나?"라고 물은 후 케이토에게 스트라토캐스터를 돌려주었다.

"갑자기 시키는 바람에 힘이 빠져서 그런가? 손가락에 별로 힘을 주진 않았는데."

"후아."

케이토는 여우에 홀린 기분으로 반신반의하며 기타를 쳤다.

현을 밀어 올리는 왼손부터 머리 꼭대기까지 가늘고 탄력 있는 튜브 같은 것이 생긴 듯한 느낌이 들었다. 처음으로 소리다운 소리가 난 하모나이즈 쵸킹이었다.

"오, 선생님의 조언이 완벽했나 보군."

"너, 유사쿠가 아니라 카토 쌔……, 카토 선생님 제자로 들어가라."

계단 위에서 떠드는 토오루와 신타로에게 케이토는 조금 발끈하며 대답했다.

"뭐가 그렇게 우습냐? 지금 해보고 안 건데, 이런 건 약간의 계기만 있으면 익힐 수 있어. 벌써 마스터했는걸. 봐."

그렇게 말하며 다시 한 번 초킹을 시도했지만, 너무 힘이 들어갔는지 왼손가락이 줄에서 벗어나고 말았다. 부웅 하는 맥빠진 소리가 스피커 콘을 울렸다.

토오루와 신타로는 몸을 젖히며 웃음을 터뜨렸다. 케이토도 쓴웃음을 지었다. 조금, 아주 조금 더위가 가신 듯한 기분이 들었다.

카토가 자신의 자랑거리인 테크닉을 쉽게 흉내 낸 게 분한 것일까? 유사쿠만은 입을 다물고 있었다.

츠요시의 폭소는 좀처럼 그치지 않았다.

"카토 쌤이 하모나이즈 초킹? 안 어울려! 그딴 건 나도 못해."

"아니, 지금 문제는 그게 아니라 옥상 문이거든?"

케이토의 말에도 츠요시는 몸을 구부린 채 웃음을 멈추지 않았다.

구직활동으로 고전하던 츠요시는 요즘 굉장히 기분이 좋았다. 얼마 전, 전자제품 회사에 겨우 취직이 내정되었기 때문이다. 덕분에 그는 "여자가 한 명도 없다니, 말도 안 돼"라고 나름대로 환영의 뜻을 표하며, 토요일 오후에 느닷없이 찾아온 후배들을 기분 좋게 맞이해주었다.

서로 CD를 교환하느라 케이토와 문자를 주고받던 유사쿠가 전성기를 알고 있는 선배의 얘기를 들어 보고 싶다는 말을 꺼낸 것은 어젯밤 일이었다. 신타로와 토오루에게도 연락을 해보니 둘 다 자기들도 듣고 싶다고 말했다.

"보고 싶다, 기타를 든 카토 쌤. 왜 사진을 안 찍은 거냐."

츠요시는 아직도 어깨를 떨며 웃고 있었다.

때때로 옆집 목련에 앉은 물까치의 울음소리가 알루미늄 창틀 너머로 거실 안에 울려 퍼졌다.

"저기, 선배는 모르겠지만, 부단은 정말 무지막지하게 덥거든?"

다섯 살 연상의 밴드부 선배 앞에서도 유사쿠는 존댓말을 쓰지 않았다.

"종업식까지 앞으로 한 달이나 남았는데, 그렇게 덥고 습기 찬 곳에서 연습하다가는 악기가 고장 나고 말 거야. 카토 쌤도 그걸 알아줬으면."

"악기보다 사람 몸부터 걱정하시지. 만약 탈수증으로 쓰러지기라도 하면 난 그대로 계단 아래로 굴러 떨어지거든?"

신타로가 센베 과자를 우적우적 씹으며 볼멘소리로 말했다. 케이토가 재빨리 두 사람 사이에 끼어들었다.

"그러니까 카토 쌤도 휴식과 수분 공급에 주의를 기울이라고 했잖아. 나름대로 우릴 생각해주고 있긴 한 거야. 그렇게 생각하고 싶어."

츠요시가 어깨를 으쓱했다.

"뭐, 그 사람이 무슨 생각을 하고 있는지 어떻게 알겠냐. 어느 날 갑자기 '나의 길을 가련다' 하고 소식을 끊어 버릴 것 같은 타입이잖아. 어쨌든 좋은 추억이 되지 않겠냐? 청춘의 한가운데라는 느낌이랄까. 부럽다."

"하지만 물을 마신 후에 드럼을 치면 땀이 끔찍하게 많이 나요. 그래서 금방 목이 마르고. 청춘의 한가운데라기보다는 꼭 스펀지가 된 기분이에요."

토오루는 츠요시에게 호소하며 카펫 위에 앉아 있는 부원들의 얼굴을 바라보았다.

"이 멤버들과 함께 에어컨이 돌아가는 방에 앉아 있으니 뭔가 이상해요. 오늘은 아무도 땀을 흘리지 않네요."

"전 선배님 시대가 부럽습니다."

신타로가 보리차를 벌컥벌컥 마시며 말했다.

츠요시가 재적 중이던 3년 동안은 밴드부 부원이 스무 명 아래로 내려간 적이 없었고, 해마다 밴드부 내에서도 네 팀이나 다섯 팀의 밴드가 '혼덴고 마니아' 출연을 걸고 격렬한 경쟁을 벌였다고 한다. 그 중에는 KISS 같은 70년대 곡이 특기인 밴드도 있었다고 들었다.

"사람이 너무 많은 것도 생각해 볼 문제야. 3학년 때 내가 소속되어 있던 밴드는 실력이 끝에서 두 번째였어. 정말 위험했지. 오디션에서 일반 참가 밴드도 못 이길까봐 굉장히 걱정했어. 어쩌면 좋을지 고민하고 있을 때 카토 쌤이 '젊음을 무기로 승부할 수 있는 것은 기껏해야 10대일 때뿐이다'라는 신의 계시 같은 말을 하더군. 그게 힌트가 된 거야. 그래, 우린 질로는 이길 수 없으니까 양으로 승부하자. 그렇게 결심했지. 우리 반에 피아노를 배운 애가 있어서 그 애한테 키보드를 부탁하고, 친구의 친구가 관악부 부원이란 얘기를 듣고 통사정해서 색소폰 연주자 세 명을 빌렸어. 제일 고생한 건 관악부에서 사람을 빌린 걸 공연날까지 하야시바라에게 들키지 않는 거였지."

"아, 들켰더라면 분명히 방해했을 걸요."

토오루가 이해한다는 듯이 고개를 끄덕였다. 유사쿠가 선망이 담긴 목소리로 말했다.

"그런 경쟁이 있었으니 당연히 현 밖에서도 손님이 올 만한 수준이 된 거겠지. 우리의 라이벌은 다른 부원이 아니라 찜통 더위야. 차원이 달라."

츠요시가 재적 중이던 당시, 많은 부원을 거느린 밴드부는 시청각실과 음악실을 연습장소로 거의 독점하고 있었으며, 현재의 부단은 그저 자재를 보관하는 곳으로만 이용했다고 한다. 하지만 특별 교실에서 연습할 권리는 케이토의 상급생들이 행사하지 않는 동안 자연히 소멸되고 말았다.

츠요시가 말을 이었다.

"제일 타격이 컸던 건 우리 대의 부원들이 졸업해서 빠져나간 뒤에 부원이 반으로 줄어든 거야. 그때부터 별 의욕 없는 하급생이 섞이기 시작했지. 고등학교 특별활동이란 몰락하는 속도가 빠른 것 같아. 어차피 그렇게 될 운명이었을지도 모르지만."

"어째서?"

유사쿠가 물었다.

"일반 참가 밴드도 해마다 줄었고, 반대로 댄스나 랩을 하는 녀석들은 늘었으니까. 아마 우리 2학년 때에 이벤트 이름이 '록 인 혼덴고'에서 '혼덴고 마니아'로 바뀌었을 거야. 실정에 맞지 않는다는 이유로."

"아, 그렇군. 역시 시대의 흐름은 그쪽인가 보네."

유사쿠는 쓸쓸하게 고개를 숙였다. 본래의 취향이 헤비메탈 계열인 유사쿠는 세상과 자신의 음악적 취향의 차이를 가장 민감하게 느끼고 있을 것이다.

"어? 이상하지 않아?"

토오루가 손가락을 꼽으며 말했다.

"선배가 3학년 때가 '혼덴고 마니아 26'이었잖아요. 2년째니까 '2'가 맞는 거 아닌가요?"

"문화제 실행위원 말로는 전통 있는 행사라는 걸 알리고 싶어서 그랬다더군. 원래 '록 인 혼덴고'도 밴드부의 전신인 포크송 동호회가 시청각실에서 열었던 발표회가 시초였어. 제1회가 '록 인 혼덴고 7'인가 '8'이었다더군."

"헤에, 역사 있는 문화제로군요. 좋은 얘기를 들었네요."

토오루가 좀처럼 수긍하기 어려운 감상을 말했다.

"그 역사 가운데에서도 올해는 크나큰 전환점이 될 거야. 숫자도 마침 딱 떨어지는 '30'이고, 밴드부가 부활할지 폐부될지가 결정되는 운명의 갈림길이기도 하고. 뭐니 뭐니 해도 그 카토 쌤이 밴드부 고문 아니냐. 올해는 밴드부 출신 졸업생들을 잔뜩 데리고 분위기를 띄우러 갈 테니까 제발 잘해라, 동생."

츠요시가 케이토의 등을 힘껏 두드리며 말했다.

"왜 거기서 카토 쌤이 나와? 그리고 형이 잘하라고 부탁하지 않아도 4년 전 수준은 가볍게 뛰어넘을 자신이 있어. 분명히 관객들 모두가 자리에서 일어설 거야."

동료들 앞에서 그렇게 말하기는 했지만 스스로도 반신반의였다. 빈말로도 하나가 되었다고 할 수 없는 부내의 현실도 그렇고, 다른 학생들이 보기에 자신들은 마약 취급법 위반 혐의로 체포된 상급생의 후배인 것이다. 관객들이 모두 일어서기는커녕 아무도 보러 오지 않을 지도 모른다.

"그건 그렇고, 오늘 카토 쌤은?"

"아, 임시로 쉰다고 신타로가 연락했어."

"으잉? 안 했는데?"

신타로가 센베 과자를 입에 문 채 고개를 저었다.

"어? 어젯밤에 한다고 했잖아."

"안 했는데. '연락해야지'라고는 했지만 '한다'는 말은 안 했어. 뭐야, 케이토, 네가 연락한 거 아니었냐?"

네 사람은 별안간 안절부절못하기 시작했다. 케이토가 카토의 아파트에 전화를 걸었지만 몇 번이나 벨이 울려도 전화를 받지 않았다.

"어쩔 거냐?"

츠요시가 팔짱을 끼며 네 사람에게 물었다. 케이토는 주위의 표정을 살피며 머뭇머뭇 말했다.

"벌써 3시인걸. 만약 카토 쌤이 학교에 갔다고 해도, 우리가 없는 걸 보고 연습을 쉰다는 걸 알았을 거야……."

"아니, 가야 돼. 카토 쌤은 기다리고 있을 거야."

토오루가 단호하게 말했다.

"하지만 다들 교복을 안 입었잖아. 사복 차림으로 학교에 들어갔다가는……."

"그럼 하다못해 너만이라도 교복으로 갈아입어."

신타로가 센베 과자를 입에 물고 자리에서 일어섰다.

츠요시가 운전하는 경승용차를 타고 정문 앞에 도착한 밴드부 멤버 네 명은 제각각 다른 복장으로 구교사 A동 계단을 뛰어 올라갔다.

4층에 도착해서 그 위에 드리워져 있는 두 겹의 방음막을 걸으며 케이토는 간절히 기도했다.

제발 없었으면.

하지만 위를 올려다보자 층계참에는 익숙한 인물이 평소와 똑같은 무표정한 얼굴로 앉아 있었다.

네 사람은 함께 무릎을 꿇었다. 토오루가 대표로 죄송하다고 외쳤다. 이윽고 신타로가 그답지 않게 정중한 말투로 물었다.

"어째서 여섯 시간 이상이나 기다려주신 겁니까?"

"그야, 내가 없으면 다들 연습을 할 수 없으니까. 늦게 올지도 모른다는 생각에 기다렸다. 실제로 이렇게 왔고 말이다."

카토는 담담하게 이유를 설명했다. 빈정거리는 것도, 빙 돌려 비난을 하는 것도 아니었다. 케이토는 차마 고개를 들 수 없었다.

이 사람은 믿을 수 있는 사람이다. 물론 '나의 길을 가련다' 하고 소식을 끊어 버릴 것 같은 이상한 사람이기도 하지만.

케이토는 고개를 숙인 채 계단을 바라보며 그렇게 생각했다.

"열쇠가 필요하다면서? 이거, 줄까?"

아키가 손을 내밀며 말했다. 작은 손바닥 위에는 은색 열쇠가 놓여 있었다. 다른 한손에는 야키소바빵을 단단히 쥐고 있었다.

케이토는 비엔나소시지를 입으로 가져가던 손을 멈추고 부드러워 보이는 손바닥 위의 열쇠와 햇볕에 그은 얼굴을 번갈아 바라보았다.

칠판 위의 스피커에서 반년 전 방영됐던 드라마의 주제곡이 흘러나왔다.

교탁 앞자리에서 아키를 데려온 유사쿠가 환한 미소를 지으며 말했다.

"필요해. 옥상 문 열쇠를 갖고 있는 사람이 이렇게 가까이 있었을 줄이야. 덕분에 문제 해결이군. 더 이상 그 끔찍한 더위에 시달리고 싶진 않아."

유사쿠는 그렇게 말하며 자리에 앉아서 작은 바구니에 담겨 있는 샌드위치 하나를 입에 넣었다. 넷이서 방음막을 만들 때부터 유사쿠와 토오루도 2학년 6반 교실에서 도시락을 먹게 되었다.

"필요 없어?"

아키가 재촉하듯 열쇠를 내밀었다.

"부장, 고맙게 받아."

신타로도 옆구리를 찔렀다.

받아도 될까. 그걸로 모든 게 해결될까.

"미안. 고맙지만 받을 수 없어."

"어? 왜? 더운 건 싫단 말이야."

유사쿠가 떼를 쓰는 어린아이처럼 뺨을 부풀렸다.

유사쿠가 화내는 것도 무리는 아니다. 밴드부는 요즘 부단의 끔찍한 더위와 습기에 시달리고 있었다.

부단에 오래 머무는 것은 위험하기까지 했다. 30분 동안 연습하고 나서 10분쯤 휴식을 취하지 않으면 체력이 회복되지 않았다. 휴식 시간이 되면 방음막 밖으로 뛰쳐나가 4층 수돗가에서 벌컥벌컥 물을 마셨다. 헤어스타일에 예민한 유사쿠 외에는 모두 머리에 물을 뒤집어쓰기도 했다. 그리고 10분이 지나면 다시 유령처럼 방음막 안으로 돌아가는 것이다. 어제는 드디어 카토의 노트북 하드디스크가 쉬리리리릭 하는 요상한 소리를 내더니 완전히 침묵해 버렸다.

옥상 문을 열어도 온도가 크게 내려가지는 않겠지만, 하다 못해 신선한 바깥 공기를 마실 수는 있다. 당연히 입에서 침이 흐를 만큼 옥상 문 열쇠가 탐났다. 하지만 케이토는 그 제안을 거절했다.

케이토에게 내밀었던 손을 거두며 아키가 이유를 물었다.

"카토 쌤이 1학기가 끝날 때까지 참으라고 했으니까. 형식적일 뿐일지는 몰라도 고문이잖아. 의견을 존중해야지."

"오, 역시 부장은 달라."

토오루만은 케이토의 판단을 납득한 듯 멜론빵을 먹으며 고개를 끄덕였다.

정론을 늘어놓은 스스로가 왠지 쑥스럽게 느껴져, 케이토는 일부러 이렇게 덧붙였다.

"……게다가 지금 학교 측 허락 없이 무단으로 옥상 문을 열었다가는 분명히 모리가 폐부하라고 난리를 칠걸."

"있을 수 있는 일이군."

신타로가 낮은 목소리로 말하며 기름기가 도는 크로켓을 입 안에 던져 넣었다.

"그런데 오오노, 넌 어떻게 옥상 문 열쇠를 갖고 있는 거냐?"

"아, 이거?"

아키는 손바닥 위의 열쇠를 내려다보며 장난스럽게 미소를 지었다.

"이거, 마스터키가 아니라 복사한 거야. 전에 부실 열쇠를 가지러 교무실에 갔는데 우연히 '구교사 옥상'이라는 팻말이 눈에 들어오더라? 몰래 밖으로 갖고 나가서 가게에서 복사한 거야."

"뭐?"

케이토는 할 말을 잃었다.

"어째서?"

토오루가 당연한 질문을 던졌다.

"옥상에 나가 보고 싶어서."

아키가 당연하다는 듯이 대답했다.

"고작 그런 이유로 그런 짓을?"

"옥상은 하늘이 넓어서 참 기분 좋아. 학교가 아무것도 없는 논 한가운데 있어서 따분하긴 하지만, 하늘이 넓은 건 참 좋은 것 같아.”

“아니, 그건 대답이 못 되는 것 같은데.”

“그런가? ‘옥상에 나가보고 싶다’ ‘하지만 문이 잠겨 있다’ ‘열쇠를 발견했다’. 이렇게 되면 역시 ‘열쇠를 복사하자’라는 마음이 들지 않겠니?”

아키는 야키소바빵을 오물오물 씹으며 단순하기 그지없는 이론을 펼쳤다.

“그럴……까?”

토오루는 동의를 구하듯 동료들의 얼굴을 바라보았다. 고개를 끄덕이는 사람은 아무도 없었다.

아키가 말을 이었다.

“그거 아니? 비행기가 의외로 잔뜩 날아다닌다는 거. 점보기인 것 같던데, 하늘 높은 곳을 스윽 날아가는 거 있지. 소리도 없이.”

대체 그 태평함과 무모한 행동력은 어디서 나오는 것일까. 물어보고 싶었지만 차마 그러지 못한 채 케이토는 잠자코 쓴웃음을 지었다.

“하나만 물어봐도 돼?”

느닷없이 아키가 유사쿠에게 물었다.

“도시락 통 말이야, 전부 몇 종류나 갖고 있는 거니?”

“응? 한 종류뿐인데.”

“거짓말. 거의 매일 바뀌던데.”

아키가 유사쿠의 도시락 통을 가리키며 말했다. 자세히 살펴보니 바구니 아래에 깔려 있는 냅킨에 남자 것 치고는 꽤나 귀여운 토끼 무늬가 프린트되어 있었다.

"아, 왠지 도시락을 만들어 오는 애들이 있어서 말이야. 오늘도 그렇고. 다 맛있더라."

유사쿠가 아무렇지도 않게 대답했다.

토오루가 신타로의 팔꿈치를 찔렀다.

"어떻게 생각하십니까? 츠쿠모 씨."

"식중독이나 걸려라."

"신타로, 넌 참 알기 쉬운 성격이구나. 하지만 친하게 지내는 여자애들이 많은 것보다는 역시 여친 한 명이 더 좋은 법이지."

토오루가 뭔가 득도한 듯한 얼굴로 말했다. 케이토가 토오루에게 물었다.

"토오루, 넌 하세가와라는 애랑은 그 뒤로 어떻게 됐냐?"

"음, 그게……, 얘기를 할 수 있게 됐어."

"하하, 이 녀석, 바보인가 봐."

"그건 더 이상 가망이 없다는 뜻이야."

신타로와 유사쿠가 코웃음을 쳤지만, 케이토는 진심으로 감탄하고 말았다.

"대단해. 제로는 고사하고 마이너스에서 시작하는 셈이네. 그 용기가 대단하다."

“우와, 고마워. 그런 식으로 칭찬해준 사람은 너뿐이야. 이거 줄게.”

토오루는 자신이 먹던 멜론빵을 손으로 뜯어서 케이토에게 건넸다.

“저, 그보다, 알고 있니? 올해 문화제.”

아키가 갑자기 목소리를 낮췄다.

“뭘?”

케이토가 억지로 받은 멜론빵 조각을 손에 든 채 물었다.

“오늘 아침에 새 ‘혼덴고 문화제 소식’을 나눠줬잖아. ‘혼덴고 마니아’에 대해서도 실려 있었어.”

케이토는 제대로 읽어 보지도 않고 책상 속에 넣어 버린 B4 사이즈 종이를 꺼냈다. ‘혼덴고 문화제 소식’은 문화제 실행위원이 발행하는 신문 같은 것으로, 손글씨 타이틀 아래에 ‘올해의 테마 모집’ ‘식중독 주의!’ ‘수상한 사람이 침입했을 때에는?’ 등의 토픽이 실려 있었다.

“‘수상한 사람이 침입했을 때에는?’이라. 위험한 시대로군.”

종이를 들여다본 토오루가 느릿한 목소리로 한탄했다.

“그거 말고, 아래쪽 구석을 읽어 봐.”

아키의 재촉에 케이토는 시선을 아래로 내렸다.

“아, ‘혼덴고 마니아’ 오디션 참가 신청은 1학기 종업식 당일까지라는데?”

“큰일 날 뻔했네! 그렇게 중요한 게 적혀 있는데 안 읽었단 말이야?”

신타로가 과장스럽게 한숨을 쉬며 천장을 올려다보았다. 유사쿠도 토오루도 드물게 진지한 얼굴로 입을 삐죽 내밀었다.

“정신 차려, 부장. 밴드부가 오디션 신청을 깜빡해서 폐부되면 진짜 웃기지도 않을 거야.”

“케이토는 너무 무책임해. 전에 얘기했잖아? ‘무책임한 사람’으로 보이긴 싫단 말이야.”

케이토가 세 사람에게 야단맞고 있을 때 아키가 구원의 손길을 내밀었다.

“그것도 중요할지 모르지만, 그 아래 ‘담당 교사’ 부분을 봐.”

네 사람의 시선이 종이 구석에 집중됐다. 남자 선생 두 명의 이름과 ‘모리 요시미’라는 이름이 섞여 있었다.

“이럴 수가……”

이번에는 네 사람 모두가 천장을 올려다보았다.

“이런 건 선생님들이 제비뽑기로 정하는 거라던데, 밴드부는 요시미랑 깊~은 인연이 있나 봐.”

“하필이면 또 모리냐. 또 그 체육복 여자냐.”

신타로가 내뱉듯이 말했다.

“이미 정해졌으니 할 수 없지.”

유사쿠가 자꾸 도망치는 방울토마토를 플라스틱 포크로 찍으며 말했다.

“모리도 설마 공연할 때 스테이지 위로 올라와서 페그를 부러뜨리려고 하진 않겠지. 오히려 우리가 모리의 눈앞에서 굉장한 연주를 하면 저쪽을 입 다물게 할 수 있지 않을까? 좋은 기회일지도 몰라.”

“그건 그렇고, 공연 때 연주할 곡 말인데, 대충 정해 두지 않을래? 예를 들면 그린데…….”

“역시 KISS를 빼놓을 수는 없지.”

신타로가 케이토의 제안을 가로막으며 이것만큼은 양보할 수 없다는 얼굴로 말했다.

“난 아무래도 상관없어. 연주할 곡은 민주주의로 정하자.”

유사쿠가 성격에 어울리지 않는 기특한 소리를 했다. 옆에서 토오루가 손을 들었다.

“난 라몬즈가 좋아. 라몬즈도 넣자.”

“헤에, 토오루는 라몬즈가 마음에 들었나 보구나.”

토오루가 그린데이의 직계 선조라 할 수 있는 심플한 스리 코드 펑크록 밴드를 좋아한다는 것이 케이토로서는 조금 의외였다. 단순한 편견에 불과하지만, 관악부 출신이라면 코드를 세 개밖에 사용하지 않는 단순하고 알기 쉬운 밴드가 아니라 좀 더 지적이고 고아한 이미지를 지닌 밴드의 곡을 좋아할 거라고 생각했던 것이다.

“좋지 않냐, 라몬즈. 라몬즈의 음은 강약으로 따지자면 ‘강’ 밖에 없잖아. 사소한 부분에 신경을 곤두세우지 않고 그냥 큰 소리로 원, 투, 쓰리, 포! 투다다다다! 그리고 헤이! 호! 렛츠

고! 음, 멋져.”

“헤이, 호? 그게 뭐야?”

아키가 눈을 동그랗게 뜨며 물었다. 케이토가 대답했다.

“뭐랄까, 곡 중간에 그런 소리가 나와. ‘가바가바 헤이’ 같은 것도 있지. 말에 딱히 깊은 의미는 없는 것 같지만.”

“흐응, 나몬즈라. 처음 들어봐.”

“나몬즈가 아니라 라몬즈.”

신타로가 재빨리 정정했다.

“70년대 뉴욕의 CBGB라는 클럽에서 등장한 펑크의 원조격 밴드. 가죽 재킷과 너덜너덜한 청바지, 지저분한 스니커, 헬멧 같은 이상한 헤어스타일, 그에 어울리지 않는 밝고 대중적인 곡이 특징이지. 참고로 4인조. 가족은 아니지만 역대 멤버 모두가 성이 라몬이야. 비틀즈나 크래시 같은 록의 역사에 남을 밴드가 라몬즈의 음악에 자극을 받았고, 그 후 펑크를 세계적으로 전파했다는 것은 유명한 사실이야. 90년대에 들어서도 그린데이나 오프스프링 같은 신세대 펑크 밴드에 많은 영향을 미쳤지만 원조인 자신들은 별로 팔리지 않았던 불운한 사람들이기도 하지. 뭐, KISS 다음으로 위대한 밴드랄까.”

“……헤에.”

아키의 맞장구는 지극히 담백했다. 틀림없이 ‘모두 성이 라몬’이라는 부분부터 적당히 흘려들었을 것이다.

“신타로, 넌 쓸데없이 지식이 풍부하구나.”

종이팩에 든 우롱차를 마시며 유사쿠가 가볍게 잽을 날렸다.

"쓸데없이? 일일이 시비 걸지 마."

"자, 그만, 그만."

싸움의 냄새를 맡은 케이토가 두 사람 사이에 끼어들었다.

"하지만 신타로의 지식은 정말 굉장한 것 같아."

토오루가 주머니에서 지갑을 꺼내 안에 들어 있던 쪽지를 펼쳤다.

"야, 다른 사람한테 보여주지 마."

신타로가 벌떡 일어서서 쪽지를 빼앗으려 했지만 슬프게도 토오루의 키와 긴 팔을 당해낼 수 없었다.

"빌려준 아이팟에 들어 있는 모든 곡의 코멘트가 깨알 같은 글씨로 빽빽하게 적혀 있어. 이건 제일 최근에 받은 건데, 한 스무 장 째쯤 되려나?"

"신타로, 좀 무섭다."

유사쿠가 조금 굳은 얼굴로 웃으며 말했다.

"코멘트도 굉장해. 예를 들면……."

토오루는 자리에서 일어선 채 쪽지를 읽었다.

"Get It On/T. Rex ; 데이빗 보위와 함께 글램록을 대표하는 밴드. 케이토도 연주할 수 있는 초 간단 기타 리프가 특징."

"우와, 해서는 안 될 말을."

유사쿠가 몸을 부들부들 떨면서 웃었다. 정말 무례한 녀석들이다. 하지만 분하게도 부정할 수 없었다.

케이토가 살짝 삐져 있을 때 조금 떨어진 곳에서 세 사람의 웃음소리와는 전혀 색채가 다른 비웃음이 들려왔다.

누마지리였다. 창틀에 걸터앉아 친구들을 양옆에 거느리고 이쪽을 바라보며 킥킥 웃고 있었다.

"뭐야, 불만 있나?"

신타로가 낮은 목소리로 으르렁대며 물었다. 아키가 그를 달래듯 말했다.

"됐어, 됐어. 내버려둬."

이번에도 아키가 절묘한 타이밍으로 신타로를 말려주었다. 그러나 케이토가 몸의 긴장을 푼 순간 다시 누마지리의 목소리가 들려왔다.

"자기들끼리만 신나서 좋아하는 녀석들을 보면 참 불쌍해. 서양 록 따윈 아무도 모르는데."

케이토는 반사적으로 신타로의 팔을 붙잡았다. 그러나 누마지리에게 욕설을 퍼부은 것은 다른 목소리였다.

"닥쳐, 이 멍청아!"

아키였다. 아키는 하얀 블라우스 소매에서 뻗어 나온 탄력 있는 팔을 가늘게 떨며 열쇠를 힘껏 움켜쥐었다.

"남을 비난할 줄만 알았지, 자기는 아무것도 안 하는 주제에. 지금까지 혼자 버텨 온 카미야마의 기분을 네가 알기나 해? 이 바보야!"

아키의 험악한 태도에 점심시간의 교실이 조용해졌다. 교내 방송의 달콤한 발라드가 교실의 분위기와 몹시 어울리지 않게 들렸다.

누마지리가 여전히 비웃음을 띤 채 놀리듯이 말했다.

"와, 진짜 화났나 보네?"

"이죽이죽 웃지만 말고 승부해! 100미터 자유형으로 나한테 이겨 봐! 못하는 주제에."

누마지리가 눈을 가늘게 떴다. 동시에 책상 다리를 차는 둔탁한 소리가 아키를 위협했다. 교실 어딘가에서 여학생이 히익 하고 숨을 삼키는 소리가 들렸다.

"너, 여자라고 까불다간 큰 코 다친다."

"닥쳐, 꺼져 버려! 바보바보!"

"됐어, 그만해. 일단 진정해."

케이토는 당장이라도 누마지리에게 달려들 것 같은 아키의 앞을 허둥지둥 막아섰다. 어쩌면 좋을지 알 수 없었다. 상대가 신타로라면 양어깨를 잡고 자리로 끌고 가면 그만이겠지만 상대가 여자인 이상 그럴 수는 없었다. 갈 곳을 잃어버린 케이토의 팔은 애매한 위치에서 갈팡질팡 흔들렸다.

분노가 담긴 아키의 커다란 눈이 케이토의 어깨너머로 누마지리를 노려보았다. 케이토는 저도 모르게 몸을 떨었다. 아키가 이런 눈으로 자신을 바라본다면 견딜 수 없을 것 같았다.

"어? 오오노, 수영부였어? 그렇구나, 그래서 햇볕에 그은 거구나. 어쩐지 인공 선탠과는 느낌이 다르더라."

토오루의 목가적인 목소리가 얼어붙었던 분위기를 차츰 녹여 갔다.

케이토는 교무실 문을 닫으며 커다랗게 한숨을 쉬었다.

모리의 대답은 너무나도 비현실적이었다. 도저히 승복할 수 없는 수준이었다.

'사건이 일어난 지 아직 반년도 지나지 않았어. 옥상 출입구를 개방하는 문제는 직원회의에서 결정해야 하니까 2학기가 시작될 때까지 기다리렴.'

오늘 1학기가 끝났다. 앞으로 40일간을 더 그 살인적인 더위 속에서 연습을 계속하란 말인가.

열쇠를 놓아두는 곳에 우연히 모리가 있었던 게 불운이었다. 다른 교사였다면 한마디만 부탁하면 열쇠를 가져가도록 허락해줬을지도 모른다. 그보다 카토는 이 문제를 다른 교사들에게 얘기해 놓지 않은 것일까. 1학기가 끝날 때까지 참으라고 했던 것은 다름 아닌 카토였다.

땅에 내리쬐는 한여름의 햇빛과 논에서 반사되는 반사광으로 인해 밖은 빛으로 가득 차 있었다. 구교사 복도가 어둡게 느껴질 정도였다. 그러나 스쳐지나가는 얼굴들에는 모두 앞으로 시작될 여름방학에 대한 기대로 자연스레 웃음이 떠올라 있었다. 침울한 사람은 아마 전교에서 자신 한 명뿐일 것이다.

앞으로 펼쳐질 나날을 생각하니 현기증이 날 만큼 넌더리가 났다. 여름방학 중에 밴드부 활동을 해도 좋다는 학교 측의 허가는 이미 받아 두었다. 예정대로라면 열흘간의 추석 연휴와 일요일 외에는 매일 부단의 밀폐된 공간에서 연습을 해야 한다.

증기선 기관실도 그곳만큼 덥지는 않을 것이다. 토오루의 드럼 의자에서는 땀의 염분 탓에 하얀 가루가 날렸고, 줄이 비명을 지를 만큼 페그를 조이지 않으면 기타와 베이스의 튜닝도 불가능했다. 수업 시간에는 한여름에도 흰 가운을 벗지 않는 카토조차도 부단에서는 속옷차림으로 지내곤 했다. 그런 환경에서 계속 버텨야 한다는 것은 아무리 생각해도 말도 안 되는 일이다.

허울뿐인 직책이지만, 그래도 밴드부의 부장인 이상 모리에게 따졌어야 했다. 모리의 융통성 없는 대응 이상으로 용서할 수 없는 것은 자신의 심약함이었다.

'나한테 이겨 봐!'

누마지리에게 덤벼들던 아키의 눈빛을 잊을 수가 없었다. 활력과 행동력 덩어리. 남자와의 싸움도 두려워하지 않는 아키에 비해 자신은 너무나 한심했다.

완고한 모리에게, 그리고 누마지리에게 하고 싶은 말은 잔뜩 있었다. 하지만 반격이 무서워서 아무 말도 하지 못했다.

이래서야 상급생들의 말도 안 되는 명령을 따르던 때와 아무 것도 달라진 게 없지 않은가.

"확실히 내가 지고 있군."

정신을 차리고 보니 부단으로 이어지는 계단을 오르며 혼잣말을 중얼거리고 있었다.

계단 위에서 작은 레스폴 소리가 두꺼운 천을 뚫고 들려왔다.

두 겹의 방음막을 젖히자 무더운 공기가 몸을 덮쳤다. 확실히 온도가 바깥보다 5도는 높았다.

"열쇠, 열쇠."

무거운 걸음으로 계단을 올라가자 땀에 젖은 티셔츠를 입은 유사쿠가 케이토에게 손을 내밀었다.

"그게, 모리가 온갖 이유를 갖다 붙이면서……."

사정을 이야기하자 유사쿠는 기타를 든 채 바닥에 주저앉았다. 러닝셔츠 차림의 카토가 힘없이 부채질을 하며 "직원회의라……"라고 남의 일처럼 중얼거렸다.

"할 수 없지. 내가 가서 얘기해 볼게."

신타로가 비틀거리며 계단을 내려오기 시작했다. 케이토는 몸으로 그를 막았다. 아주 조금 몸싸움을 한 것뿐인데도 셔츠 등에 땀이 송골송골 맺혔다.

"네가 모리한테 가면 일이 쓸데없이 복잡해져. 유사쿠! 보고 있지만 말고 너도 말려."

"있지, 얼음을 뿌리자, 여기에. 시원해질 거야."

믿었던 유사쿠는 바닥에 주저앉은 채 비실비실 웃으며 층계참 바닥을 가리켰다.

계단 아래에서 누군가가 방음막을 힘차게 젖혔다.

"있잖아, 있잖아, 내 얘기 좀 들어 봐. 개인적으로 너무너무 기쁜 소식이 있어."

레이스 직전의 경주마처럼 흥분한 토오루가 세 달음 만에 계단을 뛰어 올라왔다.

"열쇠라도 훔쳐 왔어?"

유사쿠의 눈에 생기가 돌아왔다.

"왜 이렇게 늦었냐, 토오루! 어쨌든 이 녀석 좀 막아 봐."

토오루가 커다란 손으로 신타로를 막았다. 케이토는 그의 도움으로 간신히 신타로를 계단에 앉힐 수 있었다.

"신타로, 너 의외로 힘이 세구나."

분위기에 맞지 않게 만면에 웃음을 지으며 토오루가 신타로를 칭찬했다.

케이토는 거친 숨을 몰아쉬며 물었다.

"그건 그렇고, 기쁜 소식이 뭔데?"

"아, 그렇지. 그걸 말하고 싶었어. 있잖아, 하세가와가 메일 주소를 가르쳐줬어. 인류에게는 작은 한걸음이지만 내게는 위대한 전진이야."

"쳇, 뭐야."

"지랄한다."

마지막 희망을 잃은 유사쿠와 신타로가 힘없이 고개를 숙였다.

하지만 케이토는 저도 모르게 선망의 눈빛으로 토오루를 올려다보았다. 어떻게 하면 저토록 천진난만하고 무방비하게 남에게 다가갈 수 있는 것일까.

"우와, 굉장하다. 정말 위대한 전진이네."

"내 친구는 너뿐이야."

"더, 더워! 떨어져!"

그 뒤로도 케이토는 한동안 토오루의 긴 팔에 안겨 몸부림쳐야 했다.

7

모든 것이 마음에 들지 않았다.

지극히 정확하지만 다이내믹함이 결여된 토오루의 드럼도, 시간을 때우는 것만 생각하고 있는 듯한 케이토와 신타로의 눈도, 책상에 힘없이 엎드려 있는 카토의 느릿한 부채질까지도 시마모토 유사쿠는 신경에 거슬려서 견딜 수가 없었다.

여름방학이 시작된 지 1주일 남짓. 줄곧 이런 상태가 계속되고 있었다.

피크를 쥔 손가락이 땀에 미끄러졌다. 어깨에서 자꾸만 흘러내리는 기타 스트랩 때문에 티셔츠 목 언저리가 늘어졌다. 그런 사소한 일조차 참을 수 없이 불쾌했다.

자신이 신경질적인 상태라는 것은 알고 있었다. 원인을 따져 보면 연습장소가 열악한 것이 문제다. 이 부단이 이렇게 찜통 같지만 않다면 보이는 것과 들리는 것 모두에 화가 나지는 않을 것이다. 그러나 머리로는 이해해도 몸이 가만히 있지 못했다.

두 시간이 지난 후부터 참다못한 케이토와 신타로는 계단에 주저앉아 악기를 연주했다.

"산소결핍이 될 것 같으니까 노래는 생략."

그 의견은 그나마 이해할 수 있었다. 하지만 앉아서 하라는 말은 아무도 하지 않았다. 서서 연습하고 있는 것은 자신뿐 아닌가.

무거운 레스폴을 끌어안고 연주하는 자신이 마치 바보처럼 느껴졌다. 괜히 화가 치밀었다.

토오루의 드럼은 이 더위 속에서도 늘어지지 않고 메트로놈처럼 지극히 정확한 템포를 유지하고 있었다. 하지만 유사쿠에게는 그것이 오히려 못마땅했다.

오늘만이 아니다. 요즘 토오루의 드럼은 조금도 매력이 없다. 드럼에 익숙해지고 테크닉을 익힌 후로 오히려 연주가 밋밋해지고 말았다. 밴드부가 방음막 안에 갇히게 된 원인인 지나치게 큰 드럼 소리도 요즘은 어쩐지 힘이 빠진 느낌이었다. 밴드부와는 아무 상관없는 관악부에서 쌓은 경험과 선천적인 리듬감만을 밑천으로 드럼을 치던 때가 오히려 매력과 박력이 있었다.

한 번 고개를 치켜든 불만은 무서운 기세로 부풀어 오르기 시작했다. 유달리 격렬함이 결여된 이 연주도 더위 때문만이 아니라 토오루의, 나쁘게 말하면 단조로운 드럼에도 원인이 있는 것처럼 느껴졌다. 점점 짜증이 치솟았다.

"그만그만그만!"

유사쿠는 자신의 험악한 목소리에 동요하고 말았다. 하지만 한 번 입 밖으로 튀어나온 말은 다시 주워 담을 수 없었다.

"최악이군. 정말 최악이야."

"왜 그래, 갑자기."

케이토가 몽롱한 눈으로 물었다. 유사쿠가 입을 다물고 있자 케이토는 주머니에서 손목시계를 꺼내 시간을 확인했다.

"음, 좀 이르지만, 좀 쉬는 게 어떨까. 더워서 기절할 것 같아."

지치고 억양 없는 목소리로 그렇게 말한 후 케이토는 악기를 든 채 힘없이 고개를 숙였다. 역시 초췌할 대로 초췌해진 신타로도 베이스를 끌어안은 채 계단에 늘어져 있었다. 평소 같으면 저 두 사람이 제일 먼저 수돗가로 달려갔겠지만, 지금은 그럴 기력도 없는 모양이었다.

"아, 죽겠다."

드럼세트에서 나온 토오루가 신타로 옆에 앉았다. 그리고는 긴 다리를 뻗으며 머리에 쓰고 있던 수건을 벗어서 땀으로 범벅이 된 얼굴을 닦았다.

"목소리에 기운이 넘치는구나."

신타로가 중얼거리듯이 말했다.

"아, 티나냐? 이유를 말해줄까?"

"됐어."

신타로가 귀찮은 듯이 손을 저었지만 토오루는 아랑곳없이 말을 이었다.

"하세가와가 콩쿠르 A팀에 남게 됐대."

뭐야, 또 하세가와냐.

유사쿠는 공연히 신경이 곤두서 있는 자신에게 당황하며 레스폴을 스탠드에 세웠다.

신타로도 '또 시작이냐'라는 듯이 떫은 표정으로 고개를 돌렸다. 토오루의 입에서는 하루에 한 번 이상 하세가와 사토미라는 이름이 나오곤 했다. 덕분에 토오루 외의 세 사람도 얼굴조차 모르는 관악부 부원의 생일이 크리스마스이브라는 것과 봄에는 삼나무 꽃가루 알레르기로 고생한다는 것, 올해 초등학교 6학년이 된 건방진 여동생이 있다는 것 등, 틀림없이 평생 도움이 되지 않을 쓸데없는 지식을 풍부하게 축적할 수 있었다.

토오루가 자신의 일인 양 자랑스럽게 말했다.

"굉장하지 않아? 서관동 대회 단골 출장 학교에서 2학년이 톱 팀에 남는 건 힘든 일이야. 하세가와는 얌전한 성격이라 '분명히 서관동 대회 직전에 탈락될 거야'라고 하던데, 괜찮겠지?"

"알 게 뭐냐."

신타로가 말했다. 잠자코 듣고 있던 케이토도 고개를 끄덕였다.

"매정하구나, 신타로. 뭐, 괜찮아. 난 하세가와라면 할 수 있다고 믿으니까."

"그렇게 기운이 넘치면 드럼이나 좀 더 박력 있게 치지 그래?"

그렇게 생각한 순간, 그 생각은 이미 말이 되어 입 밖으로 튀어나와 있었다.

"응?"

토오루가 사람 좋아 보이는 얼굴로 유사쿠를 돌아보았다. 아차 싶었지만 후회해도 이미 소용없었다. 말이 멋대로 쏟아져 나왔다.

"하세가와, 하세가와. 머릿속에 여자 생각밖에 없으니까 미적지근한 드럼밖에 못 치는 거야. 하세가와의 클라리넷보다 자신의 드럼이나 걱정하시지? 솔직히 말해서 요즘 네 드럼은 너무 밋밋해."

케이토가 이쪽을 바라보며 그만하라는 듯이 고개를 저었다.

"그럴 리가."

토오루가 여전히 부드러운 얼굴로 말했다.

"내 입으로 말하긴 좀 그렇지만, 전보다는 훨씬 나아진 것 같은데. 버벅대지도 않고 너무 앞서 나가지도 않고."

"아니. 밋밋하달까, 이상하게 안정돼서 매력이 없어. 기계가 드럼을 치는 것 같아."

난 바보다.

밉살맞은 소리를 지껄이면서, 유사쿠는 음악만 관련되면 자제심이 날아가 버리는 자신을 저주했다.

"무슨 말인지 모르겠는데? 정확하게 치는 게 뭐가 잘못이지?"

토오루의 목소리가 커졌다.

케이토가 다시 한 번 이쪽을 바라보며 고개를 저었다. 흘낏 시선을 마주친 유사쿠는 한순간 망설였지만, 곧 토오루에게 더욱 날카로운 말을 퍼부었다.

"쉽게 말하자면 너무 마일드해. 전혀 박력이 없어. 처음에는 뭔가 알 수 없는 엄청난 파워가 있었는데. 하세가와랑 조금 친해졌다고 너무 흐물흐물해진 거 아냐?"

"하세가와 때문인 것처럼 말하지 마!"

토오루가 처음으로 언성을 높였다. 유사쿠는 몸을 움츠리며 토오루를 올려다보았다. 늘 초식동물처럼 온화한 눈이 지금은 거친 분노로 가득 차 있었다.

지금까지 토오루가 화를 내는 모습은 아무도 본 적이 없었다. 그런 토오루가 지금 소리를 지르며 화를 내고 있는 것이다. 유사쿠는 당황했다.

"그런 뜻으로 말한 건 아닌데……."

"했잖아. 하세가와랑 친해진 게 잘못이라고. 웃기지 마."

케이토가 허둥지둥 일어서서 뒤를 돌아보며 토오루를 달랬다.

"자, 잠깐. 그렇게 화낼 것까지는……."

"당연히 열 받지! 하세가와를 본 적도 없는 주제에 그런 식으로 말하다니. 유사쿠, 넌 세상에서 자신이 제일 잘났다고 생각하지? 음악 얘기만 하면 되지, 왜 그런 소릴 하는 거냐?"

싸움을 말리고 싶었지만 어쩌면 좋을지 알 수 없었다.

"저, 둘 다……."

케이토는 계단 중간에 서서 어떻게든 두 사람을 말리려고 애썼다. 하지만 토오루의 귀에는 케이토의 목소리가 전혀 들리지 않는 눈치였다.

"음악 얘기를 하려면 음악 얘기만 해. 하세가와까지 끌어들일 필요는 없잖아. 내 드럼이 어디가 어떻게 문제인지 구체적으로 설명해 봐."

유사쿠도 토오루도 더 이상 멈출 수 없는 상태였다.

"토오루, 네가 바보처럼 매일매일 '하세가와, 하세가와' 노래를 부르니까 나까지 덩달아 하세가와라는 이름이 튀어나온 거야. 애초에 하세가와는 네 여친도 아니잖……."

"될 거야, 앞으로!"

"과연 그럴까? 관악부에는 여름 합숙이 있다면서? 별 볼일 없는 선배한테 먹히는 거 아냐?"

이런 말을 하고 싶은 게 아닌데. 하지만 말을 멈출 수 없었다.

"머……, 먹……? 하세가와는 그런 싸구려가 아니야!"

"으아아! 시끄러워어어어어어!"

천장을 뚫고 날아갈 기세로 벌떡 일어선 신타로가 신교사까지 들릴 만큼 큰소리로 외쳤다. 유사쿠와 토오루의 다툼은 그 즉시 중단되었다.

"너!"

신타로가 계단 위에서 유사쿠를 가리켰다.

"그리고 너!"

그리고 옆에 앉아 있는 토오루를.

"안 그래도 더워 죽겠는데 쨍알쨍알쨍알쨍알 시끄러워 죽겠네! 둘이 핏대까지 세워 가며 하세가와, 하세가와. 지랄한다. 하세가와가 무슨 피구공이냐? 그건 그렇고, 더워! 덥단 말이야! 여기가 사우나냐? 어디서 몰래 석탄을 때고 있는 게 분명해. 야, 케이토!"

"넵."

"열쇠! 열쇠 가져 와."

"열쇠?"

"열쇠 말이야! 이 문 열쇠."

신타로가 등 뒤의 문을 가리켰다. 손가락 끝으로 광선을 쏴서 문을 녹여 버릴 듯한 기세였다.

"당장 수영장에 가서 오오노한테서 열쇠 빌려 와."

"하지만 문을 열면 안 된다고……."

"'하지마안 문을 열면 안 된다고오~'……. 넌 자빠져 있어!"

신타로는 "스탠드에 세워 둬"라고 말하며 옆에 있는 토오루에게 베이스를 떠맡긴 후 케이블이 뻗어 있는 계단을 뛰어 내려갔다.

케이토가 다급한 목소리로 물었다.

"야, 어디 가?"

"교장실!"

"또 시작이냐!"

"직접 담판을 지어서 열쇠를 가져오마! 전부 여기가 더운 게 문제야!"

신타로는 잡아 뜯을 듯한 기세로 방음막을 젖히고 계단을 뛰어 내려갔다.

케이토는 유사쿠에게 기타를 맡긴 후 황급히 신타로의 뒤를 쫓았다.

카토는 책상에 엎드린 채 부채질을 하고 있었다. 그 부채의 움직임은 마치 죽어 가는 모기의 날갯짓 같았다.

부단 안에는 어색한 침묵이 감돌고 있었다.

신타로와 케이토가 방음막 밖으로 뛰쳐나간 지 10분 정도가 지났다. 정해진 휴식시간은 10분. 이제 슬슬 연습을 시작해야 하지만 도저히 그럴 분위기가 아니었다.

흘깃 곁눈질을 하자 신용금고 로고가 박힌 부채가 아래위로 천천히 움직이고 있었다. 생각해 보면 한창 격렬한 말다툼을 벌일 때에도 그 움직임은 일정했다.

“신타로와 케이토가 늦네.”

침묵을 견디다 못해 먼저 입을 연 것은 토오루였다.

“응, 늦네. 신타로가 교장실을 박살내지 말아야 할 텐데.”

토오루가 살짝 미소를 지었다. 조금 마음이 편해진 유사쿠는 또다시 침묵이 부단을 지배하기 전에 서둘러 입을 열었다.

“아까는 미안했어. 하세가와를 나쁘게 말할 생각은 없었는데.”

“아, 괜찮아.”

분노에 불타던 토오루의 눈은 평소의 초식동물 같은 눈으로 돌아와 있었다.

“화나지 않았어?”

토오루는 계단에 걸터앉은 채 조용히 고개를 저었다.

“지금은 별로.”

“그렇구나.”

“하나만 물어봐도 될까?”

“뭔데?”

유사쿠는 보기 드물게 당황하며 되물었다.

“왜 음악만 관련되면 그렇게 신경질적이 되는 거냐?”

“신경질적이야?”

“응.”

토오루는 깊게 머리를 끄덕였다.

유사쿠는 한동안 생각에 잠겼다가 짧게 대답했다.

“글쎄, 지고 싶지 않으니까?”

"누구한테?"

"음……, 일반 참가 밴드라든가……. 그리고 요즘 '혼덴고 마니아'에서는 록이 열세잖아? 이대로 힙합에 지고 싶지는 않아."

어깨에 걸친 수건으로 얼굴의 땀을 닦으며 토오루는 계단에 앉아서 물끄러미 유사쿠를 내려다보았다. 당나귀를 인간 사이즈로 줄여놓은 듯한 그 멍한 얼굴은 뭔가를 깊이 생각하고 있는 것 같기도 하고 아무 생각도 없는 것처럼 보이기도 했다.

"나가자. 여긴 너무 더워."

토오루가 말했다.

일단 함께 나가지 않겠냐고 권유하자 카토는 부채질을 하며 기어들어가는 목소리로 "다녀오렴"이라고 대답했다.

4층으로 내려온 토오루와 유사쿠는 수돗가로 걸어가서 수도꼭지에 입을 대고 벌컥벌컥 물을 마셨다. 메말랐던 목에 수분이 공급되자 아픔마저 느껴졌다. 유사쿠는 자신이 몹시 긴장하고 있다는 사실을 처음으로 깨달았다.

일단 갈증이 가시자 이번에는 토오루가 수도꼭지 아래에 머리를 대고 까까머리를 적시기 시작했다.

자신도 토오루처럼 머리를 적시고 싶었지만 그냥 참기로 했다. 땀으로 망가지긴 했어도 간신히 형태를 유지하고 있는 헤어스타일을 엉망으로 만들고 싶지는 않았다.

"잠깐 따라와 봐."

머리를 닦은 수건을 아무렇게나 쥐어짠 후 토오루는 복도를
걷기 시작했다.

수십 개의 금관악기와 목관악기가 연주하는 풍요로운 음색
이 주위를 가득 채우고 있었다.

토오루에게 끌려간 곳은 구교사와 강당 사이의 자갈길이었
다. 동서로 긴 그 공간은 자전거 주차장을 겸하고 있었다. 케
이토와 신타로의 자전거도 이곳 어딘가에 세워져 있을 것이다.

건물 사이를 빠져나가는 바람은 의외로 시원했다. 구교사가
햇빛을 막아주고 있기 때문일 것이다.

"교내에 몇 안 되는 피서지로군."

유사쿠가 가벼운 어조로 말했다. 토오루는 아무 말 없이 고
개를 끄덕였다.

"그런데 여긴 왜?"

"음, 이 기회에 하세가와를 소개시켜주려고."

별로 흥미는 없었지만 유사쿠는 애매하게 고개를 끄덕였다.
싸운 뒤에 거절하기가 마음에 걸렸기 때문이었다. 여기서 기
다리고 있으면 언젠가 부원들이 휴식을 취하러 강당에서 나올
것이다.

이 오오미야 혼덴 고등학교에서도 입학식과 졸업식 등 대부
분의 행사는 체육관에서 열린다. 문화제를 제외하면 이 오래
된 강당에 일반 학생들이 들어올 기회는 한정되어 있다. 실질

적으로는 관악부 전용 연습장이나 마찬가지라, 유사쿠도 아직 한 번도 안에 들어가 본 적은 없었다. '혼덴고 마니아'가 열리는 곳이기는 하지만 작년의 '29'는 보러 가지 않았다. 보러 가면 밴드를 결성하고 싶어질 것을 알고 있었기 때문이다.

합주가 중단되고 잠시 정적이 흐른 후 클라리넷이 복잡한 선율을 연주하기 시작했다.

강당 벽에는 허리 높이에 격자가 끼워진 작은 창이 일정한 간격으로 뚫려 있었다. 창문은 모두 열려 있었다. 클라리넷 소리는 그곳을 통해 흘러나왔다.

"이렇게 큰 건물을 독점하다니, 관악부는 축복받았군."

유사쿠가 교사의 절반쯤 되는 높이의 지붕을 올려다보며 말했다. 다시 시선을 되돌리자 토오루가 작은 창문 하나에 매달려 있었다.

"뭘 보는 거야?"

그 심각한 옆얼굴에 이끌려 유사쿠는 목소리를 낮췄다. 몸을 굽히고 창문 안을 들여다보자 부원들의 다리만 잔뜩 보였다. 흰색과 짙은 감색 양말을 신은 여학생들의 다리에 섞여 남학생의 회색 바지도 드문드문 보였다.

"저게 하세가와야."

토오루가 건물 안을 가리키며 작은 목소리로 말했다.

"뭐라고?"

"저기, 오른쪽 안쪽, 오른쪽 다리만 뒤꿈치를 든 초록색 실내화. 저게 하세가와야.”

그렇게 말해 봤자 지휘대를 중심으로 부채꼴 형태로 놓여 있는 의자를 옆에서 보는 것만으로는 누가 누군지 전혀 알 수가 없었다. 옆얼굴이나 뒷모습이라면 몰라도 다리 따윈 전부 비슷해서 전혀 구별이 가지 않았다.

“정말 다리만 봐도 하세가와인지 알 수 있어? 초인이로구나, 넌.”

유사쿠가 그렇게 말하자 토오루는 어째서인지 쑥스러운 얼굴로 까까머리를 긁적였다.

같은 선율을 반복해서 연주하던 클라리넷 소리가 멈췄다.

“형편없군. 너희들, 정말 형편없구나.”

노기 어린 남자의 목소리가 강당 안에 울려 퍼졌다.

“누구야?”

유사쿠의 물음에 토오루가 침울한 목소리로 대답했다.

“하야시바라. 관악부 고문.”

하야시바라의 억양 없는 목소리가 또다시 들려왔다.

“너희들, 현 대회 예선까지 앞으로 며칠 남은 줄 아냐? 겨우 2주일이다, 2주일. 아느냔 말이다!”

그 갑작스러운 노성에 강당 밖에서 격자를 움켜쥐고 있던 유사쿠마저 몸을 움츠렸다.

“클라리넷뿐만이 아니야. 다른 파트도 전부 마찬가지다. 말해 두는데, 멤버는 지금이라도 간단하게 변경할 수 있다. 대답은?”

“네!”

수십 명의 대답이 일제히 울려 퍼졌다.

“이 상태로는 전국 대회는커녕 서관동 대회 출전도 위험하다. 할 마음이 없는 녀석, 긴장감 없는 녀석, 그런 녀석은 전부 잘라 버리겠다. 알겠나? 앞으로 두 달…….”

하야시바라는 연극배우 같은 어조로 그렇게 말한 후 잠시 입을 다물었다.

“전국 대회까지 두 달 동안은 즐기려는 생각은 일절 하지 마라! 이건 싸움이다. 즐거운 음악을 하고 싶으면 합창부든 밴드부든 아무데나 가고 싶은 곳으로 가 버려!”

“지금 우리 얘기 하지 않았어?”

유사쿠가 확인하듯 묻자 토오루가 작게 고개를 끄덕였다.

“따라올 수 없는 녀석은 빨리 말해라. 대신할 사람은 D조에 얼마든지 있으니까. 기합이 들어가 있지 않은 녀석은 금방 알아볼 수 있다. 특히 3학년.”

대답은 없었다.

“3학년!”

“네!”

아까 전보다 조금 작은 대답이 들려왔다.

“‘이것이 마지막’이니 뭐니 하는 감상에 젖어 있을 틈은 없다. 전부터 말했지만, 나는 약한 자는 인정사정 봐주지 않는다.

실제로 벌써 몇 명이나 잘라 버렸다. 마지막 콩쿠르를 짐이나 지키면서 끝내고 싶지 않으면 죽을 각오로 덤벼라. 알겠나!”

“네!”

“……재수 없는 녀석이군. 음악을 즐기지 말라니, 무슨 생각이람.”

유사쿠가 이를 갈며 중얼거리자 토오루는 격자 안에 시선을 고정한 채로 조용히 대답했다.

“아마 녀석은 녀석 나름대로 필사적일 거야. 진심일 거야.”

자전거 주차장에서 불어 온 바람이 티셔츠 자락을 흔들었다.

아, 그렇구나.

유사쿠는 토오루의 진의를 깨달았다. 하세가와를 소개시켜 준다는 것은 구실에 불과할 뿐, 토오루는 분명 하야시바라의 목소리를 자신에게 들려주고 싶었던 것이다.

“1, 2학년도 기억해 둬라. 3학년에게 너무 신경 쓰지 마라. 선배를 신경 쓰는 녀석은 후배에게 밀려날 뿐이다. 이건 자유 경쟁이다. 쓸데없는 사적인 감정은 버려라. 멤버로 남는 데에는 선배든 후배든 상관없으니까!”

“네!”

긴장한 부원들의 목소리가 아득히 먼 곳에서 들려오는 것처럼 느껴졌다.

시종일관 짜증을 내고, 주위에 쓸데없는 부담을 줘서 위축시키고, 지독한 말을 퍼부으면서도 아무것도 느끼지 못하는 사람.

하야시바라는 자신이다.

자신의 이상을 주위에서 따라오지 못하는 데에 조바심을 느끼고, 화풀이를 하고, 남의 사소한 실수에 과민한, 자신만 노력하고 있다고 착각하는 어리석은 왕.

유사쿠의 머릿속에는 요시다가 안경을 쓴 얼굴을 일그러뜨리며 손으로 그린 악보를 찢던 모습이 떠올랐다.

‘이 정도 곡은 척 보고 칠 수 있어야지? 웃기고 있네. 시마모토, 다들 네 명령을 듣기 위해 밴드를 하는 게 아니야. 고등학생에게도 지지 않는 밴드를 만들자고? 그런 건 아무도 원하지 않아. 그건 너만의 목표잖아? 우리한테 강요하지 마! 이럴 바에는 차라리 음악 수업 시간이 훨씬 즐겁겠다!’

하야시바라가 말을 이었다.

“알겠나? 우리가 웃는 것은 10월이다. 콩쿠르가 끝난 후다. 그때까지는 힘들 거다. 우리의 목표는 서관동 대회가 아니다. 전국 대회다. 알겠나!”

“네!”

“좋다. 그럼 클라리넷, 아까 연주했던 부분을 다시 한 번, 끝에 앉아 있는 사람부터 한 명씩 연주해 봐라. 이번에는 첫 부분 네 소절만. 각자 원하는 타이밍에 시작해라. 누가 발목을 잡고 있는지 알아내고 말 테다.”

겨우 긴 설교가 끝나고 강당에 또다시 클라리넷의 부드러운 음색이 울려 퍼졌다.

유사쿠의 머릿속에는 중학교 때 함께 연주하던 동료들의 지친 얼굴이 떠올랐다.

'난 도저히 너를 따라갈 수 없어. 너 혼자 해.'

드럼스틱을 던지며 나가 버린 동료들. 렌털 스튜디오에 혼자 남겨졌던 그날. 그 후 우연히 같은 고등학교에 입학하긴 했지만, 아직 요시다와는 이야기를 나눠 본 적이 없다.

아무것도 변한 게 없지 않은가. 나는 또다시 그날과 똑같은 실수를 되풀이하려 하고 있다.

중학교 시절 함께 연주했던 밴드 멤버의 얼굴을 의식에서 떨쳐 버리며 유사쿠는 입술을 깨물었다.

지금은 밴드부 활동도 나름대로 궤도에 올랐고 카피할 수 있는 곡도 늘었다. 다들 기량도 향상되었다.

하지만, 즐거운가?

넷이서 처음 합주했던 곡, KISS의 〈Rock And Roll All Nite〉를 자신은 어떻게 평했던가.

'원래 '아침까지 로큰롤을 즐기자, 예~!' 하는 바보스러울 만큼 단순한 곡이니까 어려운 생각은 안 해도 돼.'

'바보스러울 만큼 단순한' 사실을 모르고 혼자 '어려운 생각'으로 밴드부 활동을 재미없게 만든 것은 누구인가. 즐기고 싶어서 또다시 밴드에 들어간 게 아니었나. 혼자 기타를 치는 것보다 밴드와 함께 연주하는 게 몇 배나 즐겁다는 걸 조금은 깨달았기에 케이토와 신타로의 권유를 거절하지 못하고 밴드부에 가입한 게 아니었나. 언제부터 즐기는 걸 잊어버린 것일까. 혼자만의 아집으로 다른 멤버들을 휘두르는 밴드에 무슨 즐거움이 있단 말인가.

밴드부의 목표는?

'혼덴고 마니아'에서 멋진 연주를 해서 학교 측으로부터 밴드부의 존속을 인정받는 것.

어째서 존속시켜야 하는 걸까?

즐기고 싶으니까. 록을 하고 싶으니까.

관악부처럼 전국 대회 같은 수준 높은 기술을 겨루는 대회를 목표로 한다면 엄격함을 전면에 내세우는 것도 그나마 이해할 수 있다. 하지만 자신들의 목표는 콩쿠르가 아니다. 문화제다. 심사위원도 없고, 경쟁상대도 없고, 금상도 탈락도 없는, 단순히 즐기기 위한 무대다.

즐기는 것을 잊은 밴드가 어떻게 사람들을 즐겁게 해줄 수 있단 말인가. 힙합이 인기 있건 말건, 그런 걸 신경 쓰고 있을 때란 말인가.

"토오루."

유사쿠는 클라리넷 소리에 귀를 기울이고 있는 토오루에게 말을 건넸다.

"응?"

"깨달았어."

토오루는 의아한 듯이 고개를 갸웃거렸다.

"뭘?"

"어? '뭘?'이라니……. 뭐, 됐어."

유사쿠는 쓴웃음을 지었다. 바람이 주차장을 훑고 지나갔다.

몸 안의 수분도 바닥난 주제에 어째서 넌 그렇게 빨리 달릴 수 있는 거냐.

텅 빈 복도를 전속력으로 질주하며 카미야마 케이토는 그런 생각을 하고 있었다.

몇 미터 앞에서 신타로의 뻗친 머리가 다리의 움직임에 맞춰 파닥파닥 흔들리고 있었다. 달려도 달려도 그 거리는 좁혀지지 않았다.

"자, 잠깐, 기다려! 교장실에 간다고 다 해결되는 게 아니잖아!"

몸으로 막을 수 없다면 말로 막아보려고 했지만, 그 말을 들을 신타로가 아니었다.

"교장실에는 에어컨이 있잖아? 웃기지 마! 우릴 그런 찜통 같은 곳에 밀어 넣은 주제에. 노동자 계급의 분노를 알게 해주마!"

"우린 노동자가 아니라 고등학생……."

"닥쳐, 패션 펑크!"

……제발 누가 이 바보를 막아줘.

물론 그 기도는 이루어지지 않았다. 신타로는 눈 깜짝할 사이에 구교사 2층 중앙에 위치한 교장실 문 앞에 도착하고 말았다.

"실례합니다!"

신타로는 노크를 한 후 문으로 손을 뻗었다. 하지만 문은 열리지 않았다.

"이 자식, 농성 중인가 보군."

케이토는 양손으로 무릎을 짚고 거친 숨을 몰아쉬며 말했다.

"여, 여름방학이니까 교장선생님도 쉬고 있겠지."

"그런 얘기, 못 들었어!"

"못 들은 건 신타로, 너뿐일걸."

케이토는 눈을 감고 벽에 몸을 기댔다. 이제는 더 이상 나올 것도 없다고 생각했던 땀이 질리지도 않고 온몸에서 흘러내렸다.

복도에서 들려오는 소음의 정체가 궁금했던 걸까. 교무실 문이 열렸다. 문 밖으로 얼굴을 내민 여자 선생이 의아하다는 표정으로 교장의 행방을 가르쳐주었다.

"교장선생님이라면 오후에 나오셨는데? 안뜰에 가신다고……."

그 말이 끝나기도 전에 신타로는 이미 달리고 있었다.

"너! 사실은 아무 생각도 없지?"

케이토는 큰 소리로 외치며 그 뒤를 쫓았다.

머리에는 밀짚모자. 목에는 수건. 손에는 목장갑. 그 모습은 아무리 좋게 봐줘도 학교장으로는 보이지 않았다.

안뜰에 매미가 앉아 있지 않은 나무는 한 그루도 없었다. 신교사와 구교사 사이에 낀 별로 넓지 않은 공간에는 밴드부 부원들조차 치를 떨 만큼 시끄러운 매미소리가 울려 퍼지고 있었다.

화단 주위의 잡초를 뽑고 있던 교장은 일손을 멈추고 일어서서 수건으로 이마의 땀을 닦으며 인사했다.

"오, 밴드부로구나."

때때로 소동을 일으키다보니 완전히 얼굴을 기억한 모양이었다.

"덥구나. 오늘은 특히. 최고 기온이 38도라는데, 아깝구나. 2도만 더 올라가면 딱 40도인데."

"후우."

케이토는 거칠어진 호흡을 가다듬으며 애매하게 고개를 끄덕였다. 턱에서 흘러내린 땀이 바닥에 깔린 마른 벽돌에 검은 얼룩을 만들었다.

"뭘 하시는 겁니까."

신타로가 거친 숨을 몰아쉬며 다짜고짜 물었다.

"음, 패랭이꽃을 심은 다음 팬지를 심고 있단다. 팬지 모종은 너무 비싸서 씨앗을 뿌리고 있지. 내년 2월쯤 꽃이 필 게다."

"그런 건 아무래도 상관없으니 저희 얘기 좀 들어주십쇼."

어쩔 줄 몰라 하는 케이토를 무시하고 신타로는 밀폐 상태의 부단에서 밴드부가 혹독한 더위에 시달리고 있다는 것, 옥상 문 열쇠를 가지러 교무실에 간 케이토가 모리에게 쫓겨났다는 것 등을 밴드부에 조금 유리하게 각색해서 설명했다.

설명을 마치자 교장은 자못 의외라는 표정으로 물었다.

"옥상 문이라. 너희들, 옥상 문을 닫은 채 연습하고 있었단 말이냐? 그럼 굉장히 덥겠구나."

"죽도록 덥습니다. 낮엔 50도는 족히 될 겁니다. 안 그러냐, 케이토?"

50도는 솔직히 오버였지만 케이토는 잠자코 고개를 끄덕였다. 그리고 머뭇머뭇 교장에게 말했다.

"그래서 옥상 문 열쇠 말인데요, 저……, 직원회의가……."

"직원회의? 됐어. 필요 없다. 문이야 더우면 얼마든지 열려무나."

"네? 그래도 됩니까?"

"당연하지. 학생이 열사병으로 죽기라도 하면 큰일 아니냐."

"하지만 저기, 전에 선배들이 옥상에서 마리화나를……."

교장이 밀짚모자 아래로 케이토와 신타로를 물끄러미 노려보았다.

"피울 거라면 열어주지 않겠다. 너희들, 마리화나를 피울 거냐?"

"절대 피우지 않을 겁니다!"

케이토와 신타로는 입을 모아 부정했다.

교무실에서 가져 온 옥상 문 열쇠를 휘두르며 케이토는 발걸음도 가볍게 복도를 걸었다.

우여곡절이 많았지만, 어쨌든 지금은 후련한 기분이었다. 염원하던 열쇠를 정식으로 손에 넣은 것이다. 하지만 그 뒤로 부단에 남았던 두 사람이 어떻게 됐을지 조금 마음에 걸렸다.

"유사쿠랑 토오루 말이야, 지금은 싸우고 있지 않겠지? 만약 제2라운드가 시작됐으면 어쩌지? 뭐, 카토 쌤이 있으니까 괜찮……겠지."

신타로는 케이토 옆에서 터덜터덜 힘없이 걷고 있었다. 지칠 대로 지친 모양이었다. 탈수증 직전 상태로 수백 미터나 달렸으니 당연한 일이다. 연결 통로 옆의 수돗가에서 물을 마실 때에도, 그 후에 교무실에 들렀을 때에도 신타로는 줄곧 고개를 숙이고 있었다.

평소에도 이만큼만 조용하면 좋을 텐데. 케이토는 그런 태평한 생각을 하며 말을 이었다.

"교장선생님도 참 괴짜야. '팬지가 피면 가르쳐다오'라니,

그때까지 자기가 돌보면 되잖아. 우리 학교에는 원예부도 있는데.”

“이해할 수 없어.”

신타로가 고개를 숙인 채 중얼거렸다.

“그러게. 꽃 따윈 흥미도 없는데. 피어도 어느 게 팬지인지 알 게 뭐냐.”

“그게 아니야, 멍청아.”

“왜 그래?”

신타로가 고개를 들었다. 작은 눈을 더욱 가늘게 뜬 채 아랫입술을 삐죽 내밀고 있다. 불만이 있을 때의 표정이다. 신타로가 고개를 숙이고 있던 것은 피로 때문이 아니었던 모양이다.

“아무리 생각해도 모리를 이해할 수 없어. 한여름에 옥상 문을 닫고 부단에 갇혀 있으면 어떻게 될지는 원숭이라도 알겠다. 무슨 놈의 직원회의야? 대체 누굴 위한 규칙이냐?”

“이젠 아무래도 상관없잖아. 경과는 어찌 됐든 열쇠를 손에 넣었으니까.”

케이토는 나무 팻말이 붙어 있는 열쇠를 신타로의 눈앞에 흔들었다.

아래위로 흔들리는 검은 나무 팻말에는 눈길조차 주지 않고, 신타로는 케이토의 얼굴을 응시하며 말했다.

“케이토, 모리가 수영부 고문이라고 했지?”

“응.”

케이토는 고개를 끄덕였다. 그리고 문득 눈썹을 찡그렸다.

"……설마?"

그 물음에 신타로는 말 대신 번개 같은 달리기로 대답했다.

"이 자식, 또 시작이냐!"

케이토는 점점 작아지는 신타로의 뒷모습을 또다시 쫓아가야 했다.

2층 복도를 서쪽 끝까지 단숨에 달려서 A계단을 두 계단씩 뛰어내려 1층에 도착했다. 계단 아래에는 출입구가 자리 잡고 있었다. 활짝 열린 슬라이드식 철문 안에서 수영부원들이 물을 헤치며 수영하는 소리가 들려왔다.

출입구 안으로 들어가서 콘크리트 계단을 내려가면 수영장 옆쪽에 도착한다. 신타로는 수영장 북쪽으로 돌아가서 망설임 없이 문을 열고 안으로 들어갔다. 그리고 다섯 개의 계단을 두 달음에 올라가서 풀 사이드로 뛰어갔다. 케이토는 당황하며 신타로를 뒤쫓았다.

모리는 목에 휘슬을 걸고 스타트 대 옆에 묵묵히 서서 날카로운 눈빛으로 수영하는 부원들을 지켜보고 있었다.

"어떻게 된 겁니까, 옥상 문!"

링에 난입한 프로레슬러 같은 기세로 풀 사이드에 나타난 신타로의 모습에 모두가 눈을 동그랗게 떴다.

"뭐야, 너희들은!"

느닷없이 나타난 두 명의 땀투성이 남학생을 바라보며 모리는 찢어질 듯한 목소리로 외쳤다.

"뭐긴 뭡니까! 밴드부입니다!"

신타로는 조금도 겁을 먹지 않았다.

"그런 젠장맞을 더운 곳에 가둬 둔 덕분에 우린 모두 부처가 되기 일보직전입니다!"

"조, 좀 진정해, 신타로."

풀 안에서 쏟아지는 수영부원들의 시선을 어색한 웃음으로 받아 넘기며 케이토는 신타로의 티셔츠 소매를 잡아당겼다.

풀 사이드에서 시간을 재고 있던 부원은 물론, 풀 안에 있는 20여 명의 부원들도 수영을 멈추고 무슨 일인가 싶은 얼굴로 모리와 신타로의 대화를 지켜보고 있었다. 남녀의 비율이 거의 반반쯤 되어 보이는 수영부원들은 모두 어리둥절한 표정으로 기침 소리 하나 내지 않았다. 오후의 햇살을 반사하여 눈부시게 빛나는 수면. 염소의 자극적인 냄새가 산소를 갈구하는 콧속을 찔렀다.

풀 안에서 한 여학생이 이쪽을 향해 웃는 얼굴로 작게 손을 흔들었다. 옅은 노란색 수영모자와 어두운 푸른색 고글 때문에 금방 알아볼 수는 없었지만 아키였다.

아키의 몸은 대부분 물속에 숨어 있었다. 보이는 것은 겨우 어깨뿐이었지만, 그래도 케이토는 묘하게 쑥스러웠다.

빛바랜 스피도(speedo) 티셔츠를 입은 모리는 양손을 허리에 얹고 '의연한 태도'의 견본 같은 포즈로 케이토와 신타로를 바라보았다.

"너희는 수영부 부원이 아닐 텐데? 무슨 생각으로 아무 말도 없이 들어온 거지?"

신타로가 대답했다.

"풀 사이드는 시원해서 좋군요. 여기서 느긋하게 9월 직원 회의를 기다리면 되겠네. ……우린 죽어나겠지만!"

"무슨 말을 하고 싶은 거지?"

"선생님, 30분마다 갤런 단위로 물을 마셨는데 소변은 반나절에 한 번밖에 나오지 않는 경험, 해본 적 있습니까? 전 있습니다! 계단이 아코디언처럼 구불구불 일그러지는 걸 본 적 있습니까? 전 있습니다! 정신을 차리고 보니 옆에서 당나귀가 드럼을 치고 있는 광경, 본 적 있습니까? 전 있습니다!"

아, 이 녀석, 맛이 갔구나.

케이토는 곧 눈치 챘다. 더위와 피로와 분노가 어우러져 신타로는 남과 제대로 대화를 나눌 수 있는 상태가 아니었다.

신타로와는 대화가 불가능하다는 걸 눈치 챈 것일까. 모리는 설명을 요구하는 눈빛으로 케이토를 바라보았다.

"어떻게 된 거지?"

"네? 저……."

케이토는 반사적으로 고개를 숙였다.

"부장~! 말해~! 지지 마~!"

아키의 천연덕스러운 목소리가 케이토의 등을 떠밀었다. 케이토와 모리가 동시에 뒤를 돌아보자 옅은 노란색 수영모가 물속으로 퐁당 숨었다.

"말해 봐."

모리가 불쾌한 표정으로 케이토를 응시했다. 신타로도 질 수 없다는 심정으로 모리를 바라보았다.

"지금 교장선생님께 여쭤 보고 왔습니다. 옥상 문을 여는 데에 직원회의는 필요 없다고 하셨습니다."

케이토가 내민 회색 열쇠를 흘낏 바라보며 모리는 더욱 딱딱한 표정을 지었다.

"흐응, 그렇군. 하지만 원래 이런 문제는 직원회의에서 결정해야 하는 법이야. 교장선생님께서 문제없다고 판단하셨다면 난 따를 수밖에 없지만."

순간 몸의 땀이 차갑게 식었다.

이 선생은 우리를 보고 있지 않다. 규칙을 지키는 것만이 최우선인 것이다.

"그럴지도 모르지만, 규칙일지도 모르지만, 한여름에 문을 열어주지 않는 것은 말도 안 됩니다. 좀 전에 신타로가 죽을 뻔했다고 말한 것도 반쯤은 사실입니다."

"하지만 한 번 규칙 위반을 눈감아주면 점점 기준이 애매해져서 걷잡을 수 없게 되는 법이야. 난 그런 예를 본 적이 있어."

모리의 말에서는 아무런 설득력도 느껴지지 않았다.

판단 미스를 인정하라는 것이 아니다. 사과하라고 요구하는 것도 아니다. 그저 알아주기를 바랐다. 밴드부 부원이라고 모두 똑같지는 않다는 사실을 알아주기 바랐던 것뿐이다.

"됐어. 말이 안 통해. 가자, 케이토."

케이토는 신타로의 팔을 뿌리치며 콘크리트를 밟고 있는 발에 힘을 주었다. 해야 할 말을 하지 못하는 녀석이 과연 앞으로 나아갈 수 있을까.

"우리는 퇴학당한 선배들과는 다릅니다. 마리화나를 피우며 시간을 때우는 것보다 훨씬 즐거운 일을 알고 있습니다. 즐거우니까, 좋아하니까 밴드를 하고 있는 겁니다. 소지품 검사를 할 때 우리한테서 뭔가가 나왔습니까? 모리 선생님께는 여러모로 무례한 말을, 주로 신타로가 했지만, 아무튼 했었으니 우릴 좋아해달라는 건 무리일지도 모릅니다. 하지만 좀 더 믿어주십시오. 우리를 알아주십시오!"

감정 섞인 반격을 예상하고 몸을 긴장시켰지만 모리의 목소리는 의외로 낮고 작았다.

"믿었다가 뒤통수를 맞으면 바보가 되는 게 누군데."

"네?"

"어쨌든 나는 편의에 따라 규칙을 어길 수는 없어. ……다정한 교장선생님이 계서서 다행이구나."

모리는 위엄을 유지하기 위해 무표정한 얼굴을 가장하고 있었다. 하지만 그 눈은 가늘게 흔들리고 있었다.

이렇게 약해 보이는 사람이었나?

케이토는 무릎에서 힘이 빠지는 것을 느꼈다. 터지기 직전의 풍선 앞에서 몸을 움츠렸는데 정작 풍선은 소리 없이 바람이 빠지고 만 듯한 느낌이었다.

"가자. 정말 유익한 시간이었어. 말이 안 통하는 사람에겐 무슨 말을 해도 안 통한다는 중요한 사실을 배웠지 뭐냐. 안 그러냐?"

케이토는 신타로에게 질질 끌려 강제로 풀 사이드를 떠났다.

"난 결심했어."

요란한 소리를 울리며 수영장 문을 닫은 뒤 신타로가 단호하게 말했다.

"앞으로 모리는 이 학교에 없는 사람으로 생각할래. 저쪽에서 말을 걸어도 무시할 거야. 심술이든 뭐든 맘대로 부리라고 해."

심술이라기보다는 필사적으로 자신을 방어하는 듯한 느낌 아니었나?

아무런 확신도 없었기에 케이토는 마음속에 떠오른 의문을 입 밖에 내지 않았다.

"야, 저기 이상한 녀석들이 있는데?"

신타로가 강당 옆 자전거 주차장을 가리켰다. 티셔츠와 반바지를 입은 남학생 둘이 자갈 위에 주저앉아서 허리 높이의 작은 창문으로 강당 안을 엿보고 있었다.

"어? 유사쿠랑 토오루다."

조금 전 험악하게 다퉜던 두 사람이 어째서인지 지금은 사이좋게 엿보기를 하고 있었다.

신타로가 두 사람의 등 뒤로 살금살금 다가가서 어깨를 두 드렸다.

"야, 변태들."

유사쿠와 토오루는 뛸 듯이 놀랐다. 실제로 머리 하나 높이쯤은 뛰어오른 듯했다. 두 사람은 상대가 신타로라는 것을 알고는 눈에 띄게 안심했다.

"놀랐잖아."

토오루가 작은 목소리로 신타로를 비난하며 입술에 손가락을 댔다.

"지금 중요한 순간이니까 조용히 해."

강당 안에서 클라리넷의 부드러운 음색이 들려왔다. 밴드부에서는 들을 수 없는 사랑스러운 음색이었다.

"뭐하냐?"

케이토가 물었다.

"이제 곧 하세가와의 차례야."

토오루가 유달리 진지한 표정으로 대답했다. 너무나도 진지한 눈빛에 이끌려 케이토와 신타로는 시키는 대로 비어 있는 작은 창에 달라붙었다.

안을 들여다봤지만 보이는 것은 실내화를 신은 발뿐이었다.

"저 오른쪽 안쪽에 있는, 지금 양말을 살짝 끌어올린 게 하세가와. 귀엽지?"

케이토는 토오루가 가리킨 발을 바라보았다. 하지만 '그렇구나, 저게 토오루가 좋아하는 하세가와라는 애로구나' 하는 감동적인 기분은 전혀 들지 않았다.

"그건 그렇고, 열쇠는?"

유사쿠가 물었다. 케이토는 손에 움켜쥐고 있던 열쇠를 보여주었다.

"오, 훌륭해, 훌륭해."

유사쿠가 엄지손가락을 세운 순간, 몇 번째 되풀이되던 클라리넷 연주가 도중에 강제로 중단됐다.

"역시 너였구나, 하세가와."

고문인 듯한 남자 선생의 목소리에 옆에 있던 토오루가 몸을 움츠렸다. 먹이를 발견한 고문은 가차 없이 하세가와를 몰아세웠다.

"하세가와, 뭐냐? 그 연주는. 정말 엉망이구나. 알겠다. 네가 균형을 깨뜨리고 있구나. 발목을 잡고 있던 게 바로 너였구나."

수십 명의 부원이 있는 강당 안에서는 고문의 차가운 목소리만이 들려왔다. 슬며시 옆을 바라보자 토오루가 창문의 격자를 힘껏 움켜쥐고 있었다.

"대회까지 앞으로 2주일 남았나."

고문 교사가 일부러 잠시 말을 끊은 후 말했다.

"늦진 않았군, 지금이라면. 하세가와, 할 수 없다. 올해는 포기해라. D반으로 옮겨라."

유사쿠와 토오루가 얼굴을 마주보았다.

고문 교사의 목소리가 하세가와를 더욱 몰아세웠다.

"뭐하는 거냐? 빨리 나가."

토오루가 지적한 것과는 전혀 다른 위치에 있는 발이 총총걸음으로 편성에서 떠났다. 철문을 여는 무거운 소리가 들려왔다.

"상황은 잘 모르겠지만 밥맛없는 녀석이군."

신타로가 이를 갈며 중얼거렸다.

토오루가 핏기 없는 얼굴로 일어섰다. 유사쿠가 재빨리 그의 긴 팔을 붙잡았다.

"하세가와한테 가려고? 그만둬."

"하지만……."

토오루는 세상의 종말이라도 맞이한 것처럼 어쩔 줄 몰라 하고 있었다. 유사쿠가 그의 귓가에 대고 말을 이었다.

"지금 네가 나타나면 분명히 이상하게 생각할 거야. '어떻게 여기 있는 거지?'라고 물으면 뭐라고 대답할래? 그리고 하세가와도 지금은 아무도 만나고 싶지 않을 거야. 안 그래?"

"그럼 난 뭘 하면 좋지? 저런 식으로 말하면 하세가와가 불쌍하잖아."

토오루는 강력한 완력으로 유사쿠의 손을 뿌리치려 했다. 유사쿠는 간신히 그것을 버텼다. 발밑에서 자갈이 잘그락잘그락 소리를 울렸다.

"못 들은 척해. 일단 기다려. 하세가와가 이 일을 너한테 얘기할 때까지. 그때 마음껏 위로해주면 되잖아."

토오루는 머리가 으깨지지 않을까 싶을 만큼 무시무시한 힘으로 자신의 까까머리를 움켜쥐었다.

"얘기할 마음이 생길 때까지 며칠이나 걸리면?"

"며칠이든 기다려."

"하지만 그 전에 하야시바라와 마주치면 난 덤벼들지도 몰라."

"안 돼. 폭력사태는 참아줘. '혼덴고 마니아'에 못 나가게 될 거야."

"그럼 어쩌란 말이야. 하세가와는 불쌍하고, 하야시바라는 목 졸라 죽여 버리고 싶어."

"어쩌면 좋으냐고?"

유사쿠는 팔짱을 낀 채 잠시 생각에 잠겼다. 그리고 단호하게 대답했다.

"로큰롤밖에 없잖아. 밴드부니까."

아, 그렇다. 그게 하고 싶었다.

케이토의 입가에 자연스레 미소가 떠올랐다.

"뭐가 뭔지는 잘 모르겠지만, 아무튼! 우리, 신나게 날뛰어 보자!"

신타로의 목소리가 좁은 자전거 주차장에 메아리쳤다.

"어서 와라."

카토가 멈출 것 같으면서도 멈추지 않는 템포로 부채질을 계속하며 말했다. 네 사람은 카토에게 인사한 후 지정된 위치에 섰다. 유사쿠는 카토의 왼쪽 옆에. 케이토는 층계참과 옥상 중간 계단에. 신타로는 옥상 문 앞에. 그리고 토오루는 그 옆의 발코니에 설치된 드럼세트에.

"자, 신타로."

케이토는 교무실에서부터 줄곧 움켜쥐고 온 열쇠를 계단 위의 신타로에게 던졌다. 양손으로 열쇠를 받은 신타로가 뭐냐고 묻는 듯한 시선을 던졌지만 케이토는 "열어"라는 한마디만 던졌다. 신타로의 무모한 담판 덕에 옥상 문을 여는 것이 허락되었다. 처음으로 문을 여는 것은 신타로의 역할이다.

"네 땀 때문에 미끈미끈해."

신타로는 그렇게 투덜거리면서도 몸을 돌려 열쇠 구멍에 열쇠를 꽂았다. 찰칵 하는 소리가 의외로 크게 울렸다.

"이얍."

신타로가 철문을 활짝 열었다. 아키가 느닷없이 나타났던 날보다 더욱 푸른 하늘이 케이토의 눈에 들어왔다.

옥상으로 나가서 더 이상 열리지 않을 때까지 문을 활짝 연 신타로는 계단으로 돌아오자마자 의미 없이 헤헤 웃었다.

위에서 아래로 불어온 바람이 다섯 사람의 뺨을 어루만졌다. 방음막을 설치한 후로 두 달 동안이나 밀폐 상태였던 부단에 오랜만에 불어온 자연의 바람이었다.

케이토는 스트라토캐스터의 스트랩을 어깨에 걸쳤다.

문 하나를 연 것만으로 그리 큰 변화가 생긴 것은 아니었다. 온도와 습도가 어느 정도 내려간 것뿐. 하지만 기분은 전혀 달랐다.

지하실처럼 어둡고 음습했던 부단에 푸른 하늘이 펼쳐진 것이다. 감정적이고 치졸한 방식이었지만, 자신들의 힘으로 손에 넣은 푸른 하늘이었다.

"뭐든지 좋아. 한 곡 연주하자. 연주, 연주!"

토오루가 드럼세트 안에서 평소와는 달리 힘찬 목소리로 재촉했다. 유사쿠가 설명했다.

"얘기하자면 기니까 설명은 생략하겠지만, 토오루는 지금 사랑과 슬픔과 분노로 가슴이 터지기 일보직전이란다."

"아, 그래?"

사정이야 어찌됐든, 토오루가 의욕이 넘치는 것은 다행이었다. 가슴이 터질 것 같은 것은 케이토도 마찬가지였기 때문이다.

"무슨 곡이 좋을까?"

신타로가 문 밖의 푸른 하늘을 등지고 서서 물었다.

"글쎄."

몇 대의 앰프에서 흘러나오는 작은 노이즈를 들으며 케이토는 생각에 잠겼다.

"빠른 곡을 연주하고 싶어. 이런저런 골치 아픈 일들을 전부 날려 버릴 수 있는 곡."

유사쿠가 고개를 갸웃거렸다.

"골치 아픈 일?"

"모리라든가, 모리라든가, 아니면 모리라든가!"

계단 위에서 신타로가 외쳤다.

"그 인간의 규칙은 더 이상 지킬 수 없어. 직원회의 좋아하네. 혼자 잘해 보시지!"

"날려 버리고 싶다 이거지. 그럼 오프스프링의 〈All I Want〉가 어때? 빠르기도 하고 '당신이 강요하는 룰 따윈 더 이상 지킬 수 없어'라는 가사도 나오잖아."

유사쿠의 제안에 이의를 제기하는 사람은 없었다. 케이토를 비롯한 모두가 지금 당장 연주를 하고 싶어서 몸이 근질거리고 있었다.

하지만 보컬의 'YA—YA—YA—YA—YA!'라는 외침으로 시작되어 같은 외침으로 끝나는 빠른 스피드의 이 곡을 케이토는 유달리 어려워하는 경향이 있었다. 겨우 한 소절뿐이지만 아무 반주 없이 혼자 노래하는 첫 부분이 부끄러웠기 때문이었다. 또 음정이 높아서 조금만 방심하면 목소리가 뒤집어지는 것도 문제였다. 중요한 후렴 부분에서 목소리가 뒤집어지는 것은 보컬로서는 눈물이 나올 만큼 창피한 일이다.

하지만 지금은 마음껏 노래하고 싶었다. 활짝 열린 문 밖,

풀 사이드에 있는 모리의 귀에까지 자신의 목소리가 전해졌으면 했다. 그렇다고 뭔가 극적인 변화가 일어날 거라는 생각은 하지 않았지만, 자신들이 이곳이 있다는 것을, 마리화나가 아닌 음악을 하고 있다는 것을 알리고 싶었다. 모리뿐 아니라 이 학교의 학생들과 교직원들이 대부분 품고 있는 '그 밴드부'라는 안 좋은 선입견을 음악으로 날려 버리고 싶었다.

케이토는 악보를 준비하며 다시 한 번 계단 위를 바라보았다. 여름 오후의 푸른 하늘이 펼쳐져 있었다.

왜 그토록 필사적인 건지는 모르겠지만, 저런 문 하나에 시시한 오기를 부릴 필요는 없지 않을까.

잠시 완고한 모리의 얼굴을 떠올리며 케이토는 커다랗게 숨을 내쉬었다.

유사쿠가 깡충깡충 계단을 올라와서 보컬용 마이크에 얼굴을 가까이 댔다. 이 곡의 전반부는 둘이서 교대로 리드보컬을 맡는다. 유사쿠의 단정하고 중성적인 얼굴이 눈앞으로 다가오자 케이토는 왠지 마음을 진정시킬 수 없었다. 이것도 〈All I Want〉가 거북한 이유 중 하나였다.

"그럼 시작한다!"

토오루가 멤버에게 말했다.

"오~!"

"언제든지 오케이~!"

"시작해~!"

목소리는 느긋하지만 멤버들의 눈은 모두 빛나고 있었다.

토오루가 드럼스틱을 빠르게 휘둘렀다.

"YA—YA—YA—YA—YA!"

뱃속에서 솟아오르는 목소리를 마이크에 대고 외치자 베이스와 기타와 드럼이 하나가 되어 질주하기 시작했다.

아, 굉장하다.

완벽하게 외운 영어 가사를 목청껏 노래하며 케이토는 온몸에 소름이 돋는 것을 느꼈다.

정확하면서도 빠른 드럼이 힘차게 싱코페이션을 연주하고, 베이스가 곡 전체에 박력을 더해주고, 두 대의 기타는 각자의 소리로 포효하며 부단 안을 휘몰아쳤다.

뭐라 말할 수 없는 기묘한 감각이었다. 손이 멋대로 움직이고 노래가 멋대로 흘러나왔다. 양손으로 기타를 치고 있지만 동시에 다른 파트도 연주하고 있는 듯한 느낌이 들었다. 여기서 이 소리가 필요하다고 생각하면 생각했던 소리가 생각했던 타이밍에 울려 퍼졌다. 케이토의 육체는 노래와 기타, 두 가지 동작만을 하고 있지만, 정신은 보컬과 기타뿐 아니라 베이스와 드럼도 연주하고 있었다.

자신의 룰에 집착하지 마, 말도 안 되는 얘기는 집어치워

살아가기 위해 죽은 거나 마찬가지인 생활을 하는 건 지긋지긋해

내버려둬, 많은 것을 요구하는 게 아니야

그저 컨트롤당하고 싶지 않을 뿐

그것이 내가 바라는 모든 것

만약 너에게 들을 마음이 있다면 어떻게든 이해할 수 있을지

도 몰라

유사쿠의 기술만 튀지도 않았고 토오루의 정확하고 커다란 드럼 소리만 돌출되지도 않았다. 기타, 드럼, 베이스, 그리고 보컬이 한 덩어리가 되어 꿈틀거리며 날뛰었다.

기온이 40도에 가까운 한여름. 게다가 바람도 잘 통하지 않는 계단. 지독히 더운데도 등에 소름이 돋았다.

불과 2분 남짓한 곡은 첫 부분과 마찬가지로 케이토의 "YA—YA—YA—YA—YA!"라는 외침으로 끝났다.

끝난 순간 유사쿠가 외쳤다.

"끝내주게 좋았지? 끝내주게 좋았지?"

유사쿠는 레스폴을 휘두르며 같은 말을 두 번 되풀이했고, 케이토는 그 배 이상으로 고개를 끄덕였다. 드럼세트 안에서 뛰쳐나온 토오루가, 뛰쳐나온 것까지는 좋지만 그 다음에 어떻게 해야 할지는 모르겠다는 듯 일단 스틱으로 난간을 두드리고 있었다. 신타로는 문밖을 향해 "꼴좋다!"라는, 도통 의미를 알 수 없는 승리의 포효를 울렸다.

"선생님, 지금 어땠어요? 끝내주게 좋았죠?"

유사쿠가 옆에 있는 카토에게 감상을 재촉했다. 케이토는 아무것도 모르는 사람에게 물어 봤자 소용없을 거라고 생각했지만 카토는 안절부절못하며 헬멧 같은 머리를 쥐어뜯고 있었다. 졸린 듯이 움직이던 부채는 층계참 바닥에 떨어져 있었다.

"멋지더구나. 오싹오싹하던걸."

"그쵸? 그쵸? 아, 빨리 '혼덴고 마니아'가 열리는 날이 왔으면."

아, 나도 지금 똑같은 생각을 했는데.

눈앞에 강당의 스테이지에 서서 본 광경이 펼쳐졌다.

8

급수탑 북쪽이 비교적 시원하다는 것을 발견한 사람은 토오루였다.

그날 이후, 밴드부 멤버들은 점심시간이 되면 옥상에 나가서 논 위로 부는 바람을 맞으며 도시락을 먹었다.

8월에 접어든 지 1주일이 지난 그날도 카미야마 케이토는 옥상 난간에 기대어 푸른 하늘을 올려다보고 있었다.

초여름의 그날, 아키는 어떤 눈으로 이 하늘을 올려다보고 있었을까. 문득 궁금해졌다.

하지만 그림처럼 선명한 푸른 하늘을 올려다봐도 어떤 눈이었을지는 쉽게 상상되지 않았다.

"유사쿠가 늦네."

부단 안을 들여다보던 신타로가 고개를 갸웃거리며 돌아왔다. 화장실에 간다며 사라진 후로 유사쿠는 좀처럼 돌아올 줄을 몰랐다. 구교사 화장실은 지저분해서 싫다며 볼일을 볼 때

마다 굳이 신교사까지 걸어가는 녀석이니만큼 왕복하는 것만
으로도 시간이 걸리리라는 것은 알고 있었다. 하지만 그걸 감
안하더라도 유난히 늦었다.

밖에서 점심식사를 마친 카토의 경승용차가 버스길에서 야
스다 상점 앞길로 꺾어져 이쪽으로 느릿느릿 달려오는 모습을
본 것이 벌써 10분 전이었다. 카토의 차가 보일 무렵에는 늘
부단으로 돌아와서 레스폴 튜닝을 하던 유사쿠가 이 시간이
되어도 돌아오지 않는 것이 조금 마음에 걸렸다.

누군가가 계단을 올라오는 기척이 느껴졌다. 왜 이렇게 늦
었냐고 말하려 했지만 햇빛 차단용 갈대발 뒤에서 나타난 것
은 유사쿠가 아닌 카토였다.

"선생님, 유사쿠 못 보셨어요?"

토오루가 물었다.

"아, 좀 전에 엘리베이터 근처에서 시마모토 비슷한 사람이
야구부 부원들에게 끌려가는 걸 봤는데…… . 역시 본인이었나."

짚이는 곳은 없었지만 뭔가 불길한 예감이 들었다. 신타로
와 고개를 갸웃거리고 있을 때 토오루가 느릿한 목소리로 말
했다.

"유사쿠가 주장이나 다른 부원 여친한테 수작을 건 게 아
닐까?"

"그거다!"

케이토와 신타로가 동시에 외쳤다.

야구부는 교내에서 가장 무서운 집단으로 통하고 있다. 그 안으로 뛰어들어 가는 것은 될 수 있으면 피하고 싶었지만, 유사쿠를 내버려둘 수는 없었다.

무슨 일이 있었는지는 모르겠지만, 요즘 유사쿠에게서는 협조성 같은 것이 느껴졌다. 물론 멤버들에게 이것저것 요구하는 것은 여전했다. 하지만 짜증을 내거나 도발적인 말을 내뱉는 경우는 눈에 띄게 줄었다. 자신이 추구하는 음을 알기 쉽게 설명하고 끈기 있게 전하려고 노력했다. "그만그만그만!"이라는 히스테릭한 외침도 어느 샌가 들을 수 없게 되었다.

케이토도 그런 유사쿠를 매일 필사적으로 따라갔다. 같은 수준에 도달하는 것은 무리일지 몰라도 적어도 실력을 향상시켜 유사쿠를 놀라게 해주고 싶었다. 그 마음은 신타로도 마찬가지일 것이다. 그러니까 유사쿠가 야구부에 끌려갔다면 구하러 가는 것이 동료의 도리다.

사지로 향하는 삼총사처럼 비장한 결의를 가슴에 품고 4층으로 내려가자 복도 안쪽에서 유사쿠의 태평한 목소리가 들려왔다.

"어이~!"

큰북을 든 야구부원 두 사람을 데리고 유사쿠가 이쪽을 향해 굵은 말렛을 휘두르며 걸어왔다. 만면에 웃음을 지으며.

"와하하하하하! 건배~!"

케이토와 신타로, 유사쿠, 토오루는 벤치에서 엉덩이를 들고 음료수 캔을 부딪쳤다. 벌써 세 번째다.

"헤이~! 할머니도 건배~!"

유사쿠가 벌떡 일어서서 가게 주인 할머니의 찻잔에 음료수 캔을 부딪쳤다. 영문을 모르는 야스다 상점 할머니도 덩달아 생글생글 웃고 있었다.

"불만이나 항의는 잔뜩 들었지만 칭찬받은 건 처음이군."

신타로가 작은 눈을 한껏 크게 뜨며 혼잣말처럼 중얼거렸다. 토오루가 고개를 끄덕였다.

"생각해 보니 스포츠 이벤트 회장에서 종종 틀긴 하더라, 〈We Will Rock You〉. 야구부가 듣고 싶어 하는 것도 무리는 아니지."

케이토는 콜라를 한 모금 마시며 유사쿠에게 물었다.

"그런데 '쿵·쿵·짝으로 시작되는 곡'이라는 말만 듣고도 용케 퀸의 〈We Will Rock You〉라는 걸 알았네?"

"감옥 같은 부실로 끌고 가서 '록을 하고 있다면서? 올해도 1회전에서 진 우리 몫까지 잘해 봐라'라며 증정식이라도 하듯이 굵은 말렛을 내미는데 어쨌든 '응'이라고 대답할 수밖에 더 있어? 〈We Will Rock You〉라는 걸 안 건 큰북을 운반한 1학년들과 얘기하고 나서야."

"진짜 걱정했어. 유사쿠가 두들겨 맞으면 어쩌나 하고."

토오루가 말했다. 느긋한 얼굴로 그런 말을 해봤자 설득력은 없었다.

"난 그것도 괜찮지 않을까 했다만."

신타로의 도발을 가볍게 흘려 넘기며 유사쿠는 양손으로 합판 테이블을 두드렸다.

"어떤 의미로는 고문이었어. 야구부 부실은 땀 냄새가 진동하더라. 빨지 않은 속옷들이 마구 널려 있지 뭐야. 부단이 훨씬 낫지."

케이토는 야스다 상점의 낮은 천장을 올려다보았다. 소형 선풍기가 활짝 열린 입구로 들어오는 늦은 오후의 공기를 휘젓고 있었다.

"어쨌든 난 내일부터 그 랩 같은 가사를 외워야겠군."

"난 북. 왜 그 곡은 베이스 파트가 없는 거야."

신타로가 투덜거리며 말했다. 유사쿠가 실실 웃으며 대답했다.

"뭐 어때? 좋잖아. 응원용 야구부 큰북도 칠 수 있는 베이시스트. 진 시몬즈도 그 영역에는 도달하지 못했을 거야."

"어쨌든 베이스 드럼하고 플로어 탐하고 야구부 큰북까지 세 개를 한꺼번에 치니까 진짜 박력 있긴 하더라. 그렇지만 그 북은 너무 커. 튜닝도 엉망진창이고. 빌려준 건 고마운데 한편으로는 귀찮기도 해. 덕분에 층계참이 비좁아졌잖아."

토오루가 넓은 어깨를 으쓱하며 말했다. 유사쿠가 달래듯이 말했다.

“그래도 모처럼 빌려준 거니까 조금 좁은 것쯤은 참아야지.”

케이토는 쿡쿡 웃음을 터뜨렸다. 남에게 불평만 늘어놓던 유사쿠의 입에서 ‘참아야지’라는 말이 나온 것이 우스워서 견딜 수 없었다.

“왜 웃냐, 케이토?”

“왜 웃는 거야, 케이토?”

유사쿠가 그렇게 물었지만 케이토는 “아무것도 아니야”라는 대답으로 얼버무렸다.

찰칵. 자전거 스탠드를 세우는 소리가 들려왔다.

“아, 있다, 있다. 이런 곳에 숨어 있었구나.”

네 사람을 가리키며 가게 안으로 들어온 것은 아키였다. 그 뒤에는 아키에게 지지 않을 만큼 햇볕에 그은 여학생 두 명이 서 있었다. 금세 가게 안이 화사해졌다.

“뭐야, 오오노냐.”

아키를 흘낏 쳐다본 신타로가 다시 먹고 있던 자이언트카프리코로 시선을 되돌렸다. 믿을 수 없을 만큼 쌀쌀맞은 태도였다.

“‘뭐야’라니! 너무해.”

아키는 잠시 토라진 표정을 짓더니 곧 입구에 오도카니 서 있는 여학생들을 소개했다.

“우리 부 1학년들이야. 아, 츠지는 완전 얼었네? 츠지, 이 사람들, 잡아먹지 않으니까 걱정 마. 사람들이 생각하는 이미

지보다는 무섭지 않으니까. 겉보기랑 똑같으니까.”

츠지와 마츠야마라는 이름의 두 소녀는 아키의 재촉에 조금 떨리는 목소리로 말했다.

“저, 항상 수영하며 듣고 있어요. 록은 잘 모르지만 선배님들의 연주는 멋진 것 같아요.”

“요시……, 모리 선생님과는 달리 우리는 응원하고 있어요. 힘내세요.”

케이토가 눈을 깜빡거리고 있을 때 제일 안쪽에 있던 유사쿠가 소리 없이 입구로 이동해서 멋대로 밴드부를 대표하여 두 사람과 굳은 악수를 나눴다.

“고마워. ‘혼덴고 마니아’ 일요일에 나가니까 꼭 들으러 와.”

저 넉살을 본받고야 말겠어.

케이토는 마음속으로 그렇게 맹세했다.

두 1학년생은 버스를 놓치면 안 된다며 서둘러 가게를 떠났고, ‘먹지 않으면 죽는다’가 신조라는 아키만이 남았다.

“와하하하하! 건배~!”

케이토와 신타로, 유사쿠, 토오루는 또다시 건배했다.

옥상 문 개방은 일부 운동부의 지지라는 생각지도 못한 부산물을 낳았다.

“수영장은 우리 연습 장소 바로 아래잖아. 정말 안 시끄러워?”

케이토가 확인하듯 물어보자 아키는 우유빵을 입안에 가득 넣은 채 대답했다. 꼭 다람쥐 같았다.

"개아나."

"삼키고 나서 말해."

토오루가 하늘색 아이스바를 깨물며 기가 막힌다는 표정으로 옆에 앉은 아키를 바라보았다.

"……괜찮아. 시끄럽다는 사람은 아무도 없어. 오히려 '지금 그거, 무슨 곡이야?'라고 묻는 애까지 있는걸. 카미야마랑 같은 반이라 나도 록을 잘 알 거라고 오해하나 봐."

케이토는 또다시 물었다.

"모리는?"

"무반응. 완~전 무반응. 평소처럼 무뚝뚝한 얼굴을 하고 있사옵니다."

"그거 다행이군."

신타로가 만족스러운 얼굴로 고개를 끄덕였다.

"그보다, 내 말 좀 들어 봐."

아키가 작은 주먹으로 테이블을 두드렸다.

"지금이 한창 시즌인데 요시미가 풀에 들어가지 못하게 하는 거 있지. 학교 측에서 '오전 기온이 30도를 넘으면 12시부터 두 시간 동안은 실외 연습을 자제할 것'이라는 규칙을 만들었나 봐. 그걸 착실하게 지키느라 2시가 지날 때까지 수영을 못하게 하지 뭐야. 바보 아니야? 그 규칙은 축구부나 육상부처럼 땅 위를 뛰어다니는 사람들을 위한 건데 왜 수영부까지 지켜야 한담?"

"그 선생답군."

유사쿠가 기다란 과자를 아작아작 깨물며 유쾌하게 웃었다.

"어머, 구름머리, 웃을 일이 아니잖아."

"구름머리라니, 너무해."

쓴웃음을 짓는 유사쿠를 무시하고 아키가 또다시 말했다.

"요시미는 '다른 부와의 형평성을 고려해서'라는 말도 안 되는 이유를 갖다 붙이고 있지만 여름에 수영하지 않으면 언제 수영하란 말이야. 복도에서 근육 트레이닝이랑 유연체조를 하는 게 훨씬 더워. 대회 때 다른 학교 애들한테 물어봤는데, 기온이 몇 도든 다들 아무 때나 수영한다더라. 수영부 중에서 그런 규칙을 착실하게 지키는 건 우리 부 뿐이래. 그러니까 다들 뒤에서 요시미를 '규칙원리주의 아줌마'라고 부르는 거야. 정말이지 그런 분위기에서 은퇴한 3학년 선배들이 불쌍해."

"멋진 별명이군. 규칙원리주의 아줌마. 아, 할머니, 당첨됐어요."

'하나 더' 이벤트에 당첨된 토오루가 상품으로 받을 아이스바를 물색하고 있을 때 아키가 미니 팥빵 다섯 개가 들어 있는 봉투를 뜯었다. 또 먹을 생각인가.

"작년에는 풀 사이드에서 음악을 트는 것도 오케이였는데. 요시미도 전부터 완고한 면이 있긴 했지만 그래도 가끔 썰렁한 농담 정도는 하는 사람이었는데. 저렇게 된 건 역시 배신당했다는 생각 때문일까.”

“배신당해? 누구한테?”

케이토가 물었다.

“어? 밴드부면서 소문 못 들었어?”

아키가 오히려 케이토에게 물었다. 케이토는 멤버들의 얼굴을 돌아보았다. 셋 다 고개를 갸웃거릴 뿐이었다.

“경찰에 체포된 두 사람이 요시미네 반 학생이었다는 건 알고 있지? 둘 중 한 명이 요시미랑 사귀었다는 소문이 있던데. 어라, 몰랐어? 뭐, 어디까지나 소문이지만.”

토오루가 양손을 뺨에 대고 얼굴을 도리도리 흔들며 소름끼치는 목소리로 말했다.

“아, 그토록 당신을 사랑했건만 당신은 마약에 손을 대다니. 너무해! 너무해! ……뭐 이런 거?”

“아마도.”

“에이, 말도 안 돼. 그 여자, 섹시한 구석이라곤 눈곱만큼도 없잖아. 화장조차 안 하던데.”

신타로가 손을 흔들며 말했다.

“내 생각에도 사귀었다는 소문은 신빙성이 없는 것 같아. 나이도 열 살이나 차이가 나고, 제자와 사랑에 빠지는 건 강철의 여인 요시미한테는 전혀 안 어울리니까. 하지만 선배들 말로는 사이가 좋았던 건 사실이래. 물론 담임과 학생으로서 친했던 거겠지만."

"역시 담임의 교육이 문제였군."

그렇게 말하며 신타로는 체포된 상급생들이 얼마나 구제불능이었는지, 또 모리가 얼마나 냉담하고 융통성 없는 문제 교사인지를 한바탕 역설했다. 물론 신타로의 연설병은 하루 이틀 일이 아니었기에 네 사람 다 거의 듣고 있지 않았다.

가게 밖으로 나온 유사쿠와 토오루는 기지개를 켜며 자기들끼리 신나게 얘기를 나눴고, 아키는 신타로의 말에 때때로 시큰둥하게 맞장구를 치며 미니 팥빵을 입에 넣었다. 다섯 개의 팥빵이 눈 깜짝할 사이에 아키의 위장으로 사라지는 것을 케이토는 눈을 동그랗게 뜬 채 지켜보았다.

"아~ 엉덩이 아파."

석양의 빛을 받아 더욱 낡아 보이는 야스다 상점의 간판을 올려다보며 신타로가 손으로 허리를 짚었다.

"역시 딱딱한 벤치에 두 시간이나 앉아 있는 게 아니었어."

유사쿠도 레스폴이 들어 있는 하드케이스가 주위의 물건에 닿지 않도록 조심하며 기지개를 켰다.

형광등이 켜진 가게 안을 끊임없이 뒤돌아보는 케이토에게 아키가 물었다.

"뭘 보는 거야?"

"음, 그냥, 전에 밴드부 넷이서 왔을 때와는 왠지 가게가 달라 보여서.”

“그래? 그냥 야스다 카페인데?”

“……응. 그건 그렇지.”

“그러고 보니 나도 감기에 걸리면 주위의 풍경이 평소와 달라 보이긴 하더라만.”

“너도 감기에 걸리는구나.”

“뭐라고?”

“아니, 그냥, 건강해 보인다는 뜻이야.”

붉은 하늘 아래에서 신타로가 쓸데없는 수다를 떠느라 좀처럼 자전거에 올라타지 않는 두 사람을 재촉했다.

“케이토, 그만 돌아가자. 오오노, 너도 빨리 집으로 돌아가.”

신타로가 자전거에 올라타려는 순간, 토오루의 긴 팔이 그의 목을 슬금슬금 감았다.

“있지~ 지금 야구부 큰북을 튜닝하러 갈까 하는데, 신타로, 너도 같이 가자.”

“내가 왜?”

유사쿠가 냉큼 말했다.

“그야 물론 치는 사람이 신타로, 너니까.”

“내일 해도 되잖아.”

신타로가 못마땅해 하며 대답하자 토오루가 구실을 생각하듯 더듬더듬 말했다.

“음~ 기왕이면 선선한 저녁에 하는 게 좋잖아.”

"나도 같이 갈게. 그 퉁퉁거리는 형편없는 튜닝은 용서할 수 없어."

신타로의 손에서 억지로 핸들을 빼앗은 유사쿠가 케이토를 향해 의미심장한 미소를 지었다.

"잠깐! 난 집에 가서 야구중계 봐야 한단 말이야."

신타로가 무의미한 저항을 시도했지만 토오루는 시침 뗀 얼굴로 그의 어깨를 꾹꾹 누르며 말했다.

"아, 신타로는 야구를 보는구나. 난 안 보는데."

"어쨌든 잠깐 부단에 들렀다 가자. 알겠지?"

유사쿠가 신타로의 자전거를 한손으로 밀며 우두커니 서 있는 케이토를 돌아보았다.

"참, 그거 알아? 이 시간대만 되면 이 근처에 치한이 나타난대."

"뭐?"

두 사람은 신타로를 연행하여 곧 교문 안으로 사라졌다. 야스다 상점 앞에는 케이토와 아키만이 남았다.

난감하게 됐다.

다섯 명이 함께 있을 때에는 술술 나오던 얘기가 수도꼭지를 잠근 것처럼 뚝 끊기고 말았다. 뭔가 얘기를 해야 한다고 생각하면 생각할수록 무슨 말을 해야 할지 알 수가 없었다. 하물며 '치한이 나타난다'라는 말을 들은 후에는 더욱 그랬다. 자기들 딴에는 밀어주려고 한 말이겠지만, 아무리 생각해도 센스 없는 농담이었다.

아키가 치한에게 습격당하는 장면 따윈 상상하기도 싫었다. 한 방에 격퇴해 버릴 듯한 기분도 들긴 했지만, 그래도 만일의 경우를 생각하면 심란해서 견딜 수 없었다.

"해가 저무네."

아키가 서쪽 하늘을 올려다보며 말했다. 높은 제방 위에 붉은 태양이 걸려 있었다.

긴장감이라고는 털끝만큼도 느껴지지 않는 그 목소리에 케이토는 이상하게도 안도감을 느꼈다.

"오오노, 집이 어느 쪽이야?"

자전거 도로로 포장된 제방은 숨이 막힐 만큼 초여름의 풀 향기로 가득 차 있었다.

제방 서쪽에도 학교 주변과 마찬가지로 논이 펼쳐져 있었다. 강 자체는 메이지 시대에 치수를 위해 쌓았다는 이 제방에서 멀리 떨어져 있어서 눈을 크게 뜨고 봐도 보이지 않았다. 하지만 범람원 전체의 눈부신 빛은 햇빛을 난반사하는 넓은 강의 수면이 분명 그곳에 있음을 말해주고 있었다.

"우……, 생각했던 것보다 햇볕이 따갑네."

왼쪽 옆에서 걷고 있던 아키가 아직 열기를 잃지 않은 저녁 햇살에 얼굴을 찡그렸다.

"한번 해보고 싶었어. 강 저편으로 저무는 해를 바라보며 제방을 걸어서 집으로 돌아가는 거. 하지만 현실은 가혹하네. 너무 더워."

"여름이니까."

스스로 생각해도 멋대가리 없는 말이었다. 케이토는 내심 낙담하고 말았다. 석양에 물든 오른쪽 몸에 더위 탓만은 아닌 땀이 송골송골 맺혀 있었다.

인기척을 감지한 메뚜기가 바쁜 날갯짓 소리를 울리며 제방 아래로 날아갔다.

케이토는 흘끗 옆을 바라보았다. 분명히 아키가 자신과 나란히 걷고 있었다. 이건 기회다. 그런데 무슨 기회? 마음속으로 온갖 생각을 하고 있을 때 아키가 입을 열었다.

"미안해. 이상한 꿈을 실현시킨답시고 너까지 끌고 와서. 아래쪽 길로 가는 게 훨씬 빠를 텐데."

"아냐, 괜찮아. 저쪽은 교통량이 많은걸, 뭐."

몹시 무뚝뚝하고 말수가 적어진 자신이 안타까워서 견딜 수 없었다. 자전거 핸들을 쥔 손에 쓸데없이 힘이 들어갔다.

"화났니?"

아키가 목을 움츠리며 눈치를 살피듯 케이토를 올려다보았다.

"뭐? 안 났어, 안 났어."

케이토는 등의 소프트 케이스가 흔들릴 만큼 세차게 고개를 저었다.

"그럼 다행이지만."

"그건 그렇고, 진짜 잘 먹더라."

뭔가 얘기를 해야 한다는 초조한 마음에 튀어나온 것은 섬세함이라고는 눈곱만큼도 없는 말이었다. 몸에 더욱 땀이 맺혔다.

"수영부잖아. 우리의 칼로리 섭취량은 공룡 수준이라고."

아키는 그렇게 말하며 한손으로 배를 통통 두드렸다. 역시 그녀가 자신보다 몇 수 위였다.

"저녁밥은?"

"물론 먹지. 내 건강과 미용의 비결은 '잘 먹고 잘 싼다', 바로 이거랍니다."

멀리서 참새를 쫓는 공포탄 소리가 울렸다.

"……."

"여기서 입을 다물면 어떡해. 농담으로 받아쳐야지. 아, 부끄러워."

"그렇지만……."

대화의 내용은 어쨌든, 덕분에 조금은 어색함이 가셨다.

아키가 물었다.

"밴드부 레퍼토리는 전부 몇 곡 정도니?"

"음, 마스터했다고 가슴을 펴고 말할 수 있는 건 열 곡 조금 넘으려나? 혹시 제목을 알고 싶은 곡이 있으면 물어봐. 가르쳐줄게."

“아, 그럼 그거 제목이 뭐야? 노래부터 시작돼서 도중에 반주가 짜잔 들어가는 거. 뭐랄까, ‘청춘의 안타까움’ 같은 게 느껴지는 달콤쌉싸름한 느낌의 멜로디인데, 따~라라라라~, 따~라라~라라~라~, 이런 곡.”

“〈Basket Case〉!”

무심코 큰 소리가 튀어나왔다. 아키와 처음 만났던 작년 가을날, 유일하게 앰프를 켜고 그녀 앞에서 연주했던 곡이다.

“아, 깜짝이야.”

“앗, 미안. 음, ‘두~유해봤타~임, 투리슨투미와~인’. ……이거 맞지?”

“그래, 그거. 난 그 곡이 좋더라. 음, 바스켓……?”

“케이스. 그린데이라는 밴드가 부른 곡이야. 원한다면 다음에 CD를 가져올게. 나도 그 곡의 안타까운 느낌이 좋더라. 하지만 가사를 읽으면 황당할지도 몰라. ‘청춘의 안타까움’이라기보다는 ‘내 넋두리를 들어줄 시간이 있나’로 시작되는, 정신적으로 궁지에 몰린 남자의 노래거든.”

“헤에, 그렇구나. 몰랐어. 뭐랄까, 좀 더 〈Boy Meet Girl〉 풍의 노래인 줄 알았어.”

“저쪽 록 가사는 전부 그래. 특히 펑크는. ‘저 애송이를 두들겨 패라, 야구방망이로. 오~예~.’ 뭐, 이런 느낌.”

“그게 뭐야.”

아키가 몸을 굽히며 웃음을 터뜨렸다.

"라몬즈의 곡이야. 신타로가 부르면 제일 어울릴 것 같은데."

"그러게. 수영장으로 쳐들어왔을 때에는 정말 방망이라도 들고 있는 것 같았어."

피부를 직접 압박하는 것 같던 저녁 햇살은 어느 정도 힘을 잃어 가고 있었다. 농작업용 경트럭의 긴 그림자가 태양과 같은 색으로 물든 논 위를 천천히 달려갔다. 지금은 한여름이지만, 석양에 물든 황금빛 세계에는 다음 계절의 기척이 숨어 있었다.

서로의 이름도 몰랐던 그날을 아키는 기억하고 있을까.

직접 물어볼 기회는 지금밖에 없다.

"저, 〈Basket Case〉는 작년에도 연주한 적이 있는데……."

"아, 계단에 앉아서 말이지. 작년에 문화제가 끝나고 조금 지났을 때였나."

예상과는 달리 아키는 즉각 대답했다.

"기억하고 있었구나. 사실 난 2학년에 올라와서 널 보고 깜짝 놀랐어. '아, 그때 그 애다' 하고. 오오노, 넌 작년 1년 동안 내 기타를 들어준 유일한 사람이었으니까. 그래서, 그때는 이름도 몰랐지만, 난 오오노의 얼굴을 줄곧 기억하고 있었어."

제법 중대한 고백이었지만 그걸 아는지 모르는지 아키는 아무렇지도 않게 대답했다.

"아……, 그게 그 곡이었구나. 어쩐지 귀에 익더라. ……음, 한 가지 자백해도 될까요?"

"뭡니까?"

“카미야마의 얼굴까지는 확실하게 기억하지 못했어.”

“……아, 그랬구나.”

“같은 반이 되고 나서 ‘저 애, 혹시 그때 기타를 쳤던 사람 아닌가’ 싶었지만 자신이 없어서 한동안 눈치만 보고 있었어.”

새 학기가 시작된 지 얼마 안 되었을 무렵, 몇 번인가 아키의 시선을 느꼈던 것은 아무래도 착각이 아니었던 모양이다.

그 가을날의 짧은 만남이 자신에게 얼마나 의지가 되었는지, 옆에서 걷고 있는 아키는 모를 것이다. ‘운명적인 만남’이라는 것은 자신의 일방적인 생각일 뿐, 아키는 그 일을 그저 일상의 한 조각으로 기억하고 있었던 것이다. 실망하지 않은 것은 아니었지만, 그래도 케이토는 아키가 겨우 1분 남짓한 짧은 만남을 기억하고 있었다는 사실이 기뻐서 견딜 수 없었다.

“내가 계단에서 만났던 녀석이라는 건 언제 알았어?”

“카토 쌤이 고문이 되기 조금 전이었나? 츠쿠모랑 둘이서 기타 가방을 메고 학교에 다닐 때부터. 밴드부가 사건 때문에 폐부 직전이라는 건 소문을 들어서 알고 있었어. 고생이 많구나 싶었지. 그래서 네가 카토 쌤한테 직접 호소했을 때에는 왠지 ‘첫 심부름을 지켜보는 엄마’같은 기분이었어.”

“……으음, 엄마라.”

“응. 보호자 같은 기분.”

아키는 하얀 이를 드러내며 깔깔 웃은 후 문득 진지한 표정을 지었다.

“그건 그렇고, 내 넋두리를 들어줄 시간은 있습니까?”

자신을 올려다보는 아키의 눈빛에 케이토는 고장 난 로봇처럼 고개를 끄덕였다.

“응? 아, 네. 있습니다.”

“전에 왜 옥상에 있었냐고 물었을 때 ‘그냥 나가보고 싶어서’라고 대답했었지? 거짓말은 아니지만, 그건 이유의 반밖에 안 돼.”

“그럼, 나머지 반은?”

“수영부가 싫어져서.”

아키는 아련한 추억을 이야기하는 것처럼 눈을 가늘게 떴다.

“사건이 일어난 후로 요시미는 계속 신경질적으로 굴고, 선배들은 모두 움찔움찔 눈치만 봤어. 폐쇄감이랄까. 수영부 전체가 숨 막히는 느낌이었지. 그래서 그만둘까 고민하면서 위에서 풀을 내려다보고 있었어. 5월 초까지는 연습에 참가하든 말든 자유라서 마음만 먹으면 얼마든지 땡땡이칠 수 있었거든.”

“몰랐어.”

“말하지 않았으니까. 아무에게도.”

아무에게도 말하지 않았던 것을 어째서 자신에게 털어놓는 것일까. 그 이유를 알고 싶었지만 어떻게 물어야 좋을지 알 수 없었다. 케이토는 묵묵히 자전거를 끌었다.

아키가 말을 이었다.

“하늘을 올려다보고, 풀을 내려다보고, 한숨을 쉬고……. 그러다 언제부터인가 이상한 사람들이 계단에 눌러앉아 있다는 걸 알게 됐어. 게다가 점점 증식하지 뭐야. 마주치지 않도록 조심하긴 했지만, 어느 날 아무 소리도 안 들리기에 오늘은 없나보다 하고 문을 열었더니, 세상에."

"이상한 사람들? 우리 말이야?"

"물론. 그 이상한 사람들은 고문이 필요하다고 하니까 이상한 버섯머리 선생님을 끌고 오고, 시끄럽다고 하니까 자기들 힘으로 요란한 색깔의 커튼을 만들고, 연습 장소가 찜통 같이 더워지니까 교장선생님과 직접 담판을 짓고, 심지어 적진으로 쳐들어와서 요시미와 싸우기까지……. 왠지 그런 모습을 볼 때마다 나도 수영부에서 좀 더 열심히 노력해야겠구나 하는 생각이 들었어. 조용히 힘이 되어주려고 했는데 어느 샌가 밴드부가 내게 힘을 주고 있었던 거야. ……이런 식으로 생각하는 사람도 있다고."

아키는 쑥스러운 듯이 어깨를 으쓱했다.

오른쪽에서 왼쪽으로 머리 위를 흘러가는 구름은 붉은색과 흰색으로 뚜렷하게 나뉘어 있었다. 숯불처럼 발갛게 변한 태양은 어느 샌가 눈높이까지 내려와 있었다. 그 둥근 윤곽은 하루의 끝에 안도의 숨을 내쉬고 있는 것처럼 보였다.

왠지 몸이 간질간질했다. 케이토는 변명처럼 말했다.

"음……. 그런 식으로 봐주다니, 뭐랄까, 영광이긴 하지만, 우린 그냥 무턱대고 이리저리 부딪쳤던 것뿐이야. 그때그때 필

요한 걸 얻기 위해서. 딱히 목표를 향해 똑바로 전진했던 건 아
니야. 뒤를 돌아보니 그런 길을 걸어 오고 있었던 것뿐이지.”

그것도 사실이지만, 정말로 하고 싶은 말은 따로 있었다.

네가 있었기 때문이야.

아키에게 그렇게 고백하고 싶었다. 선배들의 명령으로 망을
보며 비참한 기분으로 기타를 연주했던 자신의 마음을 지탱해
준 것은 그날, 기대로 가득 차 있었던 아키의 눈빛이었다. 하
지만 그런 대담한 고백 따위 할 수 없었다.

친근함이 담긴 그녀의 눈빛을 보면 ‘어쩌면……, 혹시……’
라는 생각이 들기도 했지만, 아키의 사교적인 성격을 생각하
면 자신만이 특별한 존재인 것 같지는 않았다. 케이토의 생각
은 쳇바퀴 돌듯 제자리에서 맴돌았다.

그런 케이토의 마음을 알 리 없는 아키가 환한 미소를 지으
며 말했다.

“그래? 옆에서 보기엔 굉장히 필사적인 것 같았는데.”

“음, 필사적인 건 사실이야. 나도 왜 이렇게까지 필사적일까
생각해 본 적이 있을 정도니까. 30년 전통의 밴드부를 없애고
싶지 않아서? 형에게 지고 싶지 않아서? 작년 ‘혼덴고 마니아’
에 잡일 담당으로 참가할 수밖에 없었던 것이 분해서? 얼마
전까지는 여러 가지 이유를 끼워 맞추곤 했어. 하지만 제일 중
요한 이유는 그런 게 아닌 것 같아.”

“그럼 어째서?”

“즐거우니까.”

스스로도 신기할 만큼 자연스럽게 그 한마디가 흘러나왔다.

“요즘, 넷이서 연주하는 게 너무 즐거워. 혼자 기타를 치고 있을 때에는 이런 즐거움은 한 번도 느껴 보지 못했어. 가끔, 아니, 종종 상상하곤 해. 내가 ‘혼덴고 마니아’에서 연주하고 있는 모습을. 강당을 반 이상 가득 채운 관객들이 우리 연주에 맞춰 몸을 흔드는 거야. 혼자 계단에 앉아 있었던 때에는 그냥 아련한 동경이었지만, 지금은 그 광경이 뚜렷하게 떠올라. 신타로가 시뻘건 얼굴로 코러스 파트를 부르며 베이스를 치고, 토오루가 긴 팔다리를 휘두르며 큰 소리로 리듬을 만들고, 유사쿠가 생글생글 웃으면서 여유 있게 기타를 치는 모습이. 혹시 내가 공연 때 감기라도 걸려서 그 속에 없으면 어쩌나, 그런 상상만 해도 한밤중에 눈이 번쩍 떠질 정도야. 어쨌든, 무슨 일이 있어도 올해 ‘혼덴고 마니아’에 나가고 싶어. 넷이서 그 스테이지에 서고 싶어. 신나게 날뛰어 보고 싶어. 그게 이유야. 이상해?”

“아니.”

아키는 작게, 그러나 힘차게 고개를 저었다.

지평선 위의 구름 띠에 태양의 윤곽이 녹아들기 시작했다.

9

모처럼의 휴일인데. 딱히 볼일도 없는데. 날씨도 더운데. 그런데도 학교에 가다니 바보 같은 짓이다.

마음속으로 끊임없이 투덜거리면서도 오후 1시가 되기 전에 결국 '혼덴 고등학교 입구' 버스 정거장에 내리고 말았다.

레귤러 게이지 줄로 굵은 소리를 내 보고 싶었다. 집에 있는 예비 줄은 라이트 게이지나 슈퍼 라이트 게이지 같은 가느다란 줄뿐이다. 부단에는 굵은 줄이 있다. 그래서 가지러 왔다.

이상한 핑계.

엘리베이터에서 신발을 실내화로 갈아 신으며 시마모토 유사쿠는 쓴웃음을 지었다. 원래 부드럽고 섬세한 줄을 사용한 속주가 특기였건만, 그 세 사람의 영향으로 어느 새 파워 코드뿐인 굵고 거친 음에 친근감을 느끼게 되었다. 어차피 기타줄 따윈 근처 악기점에서 쉽게 구할 수 있다. 굳이 학교까지 가지러 올 필요는 없다. 한마디로, 단순히 이곳에 오고 싶었던 것뿐이다.

화장실에 들렀다 가려고 신교사 복도를 걷고 있을 때 등 뒤에서 "어이~" 하는 목소리가 들렸다.

뒤를 돌아보자 토오루가 긴 팔을 흔들고 있었다. 그 옆에도 낯익은 얼굴 하나.

요시다였다.

현재의 밴드부 동료와 중학교 시절에 싸우고 헤어졌던 밴드의 동료가 나란히 걸어왔다. 유사쿠는 혼란과 긴장을 느꼈다.

"어라? 어라? 어떻게 된 거야? 연습은 내일부터 시작하기로 했잖아. 뭘 하러 온 거야?"

토오루는 평화 그 자체인 얼굴로 그렇게 물은 뒤 유사쿠의 대답도 듣지 않고 옆의 요시다를 소개했다.

"요시다 선배야. 나, 요즘 매일 도서실에서 자습하고 있는데 거기서 친해졌어. 요시다 선배도 밴드부였대. 우리가 입학하기 전에 그만둬서 몰랐는데, 어쩐지 얘기가 잘 통하더라고."

"아, 응."

유사쿠는 요시다의 시선을 피하며 애매하게 대답했다. 견딜 수 없는 기분이었다. 싸우고 헤어지게 된 원인을 만든 것이 자신이었기 때문이다.

"안녕. 오랜만이다."

요시다가 가볍게 어깨를 두드렸다. 유사쿠는 머뭇머뭇 고개를 들었다. 렌털 스튜디오에서 헤어졌던 3년 전 그날의 분노와 원망은 요시다의 눈에서 깨끗하게 사라져 있었다.

"안녕하세요. 오랜만입니다."

"너희 밴드부, 멋진 소리를 내더구나. 뭔가 소리 자체가 굉장히 즐겁게 들려."

"응, ……네."

토오루가 긴 몸을 꿈틀꿈틀 움직였다. 분한 마음을 표현하고 있는 듯했다.

"어? 아는 사이였어? 진작 말해줄 것이지."

유사쿠는 부단 층계참에 앉아서 계단에 앉아 있는 토오루의 하세가와 자랑에 적당히 맞장구를 쳐주고 있었다.

"……라지 뭐야. 선생님의 손톱 길이까지 살펴보다니, 여자란 무서워. 야, 듣고 있냐?"

유사쿠는 토오루의 물음에 "아, 응"이라는, 수십 번째의 성의 없는 대답을 했다. 본인의 말에 의하면, 추석 연휴로 밴드부 활동을 쉬는 동안에도 토오루가 열심히 도서실에 드나들고 있는 것은 관악부의 하세가와 사토미와 둘이서 돌아가기 위한 방책이라고 한다. 고생이 많다. 대학 수험을 반년 앞둔 처지에 매일같이 이 녀석에게 시달려야 하는 요시다의 난처한 얼굴이 눈앞에 떠올랐다.

'아, 나도 한 살만 어렸더라면.'

헤어질 때, 요시다는 안경 속의 눈을 가늘게 뜨며 그렇게 말했다. 그 한마디에 유사쿠는 보상을 받은 듯한 기분이 들었다. 중학교 시절의 괴로운 기억이 천천히 녹아내렸다.

토오루의 이야기는 대부분 흘려듣고 있었지만, 그의 기쁜 마음만은 충분히 이해할 수 있었다. 지난 날 자신을 부정했던 사람에게 인정받는 것만큼 기쁜 일은 없다.

때때로 활짝 열린 옥상 문을 통해 논 위를 어루만지는 오후의 바람이 불어왔다. 밀폐되어 있을 때보다는 훨씬 낫지만, 그렇다고 이 부단의 더위가 사라진 것은 아니었다. 에어컨을 틀어 놓고 집에서 뒹굴어도 뭐라고 할 사람은 아무도 없을 텐데 굳이 이런 곳에 온 것은 바보 같은 짓이다. 그건 알고 있다. 하지만 오늘은 이곳에 오길 잘했다는 생각이 들었다.

문득 계단 아래에서 떠들썩한 목소리가 들려왔다. 곧 방음막을 활짝 젖히면서 신타로와 케이토가 모습을 나타냈다.

"네가 왜 여기 있는 거냐? 앗, 토오루도 있잖아?"

신타로가 두 사람을 가리키며 말했다. 그건 이쪽에서 묻고 싶은 말이다.

"신타로랑 둘이서 우리 집 창고를 뒤지다가 이런 걸 찾았어."

케이토가 몸을 반쯤 돌려 등에 멘 소프트 케이스를 보여주었다.

"형이 쓰던 스트라토셰이프. 여기 마셜 앰프랑 연결해서 잘 울리나 시험해 보려고. 마침 잘됐다. 유사쿠, 좀 봐줄래?"

"응, 이리 줘 봐."

페르난데스 사에서 만든 선명한 푸른색 기타를 이리저리 살펴보고 있을 때 케이토가 불안한 표정으로 물었다.

"어때? 하드케이스에 넣어둬서 넥이 휘어지진 않은 것 같은데. 녹슬지도 않았고. 사용할 수 있을까?"

"음, 그거야 앰프에 연결해서 소리를 내 봐야 알지. 하지만 이거 하나는 알겠어."

"뭔데?"

"케이토의 형이 눈에 띄기를 좋아하는 성격이라는 거. 이 색깔, 눈이 멀 것 같아."

유사쿠가 짙은 푸른색 기타를 가볍게 두드리며 말했다. 세 사람은 일제히 웃음을 터뜨렸다.

아, 여긴 참 마음이 편하구나.

케이토와 신타로와 토오루의 얼굴을 바라보며 유사쿠는 편안한 기분에 몸을 맡겼다.

"가볍게 소리를 내 봐. 원래 중고로 산 건 데다 꽤 거칠게 다룬 것 같던데. 4년이나 사용하지 않았으니까 안의 회로가 고장 났을지도 몰라."

신타로가 재촉했다. 유사쿠는 재빨리 튜닝을 마친 뒤 기타를 앰프에 연결했다.

스피커를 진동시키는 소리는 조금 딱딱했지만 제법 힘이 있었다. 어느 정도 사용하면 케이토의 검은 스트라토캐스터보다 좋은 소리가 날지도 모른다는 생각마저 들었다.

"여기저기 상한 것 치고는 소리가 제법 멀쩡한데."

토오루가 평론가 같은 얼굴로 말했다. 케이토는 그 말을 무시하고 흥분하며 말했다.

"이 기타 색깔 말이야, 빌리 조의 '블루'랑 비슷하지 않아?"

"또 그린데이 타령이냐, 케이토."

자기는 KISS 마니아인 주제에 신타로는 뻔뻔스럽게도 기가 막힌다는 표정을 지었다.

"제일 처음 좋아한 밴드란 말이야. 너무 대중적이라는 둥 펑크가 아니라는 둥 안 좋게 말하는 사람도 많지만, 좋은 건 좋은 거 아닌가?"

발끈하며 입술을 삐죽 내미는 케이토의 얼굴이 너무나도 우스웠다. 장난기가 발동한 유사쿠는 그린데이의 〈Redundant〉 전주 부분을 반복해서 연주했다. 아메리칸 팝송의 왕도라 할 수 있는 애절한 미들 템포의 멜로디가 커다란 앰프에서 울려 퍼졌다.

토오루가 천천히 일어서서 계단 위로 터벅터벅 올라갔다. 곧 드럼 소리가 울려 퍼지기 시작했다.

열흘 가까이 쉰 덕분에 체력이 남아도는 것일까. 아니면 매일 함께 돌아간다는 하세가와 사토미에게서 양분이라도 빨아들이고 있는 것일까. 토오루의 드럼은 미들 템포의 곡에는 어울리지 않을 만큼 힘차고 시원시원했다.

기타 소리가 비트 속에 매몰되기 직전, 신타로가 아무 말 없이 앰프 볼륨을 높였다. 순간 기타 소리가 단숨에 커졌다.

"원, 투, 쓰리, 포!"

템포에 맞춰 카운트를 한 후 유사쿠와 토오루는 지금까지 반복했던 전주에서 벗어났다. 그리고 8비트를 유지하며 눈짓으로 케이토를 재촉했다.

"노래를 하라고?"

한동안 망설이던 케이토도 신타로가 세팅을 마치고 연주가 후렴에 접어들 무렵 드디어 마이크 앞에 섰다.

"아이캐낫스픽~, 아이로~스트마이보~이스, 스피~취리스 앤리던던커즈아~러~뷰~즈낫이너프~, 암로~스포워~즈."

케이토의 노래와 발음은 눈에 띄게 향상되어 있었다. 분명 추석 연휴 동안에도 혼자 연습했을 것이다. 케이토의 소심한 성격상 집에서 노래했을 리는 없다. 어쩌면 노래방에 다녔을 지도 모른다.

신타로는 자신의 지정석에 앉아서 눈을 감고 보이지 않는 베이스를 연주하고 있었다. 있지도 않은 베이스의 형태가 유사쿠의 눈에는 뚜렷하게 보였다. 쉬는 동안에도 연습을 게을리 하지 않았다는 증거다.

악기는 기타와 드럼, 두 대뿐이었지만 밴드부의 소리가 부단에 되돌아왔다. 때때로 서로를 마주보고 고개를 끄덕이며 유사쿠와 케이토, 신타로, 토오루는 오랜만의 소리에 몸을 푹 담갔다. 겨우 아흐레 동안 떨어져 있었던 것뿐인데도 몹시 그

립게 느껴졌다.

이토록 충만한 기분으로 악기를 연주한 적은 없었다. 추억을 만들고 싶어서 밴드부에 들어온 것은 아니지만, 이 한때는 영원히 잊을 수 없을 것이다.

이 기타에는 3번 줄이 느슨해지는 특성이 있는 모양이다. 연주가 끝나면 케이토에게 고정식 페그를 추천해줘야지. 그것만으로도 튜닝이 훨씬 안정될 것이다.

토오루에게는 무조건 '신나게 투다다다' 치지만 말고 가끔은 드럼에 감정을 실어 보라고 말해주자. 모든 것을 바쳐 한 소녀를 좋아할 수 있는 녀석이니까 틀림없이 멋진 소리를 낼 수 있을 것이다.

신타로는……, 음……. 또 약점을 찾아서 놀려줘야지. 신타로는 재미있는 녀석이다. 공을 던지면 반드시 강속구로 반격해 온다.

"무슨 짓이야!"

느닷없이 날카로운 목소리가 울려 퍼졌다. 유사쿠는 피크를 든 손을 멈췄다.

모리였다.

"무슨 짓이야! 빨리 그만 둬!"

케이토가 노래를 멈추고 신타로가 눈을 떴다. 곧 토오루의 드럼도 멈췄다.

모리가 트레이닝복 차림으로 허리에 손을 얹고 네 사람을 노려보며 말했다.

"너희는 오늘까지 연습을 쉬기로 했을 텐데? 카토 선생님도 안 계신데 누가 악기를 연주해도 좋다고 했지?"

"아……."

유사쿠는 동료들과 얼굴을 마주보았다. 기분 좋은 유대감에 취해서 카토가 없다는 사실을 모두 잊고 있었다. 피크를 든 오른손이 가늘게 떨리며 허공을 방황했다.

"하지만 지금은 잠깐 깜빡한 것뿐……."

"스피커 꺼."

모리는 유사쿠의 변명 따위는 들어주지 않았다.

"세 가지 약속을 정한 건 잊었니? '연습 장소에서 활동하는 시간에는 반드시 고문 교사의 감독을 받을 것'. 지키지 못했으니 할 수 없지."

"나쁜 짓을 한 것도 아니잖습니까. 음악을 하고 있던 것뿐입니다."

케이토의 반박에 모리는 코를 찡그리며 말했다.

"스스로 정한 규칙을 지키지 못하는 사람은 아무 말도 할 자격이 없어. 어쨌든 오늘은 그만 돌아가도록 해. 2학기가 시작되면 교장선생님도 학교에 돌아오실 테니까 그때 다시 처분을 결정하겠다. 그때까지 집에서 대기하도록 해."

말도 안 돼. 내일부터 다시 연습을 시작하기로 했는데. 2학기가 시작될 때까지는 아직 열흘이나 남았는데.

유사쿠와 신타로와 토오루의 시선이 케이토에게 집중됐다. 케이토는 동료들의 얼굴을 차례대로 돌아본 후, 마지막으로 모리와 시선을 마주치며 나지막하게 말했다.

"할 수 없지. 돌아가자."

"……하지만 이런 건 이상해. 그냥 깜빡한 것뿐이잖아?"

유사쿠는 무표정한 얼굴로 서 있는 모리에게 힘없이 항의했다. 케이토가 그의 어깨를 두드렸다.

"돌아가자. 우리 실수야."

이건 말도 안 돼. 바보 같아. 이런 처사는 너무 유치하잖아.

케이토가 어깨에서 스트랩을 벗기고 피크를 빼앗아도 유사쿠는 그 자리에서 움직이려 하지 않았다.

이럴 때 의지가 됐던 신타로는 "말이 통하지 않는 사람에게는 무슨 말을 해도 소용없어"라고 내뱉듯이 중얼거리며, 모리에게는 눈길조차 주지 않고 계단을 내려갔다. 토오루도 어쩔 줄 몰라 하며 그 뒤를 쫓았다.

케이토가 옥상 문을 잠그고 기타를 소프트 케이스에 넣은 후 다시 한 번 어깨를 두드렸다. 유사쿠는 발을 질질 끌며 걷기 시작했다.

4층으로 내려와 뒤를 돌아보자 모리가 팔짱을 낀 채 방음막 앞에 서 있었다. 나는 너희들에게 속지 않아. 그 눈은 그렇게 말하고 있었다.

우리가 뭘 했다고.

문득 눈물이 흘러내렸다. 유사쿠는 허둥지둥 수돗가로 달려 갔다.

"아, 부단은 너무 더워."

억양이 없는 자신의 목소리는 마치 주어진 대사를 읊고 있는 것처럼 들렸다. 수도꼭지 아래에 머리를 대고 정성껏 손질한 머리에 물을 흠뻑 뒤집어쓰며 유사쿠는 "더워, 더워"를 연발했다.

계단 위의 연주가 멈췄다.

"오늘이 21일째로군."

모리가 그렇게 말하며 A계단을 올라가고 나서 시간이 얼마나 지났을까. 스트레치를 계속하라는 지시를 받았지만, 스무 명 남짓한 수영부 부원들 가운데 그 지시를 착실히 따르고 있는 사람은 아무도 없었다. 모두가 모리에게 질려 있었다.

짙은 감색 티셔츠와 반바지 차림의 수영부원들은 벽에 기대거나 구교사 1층 복도에 앉아서 모두 입을 다물고 있었다. 옷 안에 입은 경주용 수영복은 말도 안 되는 두 시간 동안의 실외 연습 자제 규정 덕분에 거의 말라 있었다.

안뜰의 쓰르라미 소리 외에는 기침소리 하나 들려오지 않았다. 오오노 아키는 마치 모리의 얼굴이 그곳에 있기라도 한 것처럼 맞은편 벽을 노려보았다.

부단에서 일렉트릭 기타 소리가 들려오기 시작했을 때 수영부 부원들은 의아한 표정으로 얼굴을 마주보았다. 밴드부는 연습을 쉬는 중 아니었나? 하지만 드럼 소리가 합세한 후로는 일사병 예방이라는 명목의 무의미한 실내 트레이닝도 활기를 띠기 시작했다. 2시까지 참으면 수영할 수 있다는 생각에 아키도 마음을 다잡기 시작했다.

군데군데 벗겨진 아이보리색 페인트를 응시하며 아키는 무릎을 끌어안은 팔에 힘을 주었다.

분명히 밴드부는 추석 연휴로 오늘까지 쉬는 날일 텐데. 무슨 이유로 모였는지는 모르겠지만, 카토 쌤이 오지 않았다면 규칙을 어긴 셈이다. 하지만 요시미, 그렇다고 연주를 중단시킬 것까진 없잖아? 어째서 그렇게 신경질적으로 구는 거지?

계단 위에서 흐트러진 발소리가 들려왔다. 신타로와 토오루가 빠른 걸음으로 아키 앞을 지나갔다. 뒤이어 갈색 머리에서 물을 뚝뚝 흘리고 있는 유사쿠와 그의 등에 살며시 손을 얹은 케이토가 걸어왔다. 헤어스타일에 남달리 정성을 쏟는 유사쿠의 머리가 물에 젖어 엉망진창이었다.

뭔가 말을 걸고 싶었지만 아무 말도 할 수 없었다.

아키 앞을 지나치는 순간 케이토가 억지로 미소를 지으며 고개를 저었다.

'요즘, 넷이 연주하는 게 너무 즐거워.'

석양을 배경으로 제방에 서서, 케이토는 쑥스러워하며 그렇게 말했다. 어딘가 자랑스러워 보였던 그 모습이 무대 위에 서 있는 모습과 자연스럽게 겹쳐졌다. 자신이 진정으로 하고 싶은 일을 찾은 케이토가 조금 부러웠다.

"왜 쉬고 있는 거지? 계속하라고 했잖아."

파수견처럼 고지식한 태도로 네 사람을 쫓아낸 모리가 뒤를 돌아보며 수영부원들을 꾸짖었다. 하지만 아무도 움직이려 하지 않았다.

"자, 일어서. 2인 1조로 계속해."

모리가 손뼉을 치며 재촉했지만 그 말에 반응하는 사람은 없었다. 의외의 저항에 놀란 것일까. 모리가 언성을 높였다.

"일어서! 해야 할 일을 하라고 했잖아!"

해야 할 일?

그 말이 방아쇠가 되어, 아키의 분노는 폭발하듯 부풀어 올랐다.

아키는 벌떡 일어서서 망설임 없이 티셔츠를 벗었다. 반바지와 양말과 실내화도 거의 한꺼번에 벗어던졌다.

수영복 차림의 아키를 바라보며 모리는 한동안 아무 말도 하지 못했다. 아키는 철벅철벅 소리를 울리며 맨발로 복도를 걷기 시작했다. 등 뒤에서 모리의 외침이 들려왔다.

"어딜 가는 거니, 오오노! 아직 2시 전이야!"

아키는 한 번도 뒤돌아보지 않고 출입구를 지나 밖으로 나갔다. 여름의 햇살이 어깨와 다리에 꽂혔다.

"멋대로 행동하지 말라고 했잖아!"

뒤쫓아 온 모리가 엄격한 어조로 경고했다. 하지만 팔을 잡고 강제로 끌고 가려는 의지까지는 느껴지지 않았다.

아키는 확신했다. 무슨 일이 있어도 실외 연습 자제 규정을 엄수해야 한다는 신념이 있다면 모리는 강제로라도 자신을 막을 것이다. 그럴 수 없는 것은 모리도 자신의 언행에 의문을 느끼고 있기 때문이다.

아키는 콘크리트 계단을 올라 풀 사이드로 나갔다. 오후의 수면은 투명한 막을 씌운 것처럼 잔잔했다.

"멋대로 행동하지……."

모리의 말은 그 뒤로 들리지 않게 되었다. 스타트대에서 미지근한 물속으로 뛰어들자 귓가의 물소리가 모리의 목소리를 차단했다.

수면 위로 떠오른 아키는 묵묵히 물을 헤쳤다. 뒤에서 모리가 뭐라고 소리를 질렀지만 이제는 아무래도 상관없었다.

다른 코스에서도 물에 뛰어드는 소리가 들려왔다. 하나, 둘, 셋. 몸을 돌리자 물속에서 몇 개의 그림자를 발견할 수 있었다. 여섯 개의 모든 코스에서 수영부원들이 차례차례 물속으로 뛰어들고 있었다.

모리가 끈질기게 소리를 질렀지만 아키는 모리의 목소리를 의식에서 차단한 채 따뜻한 물에 마음을 녹였다.

10

'처분 없음'이라는 판정을 받아낸 카토가 하얀 가운을 입은 등을 움츠리고—그래도 분명히 의기양양하게—교장실에서 나간 후, 그 모습을 지켜보던 모리 요시미는 교장에게 시선을 되돌리며 말했다.

"전 완전히 납득한 건 아닙니다."

"그런가? '연습 장소에서 활동하는 시간에는 반드시 고문 교사의 감독을 받을 것'. 그들이 연주한 건 추석 연휴 기간이니 '활동 시간'이라고는 할 수 없지 않나. 그럼 고문이 없어도 위반은 아니지. 안 그런가?"

교장은 어디까지나 시침을 뗄 생각인 모양이다.

"그런 식으로 편의에 따라 규칙을 멋대로 바꿔서는 안 된다고 생각합니다. 교사 측의 그런 행동이 학생들에게 잘못된 생각을 심어줄 수도 있습니다."

"……아, 듣고 보니 그렇군."

"‘듣고 보니’로 끝날 문제가 아닙니다!"

자신보다 배 이상이나 나이가 많은 교장을 상대로 모리는 그만 언성을 높이고 말았다.

이 사람 앞에서는 언제나 이렇다. 느긋한 페이스에 휘말려 어느 샌가 그의 말에 넘어가게 되는 것이다.

"아, 농담일세, 농담."

교장이 둥근 손을 흔들며 말했다.

"음, 그렇게까지 엄격하게 규칙을 적용할 필요는 없잖나. 밴드부 부원들도 나쁜 마음을 먹고 규칙을 위반한 게 아니라, 어디까지나 실수일 뿐인데. 굳이 잘못한 사람을 꼽자면 그건 존재감이 없는 카토 선생일세. 음."

또 이런 식으로 적당히 넘어갈 생각인가.

얼굴에는 드러내지 않으려고 애썼지만, 교장은 그녀의 불만을 눈치 챈 모양이었다.

"모리 선생, 어째서 그렇게 학생들을 꽁꽁 옭아매려 하는 건가? 그래서는 서로가 숨 막힐 뿐일세."

"그렇지 않습니다."

모리는 고개를 저었다.

"제가 엄격하게 단속하지 않았기 때문에 그 아이들이 체……."

찹쌀떡 같은 피부에 파묻힌 교장의 눈이 갑자기 날카롭게 빛났다.

"'그 아이들'이라면, 모리 선생이 담임이었던 그 아이들 말인가?"

"아닙니다. 혼잣말입니다."

"아무래도 좋으니 얘기할 수 있는 범위 안에서 얘기해 보게. 나는 그 두 사람을 퇴학 처분한 학교장이니 듣지 않을 수 없지."

모리는 아무런 대답도 못하고 입을 다물었다. 교장도 아무 말 없이 그녀의 눈을 응시했다.

나무 문 밖에서 40일 만에 돌아온 학생들의 떠들썩한 목소리가 들려왔다. 복도를 뛰어다니는 발소리. 교무실 문이 열리는 소리와 교사들의 꾸지람 소리.

1분쯤 지났을 무렵, 모리가 침묵을 견디다 못해 입을 열었다.

"……흡연을 눈감아준 적이 있습니다."

작년 초여름이었다. 옥상에 간 이유는 기억나지 않는다. 어쩌면 옥상에 가는 것 자체가 목적이었을 뿐, 이유는 그 때문에 만들어낸 것인지도 모른다. 언제나 계단에 앉아서 일렉트릭 기타를 만지작거리던 카미야마 케이토의 모습도 그날은 보이지 않았다. 결석이었는지 잠시 자리를 비운 것이었는지도 기억나지 않는다.

확실하게 기억나는 것은 푸른 하늘에 제비가 날고 있었다는 것과, 마치 평화로운 세상을 사랑스럽게 내려다보는 듯했던 그의 눈빛.

‘응, 알았어요. 다시는 피우지 않을게요.’

또 한 명의 학생과 고개를 끄덕이며 느릿느릿 콘크리트에 담뱃불을 비벼 끄는 그 눈에서 교사에게 흡연을 들켰다는 놀람이나 초조함은 느껴지지 않았다.

그 눈을 보고도 어째서 아무것도 눈치 채지 못한 것일까. 평범한 담배와는 다른 일그러진 형태를 어째서 보지 못한 것일까. 그리고 어째서 ‘담배쯤은 눈감아주자’라는, 자신답지 않은 생각을 한 것일까.

우리 반 학생이라서? 마음에 드는 학생이라서?

‘내 꿈은 밴드를 만들어서 유명해지는 거예요.’

이야기를 나눌 때마다 두 마디 째에는 반드시 그런 말을 하곤 했다. 그럼 어째서 연습을 하지 않는 거냐고 물으면 항상 ‘지금은 때가 아니에요. 밴드를 할 마음이 생길 만한 분위기도 아니고’라며 말꼬리를 흐렸다.

‘하지만 꼭 유명해질 거예요. 난 나 자신을 믿으니까.’

그렇게 말하며 싹싹하게 웃는 얼굴에서 자신에게 없는 것을 발견했었다. 그래서 자신도 모르게 사제지간 이상의 감정을 품고 있었던 것일까.

일시적인 기분으로 잘못을 눈감아줬던 대가는 너무나도 컸다. 그들은 그 후에도 마리화나를 피웠고, 결국 마약에까지 손을 대고 말았다.

마리화나가 습관성이 약하다는 것도, 한 번 마약에 손을 대면 점점 더 강한 마약을 찾기 마련이라는 이론의 근거가 애매하다는 것도 변명은 되지 못했다. 규칙을 위반해도 벌을 받지 않을 수 있다는 사실을 알게 된 그들은 이윽고 각성제를 구입하는 큰 죄를 저질렀다. 그때 엄격하게 단속했더라면. 사건이 일어난 후로 그런 후회가 한시도 머리에서 떠나지 않았다. 모든 건 자신의 안일함에서 비롯된 것이다.

잘못을 털어놓는다 해서 과거가 사라지는 것은 아니다. 그뿐인가. 이 증언이 자신에게 불리하게 작용할 가능성도 높다. 하지만 이야기를 시작하자 말을 멈출 수 없었다.

이런 크나큰 실책을 동료 교사에게 털어놓을 수는 없었다. 그 이전에, 모리에게는 불평이나 작은 실수담을 털어놓을 사람조차 없었다. 동료 교사들이 고지식한 자신을 탐탁지 않게 생각하고 있다는 것은 알고 있었다. 그래서일까. 아무 말 없이 자신의 이야기에 귀를 기울여주는 교장 앞에서 모리는 무릎의 상처를 엄마에게 호소하는 어린아이 같은 안도감을 느꼈다.

"아, 그렇게 된 게로군. 너무 신경 쓰지 말게."

"네?"

모리의 이야기가 끝난 후, 교장이 아무렇지도 않게 말했다.

"그때는 마리화나라는 걸 몰랐으니 할 수 없지. 학교에서 그런 걸 피울 줄이야 누가 생각이나 했겠나. 나도 담배를 피우다 걸린 학생을 눈감아준 적은 몇 번이나 있다네. 반대로 엄하게 벌을 내린 적도 있지. 어느 쪽을 택하든, 어떤 결과가 나올지는 신만이 아는 법이야. '야단을 쳤더니 욱해서 사람을 찔렀다' 같은 케이스도 있을 수 있지. 그렇게 일일이 신경 쓰다가는 선생 노릇은 절대 못할 걸세."

교장은 그렇게 말하며 책상 위의 식은 차를 맛있게 마셨다.

의아해서 견딜 수 없었다. 기자회견과 긴급 보호자 회의에서 수많은 사람들로부터 비난받았던 게 바로 얼마 전, 올해 4월의 일이다. 그런데 이 사람은 어째서 이렇게 느긋한 걸까.

"하나만 여쭤봐도 될까요?"

"물론이지."

"사건이 일어난 지 아직 반년도 지나지 않았습니다. 그런데 교장선생님은 어째서 학생들에게 그토록 관대하신 겁니까? 소지품 검사도 겨우 세 번 만에 끝내지 않으셨습니까."

교장의 방침 가운데 이해할 수 없는 점은 그 밖에도 많았다. 현 교육위원회에서는 앞으로 음주, 흡연, 교내 폭력 등을 엄격하게 처벌할 것과 방과 후에는 교사들이 번화가를 순찰하라는 지시를 내렸다. 다행히 불량 행위는 한 건도 적발되지 않았고, 따라서 징계를 내려야 할 필요도 없었다. 문제는 교장이 지금까지 한 번도 순찰을 실시하지 않았다는 것이다. 열심히 계속하고 있는 것은 마약의 위험성을 알려주는 예방 교육뿐이다.

"음, 일부가 법을 어겼다 해서 모든 사람을 용의자 취급할 수는 없지 않은가. 두 사람 때문에 1,100명이 피해를 입어서는 안 되지. 안 그런가?"

“그건 그렇지만…….”

모리는 또다시 물었다.

“옥상 문 열쇠도 별 말씀 없이 밴드부에 넘겨주셨죠. 혹시나 똑같은 사건이 일어나면 어떻게 될지 생각해 보셨습니까?”

“하지만 그 아이들은 마리화나를 피우지 않겠다고 했는걸.”

“학생들의 말을 곧이곧대로 믿어서는 교육위원회에서 가만 있지…….”

“음, 그렇겠지. 고지식한 사람들이니까.”

교장은 코웃음을 쳤다.

“그쪽에서는 내 사후 대응이나 재발 방지책이 영 마음에 안 드는 모양이더군. 사건과 전혀 관계 없는 학생들도 엄격하게 관리하기를 원하는 모양이야. 그런 면에서 나는 아무래도 낙제점인가 보더군.”

“낙제점…….”

교장은 반들반들하게 벗겨진 이마를 찰싹 두드리며 장난을 들킨 골목대장처럼 싱긋 웃었다.

“다른 선생들에게는 아직 비밀이지만, 내가 이곳에 있을 수 있는 건 올해 말까지일세. 어디로 이동하게 될지는 모르지만, 어차피 한직이겠지.”

모리는 할 말을 잃었다. 무슨 말을 해야 할지 알 수 없었다.

그런 모리를 바라보며 교장은 껄껄 웃었다.

“자, 자, 그런 표정 짓지 말게나. 나는 어차피 내후년 3월에 정년이니까.”

“…….”

모리는 교장의 찹쌀떡 같은 얼굴을 물끄러미 응시했다.

나는 싸우고 있었다. 이 학교에서 두 번 다시 체포되는 학생이 나오지 않도록. 하지만 그것은 학생들에게 규칙을 강요함으로서 죄책감을 떨쳐 버리려는 치졸한 싸움에 불과했다. 그 지극히 개인적이고 부질없는 싸움에 학생들을 끌어들인 것뿐이었다. 그 결과가 수영부원들의 반란이다. 30분이 지나고 나서야 겨우 풀에서 나온 오오노 아키는 온몸에서 흘러내리는 물을 닦지도 않은 채 자신을 똑바로 응시했다. 쓸쓸한 눈빛이었다.

그 순간 나는 시선을 피했다. 아키의 눈빛으로부터 도망쳤다. 동시에 싸울 이유를 잃었다. 아니, 처음부터 싸울 이유 따위는 없었다. 진정한 싸움을 하고 있었던 것은 이 사람이다. 지금 눈앞에 있는 이 사람은 자신을 위해서가 아니라 학생들을 위해서 매일 싸웠던 것이다. 학생들이 과오를 범하지 않으리라 굳게 믿고 모든 부담을 짊어졌던 것이다.

“왜 그러나? 무서운 얼굴로 노려보지 말게.”

교장은 그렇게 말하며 또다시 껄껄 웃었다.

“야호～!”

2학년 6반 교실에서 대기하고 있던 밴드부 멤버들은 카토로부터 ‘처벌 없음’이라는 소식을 듣자마자 교실에서 뛰쳐나갔다. 추석 연휴와 자택 대기 기간을 포함해서 20일이나 활동을 하지 못했다. 한숨을 쉬며 집에서 연습하던 울적한 나날 동안 쌓이고 쌓인 욕구불만은 폭발 직전까지 부풀어 있었다.

네 사람은 부단에 들어가자마자 대충 준비를 마치고 있는 힘껏 연주를 계속했다. 그 기운 넘치는 연주에 수영부의 아키 외에도 많은 사람들이 구교사 서쪽을 올려다보았다.

운동부, 인문부, 유령 부원, 특별활동을 하지 않는 학생들, 교사, 사무원, 가끔 찾아오는 교재 납품 업자, 학생들이 주는 먹이를 노리고 학교에 눌러앉아 있는 들고양이들까지, 모두가 부단과 한여름의 투명한 하늘을 올려다보았다.

인근 상점과 역 구내에 ‘혼덴고 문화제’ 포스터가 붙고 각 학급과 특별활동부가 본격적인 문화제 준비에 착수할 무렵, 오오미야 혼덴 고등학교에는 모종의 변화가 나타났다. 그 변화는 어느 날 갑자기 발생한 것이 아니라 반년 가까운 부화기를 거쳐 나타난 것이었다. 밴드부 주위에서 거의 동시에 나타난 그 변화에 누구보다도 놀란 것은 다름 아닌 밴드부 부원들 자신이었다.

이게 기적이 아니면 뭐란 말인가.

오카자키 토오루는 양쪽 콧구멍에서 대량의 콧김을 뿜으며 복도 중간에서 발걸음을 돌렸다. 도시락을 먹으러 케이토와 신타로의 교실로 가는 중이었지만, 계획 변경이다.

토오루는 자신의 가슴 언저리쯤 닿을 듯한 아담한 키의 낯선 여학생 두 명의 뒤를 미행했다. 스쳐 지나갈 때 분명히 들었다. 그녀들이 "헤이! 호! 렛츠 고!"라고 흥얼거리는 것을.

라몬즈의 〈Blitzkrieg Bop〉. 부모님들보다 윗세대에 활동했던 밴드가 부른 70년대 곡이다. 21세기의 일본 여고생이 알고 있을 리가 없다. 즉, 그녀들은 밴드부의 연주를 듣고 그 곡을 알게 된 것이다. 이게 기적이 아니면 뭐란 말인가.

"그 곡, '혼덴고 마니아'에서 연주할 거야"라고 말하고 싶은 걸 간신히 참으며 두 사람의 뒤를 쫓았지만, 겨우 1분 만에 미행을 단념해야 했다. 두 사람이 여자 화장실로 들어가 버렸기 때문이다.

2학년 6반 교실로 달려가서 흥분이 가시기 전에 이 기적적인 체험의 전말을 설명하자 신타로가 안 그래도 작은 눈을 바늘처럼 가늘게 뜨며 말했다.

“야, 도망친 거야. 인간형 당나귀가 자기들의 뒤를 따라온다
고 생각해 봐라. 누구든 도망칠 거다.”

인간형 당나귀라는 말에는 수긍할 수 없었지만 지당한 지적
이었다. 정신을 차리고 세 사람의 얼굴을 바라보자 케이토가
울음과 웃음이 뒤섞인 복잡한 표정으로 소고기말이 아스파라
거스를 먹고 있었다.

“왜 그래? 누구랑 싸웠어?”

토오루는 재빨리 앞자리에 있는 아키를 바라보았다. 하지만
아키는 평소와 다름없이 친구들과 웃고 있었다.

“아니, 그게 아니라.”

질문에 대답한 것은 유사쿠였다.

“나도 지금 신타로한테서 들었는데, 아이자와 알지? 영어
담당.”

“아, 아이스맨 아이자와?”

“응, 아이스맨 아이자와. 그 사람, 절대 농담 같은 건 안 하
는 타입이잖아. 그런데 아까 수업이 끝난 다음에 케이토 옆으
로 성큼성큼 걸어와서……, 뭐라고 했다더라?”

신타로가 ‘아이스맨 아이자와’의 억양 없는 목소리를 흉내
냈다.

“카미야마, 네 노래를 들어 보니 L과 R의 발음은 거의 구분
할 수 있는 것 같다만, ‘REALLY’나 ‘BURGLARIZE’처럼 L과 R
이 둘 다 들어 있는 단어는 조금 서툴더구나.”

유사쿠가 싱긋 웃으며 말을 이었다.

"결국 반 아이들이 모두 지켜보는 가운데 아이자와와 맨투맨으로 'BURGLARIZE' 발음을 계~속 연습했다더라."

"쪽팔려 죽는 줄 알았어."

케이토가 얼굴을 붉혔다. 본인에게는 미안하지만 토오루는 기분이 좋았다. 밴드부의 연주는 아이자와의 귀에까지 들렸던 것이다.

모리가 명령한 자택 대기는 9월 1일에 풀렸고, 이번 주 초에 실시된 '혼덴고 마니아' 출연자 선발 오디션은 단연 톱으로 통과했다. 예선 결과 발표 다음날 출연 순서를 정하는 추첨이 실시됐다. 밴드부 대표로 추첨을 하러 간 것은 부내 '예선'에서 열 번 중 여덟 번이라는 경이적인 확률로 '당첨'을 뽑은 토오루였다.

하지만 토오루는 추첨을 하지 않고 부단으로 돌아왔다. 문화제 실행위원의 설명에 의하면 이유는 다음과 같다고 한다.

'밴드부가 출연할 때에는 사람들이 몰릴 게 뻔하니까, 밴드부 공연을 보러 우르르 몰려왔다 우르르 나가면 앞뒤로 출연하는 팀들이 너무 불쌍하잖아. 그러니까 무대 진행상의 이유와 안전 대책상의 문제로 밴드부 공연을 중간에 넣을 수는 없어.'

그런 이유로 밴드부의 출연 순서는 제일 마지막으로 정해졌다고 한다.

'라스트를 장식하게 해줄 테니까, 그 대신 기기 반입과 철수

는 확실하게 책임질 것. 그리고 개장 전에 사운드 체크도 전부 참관할 테니 잘 부탁한다.'

그날 네 사람은 해가 저물 때까지 옥상 위를 뛰어다니며 기쁨을 표시했다.

다음날부터 카토에게 시간을 재달라고 부탁하고 리허설을 되풀이했다. 한 팀 당 주어지는 시간은 20분. 따라서 연주할 수 있는 곡의 수는 정해져 있었다.

만 하루에 걸친 열띤 회의 끝에 '혼덴고 마니아'에서 연주할 곡은 다음의 여섯 곡으로 결정되었다.

1. 〈We Will Rock You〉 / 퀸
2. 〈Blitzkrieg Bop〉 / 라몬즈
3. 〈All I Want〉 / 오프스프링
4. 〈Redundant〉 / 그린데이
5. 〈Basket Case〉 / 그린데이
6. 〈Rock And Roll All Nite〉 / KISS

네 번째 곡까지는 노말 튜닝, 다섯 번째 곡부터는 플랫 튜닝을 해야 하는 곡이다. 여섯 곡이나 연주하려면 무대 위에서 튜닝할 시간은 당연히 없을 터. 협의 결과 기타와 베이스는 각각 서브를 한 대씩 준비하기로 했다. 케이토는 츠요시의 짙은 푸른색 페르난데스. 유사쿠는 에피폰의 레스폴. 신타로는 아버지의 컬렉션인 진 시몬즈 퍼니셔를 강탈했다.

평균 연주 시간은 악기 교환을 포함해서 19분. 선곡 기준은 '자신들이 연주하고 싶고 주위의 평판도 좋은 곡'이었다.

"뭔가 순풍이 불고 있는 것 같아."

토오루는 멜론빵 봉지를 뜯으며 감개무량한 목소리로 말했다.

"그런가?"

신타로가 고개를 갸웃거렸다.

"불고 있어. 야구부에서는 〈We Will Rock You〉를 연주해달라며 유사쿠에게 큰북을 빌려주고, 아이스맨 아이자와는 케이토에게 조언을 해주고, 라몬즈를 흥얼거리는 여학생까지 나타났어. 그런 순풍이 너한테는 느껴지지 않냐?"

"안 느껴져."

신타로는 단호하게 부정했다.

"아……, 흥미 없는 일에는 철저하게 무관심하구나."

"순풍이라는 말이 무슨 뜻인지는 잘 모르겠지만."

신타로는 주머니에서 휴대전화를 꺼내 시간을 확인했다.

"예를 들면, 이런 거?"

토오루가 의아한 표정으로 신타로의 얼굴을 들여다본 순간, 교내 방송용 스피커에서 익숙한 멜로디가 흘러나왔다.

그린데이의 〈Basket Case〉였다.

프레리도그처럼 등을 꼿꼿하게 편 케이토가 멀리 앞자리에서 역시 프레리도그로 변한 아키와 눈을 마주치며 흥분한 표정으로 스피커를 가리켰다. 유사쿠도 머리 위를 두리번두리번 둘러보았다.

신타로가 의기양양하게 설명했다.

"우리 반에 방송부 부원이 있거든. 점심시간에 틀고 싶다며 늘 연주하는 곡의 CD를 빌려달라더군. 그래서 오늘 아침에 빌려줬어."

"뭐야, 진작 말할 것이지."

"방금 전까지 잊고 있었어. 난 흥미 없는 일에는 철저하게 무관심하니까."

신타로는 그렇게 말하며 씨익 웃었다.

기온은 높지만 습도는 낮은 쾌적한 날씨가 계속되는 가운데 밴드부는 기분 나쁠 만큼 순조로운 나날을 보내고 있었다.

방송부가 매일 틀어주는 록은 밴드부 활동에 막대한 선전 효과를 안겨주었다. 이제는 굳이 미행을 하지 않아도 밴드부가 연주하는 곡을 콧노래로 흥얼거리는 사람을 교실이나 복도에서 종종 볼 수 있게 되었다.

또 모리와 밴드부의 조용한 투쟁도 수영부 부원들을 통해 전교에 알려졌다. 네 사람은 자신들도 모르는 사이에 교내의 동정과 지지를 모으게 되었다.

방음막 앞에 서서 밖으로 흘러나오는 연주를 듣는 학생도 있었다. 그 수는 날이 갈수록 늘었다. 대부분 유사쿠를 보러 온 여학생들이었지만, 그래도 토오루는 어깨가 으쓱해졌다.

'혼덴고 마니아'까지 앞으로 열흘. 연습은 점점 더 열기를 더해 갔다. 밴드부의 앙상블은 지금까지 중 최고의 상태였다. 한 곡을 연주할 때마다 누군가가 "지금 그거 녹음할걸!"이라고 외칠 정도였다.

밴드부 멤버들 누구나 '혼덴고 마니아'가 열리는 날이 오기를 손꼽아 기다리고 있었다.

자전거를 타고 통학하는 케이토와 신타로, 두 사람과 헤어져서 버스를 기다리며 토오루는 유사쿠와 나란히 서서 잡담을 나누고 있었다.

할 얘기는 얼마든지 많았다. 츠요시의 호출로 '혼덴고 마니아' 당일에는 밴드부 선배들이 한 다스나 응원하러 오기로 했다는 것. 최근 카토가 때때로 연주에 맞춰 가볍게 머리를 흔들곤 한다는 것. 다른 밴드나 유닛들이 '가재 이터'나 '미즈다 히로유키와 그의 허니딥스' 등, 센스는 어찌됐든 자신들이 지은 독창적인 이름으로 등록한 반면 우리를 '밴드부'라는 썰렁한 이름으로 등록한 케이토는 용서할 수 없는 큰 죄를 저질렀다는 것.

어둑어둑한 땅거미 속에서 헤드라이트와 미등 불빛이 버스도로를 끊임없이 오가고 있었다.

"문화제 팸플릿은 이미 인쇄됐으니까 이제 와서 이름을 바꾸는 건 무리겠지."

지면보다 20센티미터쯤 높은 보도블록 가장자리에 폴짝 올라서며 유사쿠는 불만스러운 듯이 말했다.

"위험해. 뒤로 넘어지면 차에 치일지도 몰라."

토오루가 그런 유사쿠를 말렸지만, 유사쿠는 들은 척도 않고 말을 이었다.

"뭐, 백번 양보해서 이름은 그대로 놔둔다 쳐도, 내년 '혼덴고 마니아'까지는 깃발을 만들자, 깃발."

"깃발?"

"응, 깃발. 전구 장식이나 자동차를 덮을 수 있을 만큼 커다란 배경막은 무리지만, 깃발 정도는 쉽게 만들 수 있을 거야. 그걸 스테이지 위에 걸어 놓는 거야."

유사쿠는 보도블록 가장자리에 서서 양팔을 벌렸다.

"예를 들어, 폭이 1미터 5, 60센티미터쯤 되면 객석 뒤에서도 '뭐가 걸려 있네' 하는 정도는 알 수 있을 거야. 이 정도……."

유사쿠가 잠시 균형을 잃고 뒤로 비틀거린 순간, 승합차 한 대가 지나갔다.

콰직.

내장을 맨손으로 움켜쥐는 듯한 섬뜩한 소리가 울렸다.

사이드미러에 유사쿠의 오른팔이 부딪혔다. 그 반동으로 유사쿠의 몸이 조수석 창문에 처박혔다.

허공으로 튕겨 올라 공중에서 회전하며 보도블록 위로 떨어지는 유사쿠의 모습을 토오루는 눈을 크게 뜬 채로 지켜볼 수밖에 없었다.

몇 미터 앞에서 승합차가 급브레이크를 밟았다. 학생들이 유사쿠 주위를 둘러싸고 웅성거리기 시작했다. 유사쿠는 바닥에 쓰러진 채 미동조차 없이 얼굴을 찡그리고 신음하고 있었다. "구급차!"라는 외침이 들려 왔다.

자신의 눈앞에서 일어난 일을 이해하지 못한 채, 토오루는 시간의 흐름에서 버림받은 것처럼 그 자리에 우두커니 서 있었다.

진찰실 문이 열리고 유사쿠와 정장 차림을 한 그의 어머니가 초록색 비상등 불빛에 물든 어두운 복도를 조용히 걸어왔다. 외래 진찰 시간은 이미 끝난 시각. 인적 없는 병원은 늪 밑바닥처럼 조용했다.

하얀 깁스가 감긴 유사쿠의 오른팔은 어깨에 멘 삼각붕대에 고정되어 있었다. 그 외에도 왼쪽 팔꿈치에 커다란 반창고가 붙어 있었다. 이쪽은 바닥에 쓰러질 때 생긴 찰과상 때문일 것이다.

밴드부 멤버와 카토가 대기실 벤치에서 일어서자 그 모습을 본 유사쿠가 왼손으로 깁스를 한 오른팔을 가리키며 억지로 미소를 지었다.

"기타는 다 나으면 칠 수 있대."

"그거, 언제 풀 수 있냐?"

토오루가 다급하게 물었다.

"……3주일이나 4주일 후."

토오루뿐 아니라 케이토와 신타로의 얼굴도 단숨에 어두워졌다. 하루이틀 만에 나을 상처가 아니라는 것은 알고 있었지만, 모두가 혹시나 하는 희망을 품고 있었다. 그 희망이 너무나도 허무하게 산산조각 난 것이다.

접수대 앞에 서서 심각한 표정으로 카토와 이야기를 나누는 어머니를 흘낏 바라보며 유사쿠는 애써 태연한 목소리로 설명했다.

"단순골절이래. 척골인지 뭔지 하는 뼈가 부러졌다나. 엑스레이로 봤더니 진짜 똑 부러졌더라. 하지만 선생님 말로는 운이 좋았대. 차가 보통 속도로 달리고 있었더라면 팔은 물론 어깨도 엉망이 됐을 거라나. 깁스를 풀어도 한동안 기타는 참아야 하지만, 11월 말쯤에는 예전처럼……."

유사쿠는 벤치에 털썩 주저앉아 고개를 숙였다.

세 사람은 유사쿠를 둘러쌌다. 하지만 아무런 위로의 말도 찾지 못한 채 서로 얼굴을 마주볼 수밖에 없었다. 연락을 받자마자 자전거를 타고 병원으로 달려온 케이토와 신타로의 이마에는 아직도 땀이 흘러내리고 있었다.

유사쿠의 어머니는 양복 차림의 젊은 남자로부터 의아한 표정으로 명함을 받고 있었다. 아마도 보험회사 직원일 것이다. 하지만 사고의 과실 정도나 보험 보상액 등은 세 사람에게는 아무래도 상관없는 일이었다. 지금 문제는 유사쿠와 밴드부의 앞날뿐이었다.

"난 정말 바보야."

유사쿠가 왼손을 몇 번이나 쥐었다 펴며 중얼거렸다.

"고, 공연이 열흘 후인데 뼈가 부러지다니. 이런 중요한 때 모두의 발목을 잡다니. 구제불능의 바보야."

"괜찮아, 그런 건. 낫는 것만 생각해."

토오루가 갈라진 목소리로 위로를 건넸다. 유사쿠는 작게 고개를 끄덕였다.

"셋이서도 괜찮겠지. 나는 '혼덴고 마니아'에 나갈 수 없게 됐지만, 셋이서 어떻게든 할 수 있겠지. 다들 실력이 엄청나게 늘었으니까."

"그럴 리 있냐."

신타로가 볼멘소리로 말했다.

"메인 기타인 네가 빠지면 어떻게 되겠냐. 케이토는 세컨드 기타잖아. 케이토의 기타만으로도 들어줄 만한 수준이 되는 곡은 고작 〈Blitzkrieg Bop〉 정도야. 〈Basket Case〉 앞부분도 노래는 케이토지만 기타는 유사쿠, 너 혼자 맡고 있잖아. 이제

와서 뭘 어쩌라고.”

그렇게 말하며 신타로는 자신을 책망하듯 몇 번이나 주먹으로 허벅지를 두드렸다. 지금까지 자신들이 얼마나 유사쿠를 의지해 왔는지를 통감하고 있는 모양이었다. 신타로도, 케이토도, 그리고 자신도 음악적 리더인 유사쿠에게 큰 부담을 지우고 있었던 것이다. 유사쿠를 잃은 후에야 비로소 토오루는 그 사실을 깨달았다.

유사쿠는 신타로를 달래듯 온화한 미소를 지으며 고개를 저었다.

“괜찮아. 기타는 장식 정도로 생각하면 돼. 너희 셋의 실력이라면 얼마든지 관객들을 속일 수 있을 거야. 기타는 한 대면 충분해.”

“폼 잡지 마, 멍청아.”

신타로가 낮은 목소리로 말했다.

“넌 원래 제멋대로에 싸가지 없는 녀석이잖아. 이럴 때만 착한 척하지 마. 주위에서 아무리 말려도 나가겠다고 우기는 게 훨씬 너다워.”

“잠깐, 신타로…….”

토오루가 말리려고 나섰지만 신타로는 토오루의 팔을 뿌리치며 숨을 훅 들이마신 후 낮은 목소리로 말했다.

“‘혼덴고 마니아’는 포기하자.”

그 말에 세 사람은 그대로 얼어붙었다. 그것은 대기실 벤치에서 진단 결과를 기다릴 때부터 모두가 머릿속에 떠올리긴 했지만 아무도 입 밖에 낼 결심을 하지 못했던 말이었다.

신타로가 말을 이었다.

"연습 환경은 최악이고 싸움도 몇 번이나 했지만, 지금까지 넷이서 열심히 노력해 왔어. 그런데 공연 때 한 사람이라도 빠지면 의미가 없지 않냐. 밴드부라는 이름으로 무대에 서려면 넷 중 한 사람도 빠져선 안 돼. 우리가 유사쿠가 빠진 부분을 커버하는 것도 무리고, '네 몫까지 열심히 하마'라는 뻔뻔스러운 말은 쪽팔려서 못하겠다."

유사쿠가 신타로의 의견을 필사적으로 반박했다.

"하지만, 그러면 내가 너희들의 목표를 빼앗는 꼴이나 마찬가지잖아. '혼덴고 마니아'를 포기하면 난 팔이 나아도 계속 죄책감을 버릴 수 없을 거야. 그런 건 싫어."

유사쿠는 신타로의 결심을 바꾸기 위해 필사적으로 말을 이었다.

"게다가 '세 가지 조건'도 있잖아. 성과를 보이지 않으면 폐부라면서? 어떤 형태로든 '혼덴고 마니아'에 나가야 돼."

"성과는 이미 보여줬어."

신타로가 단호하게 말했다.

"방송부는 매일 우리가 카피한 노래의 원곡을 틀어주고, 우리 연습을 들으려고 방음막 앞에 죽치고 있는 녀석들도 있어. 밴드부 하면 학교에서 모르는 사람이 없을 정도야. 그걸로 충분하지 않냐? 이렇게 잘나가는 부를 누가 폐부할 수 있겠냐. 만약 모리가 강제로 그런 짓을 한다면 이번에는 교육부든 수상 저택이든 결판을 내러 갈 거야. 그러니까 유사쿠, 넌 쓸데없는 걱정은 하지 마.”

“하지만…….”

토오루도 신타로의 말에 동의했다.

“그래. 우리는 아직 2학년이잖아. ‘혼덴고 마니아’는 내년에도 있으니까 조바심 낼 필요 없어. 앞으로 1년만 있으면 멋지게 깃발도 만들 수 있고, 올해보다 훨씬 굉장한 연주를 할 수 있을 거야. 오리지널 곡도 만들 수 있을지 몰라.”

토오루는 태평한 미소를 지으며 마음속으로 자신에게 욕설을 퍼부었다.

이런 건 자기위안에 불과하다. 올해의 ‘혼덴고 마니아’는 올해 한 번뿐이지 않은가. 이런 결론을 납득할 수 있는 사람이 과연 있을까.

줄곧 침묵을 지키던 케이토가 처음으로 입을 열었다. 지금까지 한 번도 본 적 없는 진지한 얼굴이었다.

“잠깐, 다들 기다려. 그렇게 간단히 결론을 내려도 될까? ‘혼덴고 마니아’는 열흘 후야. 아직 시간은 있어. 많은 사람들이 우리의 연주를 기대하고 있어. 쉽게 포기해선 안 돼.”

신타로가 고개를 저었다.

“야, 유사쿠의 골절이 열흘 만에 나을 리 없잖아.”

"그래도 좀 더 발버둥쳐 보자. 쓸데없는 노력일지도 모르지만, 어떻게든 생각해 보자. 편한 길을 선택해선 안 돼."

"그럼 넌 무슨 좋은 생각이라도 있냐?"

"그건……."

"거 봐, 없잖아."

"다들 정말 미안해."

유사쿠가 어깨를 떨며 말했다.

"다시는 너희에게 폐를 끼치고 싶지 않았는데, 결국 이렇게 됐네."

네 사람은 그 후로 아무 말도 하지 못했다. 유사쿠의 오열만이 유일하게 어두운 대기실을 울렸다.

11

여덟 잔째 커피를 마셨을 때 위가 지끈지끈 아파 오기 시작했다.

케이토의 책상 위에 컵을 올려놓은 후, 츠쿠모 신타로는 자명종시계를 확인했다.

새벽 3시 30분.

케이토는 자신과 나란히 침대에 걸터앉아서 고개를 숙인 채 줄곧 생각에 잠겨 있었다. 요 1주일 동안 케이토는 줄곧 이런 상태였다.

"뭐라고 말 좀 해봐, 부장."

기름때 묻은 제복 차림의 츠요시가 등받이에 팔꿈치를 얹고 의자에 거꾸로 앉아서 동생을 채근했다. 30분 전 아르바이트를 마치고 돌아온 츠요시만은 아직 힘이 남아도는 눈치였다. 그 커다란 목소리가 조금 신경에 거슬렸다.

유사쿠가 사고를 당하고 여드레가 지났다. 내일은 문화제

첫날. 그 다음날은 '혼덴고 마니아 30'의 밴드부가 출연하는 날이다. 하지만 밴드부는 아직도 방침을 결정하지 못한 상태였다.

유사쿠는 사고를 당한 지 1주일 만에 학교로 돌아왔다. 하지만 부단에는 얼굴을 내밀지 않았다.

신타로와 케이토가 2반 교실로 상태를 살피러 가 보니 유사쿠는 팬클럽 넘버 1부터 넘버 3까지와 즐겁게 이야기를 나누고 있었다. 물론 즐거워 보이는 것은 유사쿠뿐, 그를 둘러싼 여학생들은 이야기를 나누는 틈틈이 깁스로 고정된 오른팔을 훔쳐보며 어두운 표정을 짓고 있었다.

강제로 끌고 나와서 밴드부에 오지 않는 이유를 물었지만 유사쿠는 '악기를 연주할 수 없는 내가 부단에 있어 봤자 분위기만 나빠질 것 같아서'라며 말꼬리를 흐리고 헤실헤실 웃기만 했다. 그 웃는 얼굴이 너무나도 애처로워서 신타로도 더 이상 그를 추궁하지 못했다.

공연을 눈앞에 두고 느닷없이 드리워진 암운 속에서 야구부와 수영부, 그리고 반 아이들은 모두 입을 다물고 있었다. 하지만 그런 아이들 속에서 유일하게 말을 걸어 온 사람이 있었다.

"너희들, 어쩔 거냐?"

누마지리였다.

"기타 치는 녀석이 빠지면 너희는 아무것도 못하잖아? 진짜 어쩌면 좋냐."

승리에 찬 미소였다.

싸움을 벌일 거라고 생각한 것일까, 케이토가 잽싸게 겨드랑이 밑으로 양팔을 넣어 신타로의 몸을 붙잡았지만 신타로는 누마지리를 무시했다.

요 반년 동안, 남을 비웃어야만 안심할 수 있는 녀석을 상대하는 것은 아무 가치 없는 일이라는 것을 깨달았기 때문이었다. 밉살맞았던 누마지리가 지금은 그저 한심한 어린아이로밖에 보이지 않았다.

긴 팔다리를 접고 바닥에 앉아 있던 토오루가 자신의 손을 내려다보며 말했다.

"정말 팔이 나을 때까지 돌아오지 않을 생각일까."

"그렇지 않을까?"

신타로는 짧게 대답했다. 이런 대화를 몇 번이나 되풀이했는지 모른다.

앞으로 열두 시간 후에는 PA업자의 트럭이 도착하고 무대 설치가 시작된다. 작업을 진두지휘하는 것은 물론 업자 측 스태프지만, 밴드부도 강당 바닥을 걸레질하고, 기기를 반입하고, 케이블을 깔고, 부단에서 강당으로 드럼세트를 이동하는 등, 참가자들의 선두에 서서 일해야 한다.

게다가 학급 전시도 도와야 한다. 2학년 6반은 따뜻한 음료를 메인 메뉴로 하는 찻집을 기획하고 있다. 문화제가 열리는 이틀 동안 계속 강당에 달라붙어 있어야 하는 케이토와 신타

로는 문화제 기간 중 당번을 면제받는 대신 전날 준비 작업에
는 반드시 참가하기로 약속했다.

오늘부터 사흘 동안 정신없이 바쁠 것을 생각하면 한시라도
빨리 집으로 돌아가서 잠을 자 둬야 하지만, 도저히 잠이 오지
않을 것 같았다. 케이토의 좁은 방에서 얼굴을 맞대고 있자니
공연은커녕 새벽조차 영원히 오지 않을 듯한 기분마저 들었다.

"카토 쌤은 아무 말도 없었냐?"

츠요시가 물었다. 신타로가 대답했다.

"'음, 어떻게든 할 수밖에 없겠구나'라더군요. 결국 아무 말
도 안 한 거나 마찬가지지만."

"그렇군. 이번에는 신탁도 내리지 않았나 보구나."

츠요시가 또다시 물었다.

"그럼 두 사람은 포기하는 쪽?"

신타로는 턱을 앞으로 내밀며 고개를 끄덕였다.

"뭐, 굳이 따지면요. 물론 나가고 싶지만, 밴드부 멤버가 다
함께 무대에 설 수 없다면 나가 봤자 의미가 없으니까요."

"의미가 없다……라. 오카자키, 너는?"

"……."

토오루는 아무런 대답도 하지 않았다. 무시하는 것이 아니
라 아직 망설이고 있기 때문이었다. 어쩌면 하세가와 사토미
에게서 찍힌 '무책임한 사람'이라는 낙인을 아직도 신경 쓰고
있는지 모른다. 하세가와가 절망적으로 둔감한 성격이 아니라

면 그것이 자신의 오해였음을 이미 깨달았을 것이다. 그렇다면 포기해도 별 문제는 없겠지만, 토오루가 '혼덴고 마니아'에 출연해야만 비로소 하세가와와 대등해질 수 있다는 생각을 품고 있다면 포기를 선택하기란 어려울 것이다. 그렇다고 멤버한 명을 버리고 출연할 각오도 없는 모양이었다.

"생각 중인가 보군."

츠요시가 그렇게 말하자 토오루는 오랫동안 몸에 쌓여 있던 한숨을 코로 내뿜었다.

"난 셋만이라도 참가하자는 쪽이야."

케이토가 묻기도 전에 대답했다.

"작년에도 참가하지 못했는데 올해까지 불참하면 밴드부는 끝장이야. 작년에는 도저히 어쩔 수가 없었어. 세 명 중 두 명이 악기를 들어 본 적도 없는 사람들이었으니까. 하지만 올해는 달라. 베이스도 있고, 드럼도 있고, 기타 겸 보컬도 있어. 일단 형태는 갖춰졌잖아."

"유사쿠를 버릴 생각이냐?"

발끈한 신타로가 쓸데없는 시비를 걸었다. 평소의 케이토라면 곧 심약하게 꼬리를 내렸겠지만, 이번에는 그렇지 않았다.

"버리는 게 아니야. 내년에 유사쿠와 함께 나가기 위해서 올해도 나가려는 거야."

케이토는 신타로의 눈을 똑바로 응시했다.

"밴드부의 기둥인 유사쿠가 빠지면 연주는 엉망이 될지도 몰라. 많은 사람들 앞에서 엄청난 망신을 당할 수도 있어. 하지만 올해 '성과'를 보여주지 않으면 내년에는 정말로 밴드부가 없어질 가능성도 있어. 만약 포기한다 해도 교장선생님은 어떻게든 밴드부를 계속하게 해줄지도 몰라. 하지만 '무대에는 서지 못했지만 지금까지 이렇게 열심히 했으니 너그럽게 봐주세요'라고 부탁하긴 좀 그렇지 않아? 왠지 기분이 개운하지 않잖아? 차라리 올해 '30'은 셋이서 실컷 망신을 당하고, 내년 '31'에서 넷이 활짝 웃는 게 훨씬 후련하지 않을까?"

잠시 케이토를 바라보던 신타로는 고개를 들어 가장자리에 먼지가 새까맣게 내려앉은 형광등 커버를 올려다보았다.

"뭐야. 너와 함께 망신을 당해달라 이거냐?"

"응!"

케이토는 너무나도 당당하게 고개를 끄덕였다. 신타로는 무심코 웃고 말았다.

토오루가 물었다.

"〈We Will Rock You〉는? 그 곡 후반부의 기타 솔로, 케이토, 넌 못 연주하잖아."

"분위기로 때우면 돼!"

"그렇구나. 분위기로 때우면 되는구나."

잠시 고개를 숙이고 카펫을 물끄러미 응시하던 토오루가 느닷없이 고개를 번쩍 들며 말했다.

"전부터 약간은 눈치 채고 있었지만, 케이토, 넌 바보로구나."

“미안하다.”

“난 전부터 알고 있었는데.”

신타로는 그렇게 말하며 이번에는 소리를 내서 웃었다. 커피 때문에 위가 무거웠지만 이럴 때야말로 웃어야 한다고 스스로를 타일렀다. 지금 웃어 두면 무대에서 큰 창피를 당해도 어떻게든 버틸 수 있을 듯한 기분이 들었다.

츠요시가 세 사람을 바라보며 손뼉을 쳤다.

“그럼 결정됐군. 셋 다 열심히 해라. 연주가 위태위태한 부분은 친구들과 다함께 소리를 질러서 얼버무려줄 테니까. 어쨌든 모레는 시마모토의 넋을 기리는 공연이다.”

세 사람은 동시에 고개를 저었다.

“저기, 죽은 건 아니거든?”

주위의 동정어린 눈빛에 신타로는 괜히 심기가 불편했다.

내일 라스트를 장식할 밴드부 부원 중 한 사람의 팔이 부러졌고, 하필이면 그가 밴드의 실질적인 리더라는 사실은 강당 무대 앞에 모여 있는 출연자들 모두가 알고 있었다.

‘혼덴고 마니아 30’ 첫날은 예정대로 4시에 끝났다. 공연을 마친 출연자는 뒷정리와 청소를, 둘째 날 출연자는 세트 체인지 작업과 각종 잡무 분담 회의를 하느라 모두 정신없이 바빴다.

폼 나게 말하자면 '올 스탠딩'이지만 사실대로 말하자면 '평소와 다름없이' 넓기만 한 플로어는 깨끗하게 걸레질됐고, 1미터 높이의 무대는 방해물이 최대한 없어야하는 댄스팀용 스테이지에서 스피커와 마이크를 설치해야하는 연주팀용 스테이지로 변해 갔다.

발코니 커튼을 모두 닫은 무더운 강당 안, 회장 뒤쪽에 설치된 PA용 콘솔로 작업을 지휘하는 엔지니어와 무대와의 사이를 몇 번이나 왕복하면서 밴드부 멤버 세 사람은 때때로 동정 어린 시선을 느껴야했다.

스테이지에 테이프를 붙이거나 발코니에서 스테이지를 비추는 조명의 각도를 조정하는 작업 틈틈이 모두가 이쪽을 힐끔힐끔 훔쳐봤다. 그 눈은 모두 '안됐다'고 말하고 있었다.

작업이 거의 끝나갈 무렵, 결국 인내심이 바닥난 케이토와 토오루는 부단에 가서 야구부 북을 가져오겠다는 말을 남기고 말릴 틈도 없이 모습을 감췄다.

그로부터 20분. 슬슬 돌아오고도 남을 시간인데도 그럴 기미조차 없었다. 강당에서는 작업에 관련된 사람들 모두가 무대 앞에 모여서 긴 머리를 하나로 묶은 엔지니어의 이야기에 귀를 기울이고 있었다.

첫날 공연을 마친 출연자들의 지친 얼굴에는 충실감과 허탈감이 배어 있는 반면, 내일 공연하는 출연자들의 얼굴은 벌써부터 긴장으로 딱딱하게 굳어 있었다.

왜 둘 다 돌아오지 않는 걸까. 함께 망신을 당해달라고 했던 주제에 먼저 도망친 거냐, 케이토.

말꼬리 같은 꽁지머리를 흔들며 말하는 엔지니어의 설명을 적당히 흘려들으며 신타로는 마음속으로 케이토와 신타로를 원망했다.

"……그럼 마지막 하루, 힘냅시다. 오늘은 다들 늦게까지 수고했습니다."

모두가 인사를 나누고 해산하는데 주머니 속의 휴대전화가 진동했다. 케이토였다.

입 안으로 욕설을 내뱉으며 자전거 주차장으로 향한 신타로는 그곳에서 낯익은 얼굴과 마주쳤다. 아키였다. 아키는 어느 축제 노점에서 낚은 듯한 물풍선을 손에 낀 채 낑낑대며 자전거에 올라타고 있었다.

막 켜진 수은등 불빛 아래, 신타로를 발견한 아키가 커다란 눈을 깜빡이며 말했다.

"아, 츠쿠모. 지금 돌아가는 길이야? ……아니구나. 가방이 없네."

"뭐 좀 사러."

"흐응, 학교에 남을 건가 보구나. 그렇겠지. 내일이 공연이니까. 마지막 조정 같은 걸 하나 보네."

아키는 오렌지색 물풍선을 퐁퐁 튕기며 알겠다는 듯이 몇 번이나 고개를 끄덕였다.

문득 자신이 이곳에 온 이유를 떠올린 신타로는 아키에게 물었다.

"너 말이야, F10인가 뭔가 하는 커다란 스케치북, 어디서 파는지 아냐? 가로세로 40센티미터 이상인 걸로."

"어디다 쓰려고?"

"몰라. 그리고 굵은 매직 두세 개도 사 오라더군. 유사쿠가 그렇게 말했다던데."

"시마모토가? 팔이 부러진 후로 밴드부 활동은 쉬고 있지 않았나?"

"그랬는데 내일 공연에 나오겠다고 했다더군."

"세상에!"

고무줄이 끊어진 물풍선이 자갈 위에 떨어져 요란한 소리를 내며 터졌다.

"어떻게? 어떻게? 뼈가 부러졌다면서? 기타 못 친다면서? 하모니카라도 불려고? 아니면 다 나았어?"

아키는 동그란 눈을 더욱 동그랗게 뜨고 속사포처럼 질문을 퍼부었다. 신타로는 귀찮은 나머지 이를 가는 듯한 목소리로 대답했다.

"몰라. 나도 뭐가 뭔지 하나도 모르겠어. 케이토, 그 바보가 금방 전화를 끊는 바람에."

"알았어. 매직이랑 F10 스케치북이라고 했지? 몇 권 필요해?"

아키는 당장이라도 자전거에 올라탈 기세였다.

"한 권이면 돼. 어디에서 파는지 가르쳐주기나 해. 내가 사 오면 되니까."

"아니야, 내가 사다줄게. 나 한가해. 회의하느라 바쁠 거 아냐. 내가 부단으로 가져갈게."

왜 오늘은 평소보다 더 열심히 참견을 하는 걸까. 신타로는 의아함을 느끼며 손을 저었다.

"미안하니까 됐어. 내가 다녀와도 돼. 오오노, 넌 빨리 집에 가기나 해. 이 근방에는 저녁만 되면 치한이 나타난다면서?"

"그치만……."

"괜찮다니까."

"……저기."

아키는 깊이 한숨을 쉬었다.

"있지, 나도 참가하고 싶어. 스케치북을 구실로 끼어들고 싶어. 그런 속마음을 좀 눈치 채줄 수 없니?"

눈치 채지 못했었다.

드럼과 앰프, 야구부에서 빌려준 큰북을 전부 옮기고 난 후의 부단은 삭막하게 느껴질 만큼 넓었다.

아키는 카토 용 책상에 스케치북을 펼쳐 놓고 'AND PARTY EV'RYDAY'라는 글자를 연필로 스케치하고 있었다. 활자처럼 가지런한 문자의 외곽을 종이 가득 그린 후, 아키는 유사쿠에게 물었다.

"이러면 돼?"

"응, 됐어. 고마워. 역시 여자한테 맡기길 잘했네. 그럼 케이토, 신타로, 이 글자를 칠해줘. 테두리 밖으로 튀어나오지 않게."

신타로와 케이토는 유사쿠의 손에서 매직을 낚아챈 후 이마를 맞대고 책상에 엎드렸다.

아키가 유사쿠의 깁스를 가리키며 물었다.

"다시 한 번 묻겠는데, 정말 문제는 해결된 거니? 그 팔로 기타를 칠 수 있겠어?"

"음후후후."

유사쿠는 왼손을 이마에 대고 음흉하게 웃었다.

신타로가 주차장에서 부단으로 돌아온 후로 줄곧 저런 상태였다. 아무리 물어봐도 유사쿠는 물론, 케이토와 토오루까지 서로 눈짓을 나누며 기분 나쁜 미소를 지을 뿐이었다. 자신이 강당에 남아 있는 동안 근본적으로 문제를 해결할 방법이 생긴 모양인데, 그것이 뭔지는 통 밝히려 하지 않았다.

계속 입을 다물고 있던 케이토도, 어울리지 않게 비장감을 풍기던 토오루도, 신타로와 떨어져 있던 몇 십 분 동안 완전히 원래의 표정으로 되돌아와 있었다.

"야, 오오노한테는 비밀이라도 나한테는 가르쳐줘야 되는 거 아니냐?"

소용없다는 것을 알면서도 신타로는 매직을 조심스럽게 움직이며 또다시 물었다.

"싫어. 너한테는 안 가르쳐줄 거야."

"왜?"

유사쿠가 뺨을 부풀리며 말했다.

"날 구름머리라고 했으니까."

어린애다. 이 녀석은 어린애다.

기가 막히는 동시에 한 가지 가설이 번뜩 떠올랐다.

어쩌면 유사쿠의 상처가 생각보다 훨씬 가벼울지 모른다. 골절이란 멤버들을 놀래주기 위한 거짓말일 뿐, 깁스 안의 팔은 벌써 다 나았을지도 모른다. 생각해 보면 유사쿠 외에 의사의 설명을 들은 사람은 없다. 엑스레이 사진도 본 적이 없다.

뭐야, 다들 괜히 걱정했잖아. 정말 어린애 같은 녀석이군.

신타로는 쓴웃음을 지었다. 분명 〈We Will Rock You〉의 기타 솔로 직전까지 관객들을 애태우다가 그 순간이 오면 화려하게 깁스를 풀고 화려한 솔로를 선보일 속셈일 것이다. 눈에 띄기 좋아하는 이 녀석다운 생각이다. 그때는 최대한 놀라는 척은 해줘야지.

"구름머리라고 하면 안 되는 거였나. 그럼 나한테도 안 가르쳐주겠네."

아키가 혀를 날름 내밀며 말했다.

"그건 그렇고, 카토 쌤 없이 너희들끼리만 있어도 괜찮아? 연습을 하는 건 아니라도, 부원들만 늦게까지 남아 있으면 뭐라고 하지 않을까?"

"있는데, 카토 선생님."

케이토가 부단 위쪽을 가리켰다. 신타로와 아키가 화들짝 놀라며 위를 올려다보자 옥상 문 앞에 카토가 오도카니 앉아 있었다.

"여어."

자신의 지정석인 책상과 의자를 빼앗긴 카토가 힘없이 한손을 들었다. 어두운 계단에 오도카니 앉아 있는 그 모습은 〈학교의 계단〉 같은 영화에 나오는 한심한 교사 유령을 연상시켰다.

신타로와 아키가 허둥지둥 인사한 순간, 이번에는 아래쪽에서 방음막이 열렸다. 두 사람은 움찔 몸을 떨었다.

"자, 저녁밥 도착."

양손에 편의점 비닐봉지를 든 토오루가 방음막을 젖히고 계단으로 올라왔다.

"주먹밥은 한 사람당 두 개씩. 샌드위치랑 튀김도 있어. 네 것도 있으니까 많이 먹어, 오오노. 음료수는 차를 세 종류 사 왔으니까 각자 원하는 걸로 마시도록 해."

"오, 드디어 왔구나. 자, 일단 쉬자."

케이토가 스케치북을 바닥에 내려놓으며 모두에게 말했다. 테이블 위에 비닐봉지를 올려놓자 유사쿠와 아키가 쪼르르 달려왔다. 어느 샌가 부장 행세가 몸에 밴 케이토를 바라보며 신타로는 씨익 웃었다.

반년 전까지만 해도 담배 피우는 선배들 망이나 봤던 주제에.

카토가 철퍽철퍽 샌들 소리를 울리며 계단에서 내려왔다.

"나중에 주셔도 되니까, 부탁드립니다."

토오루가 카토에게 공손하게 영수증을 내밀었다.

"참, 선생님은 뭘 드실래요? 연어랑 가다랑어, 새우 마요네즈 매운맛이랑 갈비가 남았는데."

"연어하고 가다랑어."

34세의 카토는 17세의 토오루에게 망설임 없이 대답했다.

"잘 먹겠습니다."

아키가 카토에게 머리를 숙인 후 재빨리 주먹밥을 먹기 시작했다. 옆에서 신타로가 토오루의 손을 내려다보며 말했다.

"네가 들고 있는 거 말이야, 그거, 아무리 봐도 멜론빵으로 보이는데, 어떻게 된 거냐?"

"아, 신경 쓰지 마. 값은 똑같으니까."

토오루가 멜론빵 봉지를 뜯으며 말을 이었다.

"글씨 쓰기는 다 끝나 가?"

"앞으로 한 시간쯤 걸리지 않을까? 의외로 번거롭군."

아키가 주먹밥을 입에 가득 문 채 물었다.

"있지, 시키는 대로 쓰긴 했는데, 이 스케치북은 어디다 쓰려고?"

"초대형 가사 카드."

유사쿠가 의기양양하게 대답했다.

"공연을 보러 오는 사람들은 우리 노래는 알아도 가사는 잘 모를 것 아냐? 그러니까 후렴 정도는 다함께 부르고 싶어서. 노래해줄지는 모르겠지만. 아, 넘기는 건 내 담당."

"아, 그렇구나. 머리 좋다."

아키는 금방 납득했지만 신타로는 의문을 느꼈다. 그렇게 자주 종이를 넘기면서 기타를 칠 수 있을까. 유사쿠가 아무리 실력이 뛰어나다 해도 그런 건 불가능할 텐데.

"몇 명쯤 올까?"

케이토가 참치 주먹밥을 든 채 중얼거렸다.

"음……."

토오루가 손가락을 꼽았다.

"밴드부 선배들 한 다스, 야구부는 적어도 스무 명은 올 거라고 했고, 이 학교 학생들은 각 학년 당 열 명이나 열다섯쯤 온다고 치고, 전부 더하면 40명 정도네. 나머진 수영부의 협력에 달렸군."

벌써 두 개째 주먹밥 포장을 벗기던 아키가 가슴을 펴며 말했다.

"나만 믿어. 가게 당번 시간이랑 겹치는 애들만 빼고 전부 데리고 갈 테니까. 20명은 문제없어."

"그거 고맙군. 하세가와도 친구랑 올 거라고 약속했으니까 최소한 두 명을 더하면 전부……, 100명 가까이 되잖아! 우와, 소름끼친다.”

멜론빵을 휘두르는 토오루를 흘낏 바라보며 신타로도 작은 몸에 소름이 끼치는 것을 느꼈다. 세 자리 수의 사람들 앞에서 평정심을 유지할 수 있을까. 긴장한 나머지 베이스를 연주할 수 없게 되는 건 그나마 낫다. 흥분해서 저도 모르게 관객들에게 덤벼들지도 모른다.

유사쿠가 왼손으로 능숙하게 주먹밥을 먹으며 아키에게 물었다. 의미심장한 미소를 지으며.

“수영부 가게라면 그거 말이지?”

“응, 그거.”

거의 하루 종일 강당에 틀어박혀 일하던 신타로와 케이토는 ‘그거’의 의미를 알 수 없었다. 케이토는 가방 안에서 문화제 프로그램을 꺼내 선전문을 읽었다.

“어디 보자. 수영부. 수영장 앞 〈수영복 카페 두더지〉. 탱탱한 현역 수영부 부원들이 당신을 접대합니다♡ 사진·비디오 촬영 가능……?”

“그거, 문제 있는 거 아니냐?”

신타로가 어이없어하며 묻자 아키는 자신만만하게 고개를 저었다.

“전혀 없어. ‘접대’는 남학생들만 할 거니까. 여학생들은 제복을 입고 주방에서 일할 거야.”

“……사기다.”

토오루가 낙담한 목소리로 중얼거렸다. 케이토는 슬그머니 고개를 들어 아키의 얼굴을 훔쳐보았다.

“설마 이 기획을 생각한 사람이……?”

“음후후후후.”

신타로가 혀를 차며 말했다.

“너, 엄청난 악당이구나.”

“용감하다. 모리가 용케 허락해줬네.”

케이토가 쾌거에 찬사를 보내자 아키는 곧 어두운 표정을 지었다.

“응. 요즘 기분 나쁠 만큼 조용해졌지 뭐야. 연습 시간에도 멍하니 생각에 잠겨 있어. 명령을 무시한 게 잘못이었나? 너무 지나쳤나?”

신타로도 모리의 변화를 느끼고 있었다. 담당교사로서 ‘혼덴고 마니아’ 첫날에 참관하긴 했지만, 모리는 공연 내내 회장 제일 뒤쪽의 PA콘솔 옆 파이프 의자에 앉아 있었을 뿐, 일절 참견을 하거나 지시를 내리지는 않았다. 그야말로 마음이 다른 곳에 가 있는 것처럼 보였다.

“우리가 다른 부 고문을 걱정할 때냐?”

토오루가 페트병에 든 차를 벌컥벌컥 마시며 말했다.

“모리가 지켜보고 있을 테니까 20분 안에 공연을 끝내야 돼.”

“20분을 1초라도 넘기면 모리가 냉큼 달려와서 연주를 중단시킬지도 몰라. 생각만 해도 최악이다. 마지막 곡은 KISS란 말이야.”

같은 교사인 카토가 바로 옆에 있는데도 아키와 밴드부 멤버들은 모리를 도마 위에 올려놓고 이리저리 떠들어댔다.

카토가 모리에게 일러바치지 않을 거라는 믿음도 있긴 했지만, 실은 그저 카토의 존재를 까맣게 잊어버리고 있는 것에 불과했다. 우습게 보는 것은 아니었지만, 카토에게는 옆에 있다는 사실을 무심코 잊어버리게 만드는 신기한 능력이 있었다.

“참, 내가 시간이 오버될 경우를 대비한 대책 같은 걸 생각해 봤는데, 들어볼래?”

케이토가 손을 들며 말했다. 신타로와 유사쿠와 토오루는 서로 얼굴을 마주보았다.

“오오노, 너도 협력해줬으면 하는데, 해줄래?”

“나? 좋아. 뭔데?”

다섯 사람은 책상을 둘러싸고 속닥속닥 작전을 짜기 시작했다.

자야 한다고 조바심을 내는 사이에 밤이 지나고 문화제 둘째 날이 다가왔다.

신타로는 자전거를 타고 학교로 향하며 때때로 하늘을 올려다보았다. 그린 듯이 선명한 푸른 하늘이 몹시 눈부셨다. 노랗게 물들기 시작한 벼이삭을 흔드는 바람은 맨살이 드러난 팔에 조금 차갑게 와 닿았다.

새벽 무렵 조금 선잠을 잤을 뿐, 밤새 깨어 있었던 탓에 머리가 멍했다. 회전력이 약해진 팽이처럼 머리가 잘 돌아가지 않았다. 하지만 졸음은 느껴지지 않았다. 오늘 하루는 하품 한 번 나오지 않을 것이다.

아침 조회가 끝나자마자 재료를 반입하고 현금을 준비하고 찢어진 모조지를 다시 바르느라 분주한 학생들 사이를 뚫고 신타로와 케이토는 서둘러 복도를 걸었다.

구교사 엘리베이터를 지나 왼쪽으로 꺾어져서 강당으로 향했다. 정문에 서 있는 커다란 아치에는 서예부원이 쓴 '제34회 혼덴고 문화제 테마—이것은 단순한 문화제가 아니다. 오오미야 혼덴 고등학교 1,100명의 부활제다'라는 문구가 형식에 구애받지 않는 대담한 필체로 쓰여 있었다. 들뜬 얼굴로 그 아래를 지나다니는 사람들 중에는 벌써부터 축제를 즐기러 온 성급한 다른 학교 학생들과 근방 주민들도 섞여 있었다. 문 양옆에 서 있는 실행위원들이 손님들에게 실내화용 비닐봉지와 프로그램을 건네줬다. 그것을 받아들고 두리번거리며 이쪽으로 걸어오는 사람들을 바라보며 신타로는 무심코 걸음을 멈췄다.

우와, 손님이다.

물론 이 가운데 '혼덴고 마니아'를 보러 온 사람은 극히 일부에 지나지 않을 것이다. 그건 알고 있지만, 손님들을 보자 가슴이 세차게 두근거리기 시작했다.

신타로는 아무것도 못 봤다고 스스로를 세뇌하며 강당으로 들어가서 밴드부 멤버들과 함께 사운드를 체크했다. PA엔지니어의 요구에 따라 무대 위에서 실제로 악기를 연주하며 전체적인 밸런스를 조절했다. 유사쿠는 오늘도 오른팔에 깁스를 한 채 "와, 이러니까 꼭 프로 같다"라고 떠들며 마이크를 체크했다.

"체크, 체크. 원, 투, 원, 투⋯⋯."

이 녀석이 두 번이나 울었다는 걸 스테이지에서 밝혀 버릴까.

신타로는 베이스를 연주하며 한순간 그렇게 생각했다. 하지만 그런 짓을 했다가는 오히려 여학생들에게 더욱 인기가 많아질지도 모른다는 사실을 깨닫고 즉각 그 아이디어를 버렸다.

정오. '혼덴고 마니아 30' 둘째 날이 시작되었다.

다양한 소리가 강당에 울려 퍼졌다. 억지로 고음을 쥐어짜는 듯한 보컬. 서툰 기타. 제법 아름다운 하모니의 듀엣. 더듬거리는 인사. 어쿠스틱 기타의 맑은 음색.

모든 출연자들이 자신들의 힘을 전부 발휘하기 위해 스테이지 위에서 분투하고 있었다. 연주를 마치고 최선을 다한 듯이 후련한 얼굴로 무대 뒤로 돌아오는 사람. 어깨를 축 늘어뜨리고 돌아오는 사람. 표정은 각양각색이었지만, 어쨌든 쇼는 계속되었다.

공연을 시작할 당시에는 삼사십 명이었던 관객도 시간이 갈수록 늘어났다. 오전에는 선선했던 강당 안은 발코니에서 무대를 비추는 두 대의 조명과 사람들의 열기로 차츰 온도를 높여 갔다.

공연을 마친 출연자들은 무대 뒤로 돌아와서 공연 순서가 다가온 출연자들이 하던 일을 맡았다. 덕분에 밴드부도 공연 30분 전에는 담당 구역에서 빠져나올 수 있었다.

기기 체크와 튜닝을 마친 후, 밴드부 멤버들은 일단 복닥거리는 무대 뒤에서 밖으로 빠져나왔다. 야외의 메마른 공기가 피부를 기분 좋게 어루만졌다. 서쪽으로 기운 태양이 강당 벽을 백금 같은 빛으로 물들이고 있었다.

반팔 셔츠와 회색 바지, 즉 교복 차림인 네 사람은 함께 장난을 꾸미는 공범자처럼 씨익 웃으며 서로의 긴장도를 확인했다.

토오루가 발밑의 자갈을 초조하게 밟으며 카토에게 물었다.

"선생님, 지금 몇 시예요?"

카토가 하얀 가운 왼쪽 주머니에서 줄이 끊어진 손목시계를 꺼내 시간을 확인했다.

"3시 8분."

"히익, 이제 20분만 있으면 스테이지에 선다."

토오루는 초조함과 기대가 뒤섞인 표정을 지었다.

문화제 기간이라 물론 수업은 없었지만, 카토는 평소와 다름없이 와이셔츠 위에 분필 가루가 잔뜩 묻은 하얀 가운을 걸치고 있었다. 낡은 하얀 가운 주머니에 손을 넣고 강당 벽에 기대어 서 있는 카토의 모습은 축제와는 전혀 어울리지 않았다. 러닝셔츠 차림으로 부채질을 하던 모습에 익숙해져 있는 만큼, 신타로의 눈에는 카토의 평소 스타일이 오히려 기이하게 비쳤다.

그 이상으로 기묘한 것은 유사쿠의 모습이었다. 그의 오른팔 깁스를 고정한 삼각붕대에는 F10 스케치북이 단단히 꿰매져 있었다.

"그 꼴로 스테이지에 서려고?"

"응."

유사쿠는 무릎으로 스케치북을 툭툭 치며 환하게 웃는 얼굴로 고개를 끄덕였다.

케이토가 스케치북 스프링을 하나하나 감고 있는 굵은 실을 바라보며 말했다.

"이거 토오루가 꿰맨 거지? 굉장하다."

토오루는 손가락으로 코를 비비며 의기양양하게 대답했다.

"완벽하지. 깁스와 딱 수평이 되게 두 겹으로 꿰매서 단단히 고정시켰어. 방음막을 만드느라 바느질 솜씨가 늘어서 그런지 생각보다 간단하던걸. 스케치북에는 곡마다 인덱스 테이프를 붙여 뒀고, 스프링 구멍 부분을 몇 번이나 꺾어서 너덜너덜하게 만들어 놨으니까 왼손만으로도 쉽게 찢을 수 있을 거야.”

토오루는 그렇게 말하며 긴 몸을 구부려 스케치북의 새하얀 종이를 넘겼다. 두 번째 페이지에는 커다란 글씨로 ‘박수’라고 적혀 있었다.

“오, 완벽해, 완벽해. 하룻밤 만에 용케 만들었네.”

케이토가 만족스러운 듯이 스케치북을 바라보며 말했다. 하지만 신타로는 도저히 이해할 수 없었다. 배 앞에 스케치북을 걸고 있어 봤자 기타를 들면 보이지 않게 될 것 아닌가. 무엇보다도, 저러면 깁스를 풀 때 스케치북도 함께 벗겨질 것이 뻔하다.

“저······.”

의문을 말하기 위해 입을 연 순간, 베이스와 드럼의 무거운 소리가 낡은 강당 벽을 흔들기 시작했다. 앞서 출연한 밴드가 연주를 시작한 것이다. 쿵쿵. 가슴이 세차게 뛰었다.

이제는 더 이상 태연한 척할 수가 없었다. 네 사람 사이에 지금까지 한 번도 경험한 적이 없는 긴장이 감돌았다.

“우와, 시작됐다, 시작됐다.”

토오루가 눈이라도 내리는 것처럼 양팔을 쓰다듬었다. 허리에 매달린 나일론 스틱 가방이 이리저리 흔들렸다.

“······저, 토오루.”

케이토가 떨리는 목소리로 입을 열었다.

“중학교 때부터 올해 봄까지 계속 관악부였으니까 관객들

앞에서 연주하는 건 익숙하겠지? 공연 직전에는 어떻게 긴장을 풀었냐?"

토오루는 까까머리를 긁적이며 대답했다.

"음……, 글쎄. 관악부는 지휘자가 절대적인 리더거든. 그래서 중학교 때에는 보통 고문선생님이 격려해주곤 했어. 모두 눈을 감고 '지금까지 쌓아 온 것들을 믿자' 하면서."

"고문선생님……."

케이토는 카토의 얼굴을 흘낏 바라보았다. 그리고 곧 토오루에게 시선을 되돌리며 물었다.

"그밖에는?"

"없는데."

"……그렇군."

신타로의 등 뒤에서 느닷없이 뒷문이 열렸다. 자칫하면 심장이 멎을 뻔했다.

문에서 쏟아져 나온 음의 홍수 속에서 공연 스태프 여학생이 자신이 출연할 차례가 되기라도 한 것처럼 긴장한 얼굴로 말했다.

"이제 곧 출연할 차례입니다. 무대 옆에 대기해주세요."

시작됐다.

손가락 끝이 떨렸다.

"이럴 때는 역시 부장이 한 말씀 하셔야지."

유사쿠가 왼손으로 케이토를 가리켰다.

"나?"

"응. 뭔가 멋진 말로 멤버들을 격려해 봐."

"어? 어? 어떡하지?"

한동안 고개를 숙인 채 우물쭈물하던 케이토는 이윽고 각오한 듯이 고개를 들었다.

"음……. 다들 지금까지 쌓아 온 것들을 믿자."

"……똑같잖냐."

신타로는 다른 두 사람과 함께 하늘을 올려다보았다. 케이토가 변명하듯 덧붙였다.

"하, 하지만, 저기, 여기까지 온 이상 새로운 걸 시도할 여유도 없고, 결국 지금까지 쌓아 온 걸 쏟아낼 수밖에 없잖아. 음, 우리는 처음부터 결속력이 강했던 것도 아니고……. 아니었던 거 맞지? 어쨌든 안팎으로 좌충우돌하며 여기까지 왔어. 자기들끼리만 신났다는 가슴 아픈 얘기를 들은 적도 있고."

케이토의 서툰 말이 네 사람을 짓누르고 있던 중압감을 서툴게 걷어냈다.

뭐야, 제법 부장답잖아.

신타로는 고개를 숙이며 몰래 미소를 지었다.

케이토가 진지한 얼굴로 말을 이었다.

"하지만 반년 동안 멤버들이 차츰 하나가 되고, 그랬더니 우리뿐 아니라 다른 사람들도 변하기 시작했어. 반년 전에는 다들 차가운 눈으로 우릴 쳐다봤지만, 이제는 많은 사람들이 우리 음악을 들으러 와주게 됐어. 이건 굉장한 일 아냐? 뭐랄까, 준비는 갖춰졌다고나 할까, 뭐 그런 느낌인데……, 음, 표현을 잘 못하겠네. 어쨌든 반년 동안 열심히 준비했으니까 이제 신나게 날뛰어 보자. 너희도 같은 생각이겠지? 그렇다고 믿어. 그러니까 지금까지 쌓아 온 걸 아낌없이 전부 쏟아 붓자.”

“응, 응, 그러자. 신나게 날뛰어 보자.”

토오루가 싱글싱글 웃으며 커다란 손으로 박수를 쳤다. 신타로가 말했다.

“유사쿠가 뭘 꾸미고 있는지는 모르겠지만, 케이토 말대로 모든 걸 쏟아내자.”

“음, 역시 케이토를 부장으로 뽑길 잘했어.”

유사쿠는 고개를 끄덕이며 강당 벽에 등을 기대고 있는 하얀 가운 차림의 카토를 돌아보았다.

“그럼 카토 선생님도 한 말씀.”

천천히 벽에서 등을 뗀 카토는 씨익 웃으며 카토답지 않은 말로 네 사람을 격려했다.

“로큰롤!”

12

스테이지를 하얗게 비추던 조명이 꺼졌다.

장내의 온도는 이 20분 남짓한 시간 동안 더욱 상승해 있었다. 무대 옆에 서 있는 것만으로도 온몸에서 땀이 흘렀다. 의지와는 상관없이 무릎이 떨리고 심장은 16비트를 연타했다. 이 몇 분 동안 수명이 이삼일은 줄었을지도 모른다.

공연을 마친 5인조 여성 밴드가 기력도 정신력도 바닥난 듯한 얼굴로 무대 옆으로 돌아왔다. 그 중 한 사람은 무대 옆에 도착하자마자 비틀거리다가 자칫하면 쓰러질 뻔했다. 교사와 스태프들이 재빨리 그녀를 부축했다.

우리도 저렇게 되면 어쩌지.

카미야마 케이토가 스트라토캐스터를 기도하듯 어루만지고 있을 때 유사쿠가 레스폴 넥을 움켜쥔 채 왼손을 들었다.

"괜찮아. 덥긴 하지만 한여름에 꽉 막힌 부단에 갇혀 있을 때보다는 훨씬 낫잖아."

하긴 그렇군. 그런 생각과 동시에 감사의 마음이 느껴졌다. 나도 이 녀석도 같은 더위를 경험했다는 생각이 케이토에게 자신감과 용기를 주었다.

스태프들이 마이크 개수와 위치를 변경했다. 스테이지 중앙 안쪽 단 위에 토오루의 드럼. 객석에서 볼 때 그 왼쪽 옆 무대 아래쪽에 야구부 큰북. 앞줄에는 마이크 세 개가 일정한 간격으로 놓였다. 위쪽이 유사쿠, 가운데가 케이토, 아래쪽이 신타로.

"그럼 밴드부, 부탁합니다."

스톱워치를 목에 건 스태프의 목소리에 토오루가 긴 팔다리를 조금 뻣뻣하게 움직이며 무대로 나갔다.

소나기 같은 소리가 귀를 덮쳤다. 그것이 박수소리라는 것을 깨닫기까지는 조금 시간이 필요할 정도였다.

뒤이어 아이바네즈 베이스를 든 신타로가 작은 등을 꼿꼿이 세우고 스테이지에 등장. 케이토도 황급히 스테이지 중앙으로 걸어갔다.

실드 코드로 기타와 기기를 접속한 후 마이크 높이를 조절하기 위해 객석을 돌아본 순간.

"이게 뭐야!"

케이토는 그만 그렇게 외치고 말았다. 그 목소리는 마이크를 통해 회장 전체에 울려 퍼졌다. 장내에 실소가 일었다.

온통 사람들로 가득 차 있었다.

100명 정도가 아니었다. 700명은 되지 않을까. 케이토의 발밑에서 회장 안쪽 벽에 설치된 PA콘솔 부근까지, 바닥은 온통 사람들로 꽉 차 있었다. 오오미야 혼덴 고등학교 교복. 교직원과 학부형과 근방 주민들의 평상복. 다른 학교 교복. 4년 전의 자신처럼 중학교 교복을 입은 사람도 있었다.

앞에 있는 까까머리 집단은 야구부. 티셔츠에서 넥타이 차림까지 통일감이라고는 전혀 없는 무리는 졸업한 밴드부 선배들일 것이다. 걱정스러운 듯이 웃으며 이쪽을 바라보는 츠요시의 모습도 보였다. 같은 반 아이들의 얼굴도 눈에 띄었다. 햇볕에 그은 얼굴은 수영부 부원. 츠지와 마츠야마라는 1학년 부원도 유사쿠와의 약속대로 보러 와준 모양이다.

이렇게 서 있는 동안에도 강당 뒤쪽 양옆에 있는 문을 통해 사람들이 끊임없이 들어오고 있었다. 스태프가 핸드마이크를 입에 대고 "앞으로 당겨 앉아주세요!"라고 쉴 새 없이 관객들을 재촉했다. 양쪽 위의 발코니도 사람들로 가득 차 있었다. 수많은 사람들이 발코니를 꽉 메운 채 이쪽을 내려다보고 있었다. '혼덴고 마니아 26' 때도, 작년 '29' 때도 이렇게 많은 관객들은 본 적이 없었다.

오른팔에 깁스를 하고 스케치북을 매단 유사쿠가 등장하자 수백 명의 관객들이 일제히 웅성거리기 시작했다. 다행히 관객들 중에 유사쿠가 준비한 비장의 연출을 눈치 챈 사람은 없는 듯했다.

마른 나뭇잎 뒤에 달라붙은 무당벌레처럼 빈틈없이 앉아 있는 군중들을 바라보며 우두커니 서 있는데, 유사쿠가 케이토의 등 뒤를 지나가며 속삭였다.

"체크, 체크. 마이크는 소리가 나오니까 기타를 체크해."

자신의 위치로 걸어간 유사쿠는 마이크 뒤의 기타 스탠드에 레스폴을 세웠다.

겨우 정신을 차린 케이토는 닥치는 대로 코드를 울려보았다. 플로어 모니터에서 굵은 소리가 울려 퍼졌다. 베이스와 드럼 소리도 들려왔다. 지금까지 살아오면서 이토록 긴장한 적은 한 번도 없었다. 하지만 자신은 혼자가 아니라는 사실이 케이토에게 최소한의 침착함을 유지하게 해주었다.

자신의 기타를 체크한 후 케이토는 레스폴의 음을 확인했다. 그 옆에서 유사쿠가 마이크에 대고 입을 열었다.

"아, 아. 아, 아."

"꺄아~."

회장 곳곳에서 소녀들의 비명이 울려 퍼졌다. 한 박자 늦게 웃음소리가 일었다.

"진짜 즐겁다."

유사쿠가 케이토를 바라보며 진심으로 즐거운 듯이 말했다. 이 녀석은 분명 '긴장'이라는 두 글자와는 인연이 없을 것이다.

케이토는 다시 스트라토캐스터를 들고 스테이지를 한 바퀴 둘러보았다. 신타로와 토오루가 고개를 끄덕였다.

베이스 체크를 마친 신타로는 야구부에서 빌려준 큰북의 말렛을 쥐고 있었고, 이미 모든 준비를 마친 토오루는 드럼세트 안에서 연주가 시작되기를 기다리고 있었다. 둘 다 긴장하고 있긴 했지만 지금까지 한 번도 본 적이 없을 만큼 환한 얼굴이었다.

마지막으로 무대 옆의 카토와 눈을 마주쳤다. 버섯머리의 밴드부 고문은 평소와 다름없는 무표정한 얼굴로 그곳에 서 있었다.

스톱워치를 든 스태프가 고개를 끄덕였다. 케이토는 다시 정면을 바라보았다. 두 대의 조명이 켜졌다. 케이토의 눈앞이 한순간 새하얗게 물들었다.

온몸을 감싸는 박수와 흥분을 부추기는 듯한 환성.

드디어 이곳에 왔다.

케이토는 커다랗게 심호흡을 했다.

"그럼 시작한다~."

평소와 똑같은, 기가 막힐 만큼 평소와 똑같은 토오루의 목소리가 들려왔다.

츠쿠모 신타로는 토오루와 시선을 마주치며 함께 작은 목소리로 카운트를 시작했다.

"원, 투, 쓰리, 포!"

신타로의 큰북, 토오루의 베이스드럼과 플로어 탐이 낮고 묵직한 소리를 두 번, 그리고 스네어 드럼이 메마른 소리를 한 번 울렸다.

야구부가 말했던 '쿵·쿵·짝' 하고 시작하는 곡, 〈We Will Rock You〉의 '쿵쿵' 부분은 세 종류의 커다란 드럼으로, '짝' 부분은 스네어 드럼으로 쳤다. 너무 빠르지 않게, 너무 느리지도 않게.

유사쿠가 스케치북 첫 장을 찢었다. 두 번째 장에는 '박수'라고 적혀 있었다.

뭔가 눈치를 살피는 듯한 기척이 감돌던 객석에서 웃음이 일었다. 유사쿠는 재빨리 두 번째 페이지를 찢었다. 세 번째 페이지에는 '쳐줘'라고 적혀 있었다. 웃음은 폭소로 변했다. '짝'에 맞춰 박수가 시작되었다.

대지를 밟는 거인의 발소리처럼 무거운 타격음이 강당에 모여 있는 수백 명의 청중들을 더욱 흥분시켰다.

케이토가 배에 숨을 모아 '랩 같은 가사'를 숨도 쉬지 않고 부르기 시작했다. 긴장한 탓일까, 조금 흔들리긴 하지만 제법 괜찮은 목소리였다.

"버디유아러보~이메익어빅노~이즈플레인더스트릿~고너비어빅맨~섬데이, 유갓머돈~유어페이스, 유빅디스레이스, 키킹유~캔~올오버더플레이스~싱잉."

유사쿠가 세 번째 페이지를 찢었다. 'WE WILL WE WILL ROCK YOU'라는 글자가 나타났다. 스테이지 근처에 앉아

있던 관객들과 밴드부 졸업생들이 케이토의 노래에 맞춰 "위
~월 위~월 롸큐!"라고 합창했다. 그 수는 고작 삼사십 명
정도.

케이토와 함께 후렴을 반복해서 노래한 후 유사쿠는 시침
뗀 얼굴로 네 번째 페이지를 들었다.

'읽을 줄 알지?'라는 글자를 본 관객들은 또다시 폭소했다.
박수소리가 한층 커졌다. 드럼소리에 맞춰 박수를 치는 손이
단숨에 늘었다. 수백 개의 손이 일제히 움직이는 모습에 신타
로는 오싹오싹 등을 떨었다.

중량감 넘치는 드럼 소리를 등지고 케이토는 직립부동 자세
로 두 번째 구절을 불렀다. 이윽고 두 번째 후렴부에 접어들
었다.

유사쿠가 오버액션으로 귀에 손을 대자 관객들이 기다렸다
는 듯이 "위~월 위~월 롸큐!"라는 대합창으로 응했다.

이거다!

웅장한 리듬을 연주하며 신타로는 마음속으로 쾌재를 불렀
다. 땀 때문에 자꾸 미끄러지는 말렛을 한층 힘껏 움켜쥐었다.

뒤이어 케이토가 세 번째 구절을 불렀다. 몸이 조금 풀린 것
일까, 매끄럽고 멋진 목소리였다.

후렴 부분에서 또다시 "위~월 위~월 롸큐!"라는 대합창이
일었다. 신타로는 온몸에 소름이 돋는 것을 느꼈다.

그와 동시에 불안이 머릿속을 스치고 지나갔다. 이 다음, 한

동안 후렴이 이어지고 마지막으로 기타 솔로가 시작될 텐데도 유사쿠는 좀처럼 깁스를 풀려 하지 않았다. 그렇다면 케이토가 솔로를 연주할 생각인가? 과연 할 수 있을까?

무대 옆에서 하얀 가운을 걸친 카토가 나타났다.

어?

상황을 파악할 수 없었지만, 그래도 신타로는 리듬이 무너지지 않도록 큰북을 두드렸다. 카토는 태연한 얼굴로 케이토와 유사쿠 뒤를 지나 스탠드에 세워놓은 레스폴로 다가갔다.

박수 소리가 흐트러지고 합창은 술렁거림으로 변했다. 등을 움츠리고 평소 수업시간 때와 똑같은 모습으로 나타난 볼품없는 국어선생의 등장에 모두가 당황하고 있었다. 스테이지에서는 수백 개의 머리 위에 일제히 물음표가 뜬 것처럼 보이기까지 했다.

카토가 관객들에게 등을 돌리고 레스폴을 들었다. 그리고 스트랩을 어깨에 걸쳤다. 그 움직임 하나하나에서 예전 아키가 교실에서 말했던 '로커' 같은 독특한 분위기가 풍겼다.

어, 설마. 어어.

쉴 새 없이 눈을 깜빡거리는 신타로에게 윙크를 던진 후 카토는 분필로 얼룩진 하얀 가운을 상쾌하게 휘날리며 관객들을 향해 돌아섰다. 날카로운 기타 솔로가 드높이 울려 퍼졌다.

환성이라기보다는 포효에 가까운 함성이 울려 퍼졌다. 앉아서 박수를 치던 관객들이 두두두두 발소리를 울리며 일제히 일어섰다. 강당이 흔들렸다.

레스폴을 허벅지에 얹고 사냥감을 노리는 호랑이처럼 낮은 자세를 취하며 공격적인 음을 쏟아내는 '카토 쌤'의 모습에 교사, 학생, 졸업생 할 것 없이 오오미야 혼덴 고등학교와 관련된 모든 자들이 경악했다.

물론 신타로도 그 중 한 사람이었다. 오버액션으로 깁스를 푸는 유사쿠에게 놀라는 척해주려고 했는데, 예상 밖의 전개에 진심으로 놀라고 말았다.

놀라움이 너무 컸던 탓일까, 드럼소리에 맞춰 박수를 치는 관객은 아무도 없었다. 당연한 일이다. 스테이지 위의 신타로조차 말렛을 쥔 손을 멈출 뻔했으니 말이다.

카토의 멋진 기타 솔로로 첫 번째 곡이 끝난 후 '혼덴고 마니아' 사상 최대의 환성이 강당을 뒤흔들었다.

거대한 폭포 아래에 있는 듯한 박수와 환성의 소용돌이 속에서 오카자키 토오루의 사고는 거의 정지된 상태였다. 관악부 시절에는 2,000명 이상의 군중들 앞에서 연주한 적도 있었지만, 이렇게 찬사를 받은 적은 한 번도 없었다.

뭐지, 이건. 뭐지, 이건.

베이스 준비를 끝내는 즉시 신타로의 카운트로 두 번째 곡을 시작해야 하지만, 토오루도, 그리고 그 옆에 서 있는 신타로도 그 사실을 완전히 잊고 있었다.

장내 곳곳에서 수백 명의 목소리가 카토를 연호했다.

"카토 선생님!"

"카토!"

"카토 쌤!"

그 목소리는 이윽고 '카토 쌤'이라는 수백 명의 대합창으로 변했다.

"카·토·쌤! 카·토·쌤! 카·토·쌤!"

제일 앞줄의 관객들이 합창에 맞춰 무대 가장자리를 힘껏 두드렸다. 토오루에게는 그 소리와 무대를 두드리는 수십 개의 팔이 무시무시한 살기를 띠고 있는 것처럼 느껴졌다. 흥분한 나머지 폭도로 변해서 자신들을 덮치는 것은 아닐까 하는 생각마저 들었다.

관객들이 모두 일어선 덕분에 생긴 뒤쪽 공간을 문밖에서 쏟아져 들어온 군중들이 메워 나갔다. 방금 전까지 똑똑히 보였던 하세가와 사토미의 모습도 이제는 보이지 않았다.

"신타로! 베이스, 베이스!"

유사쿠가 외쳤다. 그 목소리에 신타로는 겨우 꿈에서 깨어난 듯이 몸을 떨었다. 꼭두각시 인형처럼 어색하게 베이스를 들고 "뭘 해야 하더라?"라고 중얼거리며 케이토와 유사쿠의 얼굴을 바라보았다.

"카운트, 카운트!"

유사쿠는 함성에 삼켜지지 않도록 큰소리로 외치며 종이를 찢었다. 'HEY! HO! LET'S GO!'라는 글자를 보고 나서야 겨우 토오루와 신타로도 다음 곡이 〈Blitzkrieg Bop〉이라는 사실을 떠올렸다.

어? 어떻게 시작하더라?

토오루는 당황했다. 불행히도 신타로가 생각할 틈도 없이 목쉰 소리로 카운트를 시작했다.

"워, 원투쓰리포!"

엄청나게 빠른 카운트였다. 〈Blitzkrieg Bop〉 자체가 빠른 곡이기는 하지만, 신타로의 카운트는 그보다 훨씬 빨랐다.

드럼, 베이스, 두 대의 기타가 제각각 어긋난 타이밍으로 연주를 시작했다.

"헤이! 호! 렛츠 고! 헤이! 호! 렛츠 고!"

관객들의 합창에 조금은 궤도를 수정할 수 있었지만, 그래도 철벽의 앙상블을 자랑하던 밴드부의 평소 실력과는 거리가 먼 연주였다. 토오루의 팔다리는 제각각 멋대로 움직이고, 신타로의 베이스는 무턱대고 폭주를 거듭했다. 혼란에 빠진 것은 케이토도 마찬가지였다.

"데알필링인더백싯~, 데알제너레이딩스팀~힛, <u>흐흐흐흐</u> <u>흥흥~흥~</u>, 브릿스크리~밥."

케이토는 몇 십 번이나 불렀던 가사의 일부를 콧노래로 얼버무리며 무척 긴장했는지 왼손을 넥에서 떼고 몇 번이나 주먹을 움켜쥐었다.

유일하게 전혀 동요의 기색이 없는 유사쿠가 코러스 중간에 걱정스러운 얼굴로 뒤를 돌아보았다. 하고 싶은 말은 알겠지만 어쩔 수가 없었다. 하이햇을 연타하는 감촉도, 풋페달을 밟는 느낌도 거의 느껴지지 않았다. 자신이 정말 드럼을 치고 있는지조차 잘 알 수 없었다.

그런 상황에서 다시 연주를 일으켜 세운 것은 바로 카토였다.

세 사람을 향해 돌아선 카토가 피크를 든 오른손을 빠르게 움직이며 버섯머리를 아래위로 격렬하게 흔들기 시작했다.

볼품없기 짝이 없는 국어선생의 강렬한 헤드뱅잉에 1,000명 가깝게 늘어난 관객들은 점점 더 열광했다.

카토의 움직임에 이끌려 흐트러졌던 리듬이 차츰 본래의 궤도를 되찾았다. 토오루는 몸 안의 리듬감을 드럼에 전달하는 기술을 기억해냈고, 폭주하던 신타로의 베이스는 침착함을 되찾았다. 울음을 터뜨릴 것 같았던 케이토의 보컬과 기타도 카토에 맞춰 차츰 안정되어 갔다. 앙상블이 완벽하게 되살아나자 카토는 아무 일도 없었던 것처럼 정면으로 돌아섰다.

우와, 선생님, 고마워요! 처음으로 선생님한테 존경심이 느껴져요!

토오루는 평소대로 격렬하게 드럼을 두드리며 카토의 뒷모습을 향해 마음속으로 감사했다.

하세가와 사토미가 카토의 손톱이 짧아졌다고 가르쳐준 것은 추석 연휴 직전이었다.

'손톱이 굉장히 길었거든. 보기 안 좋아서 굉장히 신경 쓰였는데, 어제 보니 왼손 손톱만 짧아졌지 뭐야.'

카토가 10년 만에 기타를 든 것은 아마 그때였을 것이다.

'난 전부터 그렇지 않을까 했었어.'

9일 만에 부단에 나타난 유사쿠는 무단으로 부 활동을 쉰 주제에 사과도 대충 넘겨 버리고 의기양양하게 말했다.

'처음부터 나와 같은 냄새가 났거든. 결정적으로 확신하게 된 건 선생님이 하모나이즈 쵸킹을 했을 때였어. 초보자인데 피크를 쥐는 방법도 정확하고, 왼손을 보면서 오른손으로 2번 줄과 3번 줄을 정확하게 피킹하는 건 초심자의 행운으로 할 수 있는 게 아니거든. 보기에는 초보자 같아도 손은 정직한 법이지.'

공연 전날까지 망설였다며, 유사쿠로부터 레스폴을 건네받은 카토가 결국 항복을 선언하고 기타를 들었을 때 토오루와 케이토가 야구부 북을 가지러 부단으로 돌아왔던 것이다.

유사쿠는 대충 사정을 설명한 후 입술에 손가락을 대며 말했다.

'선생님이 예전에 밴드 활동을 했다는 건 신타로에게는 공연이 시작될 때까지 비밀로 하자. 요즘 통 신타로를 놀려먹지 못했거든.'

놀랍게도 카토의 실력은 보통이 아니었다. 그러나 스케치북을 사러 간 신타로가 예상외로 빨리 돌아왔을 때에는 그보다 더 놀라고 말았다. 카토는 레스폴을 어깨에 멘 채 계단 위로 뛰어올라갔고, 결국 저녁을 먹을 때까지 내려올 타이밍을 놓치고 말았다.

그런 얼빠진 면이 카토 쌤답단 말이야.

기타 하나로 1,000명을 열광시킨 고문의 뒷모습을 바라보며 토오루는 미소를 지었다.

네 자릿수에 가까운 사람들과 "헤이! 호! 렛츠 고!"를 마지막으로 네 번 반복한 후, 심플한 펑크 넘버는 2분 남짓한 시간만에 끝났다. 토오루는 '일체감'이라는 말의 의미를 카토와 그 너머에 있는 군중들로부터 배운 듯한 기분을 느꼈다.

요란하게 울리는 환성에 휩싸여 토오루는 페트병의 미네랄 워터를 입에 머금으며 앞의 네 사람에게 들리지 않도록 중얼거렸다.

"하세가와, 보고 있어? 난 여기 있어. '혼덴고 마니아'에서 드럼을 치고 있어. ……어처구니없는 곳이야, 여긴. 좀 무서워."

"YA—YA—YA—YA—YA!"

옆에서 들어도 소름이 끼치는 목소리였다.

시마모토 유사쿠는 오른쪽 옆의 케이토를 곁눈질로 바라보았다. 마이크를 향해 노래를 부르며 날카로운 스트로크로 스트라토캐스터를 연주하는 모습은 반년 전, 이리저리 눈치를 살피며 주뼛주뼛하던 모습과는 마치 다른 사람 같았다.

토오루의 스네어 드럼이 정확하게, 그러면서도 거칠게 싱코페이션을 연주했다.

유사쿠는 초고속 템포에 맞춰 케이토와 번갈아가며 〈All I Want〉를 노래했다.

"데이에프터데이~."

"유어홈라잎써렉~."

"더파워댓비~져슷~브렛다운유어넥, 유겟노뤄스펙~."

"유겟노릴립~."

"유~가러스픽업, 엔옐아웃유어피~스."

유사쿠 옆에서는 카토가 믿을 수 없을 만큼 낮은 자세로 믿을 수 없을 만큼 화려하게 레스폴을 연주하고 있었다.

단 둘이 부단에 있을 때 카토는 이렇게 말했다.

"연습을 듣다 보니 귀로 외웠다. 스코어는 안 봐도 된다."

그 말대로 카토의 기타 플레이는 완벽했다.

강당 앞쪽 3분의 1을 메운 관객들은 뭐가 그렇게 신나는지, 복잡한 포인트를 통과하는 만원 전철의 승객들처럼 서로 밀고 밀치며 오른쪽으로 왼쪽으로 흔들리면서도 스테이지 위의 사람이 기가 막힐 만큼 즐겁게 웃고 있었다.

후렴 부분에서는 신타로와 토오루도 코러스에 가세했다. 신타로가 핑거 보드 위의 왼손을 빠르게 움직이며 시뻘게진 얼굴로 "댓썰아이원~"을 외쳤다. 포지션 체인지를 할 때 손가락이 미끄러지는 버릇 따위는, 신타로는 예전에 극복한 상태였다.

관중들로 가득 찬 플로어에서는 스케치북에 적힌 'that's ALL I WANT'라는 글자를 따라 많은 사람들이 "올~아이원~"을 절규하고 있었다.

내가 이 스테이지에 서지 않으려고 했다니, 말도 안 돼, 이건 온몸의 뼈가 부러졌다 해도 무대에 설 만한 가치가 있는 공연이야.

유사쿠는 자꾸만 떠오르는 웃음을 참느라 애쓰며 세 사람과 호흡을 맞춰 코러스를 넣었다. 넷이서 만들어낸 하모니는 몸이 떨릴 만큼 아름다웠다. 귀는 물론 배까지 짜릿짜릿했다.

내년에도 무대에 서자. 이 멤버들과 함께. 자신의 손으로 레스폴을 치며.

지금 공연 중이면서도 유사쿠는 벌써부터 내년을 향해 결의를 다졌다.

"YA—YA—YA—YA—YA!"

공기를 둘로 가르는 듯한 케이토의 목소리를 끝으로 〈All I Want〉가 끝났다.

외국 아티스트의 라이브 영상에서 가끔씩 들었던 노도 같은 환성을 온몸으로 받으며 유사쿠는 왼손을 불끈 움켜쥐었다.

무대 옆의 스태프가 곡과 곡사이에 물을 마시던 케이토에게 손짓을 했다. 그곳에서 몇 가지 지시를 받은 케이토는 마이크 스탠드 앞으로 돌아와서 겸연쩍은 얼굴로 관객들을 향해 말했다.

"아, 저기, 신나게 즐겨주시는 건 굉장히 기쁘지만, 서로 밀치지는 말아주세요. 왜냐하면, 저, 누가 다치거나 사고가 생기면 연주가 중지된다고 합니다. 절대 밀지 마세요. 그리고 몸이 안 좋은 사람이 생기면 밖으로 나갈 수 있게 모두 협력해주세요. 그리고, 뭐였더라……."

케이토가 다시 무대 옆으로 두세 걸음 걸어가서 스태프의 말에 귀를 기울였다.

"……그게 전부라고 합니다."

객석에서 웃음이 일었다.

"보컬! 몇 마디 더 해라!"

객석에서 들려 온 외침은 분명 츠요시의 목소리였다. 케이토와 목소리가 비슷해서 금방 알 수 있었다. 유사쿠와 신타로와 토오루가 어깨를 으쓱하자 케이토는 자신의 형을 향해 얼굴을 찡그렸다.

"저, 시간이 별로 없어서요."

"아, 미안!"

츠요시가 조금도 미안하지 않은 목소리로 외쳤다.

"그리고 카토 쌤, 싸랑해요!"

요란한 웃음과 박수가 일었다. 그 소리가 가라앉을 때까지 기다린 후 케이토가 객석을 향해 말했다.

"저, 그럼 다음은 흥분을 조금 가라앉히기 위해 느린 곡을 연주하겠습니다. ……사실 원래 그 곡을 연주할 예정이었지만요."

토오루가 드럼스틱으로 카운트를 시작했다. 미들 템포의 〈Redundant〉가 시작되었다.

유사쿠는 슬슬 남은 시간에 신경이 쓰이기 시작했다.

소시지를 삶는 휴대용 가스레인지의 불은 30분 전부터 꺼져 있었다.

일렉트릭 기타의 느릿한 멜로디가 서풍에 실려 교실 안까지 들려왔다.

책상을 붙이고 테이블보를 깐 테이블에 손님은 없었다. 막판 손님들로 붐벼야 할 교실은 조용하기 그지없었다. 학급 전시 당번으로 남은 다섯 명 외에, 2학년 6반 학생들은 모두 강당에 있을 것이다.

누마지리는 다섯 명의 당번 가운데 유일하게 의자에 앉아서 바닥에 떨어진 새카만 롤빵을 발끝으로 툭툭 차고 있었다.

“아, 이게 몇 곡 째람.”

에이프런을 걸친 여학생들이 축제일이라고는 생각할 수 없을 만큼 한산한 복도를 달려갔다.

멀리서 들려오는 카미야마 케이토의 특색 있는 노랫소리가 누마지리의 신경을 긁었다.

무시하려고 애쓰면 애쓸수록 더욱 강해지는 초조함을 떨쳐버리며 누마지리는 한껏 비웃음을 지었다.

“재수 없어. 한 곳에 와글와글 모여서 뭐하는 거람. 무슨 종교 같지 않냐? 여긴 손님이 없어서 편하군 그래. 가게는 나 혼자 지켜도 충분하겠는걸.”

누군가가 누마지리의 눈앞에 집게를 내밀었다.

고개를 들자 네 사람의 당번이 싸늘한 눈으로 자신을 내려다보고 있었다.

“혼자 충분하다며? 그럼 뒤를 부탁해.”

“…….”

네 사람은 누마지리가 대답할 틈도 없이 복도로 달려 나갔다.

들은 적이 있는 곡이었다.

록 따윈 전부 똑같이 들리지만, 어딘가 그리움이 느껴지는 이 멜로디만은 분명 들은 기억이 있었다.

모리 요시미는 강당 뒤쪽 벽에 등을 기대고 서서 이 곡을 어디서 들었는지 기억을 더듬고 있었다.

네 명의 밴드부와 카토가 연주하는 음이 귀를 압도했다. 진동이 벽을 통해 등을 흔들었다. 모리는 그 진동 속에서 답을 찾듯 벽에 기댄 등에 힘을 주었다. 땀에 젖은 면 옷이 등에 달라붙었다.

일어서서 박수치는 관객들의 머리 사이로 환한 조명 속의 무대가 때때로 엿보였다.

옆에 서 있는 교장이 "정말 잘하지 않나!"라며 몇 번이나 모리에게 맞장구를 요구했다. 교장의 박수는 주위보다 한 박자 늦었지만, 본인은 전혀 개의치 않고 희희낙락 박수를 치고 있었다.

교장의 말대로 무대 위에서 들려오는 그들의 연주는 훌륭했다. 바닥보다 한 단 높게 설치된 단 위에서 음향 조정을 하고 있는 업자까지 의자에서 일어서서 몸을 흔들고 있었다.

별안간 밀집되어 있는 사람들 속에서 한 여학생이 불쑥 얼굴을 내밀었다.

오오노 아키였다.

아키는 모리를 발견하자마자 몸을 잡아 빼듯 인파속에서 빠져나와 이쪽으로 달려왔다. 짧고 아름다운 머리카락은 마구 흐트러져 있었고, 꼬깃꼬깃한 블라우스는 땀에 젖어 맨살에 달라붙어 있었다.

아키의 손에는 둥글게 만 종이가 쥐어져 있었다. 원래는 원통형이었을, 포스터만한 크기의 하얀 종이는 이리저리 구겨져서 아키의 머리카락과 블라우스 이상으로 처참한 상태였다.

아키가 스케치북에서 뜯어낸 듯한 그 종이를 들고 뭔가를 말했다. 하지만 그 목소리는 기타와 드럼 소리에 삼켜져 들리지 않았다.

아키는 곧 마음을 결정한 듯 모리에게 꾸벅 머리를 숙인 후 둥글게 만 커다란 종이를 공손하게 내밀었다. 모리가 당황하면서도 그것을 받아들자 아키는 다시 한 번 머리를 숙인 후 스테이지 쪽으로 몸을 돌리더니 "이얍!" 하고 외치며 군중들 속으로 돌진했다.

전장에 뛰어드는 듯한 아키의 뒷모습을 바라보며 모리는 겨우 떠올렸다.

그 곡이다. 여름방학 때, 내가 소리를 질러서 연주를 중단시켰을 때 그들이 부르던 곡이다.

이제 나는 말을 할 수 없어, 목소리를 잃어버렸어
말을 할 수 없어, 나는 불필요한 인간이야

단순한 우연일지도 모르지만, 모리에게는 이 곡이 그때 그들의 기분을 대변하는 것처럼 느껴졌다.

그날 이후, 한시도 머리에서 떨어지지 않았던 광경이 또다시 떠올랐다.

어깨를 힘없이 늘어뜨리고 계단을 내려가던 네 사람과, 자신의 말을 무시하고 풀에 뛰어들던 수영부원들.

나는 독선적인 엄격함으로 학생들을 억압하고 그들에게서 목소리를 빼앗으려 했다. 즐거움도 보람도 빼앗으려 했다. 형식적인 규칙을 지키기에 급급했다.

무대 위에서는 카미야마 케이토가 능숙하게 기타를 치며 "이제 나는 말을 할 수 없어"라는 구절을 되풀이하고 있었다.

모리는 옆에 서 있는 교장을 흘낏 바라보았다.

만약 이 사람이 규칙대로 밴드부를 폐부하거나 활동을 자숙하라는 명령을 내렸더라면, 저 아이들은 오늘 어디서 무엇을 하고 있었을까.

시선을 눈치 챈 교장이 모리가 들고 있는 종이를 가리키며 외쳤다.

"그게 뭔가!"

모리는 종이를 펼쳐보았다. 종이는 두 장이었다. 그리고 모두 매직으로 종이 가득 커다란 글자가 적혀 있었다.

몹시 급하게 쓴 듯한 그 글자를 바라보며 모리는 저도 모르게 쓴웃음을 지었다.

〈Redundant〉가 끝나자 무대 양옆에서 스태프가 달려 나왔다. 카미야마 케이토와 카토, 그리고 신타로는 각자 지금까지

연주했던 악기를 스태프에게 건네고 플랫 튜닝한 악기를 들었다.

"어? 어? 소리가 안 나!"

신타로가 아버지의 컬렉션인 검정색 변형 베이스를 치며 울먹이는 목소리로 외쳤다.

"실드를 빼 봐."

"앰프가 나갔을지도 몰라."

케이토와 유사쿠는 재빨리 달려가서 앰프를 체크했다. 전원 램프는 켜져 있었지만 신타로가 몇 번이나 베이스를 쳐도 모니터 스피커에서 울려야 할 저음은 들리지 않았다. 땀에 흠뻑 젖은 신타로의 얼굴이 차츰 창백해졌다.

어쩔 줄 몰라 하며 신타로의 베이스를 내려다보는 케이토와 유사쿠 사이로 하얀 팔이 뻗어왔다. 카토였다.

카토는 '0' 위치로 설정되어 있던 베이스 볼륨 다이얼을 돌린 후 조용히 말했다.

"이제 나올 거다."

베이스를 쳐 보니 스피커에서 당연한 듯이 중저음이 울려 퍼졌다.

"젠장, 괜히 멍청한 착각 때문에 시간을 잡아먹었잖아."

신타로가 이를 갈며 중얼거리자 카토가 어깨에 손을 얹으며 온화한 목소리로 말했다.

"나도 옛날에 해봤던 실수다."

케이토는 안도의 숨을 내쉬며 자신의 기타는 괜찮은지, 짙은 푸른색 페르난데스를 울려 보았다.

뭔가 위화감이 느껴졌다.

다시 한 번 굵은 줄부터 순서대로 울려 보았다. 6번, 5번, 4번, 3번……. 케이토는 고개를 들면서 유사쿠와 동시에 외쳤다.

"3번 줄이다!"

3번 줄의 페그가 풀려서 피치가 내려가 있었던 것이다. 케이토는 카토를 돌아보았다.

"카토 선생님, 3번 줄을 쳐주세요!"

두 사람은 서로 마주서서 이펙터를 클린 톤으로 되돌리고 3번 줄을 울렸다. 문제가 생긴 것을 눈치 챈 관객들이 술렁대기 시작했다. 케이토는 모든 신경을 귀에 집중시키며 3번 줄의 페그를 돌렸다. 곧 어긋나 있던 두 기타의 피치가 완전히 겹쳐졌다.

"굉장하다, 케이토. 금방 눈치 채고, 금방 고쳤네."

유사쿠가 왼팔로 얼굴의 땀을 닦으며 미소 지었다. 케이토는 아무 말 없이 고개를 끄덕였다. '네 코치 덕분이야'라고 말하기는 왠지 쑥스러웠기 때문이다.

그리고 쑥스러워서 할 수 없는 말이 또 하나 있었다.

두 대의 눈부신 조명이 비추는 스테이지 위에서 웃을 수 있는 것은 카토 덕분이었다. 스테이지 위의 더위를 잘 알고 있기에 카토는 한 학기 동안 옥상 문을 열지 못하게 했던 것이다.

'나중에 분명 도움이 될 거다'라는 말은 이걸 가리키는 것이었다. 나중에 모리가 옥상 문 개방 금지 기간을 연장시킨 것은 카토에게도 계산 밖이었을지 모르지만.

"앗, 5분 남았다."

드럼세트 안에서 토오루가 말울음 같은 목소리로 말했다.

무대 옆을 보자 스태프 한 명이 얼굴을 찡그리며 '남은 시간 5분'이라는 종이를 들고 있었다. 토오루와 신타로의 드럼이 첫 음을 울린 지 벌써 15분이 지난 것이다.

신타로가 네 사람에게 말했다.

"할 수 없지. 다음 〈Basket Case〉로 끝내자."

유사쿠가 뒤를 돌아보며 왼손으로 미안하다는 동작을 취했다.

"미안. KISS는 연주 못할지도 몰라."

"괜찮아. 빨리 시작하자. 이러다 〈Basket Case〉도 연주 못 하겠다."

괜찮아.

케이토는 확신하고 있었다. 여섯 번째 곡 〈Rock And Roll All Nite〉도 분명 연주할 수 있을 거라고.

"다음 곡이 마지막입니다."

유사쿠가 미리 정한 대로 마이크를 향해 외치자 객석에서 "에엑!"이라는, 기대했던 반응이 되돌아왔다. 유사쿠는 케이토를 향해 가볍게 미소를 지으며 말을 이었다.

"실은 앞으로 두 곡을 더 연주하고 싶은데, 시간이 20분밖에 주어지지 않아서 어쩔 수가 없네요. 이번 곡이 마지막이니까 다들 마음껏 즐기세요! 그럼 시작합니다!”

토오루가 스틱을 네 번 부딪친 후 〈Basket Case〉가 시작되었다.

커다랗게 숨을 들이마신 후 케이토는 능숙한 뮤트를 구사하는 카토의 박력 있는 기타 소리에 맞춰 노래를 부르기 시작했다.

“두~유해버타임, 투~리슨투미와~인.”

뒤따라 토오루의 하이햇 소리가 울리고 유사쿠와 신타로는 코러스 파트를 부르며 연주에 합류할 순간을 기다리고 있었다.

“섬타임스아깁마이셀~더~크립스, 섬타임스마만플레이스 틱스온~미, 잇올킵스에딩업~.”

그 순간이 왔다.

토오루의 심벌, 두 대의 기타, 그리고 신타로의 베이스가 동시에 작렬했다.

“아~띵크암크래킹업, 엠~아저스트패러노이드, 엠아저스트 스톤~.”

강당 뒤쪽에 있는 학생들까지 노래에 맞춰 점프하고 있었다.

홍수 같은 음 속에서 케이토는 온몸이 간질거리는 듯한 감각에 사로잡혔다.

다섯 명이다. 다섯이서, 밴드로, 〈Basket Case〉를 연주하고 있는 것이다.

1년 전 아키 앞에서 이 곡을 연주했을 때에는 혼자였다. 아키와 마주보며 연주했던 곡을 지금은 네 명의 동료와 함께 1,000명에 가까운 사람들 앞에서 연주하고 있다. 아키도 분명 이 속 어딘가에 있을 것이다. 내 노래를, 내 기타를 듣고 있을 것이다.

나는 지금 정말 즐거워. 그때 아키가 계단 아래에서 발을 멈추지 않았더라면 난 오늘 어디서 뭘 하고 있었을까. 교실에서 가게를 지키고 있었을까?

1,000명 앞에서 노래하고 연주하며, 케이토는 흘러넘치는 기억의 파도를 온몸에 뒤집어쓰고 있었다.

계단 아래에서 이쪽을 올려다보던 아키의 눈빛. 팬클럽 회원 1부터 3까지에게 둘러싸여 있던 유사쿠. 소지품 검사에 화를 내며 덤벼들던 신타로. 시청각실의 어둠 속에 있던 수수께끼의 당나귀 남자. 야스다 상점. 서툰 바느질을 하느라 생긴 상처의 아픔. 카토가 느릿느릿 부치던 신용금고 부채. 팬지 씨앗을 뿌리던 밀짚모자를 쓴 뒷모습. 수영장에 떠돌던 염소 냄새. 옥상에서 올려다본 여름 하늘. 스케치북의 글자를 칠하던 매직의 움직임.

전부 오늘을 위해서다. 지금 이 순간을 위해서다.

케이토는 지금까지 쌓아 온 모든 것을 마이크와 기타에 쏟아 부었다.

귀를 덮치는 요란한 환성 속에서 네 명의 밴드부 멤버와 고문 교사 카토는 서로 어깨를 부딪치고 손을 흔들며 무대 왼쪽으로 사라졌다.

오오노 아키는 사람들의 어깨너머로 그 모습을 바라보며, 상대방에게는 보이지 않는다는 것을 알면서도 계속 손을 흔들었다.

멤버들이 스테이지에서 사라진 후에도 환성은 계속되었다. 조명 관계자의 의지인지 단순히 일을 깜빡한 것뿐인지는 모르겠지만, 두 대의 조명은 계속해서 아무도 없는 무대를 눈부시게 비췄다.

아키는 스테이지 위에 설치된 시계를 올려다보았다. 5분전 4시. 마침 막 예정 시간인 20분이 지난 시각이었다.

몇 백 명의 학생들이 박수로 앙코르를 요구하고 있었다. 아키는 그 뒤에서 텅 빈 스테이지를 바라보며 어젯밤 부단에서 나눴던 대화를 떠올렸다.

'만약 네 번째 곡 〈Redundant〉가 시작될 때 남은 시간이 10분이 안 되면 모리한테 이걸 건네주지 않을래?'

대충 계획을 설명받은 후 아키는 케이토의 말대로 스케치북에서 백지 두 장을 찢어서 한 장에는 '끝!', 다른 한 장에는 '한 곡 더!'라고 적었다. 그리고 넷이서 머리를 맞대고 매직으로 글자 안을 칠했다.

성공했으면.

아키는 땀에 젖은 손을 힘껏 움켜쥐었다.

두두두두두. 장내 앞쪽에서 바닥을 흔드는 낮은 소리가 울려 퍼졌다. 일부 학생들이 앙코르를 요구하며 발을 구르고 있는 것이다. 아키는 망설임 없이 그 무리에 참가했다. 그것은 곧 강당 전체에 퍼졌다.

이러다 오래된 강당이 무너지는 것은 아닐까 모두가 걱정하기 시작할 무렵, 밴드부가 또다시 스테이지 위에 모습을 나타냈다. 케이토, 유사쿠, 신타로, 토오루, 그리고 카토.

땅울림 같은 환성 속에서 아키는 땀으로 범벅이 된 몸에 소름이 돋는 것을 느꼈다.

푸른 기타를 든 케이토가 마이크를 향해 말했다.

"모리 선생님, 모리 선생님, 계십니까?"

아키는 망설임 없이 사람들을 헤치고 강당 뒤쪽으로 향했다. 케이토의 목소리가 머리 위로 울려 퍼졌다.

"저, 아직 연주하지 못한 곡이 한 곡 남아 있습니다. 하지만 규칙 상 한 밴드에 주어진 시간은 20분. 이미 20분은 넘었지만……."

케이토는 거기서 말을 끊었다. 장내의 학생들이 일제히 뒤를 돌아보았다.

"모리!"

"모리 선생님!"

그리고.

"요시미!"

여기저기서 모리를 부르는 목소리가 울리기 시작했다. 이윽고 그것은 '요시미'라는 대합창으로 변했다.

"요·시·미! 요·시·미!"

군중들 속에서 빠져나온 순간, 아키의 눈에 만면에 미소를 지으며 모리의 손을 잡아끄는 교장의 모습이 비쳤다. 검은 머리를 하나로 묶은 오퍼레이터가 PA용 콘솔 옆으로 끌려온 모리의 손을 잡고 단 위로 끌어올렸다. 모리는 둥글게 만 종이를 들고 네모난 기기 안쪽에서 몸을 움츠리고 있었다. 장내를 뒤흔드는 '요시미'라는 대합창에 어떻게 대처하면 좋을지 몰라 당황하는 눈치였다.

아키가 큰소리로 외쳤다.

"선생님, 종이! 종이! 종이를 드세요!"

그 외침을 들은 모리는 한순간 망설인 후 생각지도 못한 부드러운 표정으로 아키를 향해 고개를 끄덕였다.

이윽고 모리가 두 장의 종이 중 한 장을 발밑에 버리고 다른 한 장을 머리 위로 높이 들어올렸다.

꼬깃꼬깃한 스케치북에 적힌 '한 곡 더!'라는 글자에 강당을 가득 메운 관중들은 요란한 환성을 울렸다.

감격을 그대로 연주에 쏟아 부은 듯한 드럼소리와 함께 〈Rock And Roll All Nite〉이 시작되었다.

케이토의 고양된 노랫소리가 울려 퍼지는 가운데 아키는 단
에서 내려온 모리를 힘껏 끌어안았다.

13

콧물이 멈추지 않았다.

카미야마 케이토는 구교사 A계단에 오도카니 앉아서 4층 복도를 내려다보고 있었다.

방음막이 철거되고 앰프와 드럼을 옮긴 계단은 마음 한구석이 싸해질 만큼 유달리 넓고 살풍경했다.

케이토는 스며드는 12월의 냉기에 몸을 떨며 코를 풀었다.

'혼덴고 마니아 30'은 불과 석 달 전의 일이건만, 벌써 까마득한 옛날 일처럼 느껴졌다.

공연이 끝난 후 카토에게 몇 가지 묻고 싶은 것이 있었지만, 학생들과 밴드부 선배들이 몰려와서 헹가래를 치고, 함께 사진을 찍고, 심지어 사인 공세에 시달리느라 숨 쉴 틈도 없었다. 결국 케이토는 카토에게 아무것도 묻지 못했다. 그리고 그대로 3개월이 흘렀다. 아직 본인의 입으로 이야기를 들은 적은 없다.

카토 대신 케이토의 의문에 대답해준 것은 유사쿠였다.

"내가 억지로 들어낸 얘긴데, 이렇게 된 건가 봐."

유사쿠는 그렇게 말하며 사정을 설명해주었다.

십 수 년 전, 카토는 대학에서 교직 과정을 이수하는 한편 교내 음악 서클에서 결성한 밴드에 소속되어 있었다. 하드한 기타 사운드를 주축으로 완전한 오리지널을 지향하는 밴드였다. 카토는 그 밴드에서 기타와 작곡을 맡고 있었다. 교직 과정을 이수하느라 연습에 참가할 시간은 얼마 없었지만, 작곡 능력과 기타 실력 덕분에 카토는 그 밴드의 리더를 맡고 있었다.

밴드는 인디즈 레이블로 미니 앨범을 제작, 라이브 공연에도 적극적으로 나섰다. 이윽고 중견 레코드 회사가 그들을 눈여겨보게 되었다. 이야기는 점점 빠르게 진행됐고, 대학 졸업과 동시에 데뷔하기로 결정되었다.

하지만 졸업을 3개월 앞둔 그해 말, 카토는 자신이 이끌던 밴드에서 버림받았다.

뒤에서 조종한 것은 레코드 회사의 담당자였다. 보컬을 전면에 내세운 대중적인 노선으로 밴드를 팔고자 하는 담당자의 생각과 카토의 음악적 방향성이 정면으로 대립했고, 결국 정치력의 차이가 승패를 갈랐다. 카토는 밴드에서 쫓겨났다.

밴드는 다음 해 봄에 데뷔했지만 싱글 몇 장을 발매했을 뿐, 2년도 못 되어 해산했다.

유사쿠의 말에 의하면 카토는 '그래서 삐졌다'라며 쓴웃음을 지었다고 한다. 졸업 후 여름, 카토는 현 교원 채용 선발 시험에 합격하여 교사가 되었다. 그 후로 최근까지는 음악도 거의 듣지 않았고, 고향에 두고 온 기타에는 손도 대지 않았다고 한다.

"얘기를 들어도 상상이 안 된다."

케이토와 유사쿠는 고개를 갸웃거렸다. 존재 자체가 학생들의 웃음거리였던 카토와 버섯머리를 흔들며 레스폴을 연주하는 카토. 그 엄청난 격차에 두 사람의 머리는 3개월이 지난 지금까지도 혼란에 빠져 있었다.

카토는 '혼덴고 마니아'로 일약 학교의 영웅이 되었다. 하지만 그 후에도 특별한 변화는 없었다. 여전히 분필가루가 덕지덕지 묻은 하얀 가운을 입고 칠판에 필기를 하며 수업을 하고 있다.

카토의 수업 자체는 전과 똑같았지만, 휴대전화로 문자를 보내거나 책상 위에 잡지를 펼쳐놓는 학생은 보이지 않게 되었다.

오오노 아키와는 세간에서 말하는 '사귀는 사이'에 가까운 상태다. 가끔 제방의 자전거 도로를 나란히 걸어서 집으로 돌아가기도 하고, 밤늦게까지 전화로 이야기를 나누기도 한다. 딱 두 번, 데이트 비슷한 것도 했다. 하지만 아직 그 이상의 진전은 없다. 토오루에게 이것저것 조언을 듣고 있긴 하지만 아직 앞으로 나아갈 용기를 얻지 못하고 있다.

물끄러미 자신의 눈을 바라보며 '멋있었어'라고 말하는가 하면, 자신이 보는 앞에서 빅맥 두 개를 한꺼번에 먹어치우기도 하는 아키의 본심을 케이토는 아직 파악할 수 없었다. 1,000명 앞에서도 두려움 없이 노래를 불렀던 주제에, 케이토는 그쪽 방면으로는 여전히 소심하고 심약했다.

문화제 이후로 수영부의 분위기는 많이 바뀌었다고 한다.

"그거 알아? 요시미가 요즘 화장을 하고 다니지 뭐야. 립스틱 선택에 실패해서 입술만 튀지만, 아직 익숙하지 않아서 그러니까 너그럽게 봐줘야지."

어느 날 밤, 통화를 하다가 아키가 굉장히 기쁜 소식인 양 그렇게 말했다.

케이토도 종종 모리 요시미가 수영부원들과 담소를 나누고 있는 모습을 볼 수 있었다. 억지로 위엄을 부리지 않게 된 모리는 화장을 했건 안 했건 관계없이 아름다워 보였다.

소문으로 떠돌던 교장의 전근이 정식으로 발표된 것은 5일 전 종업식 때였다.

"아, 여러분 앞에서 이야기하는 것도 오늘이 마지막이군요. 뭐, 마지막이니 딱딱한 인사는 생략하마. 오오미야 혼텐 고등학교 학생들, 열심히 살아라! 이상."

교장은 찹쌀떡 같은 얼굴에 미소를 지으며 발걸음도 가볍게 무대에서 내려갔다.

어리둥절해하던 학생들 속에서 작은 박수가 일었다. 그것은 곧 커다란 박수로 변하여 한동안 그칠 줄 모르고 울려 퍼졌다.

“앗, 뭐야, 케이토. 이런 곳에 있었냐.”

계단 아래에서 겨울 교복을 입은 신타로가 이쪽을 가리켰다. 위에서 보니 가마 부근의 뻗친 머리가 더욱 똑똑히 보였다.

“아, 미안. 잠깐 넋을 놓고 있었네.”

케이토는 엉덩이를 털며 자리에서 일어섰다.

“예비 피크를 가져오겠다더니, 아무리 기다려도 돌아와야 말이지. 유사쿠랑 토오루가 부실에서 목이 빠지게 기다리고 있다.”

“미안, 미안.”

케이토는 주머니 속에 들어 있는 피크의 감촉을 확인하며 총총걸음으로 계단을 내려갔다.

문득 고개를 돌리자 창밖에서 작은 눈송이가 춤을 추고 있었다. 어쩐지 춥다 했다.

4층 복도를 나란히 걸으며 신타로가 물었다.

“유사쿠가 작곡한 오리지널 곡, 다 외웠냐?”

“음, 거의.”

케이토는 한숨을 쉬었다.

"코드가 세 개뿐이라 기타는 간단하지만, 그 곡은 키가 너무 높아. 그리고 3분밖에 안 되면서 중간에 유사쿠의 기타 솔로가 30초나 들어 있는 것도 좀 그렇지 않냐?"

"'혼덴고 마니아'에서 연주를 못했던 게 한이 맺혔나 보지. 뭐, 카토 쌤의 가르침을 받은 유사쿠의 생애 첫 오리지널 곡이니까 약간 제멋대로 구는 건 봐줘야 되지 않겠냐."

"나도 알아."

"3월 라이브까지 마스터해야 할 텐데."

"할 거야. 꼭."

종업식 날 교장의 전근이 발표된 후, 밴드부는 학생회로부터 한 가지 요청을 받았다. 졸업식 날 연주를 해달라는 요청이었다.

공연장은 '혼덴고 마니아'와 마찬가지로 강당으로 지정됐지만, 케이토는 '날씨가 맑으면'이라는 조건으로 안뜰로 변경을 부탁했다.

학생회장과 서기가 끈질기게 이유를 물었지만 케이토는 적당히 얼버무렸다. 교장이 심은 꽃 앞에서 연주하고 싶기 때문이라는 말은 쑥스러워서 할 수 없었다. 하지만 그날 교장을 초대하겠다는 약속만은 확실하게 받아냈다.

신타로가 아무렇게나 시청각실 문을 열었다. 히터의 따뜻한 공기가 차가워진 케이토의 몸을 부드럽게 감쌌다. 뒤로 손을 뻗어 문을 닫자 복도의 소음이 차단됐다.

“왜 이렇게 늦었냐?”

레스폴을 든 유사쿠가 오른손을 들며 말했다. ‘똑 부러졌던’ 척골은 이미 완치된 상태다.

드럼세트 안에서 토오루가 스틱을 틱틱 울리며 케이토를 재촉했다.

“자, 시작하자. 지금 당장. 헤이! 호! 렛츠 고!”

카토는 교실 뒤쪽으로 밀어 놓은 책상에 앉아서 유사쿠가 제출한 두 번째 오리지널 곡의 스코어를 훑어보고 있었다.

케이토는 검은 스트라토캐스터를 어깨에 메고 세 사람과 눈짓을 교환했다. 유사쿠와 신타로와 토오루가 고개를 끄덕였다. 사소한 일이지만, 계단에서 연습하던 시절에는 할 수 없었던 일이다.

“그럼 시작한다. 내일부터 밴드부도 겨울방학이라는 거, 다들 알고 있지? 이번에는 멋대로 모이지 마라?”

신타로가 싱긋 웃으며 큰 소리로 카운트를 시작했다.

“원, 투, 쓰리, 포!”

작중에 등장하는 노래 목록

WE WILL ROCK YOU
Words & Music by Brian May
ⓒ 1977 QUEEN MUSIC LTD
Permission granted by EMI Music

SHOUT IT OUT
Words & Music by Paul Stanley,
Gene Simmons and Bob Ezrin
ⓒ 1976 by Hori Productions America, Inc.,
All By Myself Music and Café Americana, Inc.

I WAS MADE FOR LOVIN' YOU
Words & Music by Paul Stanley,
Vini Poncia and Desmond Child
ⓒ 1979 by Hori Producions America, Inc.,
Mad Vincent Music and Desmobile Music

DO YOU REMEMBER ROCK'N ROLE RADIO

Words & Music by Jeffrey Hyman,
John Cummings, Douglas Colvin

BEAT ON THE BRAT

Words by Joey Levine, Arthur Resnik
Music by Jeffrey Hyman, John Cummings, Douglas Colvin,
Thomas Erdelyi

PINHEAD

Words & Music by Jeffrey Hyman,
John Cummings, Douglas Colvin, Thomas Erdelyi

총계참의 빅 노이즈

1판 1쇄 인쇄 _ 2010년 9월 10일
1판 1쇄 발행 _ 2010년 9월 20일

지은이 _ 코시가야 오사무
옮긴이 _ 김진수
펴낸이 _ 김승현
펴낸곳 _ 스튜디오 본프리(www.born-free.co.kr)

등록 제300-2004-72호 (2002년 2월 8일)
주소 서울특별시 종로구 혜화동 26-6
전화 02-742-2352(편집) 02-714-4594(영업)
팩스 02-742-2353(편집) 02-713-4476(영업)
이메일 master@born-free.co.kr

출판기획 _ 문성기
북디자인 _ 글빛 · 이춘희
출판제작 _ GS 테크
영업관리 _ 박상을

값 12,000원

ISBN 978-89-91909-18-2 03830